FÉLICIE AFFOLTER · WAHRNEHMUNG, WIRKLICHKEIT UND SPRACHE

WISSENSCHAFTLICHE BEITRÄGE
aus Forschung, Lehre und Praxis zur Rehabilitation behinderter Kinder und Jugendlicher
Herausgegeben von K. Schulte und W. Katein

FÉLICIE AFFOLTER

Wahrnehmung Wirklichkeit und Sprache

NV Neckar-Verlag GmbH · D-7730 Villingen-Schwenningen

CIP-Kurztitelaufnahme der Deutschen Bibliothek

Affolter, Félicie:

Wahrnehmung, Wirklichkeit und Sprache / Félicie Affolter. — Villingen-Schwenningen: Neckar-Verlag, 1987.
  (Wissenschaftliche Beiträge aus Forschung, Lehre und Praxis zur Rehabilitation behinderter Kinder und Jugendlicher; 4)
  ISBN 3-7883-0255-0

NE: GT

4. unveränderte Auflage 1990

ISBN 3-7883-0255-0

Erschienen 1987 im Neckar-Verlag GmbH, D-7730 Villingen-Schwenningen
Alle Rechte vorbehalten
Druck: Franz W. Wesel GmbH & Co. KG, 7570 Baden-Baden

Einführung

Die ersten Ansätze zu diesem Buch liegen viele Jahre zurück. Es begann mit dem *gesunden* Kind. In der Lehrerausbildung lehrte man uns, welches Wissen wir einem Erstklässler, einem Zweit-, Dritt- ... Achtklässler vermitteln sollten. Wir setzten uns mit dem *Was* auseinander — und ich begann zu fragen: „*Weshalb*?" Um diese Frage beantworten zu können, begann ich, mich mit der Entwicklung des gesunden Kindes zu beschäftigen. J. Piaget wurde mein Lehrer (Affolter, 1981). Er lehrte mich vieles — insbesondere die Beobachtung des Kindes in „experimentellen", aber auch in „natürlichen" Situationen.

Als junge Lehrerin begegnete ich dem *gehörlosen* Kind, dem Kind „ohne Sprache". Ich begann mir Gedanken zu machen, wie man Sprache vermitteln kann — und ich staunte darüber, wie normal gehörlose Kinder waren. Ich erlebte, dass Denken von Sprache unabhängig ist; dass sich ein Kind auch ohne Hören und ohne ausgebildete Sprache erkenntnismässig und gefühlsmässig unauffällig entwickeln kann. Wie konnte man dies erklären? Die Auseinandersetzung mit dieser Frage stand im Zentrum meines Studiums.

Zu den hörgeschädigten gesellten sich nach und nach und immer häufiger *sprachgestörte* Kinder. Diese Kinder hörten, versagten aber aus einem unbekannten Grund in der Entwicklung der Sprache. Bald bemerkte ich, dass die gestörte Sprache nicht die einzige Auffälligkeit bildete. Nein! Diese Kinder waren auch in nichtsprachlichen Leistungen auffällig. Genauere Beobachtungen liessen uns recht bald vermuten, dass bereits vorsprachliche Leistungen gestört waren (Affolter, 1972).

Ich fragte mich: „Weshalb verhalten sich diese sprachgestörten Kinder anders als die gehörlosen? Weshalb erlernen sie die Sprache nicht angemessen, obwohl sie doch hören?" Niemand konnte mir diese Frage zufriedenstellend beantworten, auch die Literatur nicht.

Den sprachgestörten Kindern folgten *erwachsene Patienten*[1]. Diese hatten eine gesunde Entwicklung durchgemacht. Durch eine Verletzung oder Erkrankung des Gehirns wurden sie zu Versagern. Unter diesen Patienten befanden sich junge und alte, auch sogenannte geriatrische Patienten waren dabei. Sie alle versagten in der Anpassung an alltägliche Situationen, in der Kommunikation, in sprachlichen Leistungen. Man konnte einen Abbau von Leistungen beobachten, die in der Entwicklung aufgebaut worden waren. Wie konnten wir diesen Erwachsenen helfen? Ich wusste so wenig über den Abbau von Leistungen wie über die Entwicklung derselben.

Ich begann mit einem Team von Mitarbeitern die *Forschung*. Wir gelangten an den „Schweizerischen Nationalfonds zur Förderung der wissenschaftlichen Forschung (SNF)". Er begann unsere Forschung zu finanzieren.

Die Forschung stützte sich auf die klinische Arbeit mit gehörlosen und sprachgestörten Kindern und hirngeschädigten Erwachsenen. Wir wandten dieses und jenes Arbeitsmittel an — beobachteten das Verhalten des Kindes/Erwachsenen — analysierten — überlegten — formulierten Fragen — stellten Hypothesen auf — veränderten die Art und Weise unserer Arbeitsmittel und die Situationen ... Wir verglichen

---

[1] Wenn im folgenden die männliche oder weibliche Form allein steht, kann sie sinngemäss auch aufs andere Geschlecht ausgeweitet werden: z. B. Patienten — Patientinnen, Mitarbeiter — Mitarbeiterinnen, Mütter — Väter.

die Beobachtungen. Neue Fragen entstanden — neue Hypothesen! Die Fragestellung wurde genauer. Systematische Untersuchungen begannen, die Langzeitbeobachtungen wurden umfangreicher ...

Es war und ist noch wie eine Wanderung auf einen unbekannten Berg: Der Weg muss gesucht werden. Hat man einen Weg gefunden, so kann man ihm einige Zeit folgen — bis zur nächsten Anhöhe. Dort ruht man sich aus, blickt um sich, orientiert sich. Was hat man zurückgelegt? Wo ist der nächste Abschnitt? Wie geht es weiter?

Wir sind noch nicht auf der höchsten Bergspitze angekommen — noch nicht dort, von wo man alles überblicken kann. Wir müssen auch weiterhin den Weg suchen. Wir glauben jedoch, dass wir auf einer wichtigen Höhe angekommen sind — so weit oben, dass man den bis jetzt zurückgelegten Weg überblicken kann. Der Weg ist soweit gesichert, dass wir andere Wanderer einladen können, zu uns zu kommen, hier mit uns zu verweilen und mit uns weiterzugehen.

Dieses Buch enthält *Überlegungen, die den jetzigen Stand unseres Wissens darstellen*. Die hier aufgezeichneten Probleme sind in der praktischen Arbeit mit gesunden und behinderten Kindern und mit Erwachsenen entstanden. Sie betreffen die Entwicklung, deren Störungen und deren Abbau. All dies hängt zusammen; ich kann Störungen und den Abbau der Entwicklung nur dann erfassen, wenn ich über die gesunde Entwicklung Bescheid weiss; das Wissen über gestörte und über abgebaute Entwicklung vervollständigt andererseits das Wissen über die gesunde Entwicklung.

Wir werden deshalb immer wieder gesunde und behinderte Kinder miteinander vergleichen und eigenes Verhalten demjenigen hirngeschädigter Erwachsener gegenüberstellen.

Der Text schliesst sehr viele Beispiele ein. Sie sind aus einer mannigfaltigen Fülle sorgfältig ausgewählt worden; sie sind für das Verständnis des Ursprungs der Entwicklung und deren Störungen sowie für die Beschreibung des Lernvorgangs besonders wichtig. Sie sollen Gesichtspunkte vertreten, die in der bestehenden Literatur nicht oder kaum berücksichtigt werden.

Sie sollen ferner dem Leser die Wichtigkeit des Beobachtens nahelegen. In Anbetracht der verwirrenden Vielfalt von Entwicklungstheorien, vor allem auch der Ratlosigkeit ob der Folgen der sogenannten „liberalen", beziehungsweise „antiautoritären" Erziehungsmethoden, ist unseres Erachtens die Beobachtung und deren Schulung mehr denn je gefordert.

Die Überlegungen und Feststellungen, die in diesem Buch enthalten sind, rufen nach sozialen, sozialpolitischen, schul- und heimorganisatorischen, versicherungstechnischen und anderen Folgerungen — einige wenige werden gegen den Schluss dieses Buches angedeutet, die Problematik als Ganzes aber wäre Thema für ein weiteres Buch ...

Dass wir beim jetzigen Stand des Wissens angekommen sind, *verdanken* wir der Hilfe vieler Menschen:

Danken möchte ich all den Eltern, Erziehern, Ärzten, Therapeuten, Lehrern ... die unsere Hilfe aufsuchten; uns Vertrauen schenkten; die sich Zeit nahmen, ihre Fragen zu formulieren; sich bemühten, unsere Gedankengänge zu verstehen; uns aufmunterten und unsere klinische Arbeit und Forschung unterstützten. Danken möchte ich ganz speziell Dr. med. W. Zinn, Dr. med. E. Stricker, Prof. Dr. med G. Weber, Prof. Dr. med. E. Gautier und Dr. med. H. Städeli.

Für finanzielle Unterstützung danke ich besonders dem „Schweizerischen Nationalfonds zur Förderung der wissenschaftlichen Forschung", welcher zehn Jahre lang unsere Forschung ermöglichte, der „Schweizerischen Stiftung für das cerebral gelähmte Kind", der „Arbeitsgemeinschaft für Probleme bei Wahrnehmungsstörungen".

Dankbar bin ich dem „Center for Research in Human Learning" der Universität von Minnesota, U.S.A., dessen Mitarbeiter unsere Arbeit wiederholt fachlich unterstützten und anregten.

Dieses Buch wäre nicht entstanden ohne die jahrelange getreuliche Unterstützung durch ein Team von Mitarbeitern. Besonderer Dank gebührt dabei Walter Bischofberger und Doris Clausen, die während vieler Jahre und auch jetzt sowohl fachlich wie moralisch meine Arbeit unterstützen und auch in besonders schweren Zeiten nie aufgaben.

Dank geht an die jetzigen Mitarbeiter des Zentrums für Wahrnehmungsstörungen in St. Gallen und frühere, welche immer wieder neue Beobachtungen brachten, Altes in Frage stellten und Neues versuchten. Dasselbe hat auch seine Gültigkeit für die Lehrer und Erzieher an der Sonderschule für Wahrnehmungsgestörte in St. Gallen, für die Ärzte, Therapeuten und Pfleger/innen der Klinik Valens und die Verantwortlichen des Fortbildungszentrums Hermitage des Medizinischen Zentrums Bad Ragaz, besonders Gisela Rolf und Pat Davies.

An der formalen Gestaltung des Buches mitbeteiligt waren Matthias Neuweiler, der mit Ausdauer und fachlichem Können die Fotografien auswählte und vervollständigte, und Ruth Affolter, die während vieler Stunden den Text überarbeitete. Beiden mein herzlicher Dank!

Inhaltsübersicht

Seite

I. Leben in der Wirklichkeit 15

A. Die Wirklichkeit, wie sie ist 19

1. Die Umwelt entsteht 19
- 1.1 Die Welt ist da: Ich berühre die Welt — die Welt berührt mich ... 19
  - 1.1.1 Die stabile Unterlage 20
  - 1.1.2 Die stabile Seite 22
- 1.2 Die Welt wird zur Um-Welt: Die Welt umfasst mich — ich umfasse die Welt 23
  - 1.2.1 Die Nische — oder: Die Welt umfasst mich 23
  - 1.2.2 Der Gegenstand — oder: Ich umfasse die Welt 30
- 1.3 Die Umwelt wird wahrgenommen: Ich nehme die Umwelt 36
  - 1.3.1 Ich schaue — höre — spüre 36
  - 1.3.2 Vom Spüren zum „Spüren-und-Schauen" 38
  - 1.3.3 Vom Schauen zum Nehmen 39
- 1.4 Die Umwelt wird mir vertraut 42
  - 1.4.1 Unvertraut — ich schrecke zurück 42
  - 1.4.2 Auf der Suche nach Neuem 43
  - 1.4.3 Eine Hand — dann zwei — und doch Eins 46
  - 1.4.4 Die Vielfalt des Berührens und des Loslassens 47

2. Die Wirklichkeit: Wahrnehmen und Bewirken 52
- 2.1 Ursache und Wirkung 52
  - 2.1.1 Ich erzeuge Bewegung 52
  - 2.1.2 Ich trenne und bringe zusammen 55
- 2.2 Ich erspüre die Nachbarschaft 60
  - 2.2.1 Ich nehme heraus und bringe hinein 61
  - 2.2.2 Es geht hindurch und dann wohin? 64
  - 2.2.3 Es verschwindet, und man findet es wieder 67
- 2.3 Die Wirklichkeit, wie sie ist, wird mir vertraut 69
  - 2.3.1 Ich erfasse die Mannigfaltigkeit von Ursachen... 69
  - 2.3.2 ... und Wirkungen — im Freien und im Haus 74

B. Die Wirklichkeit wird verändert 83

1. Die Wirklichkeit, wie sie gewünscht wird 83
- 1.1 Ich stelle die Wirklichkeit, wie sie ist, wieder her 83
- 1.2 Ich verhalte mich ordentlich 83

2. Alltagsgeschehnisse verändern die Wirklichkeit 85
- 2.1 Ich helfe im Alltag 85
- 2.2 Ich nehme weiterhin wahr und bewirke 87
- 2.3 Ich kann es allein 91

II. Versagen in der Wirklichkeit 97

1. Die Umwelt bemerkt: Sie sind abwegig 102
  1.1 Sie sind hektisch oder zu ruhig 102
  1.2 Sie sprechen viel 104
  1.3 Sie seien aggressiv 107
  1.4 Sie seien unerzogen 110

2. Wir beobachten: Sie haben es und haben es doch nicht 112
  2.1 Sie wissen um die Regeln des Berührens — wo aber bleibt die Umwelt? 112
    2.1.1 Sie weichen aus, werden gespannt und schauen weg 112
    2.1.2 Sie wissen um die Regeln der stabilen Unterlage und der Seite 120
    2.1.3 Sie haben zwei Hände — und benützen häufig nur eine... 132
    2.1.4 ... und gelangen nicht zum Umfassen 134
  2.2 Sie wissen um die Regeln des Wirkens — wo aber bleiben die Veränderungen? 138
    2.2.1 Sie nehmen weg — aber wie? 139
    2.2.2 Und wo bleibt die Nachbarschaft? 144
    2.2.3 Die Reihenfolge — wenn etwas fehlt oder man nicht rückwärts kann 149
    2.2.4 Wenn nur der Augenblick da ist... 151
    2.2.5 ... und Ursachen nicht der Situation entsprechen,... 153
    2.2.6 ... dann entgleitet ihnen die Wirklichkeit 155

3. Wir erklären: Wenn es am Spüren mangelt 159
  3.1 Sie suchen nach Information 159
    3.1.1 Sie sehen und hören 159
    3.1.2 Sie spüren 161
  3.2 Wenn die Information andersartig ist,... 165
    3.2.1 ... dann werden Probleme erkannt, aber nicht gelöst,... ... 166
    3.2.2 ... und die Umwelt bleibt unvertraut 166
    3.2.3 Sie wissen kaum, was um sie herum geschieht 168
    3.2.4 Die Welt wird nicht zur Umwelt 169
  3.3 Die Beschränktheit der Kapazität 173
    3.3.1 Was bedeutet diese Beschränktheit der Kapazität? 173
    3.3.2 Wenn ich Information ordnen kann 175
    3.3.3 Was aber, wenn ich auf der Suche nach Spürinformation bin... 176
    3.3.4 ... und die Kompetenz nicht zur Performanz wird? 177

III. Lernen in der Wirklichkeit — 179

A. „Problemlösende Geschehnisse" als Wurzel der Entwicklung 182

1. Die erstaunliche Regelmässigkeit des Entwicklungsgeschehens 182

2. Was aber, wenn Kinder im Wahrnehmen versagen? 183
  2.1 Die Entwicklung von Wahrnehmungsleistungen ist auffällig 183
  2.2 Die Reihenfolge von Entwicklungsleistungen ist unterschiedlich .. 184
  2.3 Das problemlösende Verhalten ist andersartig 184

3. Wie man sich die Entwicklung nun vorstellt 185
  3.1 Die Deutung der Befunde 185
  3.2 Das Entwicklungsmodell 186

4. Man darf nicht einfach warten 187
  4.1 Man soll nicht Fertigkeiten üben,... 188
  4.2 ... sondern man muss bei den „Problemlösenden Alltagsgeschehnissen" und der Informationsvermittlung einsetzen 188

B. „Problemlösende Alltagsgeschehnisse" werden gespürt 190

1. Ich spüre und ändere mein Verhalten 190
  1.1 Ich lerne über das Spüren 190
    1.1.1 Das, was ich spüre, ist mir fremd 194
    1.1.2 Ich spüre und werde vertraut — nun kann ich auch schauen 194
    1.1.3 Ich spüre und schaue — ich schaue und spüre,... 198
    1.1.4 ... und ich erkenne das Gespürte wieder, setze Bewegungen fort und erwarte solche 200
  1.2 Ich spüre und ermögliche Spüren 202
    1.2.1 Ich führe von hinten 202
    1.2.2 Sie haben zwei Hände, einen Mund und einen Körper 204

2. Ich spüre und wirke 214
  2.1 Ich spüre die Wirklichkeit 214
    2.1.1 Die Wirklichkeit schliesst die Umwelt mit ein,... 214
    2.1.2 ... und Widerstandsveränderungen sind notwendig 216
  2.2 Sie wissen um die Regeln... 220
    2.2.1 ... des Berührens... 221
    2.2.2 ... und des Wirkens 222
  2.3 Und jetzt kann ich verändern 228
    2.3.1 Wann Hände und wann Hilfsmittel? 235
    2.3.2 Alles zu seiner Zeit 245
    2.3.3 Ja, darf ich kaputt machen? 245

3. Ich verstehe „Problemlösende Geschehnisse des Alltags" 247
  3.1 Lernen beginnt beim Verständnis 247
    3.1.1 Verständnis — was meine ich damit? 247
    3.1.2 Ich arbeite mit dem Kind/Erwachsenen auf dessen Verständnisstufe 248

3.2 Probleme tauchen immer wieder auf 254
    3.2.1 Probleme-Lösen ist spannend 254
    3.2.2 Schwierigkeiten sind überwindbar — oder: Wie gut, dass Schwierigkeiten entstehen 259
    3.2.3 Das Lösen des Problems und nicht das Produkt ist wichtig 260
    3.2.4 *Ich* habe das Problem gelöst 261
    3.2.5 Wann soll ich sprechen? 262
3.3 Geführt durch den Alltag 263
    3.3.1 Ich führe, wenn im Alltag Probleme auftauchen,... 263
    3.3.2 ... oder ich muss sie planen 268
    3.3.3 Wenn Spüren nur nicht so schwierig wäre 269
    3.3.4 Pausen helfen zum Nachdenken 269

C. Gespürte „Problemlösende Geschehnisse des Alltags" werden verinnerlicht 271

1. Ausführungen beginnen 273
1.1 Vom Erwarten zum Ausführen 273
1.2 Erste Ausführungen — lange erstrebt — und nun? 274
1.3 Wie gut, dass ich Gewohnheiten habe 276
1.4 Gewohnheiten bringen mich nicht weiter 277
    1.4.1 Sie sind unbeweglich 277
    1.4.2 Sie brechen zusammen, wenn Situationen sich verändern . 278
1.5 Die Gabe der Neugierde — oder: Wie durchbreche ich Gewohnheiten? 279
    1.5.1 Von der Beschränktheit zur Ausweitung der Information .. 280
    1.5.2 Erspüren von Ursachen und Wirkungen 284
1.6 Ich finde über den Umweg zum Hauptweg zurück 286

2. Zurück zu den „Problemlösenden Alltagsgeschehnissen" — dann die Darstellung 298
2.1 Das Symbol dient zur Darstellung von „Problemlösenden Alltagsgeschehnissen" 299
    2.1.1 „Problemlösende Alltagsgeschehnisse" werden mit Hilfe von Formen dargestellt, die zur Verfügung stehen 299
    2.1.2 Die Formen für die Darstellung werden konstruiert 302
    2.1.3 Das Symbol dient zur Exploration neuer Situationen 304
    2.1.4 Das Bild als Symbol 306
2.2 „Problemlösende Alltagsgeschehnisse" — und dann die sprachliche Leistung 307
    2.2.1 Sprachliche Inhalte und Formen werden im Zusammenhang mit „Problemlösenden Alltagsgeschehnissen" miteinander verbunden 307
    2.2.2 „Problemlösende Alltagsgeschehnisse" sind Grundlage für die Tiefen- und die Oberflächenstruktur 311
2.3 Wenn die Wurzel krank ist —, ... 312
    2.3.1 ... dann ist das Symbolverhalten auffällig,... 313
    2.3.2 ... und die Tiefen- *und* die Oberflächenstruktur sind beeinträchtigt 315

2.4 Was tun? 317
    2.4.1 Man kann immer etwas tun 317
    2.4.2 Zuerst das Erspüren von „Problemlösenden Alltagsgeschehnissen" — dann das Darstellen 318

D. Folgerungen 326

1. „Problemlösende Geschehnisse" als Wurzel der Entwicklung .. 326
    1.1 Die Möglichkeiten der Anwendbarkeit sind vielseitiger Art 326
    1.2 Die Ausführung der therapeutischen Arbeit umfasst einen ganzen Kreis von Personen 327

2. Unser Wissen im Zusammenhang mit der Wurzel der Entwicklung ist noch gering 329
    2.1 Langzeitforschung 329
    2.2 Querschnittforschung 329

Schlusswort 331

Literaturverzeichnis 334

I. Leben in der Wirklichkeit

*Ich berühre
den Widerstand,
den die Welt mir entgegensetzt
über Unterlage und Seite.*

*Ich verändere ihn,
den Widerstand
zwischen meinem Körper
und der Welt.*

*Ich umfasse ihn,
den Widerstand auf der Unterlage
mit Händen und Mund
und nehme die Umwelt wahr.*

*Ich verursache
und erhalte Wirkungen,
und so wird die Umwelt
langsam zur Wirklichkeit.*

*Ob ich lerne,
sie richtig verändern zu können?*

Vom Beginn bis zum Ende unseres Lebens sind wir in eine Wirklichkeit gesetzt. —
Wir können uns bewegen — doch das Bewegen ist durch die Umwelt eingeschränkt.
Wir suchen die Weite — sei es auf dem See, sei es auf einem Berg. Wir suchen die
Frische, den Wind. Dann wieder suchen wir die Enge, die Beschränkung, die Wärme.
Wir brauchen die Geselligkeit, das pulsierende Leben, die Menge — und doch können wir die Stille, die Einsamkeit auf die Dauer nicht missen. Wir suchen die Freiheit
— und benötigen doch den Widerstand.

Weshalb solche Einschränkungen und solche Gegensätzlichkeiten? Müssen diese
sein? Sind sie für den Aufbau meiner Wahrnehmung so wichtig? — für die Entdeckung der Wirklichkeit und darüber hinaus für die Entdeckung der Sprache?

Ich bin auf dem Berg. Vor mir breitet sich ein prächtiges Panorama aus: Bergkette
an Bergkette. Dazwischen Täler mit winzigen Häusern. Auf den schmalen Strassenlinien bewegen sich Spielzeugautos, und Menschen krabbeln wie Ameisen umher.

Ich schliesse die Augen und versuche, diese ferne Welt auszuschalten. Noch dringen aber Geräusche von weither zu mir: das Knattern von Motorrädern und ihr Heulen um die Kurve, das ungeduldige Hupen eines Autos, das Bellen eines Hundes,
das Kreischen einer Motorsäge.

Ich lege mich auf den Boden, schliesse wieder die Augen und versuche, auch die
Geräusche auszuschliessen. Ich spüre die Härte des Felsens, auf dem ich liege; die
im Stein gespeicherte Sonnenwärme durchdringt meinen Körper. Ich dehne mich
wohlig.

Da — etwas berührt mich, kitzelt mich — ich schaue — ein Schmetterling hat sich
auf meinem nackten Arm niedergelassen. Ich drehe mich um und komme auf das
Gras zu liegen. Welch einen wohltuenden Duft der Alpenklee ausströmt!

Das ist meine *nahe* Welt! Ich berühre sie, ich kann mich auf ihr bewegen. Ich *spüre*
sie, ich kann sie ergreifen, ich kann sie nehmen — sie ist da, sie gibt mir *Widerstand*.

Dies im Gegensatz zur anderen, zur *fernen* Welt, die ich wohl anschauen und hören
kann, die ich aber *nicht spüre*. Sie setzt meinen Bewegungen *keinen Widerstand* entgegen. Ich kann sie deshalb nicht ergreifen. Ich schaue und horche. Das Treiben und
Tun — eben noch war ich ein Teil davon. Aber vielleicht ist alles nur eine Illusion,
diese Häuser dort unten, die sich bewegenden Menschen, die fahrenden Autos —
ob sie wirklich existieren?

Ich schliesse wieder die Augen und versuche, meine nahe Welt zu spüren und die
ferne mir vorzustellen. Ich mache mir Gedanken. Wie komme ich dazu, etwas über
meine nahe Welt zu wissen? Wie ist es mit der fernen Welt? Wie baue ich da meine
Vorstellung auf?

Wir kommen in diese Welt. Wir erfahren, dass sie da ist — uns umgibt — eine Um-Welt ist! Diese Erfahrung beruht auf Wahrnehmung. Um wahrzunehmen, besitzen
wir verschiedene Sinnesbereiche. Der wichtigste und zugleich komplexeste ist der
taktil-kinaesthetische oder das Spüren. Spüren bildet die Grundlage, um mit der Umwelt vertraut zu werden; dazu hören, sehen, riechen und schmecken wir.

Spricht man von *Wahrnehmung im weiteren Sinne*, dann meint man damit das Aufnehmen von Reizen über die verschiedenen Sinnesbereiche, die uns mit der Umwelt
verbinden. Umwelt ist aber noch nicht Wirklichkeit. Damit die Umwelt zur *Wirklichkeit* wird, muss ich mich mit Ursachen und Wirkungen auseinandersetzen. Wie wirkt

die Umwelt auf mich, wie wirke ich auf die Umwelt? Wie wirken die Teile der Umwelt aufeinander — seien es Dinge oder Personen? Erst das Wissen über solches Wirken innerhalb meiner Umwelt einerseits und zwischen der Umwelt und mir andererseits lässt mir die Umwelt zur Wirklichkeit werden.

Damit dies möglich wird, benötige ich *Wahr-Nehmung im engeren Sinn*. Wirken kann ich nur, indem ich etwas *nehmen* kann. Indem ich die Umwelt nehme und damit etwas bewirke, kann ich mich auf sie richten, ihrer *gewahr* werden. So erfahre ich, dass die Umwelt besteht — *ich nehme sie wahr*.

Zum Nehmen aber gehört *Spüren*. Damit ist Spüren eng mit Wirken verbunden. Wenn wir uns Gedanken machen über Berühren — Nehmen — Wirken, über Welt — Umwelt — Wirklichkeit, dann müssen wir das Spüren dabei einschliessen.

Wie dies alles zusammengehört und wie sich dies beim Kind entwickelt — darüber wollen wir in diesem ersten Teil des Buches „Leben in der Wirklichkeit" nachdenken.

A. Die Wirklichkeit, wie sie ist

1. Die Umwelt entsteht

1.1 Die Welt ist da: Ich berühre die Welt — die Welt berührt mich

Ich erspüre die Welt: Ich bewege meinen Körper, meine Hände, Arme, die Beine, den Rumpf. Ich bewege mich so lange, bis ich einen Widerstand spüre, der meinen Bewegungen entgegensteht. Ich erhalte den Eindruck, etwas zu berühren. Wir sprechen von „Kontakt"; „takt" verweist aufs Spüren; „kon" heisst „mit" — Mit-Spüren! Wenn ich dich spüre und du mich, dann spüren wir „miteinander", dann stehen wir in „Kon-Takt".
Indem ich berühre, stosse ich auf Widerstand. Dieser Widerstand ist Grundlage der Erkenntnis: Hier ist etwas anderes als ich, hier ist „die Welt" — und somit auch: Hier bin ich! Berühren ist so erster Schritt für eine Interaktion zwischen mir und der Welt.

BEISPIEL

L. ist 6 Tage alt. Er wird gebadet. Er schreit, als er zur Wanne getragen und ins Wasser gelegt wird. Im Wasser strampelt er und schreit weiter. Plötzlich hält er in seinen Bewegungen und im Schreien inne — sein Körper hat den Boden der Wanne berührt.

Was ist geschehen? L. wird durch den freien Raum getragen; er liegt zwar auf den Armen der Mutter. In dieser Situation bilden diese jedoch eine sich bewegende, unruhige Unterlage — er schreit. Er gelangt ins Wasser — weiterhin eine unruhige Unterlage. Die Füsse berühren den Boden der Wanne — die Strampelbewegung der Füsse wird von der Wanne gestoppt. L. wird ruhig; durch den plötzlich auftretenden totalen Widerstand hat er Kontakt mit der Welt erhalten.

Ähnliches erleben wir immer wieder. Indem ich berühre, stosse ich auf Widerstand. Dieser Übergang von keinem zu totalem Widerstand gibt mir taktilkinaesthetische oder eben Spürinformation. Wichtig ist dabei offenbar die *Widerstandsveränderung*, ja, ich erfahre den Widerstand nur in der Veränderung. Der Säugling in der Badewanne erlebt eine maximale Widerstandsveränderung: von keiner (oder minimalster) Veränderung in der Luft und im Wasser zu einer starken Veränderung beim Berühren des Wannenbodens. Stets aufs neue benötigen wir solche Widerstandsveränderungen, um uns der eigenen und zugleich der Existenz der Welt zu vergewissern.
Wir nehmen an, dass ein Säugling in den ersten Wochen nicht unterscheidet, was solche Widerstandsveränderungen hervorruft, welchen Anteil dabei sein Körper ausführt, was von der Unterlage und was von der Seite her erzeugt wird. Je mehr er sich aber bewegt, desto besser kann er die verschiedenen Ursachen der Widerstandsveränderungen erkennen:
Die Schwere des Körpers begegnet bei Berührungen einem Widerstand, der dieser Schwere entgegensteht (Howard & Templeton, 1966). Erfahrungen mit der Regelmässigkeit dieser Art von Wider-

standsveränderungen erlauben dem Kind, nach und nach eine Regel zu bilden: die *Regel der Unterlage*. Es lernt zum Beispiel, den Widerstand zwischen seinem Körper und der Unterlage so zu verändern, dass es von der Rückenlage zur Bauchlage gelangt und von der Bauchlage zum Vierfüsslergang.

Neben der Regel der Unterlage führen andere Erfahrungen mit Bewegen — Berühren und den damit verbundenen Widerstandsveränderungen zu einer weiteren Regel: Der Säugling liegt auf der Unterlage und bewegt sich. Er rollt, krabbelt, fährt mit Händen und Füssen über die Unterlage ... Diese Bewegungen des Körpers auf der Unterlage werden öfters durch einen Widerstand gestoppt — seitlich. Es entsteht also eine Widerstandsveränderung *zusätzlich* zur Unterlage und anders als die Veränderung des Widerstandes zwischen Körper und Unterlage. Sie betrifft nicht die Schwere des Körpers — sie ist eine Widerstandsveränderung an der Seite des Körpers. Aufgrund der Erfahrung der Regelmässigkeit dieser Widerstandsveränderungen bildet das Kind die *Regel der Seite*.

Die Regel der Seite schliesst also zwei Arten von Widerstandsveränderungen ein: jene zwischen der Schwere des Körpers und der Unterlage und *gleichzeitig* jene zwischen der Bewegung des Körpers entlang der Unterlage und einem Widerstand *auf* der Unterlage, seitlich zum Körper.

Diese zwei Regeln helfen mir zur Erkenntnis, dass es eine Welt gibt „unter" mir und gleichzeitig eine Welt „neben" mir.

In den folgenden Abschnitten wollen wir kurz die Wichtigkeit der Widerstandsveränderungen zwischen Körper — Unterlage — Seite für die Entwicklung betrachten.

1.1.1 Die stabile Unterlage

Das Schwergewicht meines Körpers bringt mich in Verbindung mit der Unterlage. Wir versichern uns ständig der Stabilität der Unterlage. Wehe, wenn der Stuhl, auf dem ich sitze, oder der Boden, auf dem ich stehe, plötzlich schwankt. Dies ist zum Beispiel bei einem Erdbeben der Fall und verursacht grosse Panik.

Andererseits lieben es die Kinder — und, wenn wir an verschiedene Sportarten denken, offenbar auch wir Erwachsene —, mit Veränderungen des Unterlagewiderstandes zu „spielen", vorausgesetzt, dass man aufgrund von Erfahrungen jeweils Erwartungen aufstellen kann.

In unserem Alltag erleben wir immer wieder, wie sich das Widerstandsverhältnis zwischen meinem Körper und der Unterlage in verschiedenen Situationen verändern kann. Einen besonderen Fall stellt das Liftfahren dar. Auch hier stellen wir, wie in andern „Fahrzeugsituationen", Erwartungen darüber auf, wie sich der Widerstand zwischen mir und der Unterlage verändern wird. So erwarte ich zum Beispiel, dass der Lift beim Hinunterfahren im 3. Stock anhält. Hält er nicht an, dann trifft die erwartete Widerstandsveränderung nicht ein. In diesem Fall verschlägt es mir beinahe den Atem. Ich empfinde ein ungutes Gefühl in der Magengegend.

Kinder müssen viele Erfahrungen machen, was Veränderungen des Widerstandes zwischen Körper und Unterlage betrifft, um angemessene Erwartungen zu erwerben. Sie geraten deshalb oft in Panik, wenn eine als stabil erwartete Unterlage sich als unstabil erweist.

BEISPIEL

J., 4 Jahre, sitzt mit uns an einem Bergbach beim Picknick. Sie hat ihre Wurst gegessen und beginnt, über die grossen Steine zu klettern. Plötzlich weint sie heftig —. Was ist geschehen? Weh getan hat sie sich offensichtlich nicht —! „Nur" einer der Steine, auf denen sie steht, hat gewackelt.

Die Stabilität der Unterlage wird von Kindern verschiedensten Alters in mannigfaltigen Situationen untersucht. Erblicken sie eine Mauer, dann versuchen sie, auf diese zu klettern und ihr entlangzugehen. Zeigt sich auf der Wiese eine Erhebung, dann wird diese erspürt.

Solche gespürte Veränderungen des Widerstandes zwischen Unterlage und eigenem Körper verschaffen dem Kind wichtige Erfahrungen über die von ihm berührte Welt.

Bei diesen Interaktionen verändert das Kind immer mehr nicht nur den Widerstand zwischen Körper und Unterlage, sondern auch zwischen Körper, Unterlage und Seite.

BEISPIELE

D., 3;5 Jahre, erblickt beim Spazieren im Wald gefällte, aufeinandergestapelte Baumstämme. Sogleich klettert er hinauf und geht einen der Stämme entlang.

Wie man sich da auf die Unterlage konzentrieren muss!

Der kleinere Bruder, M., 1;10 Jahre, will D. nicht nachstehen:
Auch er untersucht die wacklige Unterlage.

Doch er ist dabei nicht so geschickt wie sein Bruder: er benötigt zusätzlich eine stabile Seite; die Hand seiner Mutter verhilft ihm dazu.

1.1.2 Die stabile Seite

BEISPIELE

J., 8 Monate, liegt auf dem Boden. Sie greift nach verschiedenen Gegenständen. Dabei verschiebt sie ihren Körper rückwärts, so dass die Füsse mit den Sohlen schliesslich auf festen Halt stossen, verursacht durch die Wand, eine Stuhlkante oder einen Tisch. Dies wiederholt sich immer wieder: Man bringt sie ins Zimmer, legt sie mitten im Raum auf den Boden. Nach einigen Minuten befindet sie sich schon an der Wand, unter dem Stuhl oder dem Tisch.
R., 10 Monate, richtet sich auf, sobald er seitlichen Halt findet und versucht so, sich auf seinen zwei Beinen fortzubewegen.

Das Kind und auch wir Erwachsene suchen nach einer stabilen Seite, sobald die Unterlage unsicher wird. Gehe ich über eine schmale Brücke, dann bin ich für ein stabiles Seitengeländer dankbar. Gehe ich eine steile Treppe hinab, dann halte ich mich an der Seite fest. So auch das Kind! Es ist spannend, das Kind beim Erlernen des Treppensteigens zu beobachten. Es benützt dabei gleichzeitig die Information der Widerstandsveränderungen zwischen Körper, Unterlage und Seite, um von Stufe zu Stufe zu gelangen: Es schiebt einen Fuss auf der Stufe solange vorwärts, bis der Unterlagewiderstand nachlässt. Es streicht mit seiner Ferse der Hinterwand der nächsten Treppenstufe entlang, bis die Sohle des Fusses auf den Unterlagewiderstand des nächsten Absatzes stösst. Mit dem andern Fuss führt es anschliessend dieselbe Sequenz von Bewegungen aus.

Mit zunehmendem Alter weitet sich die Berührungserfahrung des Kindes mit Unterlage und Seite aus. Diese Erfahrung verhilft ihm, immer besser zu unterscheiden, was bei den durch die Berührung ausgelösten Widerstandsveränderungen von der Unterlage her stammt, was von der Seite und was vom eigenen Körper; es erkennt dadurch seinen eigenen Körper *im Gegen-Satz* zu Unterlage und Seite immer besser.

1.2 Die Welt wird zur Um-Welt:
Die Welt umfasst mich — ich umfasse die Welt

Die extremste Situation des „Umfasst-Werdens" ist jene, in welcher die Umwelt mir sowohl stabile Unterlage wie Seiten anbietet — es ist dies die Situation der Nische.

1.2.1 Die Nische — oder: Die Welt umfasst mich

BEISPIEL

D., 4;3 Jahre, hat ein Schwesterchen (T.) erhalten. Er darf es in seine Arme nehmen:
D. setzt sich — die Unterlage soll für D. und T. stabil sein.
Dann wird ihm T. auf den Schoss gegeben.
D. legt einen Arm um das Schwesterchen. Mit dem andern hält er ihren Körper fest auf seinem Schoss —
so bleibt nicht nur die Unterlage, sondern auch die Seite stabil.
Die Erfahrung für die kleine T.:
„Die Welt umfasst mich" —.
Für D.: „Ich umfasse meine Welt".

Welche Quelle an Geborgenheit! Die Erfahrung der Nischensituation ist Grundlage und Ausgangspunkt für das langsam sich entwickelnde Wissen um die Umwelt und später um die Wirklichkeit, wie sie ist — *erkenntnis- und gefühlsmässig.*

Der Säugling befindet sich zunächst fast ständig in solchen Situationen des Umfasst-Seins, der *Nische.* Er beginnt, diese Situationen zu untersuchen:

BEISPIELE

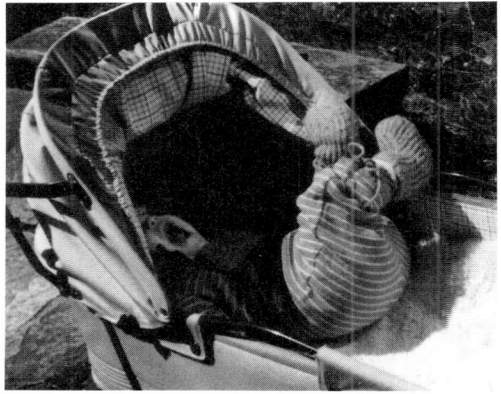

T., 5 Monate, liegt im Wagen. Sie strampelt:
Körper und Beine auf die eine Seite — dann auf die andere!
Wo werden die Bewegungen gestoppt?
Wo nicht?

M., 1;4 Jahre, wird das erstemal in einer grossen Wanne gebadet. Sie schreit. Darauf wird sie in eine kleine Wanne gesetzt. Sogleich wird sie ruhig.

Weshalb? In der grossen Wanne spürt M. die Unstabilität des Wassers — das Wasser umfängt sie. Wo hört das Wasser auf? Wo ist ihr Körper? Keine Begrenzung — völlige „Freiheit" — das kann Angst verursachen.

In der kleinen Wanne ist die Situation anders. Der Körper bewegt sich — und gleich findet er Widerstand — unten und an der Seite. Jetzt erkennt M., wo die Welt und wo ihr Körper ist. Sie ist beruhigt. Die Wanne umfasst ihren Körper unten und seitlich, sie bildet eine Nische.

Das Kind wächst. Immer wieder sucht es oder schafft es sich selber Nischen, um immer mehr über seine Umwelt und gleichzeitig über seinen Körper etwas zu erfahren.

BEISPIELE

D., 11 Monate, findet ein Becken mit Wasser.
Wie herrlich, da hineinzusteigen —
den Widerstand zu spüren —
an der Seite — von unten!
Und als Kontrast das bewegliche Nass!

▶
Er spürt:
Die Welt umgibt mich — ich spüre die Begrenzung. Nun erfahre ich, wo ich bin — und wo die Umwelt ist.

D. fühlt sich geborgen in der Nische der Wanne. So kann er ein neues Spiel beginnen — mit Körper und Wasser, und kann so mehr über seine Umwelt erfahren.
▶

Hier entdeckt M., 1;5 Jahre, den Putzkübel in der Küche. Ob man da hineinsteigen kann?
▼

Sie fühlt mit den Händen, ob es auch wirklich hineingeht — kein Widerstand! Erst weit unten! — Da kann man es versuchen! Vorsichtig steigt sie über den Rand in den Kübel — die Füsse ertasten den Unterlagewiderstand — die Hände halten sich an der Seite fest. ▼▼

*Nun hinein mit dem Rumpf — jetzt kann man absitzen!
Doch noch ist Platz zwischen Körper und Seitenwand.*

▲▲
*Beide Arme und Hände können auch hinein — nun kann man sich nicht mehr bewegen —
Beschränkung rundherum!*

▶
*Jetzt kann M. sich ausruhen —
in der Geborgenheit der Nische!*

So wird das Kind mit seiner Umwelt und gleichzeitig mit seinem Körper — mit sich selbst — vertrauter. Erfahrung fügt sich an Erfahrung.

BEISPIELE

*D., 1;11 Jahre, findet eine weite Schale.
Wie gross sie wohl ist?
Ob man sich da hineinsetzen kann?*

*D. versucht es ...
Es gelingt! Widerstand unten — Widerstand an der Seite — und halten kann man sich auch noch!*

Hier ist D., 3;6 Jahre, draussen im
Schnee! Wie herrlich, sich da draufzu-
setzen!
Die Unterlage gibt nach — wie weit
wohl?
Fast wie in einem Bett — so weich —
und nun die Beschränkung von unten
und von der Seite!
Jetzt sitze ich — in einer Schneenische!

E., 1;8 Jahre, ist auf Entdeckung!
Was für grosse Schuhe! Da kann man
hineinschlüpfen!

Die Unterlage ist fest — die Seiten
wackeln.
Nun diese Schnüre, ob man diese festmachen kann?

Wie bringe ich sie zusammen?

So — nun das Gehen!
Ganz anders als sonst;
wacklige Beschränkung unten, oben und
an der Seite!

Die Situationen werden komplexer; in der Nische ist nun nicht nur Platz für den eigenen Körper, sondern *zusätzlich für Dinge der Umwelt*.

BEISPIEL

J., 3;6 Jahre, findet eine Schachtel mit Öffnung nach oben.

Da kann man hineinsteigen —.
Ob der Bär auch Platz hat im „Haus"?

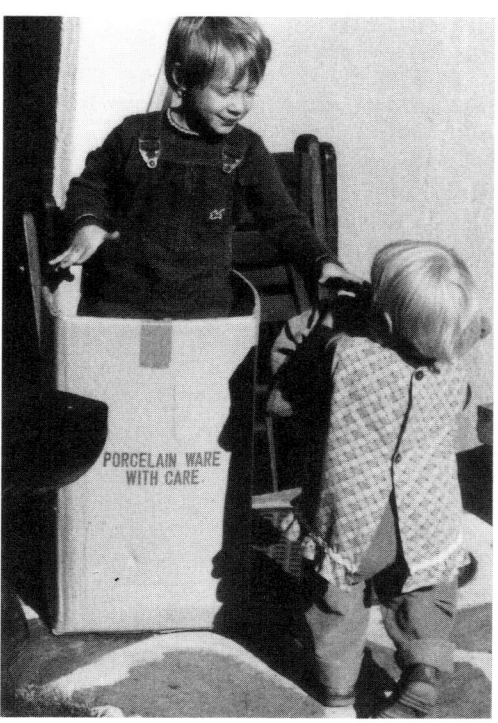

Das Kind hat gelernt, dass eine gesehene Umwelt eine Umwelt ist, die man auch erspüren kann, die folglich „existiert". Es beginnt, mit diesem Wissen zu spielen. Wir können annehmen, dass das „Sich-Verstecken" Ausdruck solchen Spielens ist. Das Kind „nimmt" auf spielerische Weise die gesehene Umwelt „weg". Wenn man die Umwelt nicht mehr sieht, dann kann man sie auch nicht mehr spüren, dann ist sie vielleicht nicht mehr da?

Das Kind beginnt mit dem „Berühren der Augen": Berühre ich mit der Hand meine Augen, dann sehe ich plötzlich die Umwelt nicht mehr. Ob sie trotzdem noch besteht? Das „Guggus-Spiel" beginnt.

Mit Wonne macht das Kind mit, wenn eine vertraute Person mit ihm dieses Spiel durchführt; bald entdeckt es, dass man die Decke über das Gesicht ziehen kann und man so die Umwelt auch nicht mehr sieht, — und wenn die Decke weg ist, dann ist die Umwelt wieder da.

Aus der Decke vor dem Gesicht wird etwas später eine „Decke-um-den-Körper": Nun sehe ich die andern nicht mehr — und die andern mich nicht.

BEISPIEL

E., 3;2 Jahre, liegt auf einer Decke. Er beginnt sich einzuhüllen.
Nun umfängt ihn die Decke. Nichts ist zu sehen — es wird dunkel.

Ob das da draussen noch da ist?

▲▲
E. hebt seinen Kopf — die Decke öffnet sich, so kann er hinausblicken.
▶
Die Decke wieder zu!
Nun — wo bin ich? Wo sind die andern?

▼
Wieder blinzelt E. unter der Decke hervor — ich sehe die andern — ob sie mich sehen?

▼▼
Und wenn ich nun die Augen zumache? Ich sehe nichts mehr. Und die andern?

1.2.2 Der Gegenstand — oder: Ich umfasse die Welt

Das Berühren kann sich zu einem Umfassen fortsetzen. Zur Ausführung des Umfassens sind besonders Hände/Finger und Mund/Lippen geeignet. Bereits beim Säugling kann man beobachten, wie Arme-Hände-Finger fast ständig in Bewegung sind. Sie spüren der Unterlage entlang. Oder die Hände „fallen" von oben auf die Unterlage und erspüren auf diese Weise Widerstandsveränderungen auf der Unterlage. Fallen die Hände auf einen Gegenstand, wird dieser fest auf die Unterlage gedrückt. Es kann dann geschehen, dass die Finger über die Kante des Gegenstandes gleiten. Da die ganze Hand auf den Gegenstand drückt, bewegen sich die Finger in dieser Haltung *um den Gegenstand* — das Kind vollzieht damit eine *Umfassungsbewegung*.

BEISPIEL
T., 2 Monate, liegt auf der Decke. Ihre Augen blicken irgendwohin.
Unterdessen erspüren ihre Finger *den Widerstand ihrer Bekleidung —*
und nun versucht sie zu umfassen.

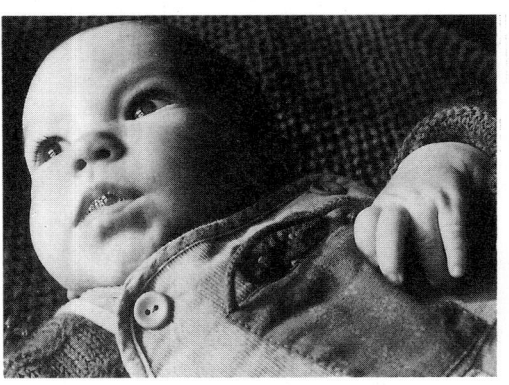

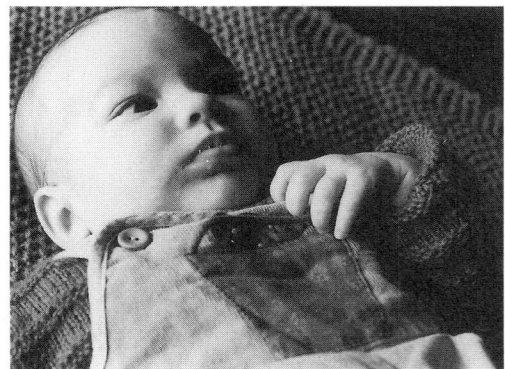

Umfassen führt zu deutlichen Widerstandsveränderungen: Meine Finger bewegen, umschliessen etwas, bis dieses Etwas meine Bewegungen blockiert. Das Etwas „steht meinen Fingerbewegungen entgegen" — wir sprechen vom „*Gegenstand*". Um sicher zu sein, dass ich einen Gegenstand wirklich umfasse, ist die *Veränderung von keinem/leichtem zu totalem Widerstand* sehr wichtig. Der Säugling ist auf diese Information ausgerichtet. Man kann dies gut beobachten: Umfasst er einen Gegenstand, so wendet er soviel Druck auf, dass seine Fingerspitzen weiss werden.

Umfassungsbewegungen werden nicht nur mit der Hand/den Fingern, sondern sehr intensiv und über lange Zeit hinweg auch mit dem Mund ausgeführt. Wir sprechen von der *Mundexploration*:

In der Mundexploration werden die verschiedenartigsten Gegenstände in den Mund geführt und durch *mannigfaltige Bewegungen* der verschiedenen Mundbereiche untersucht: z.B. durch Beissen auf den Gegenstand mittels Kieferbewegungen, durch Saugen und Drehen des Gegenstandes mit der Zunge, durch Festhalten mit den Lippen und durch Schlecken, wiederum mit der Zunge:

BEISPIEL

D., 6½ Monate:
Was immer seine Hände umfassen, wird in den Mund geführt und exploriert.

Oft versucht das Kind, den ganzen Gegenstand in den Mund zu bringen — dabei ist erstaunlich, wie gross der Mund eines Säuglings sein kann. Er scheint von einem Ohr zum andern zu reichen.

BEISPIELE

T., 6½ Monate, umfasst mit einer Hand den Ring. Sie untersucht diesen mit ihrem Mund:

T. berührt mit Lippen und Zunge die schmale Kante —.

Der Ring wird gedreht — Kante und Breitfläche — ob man sie mit dem Mund umfassen kann?

T. versucht das Umfassen mit dem Mund...
jetzt kommen auch Wangen und Nase dazu — zum Berühren —
und jetzt der nächste Gegenstand — die Kugel!

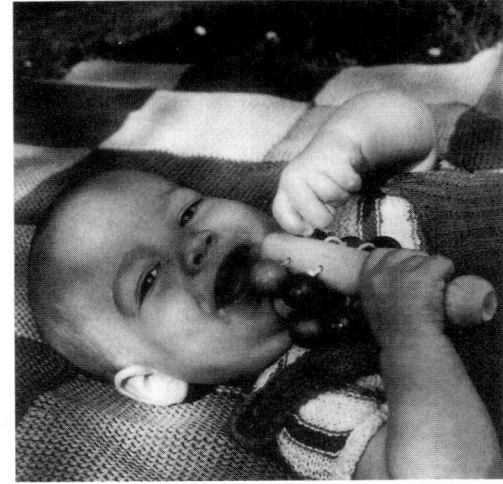

E., 5 Monate:
Er erfasst Gegenstände und führt sie zum Mund —.
Die Lippen *umfassen den Gegenstand* — *wie weit geht er* in den Mund *hinein?*

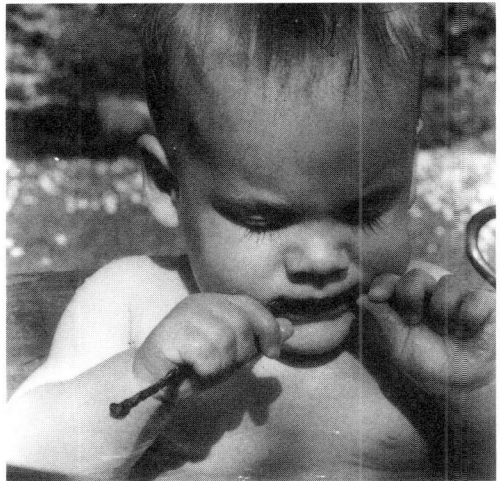
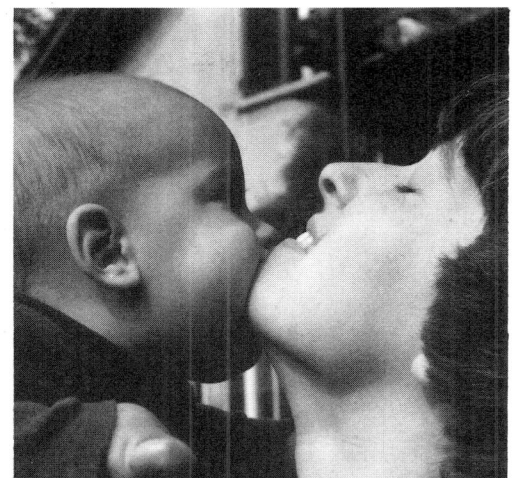

▲
Durch Beissen wird der Widerstand erspürt.

▲▲
*Alles kann mit dem Mund umfasst werden, nicht nur Gegenstände —
sondern auch die lebendige Umwelt.*

Durch die Erfahrungen der Mundexploration wird das Zusammenspiel von Lippen — Kiefer — Gaumen — Zunge — Hand — Finger immer feiner und differenzierter. Es ist anzunehmen, dass dieses Zusammenspiel eine wichtige und unerlässliche Voraussetzung zum normalen Sprechen ist.

Ein Kind nimmt meist nur das in den Mund, *was es zuvor mit seinen Händen berührt hat.* Ein gewisses Ausmass an Vertrautheit mit dem gespürten Reiz scheint eine Vorbedingung für die Mundexploration zu sein:

BEISPIEL ▲

T., 7 Monate, erhält eine Banane zum Essen. Diese wird ihr mit einem Löffel eingegeben. Mit ihren Fingern umfasst sie Löffel und Banane. So begleitet sie Löffel und Banane — das noch wenig Bekannte — mit beiden Händen zum Mund.

Was es da alles zu spüren gibt! Widerstandsveränderungen und Beschaffenheit: der harte Löffel, die weiche, feuchte und schmierige Banane, der eigene Mund mit Lippen und Zunge ...

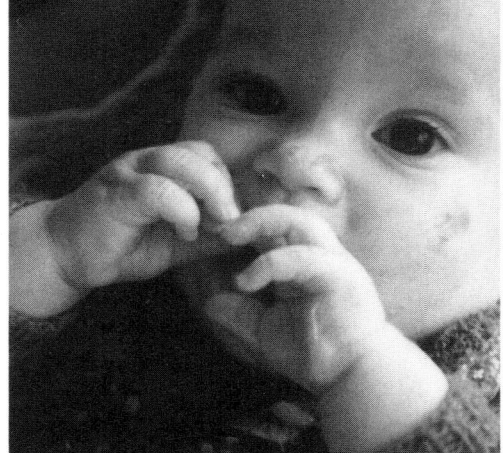

Der volle Löffel wird zum Mund geführt —

mm — nun hinein —   ▲▲

▶
jetzt ist er drin!

▼
Mund und Löffel sind leer —

wie spannend — der Löffel ist wieder voll!   ▼▼

Welche Vielfalt von Eindrücken — über die Hände, Finger, Lippen, über Zunge und Wangen!

So spielt der Mund eine wichtige Rolle im Erkunden der Umwelt.

Im Laufe der Entwicklung werden die *Sequenzen des Berührens und des Umfassens* zuerst mit der Hand, dann mit dem Mund immer *länger*.

BEISPIEL
T., 7 Monate, untersucht ein Sieb: ▼

Sie berührt — ▼

versucht, das Berührte zu umfassen.

Es glückt — sie hält den Gegenstand fest.

Nach dem ersten Vertraut-Werden umfasst sie mit dem Mund.

Durch solche Erfahrungen nimmt *die Umwelt* immer mehr Gestalt an: Sie wird *dreidimensional*.

Zusammenfassend können wir festhalten:

Durch Berührung der Umwelt erhält das Kind mannigfaltige Information über die Existenz seines Körpers und dessen Gliedmassen — in Unterscheidung zur Existenz der Welt um es herum. Durch unzählige solche Interaktionen erfährt es Gesetzmässigkeiten von Widerstandsveränderungen zwischen Körper, Unterlage und Seite. Solche Gesetzmässigkeiten führen zum Erwerb gewisser Regeln, in unserem Fall der *Berührungsregeln*. Diese erlauben es dem Kind, seine Berührungserfahrung zu ordnen und — mit der Zeit — in veränderten Situationen Erwartungen aufzustellen. Das Kind erlebt sich also nicht auf absolute Weise, gleichsam in einem Vakuum. Nein! Nur eine ununterbrochene Auseinandersetzung [Interaktion] mit dem Widerstand, den die Welt seinen Körperbewegungen entgegensetzt, führt zu diesem Erlebnis. Durch solche Erfahrungen nimmt der Körper langsam die Gestalt des *eigenen* Körpers, die Welt langsam die Gestalt der *Umwelt* an.

1.3 Die Umwelt wird wahrgenommen: Ich nehme die Umwelt

In den ersten Wochen lernt der Säugling, in seinen Bewegungen innezuhalten und immer länger sich mit sinnesspezifischen Reizen zu beschäftigen. Wir können von einer sinnesspezifischen Stufe sprechen:

1.3.1 Ich schaue — höre — spüre

BEISPIELE

T., 2 Monate, blickt auf die Spielsachen, die an ihrem Bettchen aufgehängt sind — sie schaut und schaut!

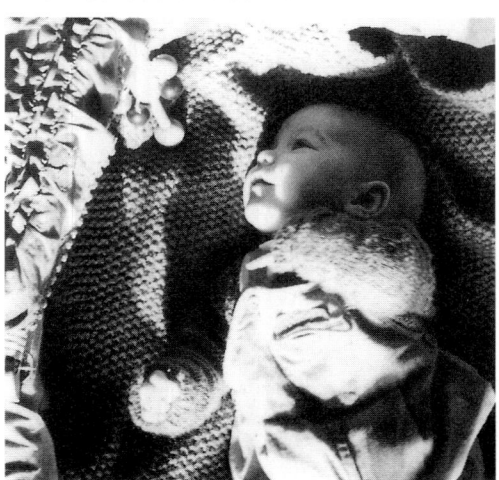

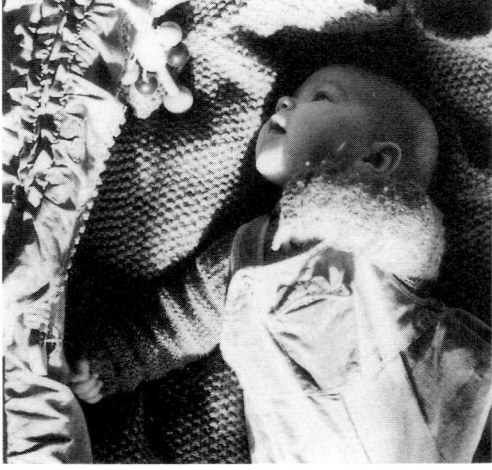

Innerhalb von zwei Monaten hat sie gelernt, etwas, das sich bewegt, nicht mehr mit ruckartigen, sondern mit „fliessenden" Augenbewegungen zu verfolgen. (Aslin, 1981).

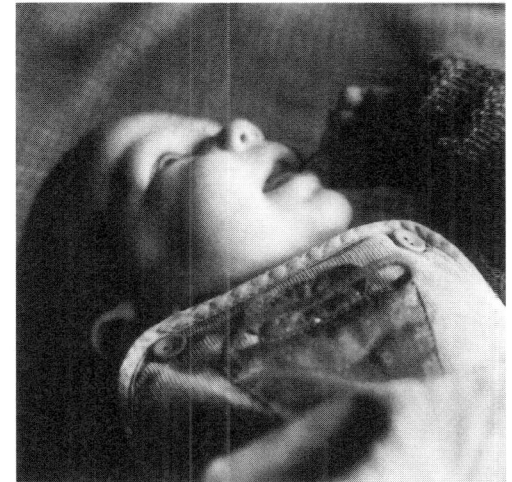

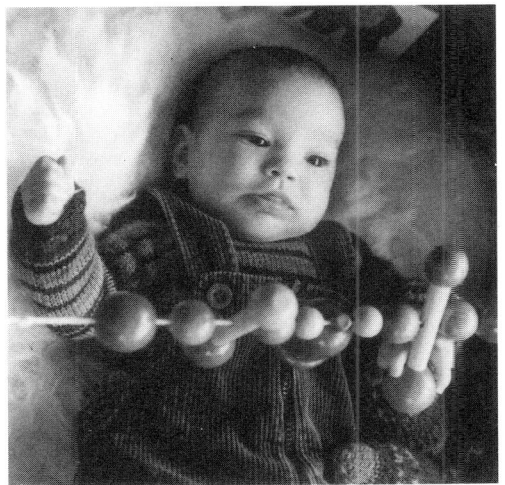

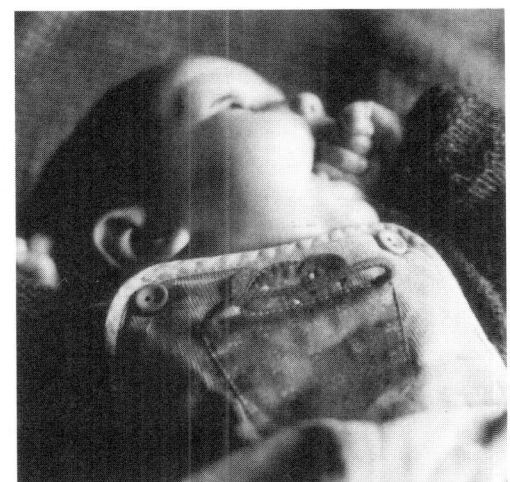

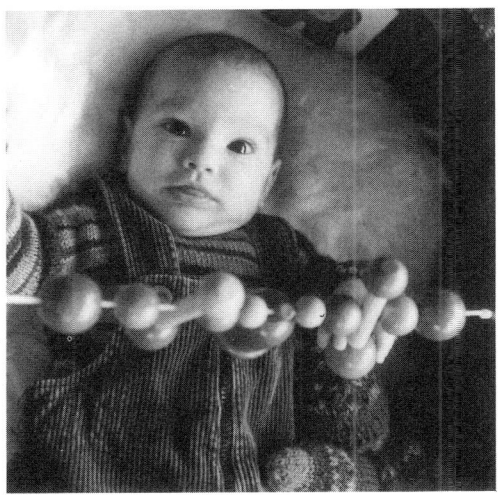

T., 3 Monate: Hier scheint sie ganz ins Spüren vertieft zu sein. Ihre Augen blicken dabei „ins Leere" — sie saugt an ihren Fingern.

Von rund drei Monaten an ändert sich dieses Verhalten des Säuglings. Am deutlichsten ist dies beim Spüren und Schauen zu beobachten. Eine neue Stufe beginnt:

1.3.2 Vom Spüren zum „Spüren-und-Schauen"

BEISPIEL
J., 2;6 Jahre und ihr Schwesterchen (M), 3 Monate:

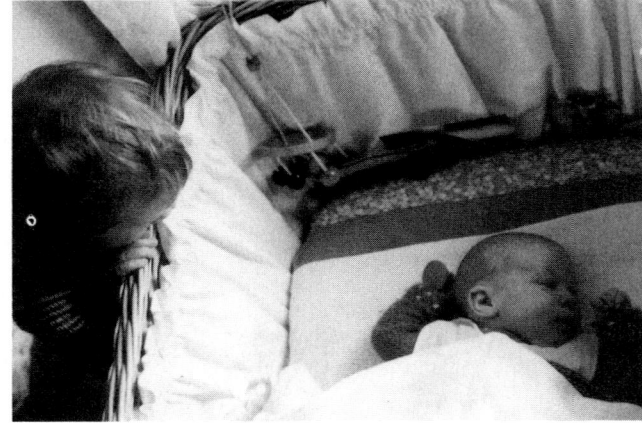

J. nähert sich dem Bettchen. Ob M. schläft?

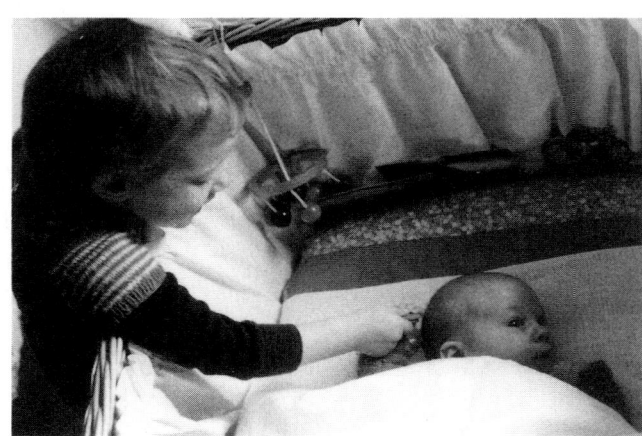

J. berührt M. — M. scheint es zu spüren — sie öffnet die Augen — schaut aber nicht hin.

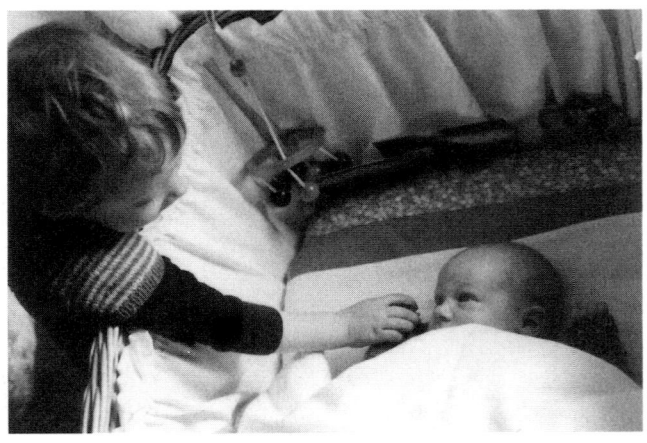

Die Berührung dauert an — und dann — M. spürt und schaut.

Das Neue ist eingetreten: Der Säugling wird von der Umwelt berührt und beginnt — mit einiger Verzögerung — nach dem Berührenden zu blicken.

Dasselbe geschieht, wenn der Säugling selbst die Berührung ausführt: Berührt er einen Gegenstand und verweilt etwas bei dieser Berührung — vielleicht umfasst er sogar den Gegenstand mit der Hand —, dann blickt er auf das gespürte Geschehen.

Der zeitliche Abstand zwischen Berühren und Blicken wird mit wachsender Erfahrung kürzer, und das Verweilen des Blickes bei dem, was die Hand tut, wird immer länger. Man spricht von beginnender Hand-Augen-Koordination (Stambak, 1963).

Von nun an schaut das Kind häufiger intensiv dem Tun seiner Hände zu. Wir können annehmen, dass es dabei das, was es spürt, mit dem zusammenbringt, was es sieht. Wir sprechen von der *Stufe der Sinnesverbindungen* (intermodale Stufe). In unserm Beispiel sprechen wir von taktil-kinaesthetisch-visueller Erfahrung.

BEISPIELE Spüren und Schauen:

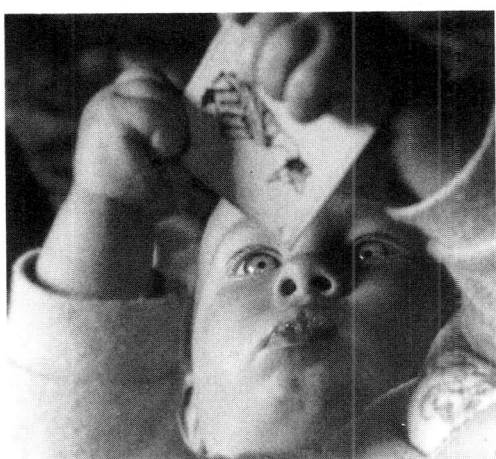

M. ist 5 Monate alt. Sie berührt und umfasst eine Karte — intensiv schaut sie dem zu, was ihre Hände ausführen.

M., 7 Monate: Seit kurzem legt man sie auf die Wiese. — Sie berührt Gras und blickt aufmerksam auf das Berührte.

1.3.3 Vom Schauen zum Nehmen

Neben den Situationen, in denen der Körper des Kindes etwas berührt und der Blick folgt, treten immer häufiger jene auf, in denen das Kind etwas erblickt und dann mit einer Handbewegung versucht, das Gesehene zu berühren.

Dieses Verhalten wirkt zunächst unbeholfen, aber bald wird das Kind darin geschickter.

BEISPIEL

T., 2½ Monate, erblickt den Ring.

*Eine Hand ist bereits in der Nähe.
Ob es zum Berühren reicht?
Der ganze Körper streckt sich.*

*Die Finger berühren den Ring.
Doch umfassen? Das gelingt nicht.*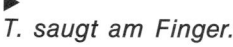

▶
T. saugt am Finger.

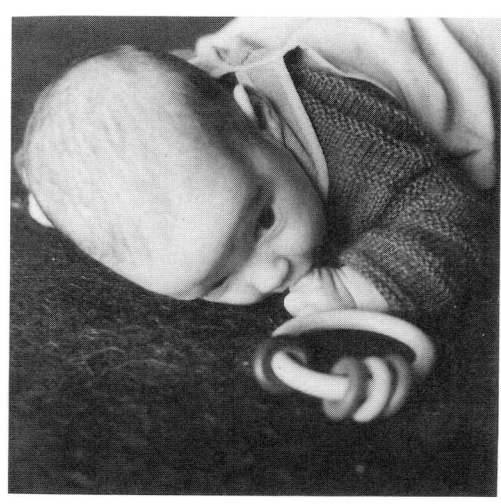

Mit etwa sieben Monaten ist das Kind erfolgreicher geworden. Die Finger zeigen Erwartungsstellung, wenn die Hand versucht, den erblickten Gegenstand zu ergreifen.

BEISPIEL
E., 6½ Monate, sitzt in seinem Sessel und versucht, Spielsachen zu erreichen:

*Er streckt seinen Arm aus.
Dabei öffnet sich die Hand.
Die Finger spreizen sich in
Erwartung der Berührung.
Die Augen sind intensiv auf
die ausgestreckte Hand und
auf den Gegenstand gerichtet.*

Die Finger berühren den Gegenstand — ob nun das Umfassen und dann das Heranholen gelingen wird?
▶

Hier eine ganze Sequenz des Ergreifens oder, wie wir es auch nennen können, des *Nehmens*:

Das Kind erblickt etwas — berührt — umfasst, nimmt und bringt das Genommene zum Mund:

Erblickt —

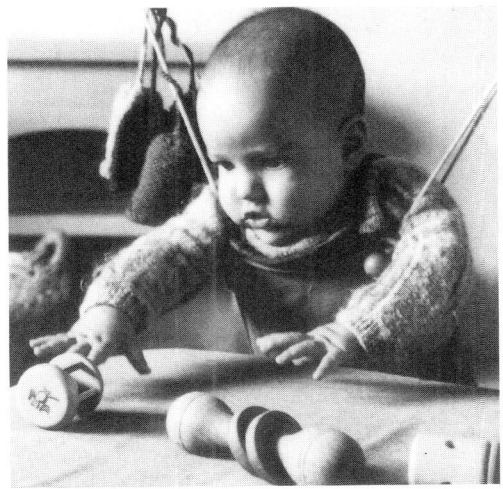

berührt —

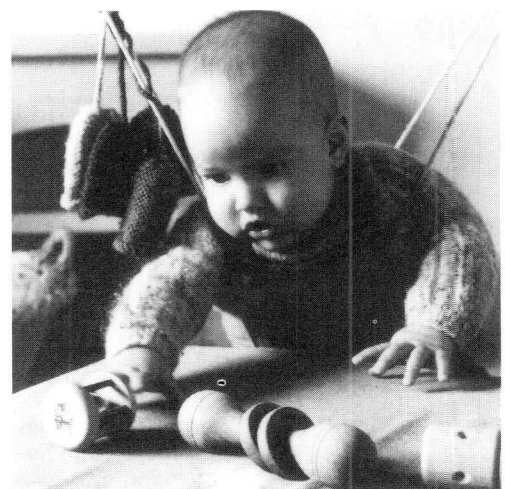

umfasst, nimmt —

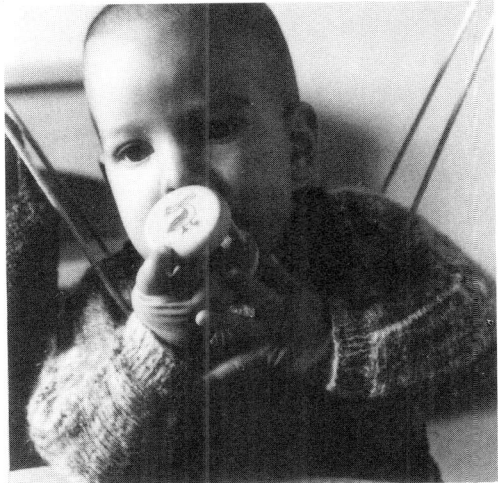

in den Mund!

Aus diesen Beobachtungen lässt sich folgern, dass vom Kind nun verschiedene Leistungen erbracht werden können:
— Das Kind sieht etwas, so das Spielzeug auf dem Tisch — eine visuelle Leistung.
— Die Hand bewegt sich in Richtung des Gesehenen und öffnet sich zu einer Berührungsstellung, *bevor* der Gegenstand berührt wird. Wir sprechen von einer Erwartungsleistung: Das Kind erwartet, dass es das Gesehene berühren wird. Diese Leistung benötigt vorausgegangene visuelle *und gleichzeitige* — auf dasselbe Geschehen bezogene — taktil-kinaesthetische oder Spürerfahrungen, verlangt also eine Verbindung zwischen Sehen und Spüren. Das Öffnen der Hand wird durch das Erblicken des Gegenstandes ausgelöst.
— Die Finger berühren den Gegenstand. Sie bewegen sich um den Gegenstand — dieser wird mit der ganzen Hand umfasst und genommen.

Das Nehmen-Können ist eine Voraussetzung für das Wahrnehmen der Umwelt. Das Kind sieht etwas und kann — aufgrund vorausgegangener Berührungs- und Umfassungserfahrung — das Gesehene als etwas, das auch spürbar ist, beachten: Es *nimmt* dieses *wahr*. Dieses *Gewahrwerden* liegt seinem Verhalten zugrunde: Es berührt und — sofern möglich — umfasst, nimmt — und so steht das Gesehene seiner Handbewegung *entgegen*, wird zum Gegenstand. Das Kind erfährt, dass das Gesehene auch existiert.

1.4 Die Umwelt wird mir vertraut

Ein Kind wird in eine ihm unbekannte Welt hineingeboren. Das, was es berührt, sieht, hört, riecht und schmeckt, ist ihm zunächst unvertraut. Was heisst das? Und was heisst „Vertraut-Werden mit der Umwelt"? Wir Erwachsene können uns den Zustand des Unvertraut-Seins kaum mehr vorstellen.

1.4.1 Unvertraut — ich schrecke zurück

Beim Tier ist das Zurückschrecken, wenn es einen unvertrauten Reiz empfängt, häufig zu beobachten. Uns scheint dies dort sehr einleuchtend zu sein, hängt doch beim Tier das Leben oft von einem raschen Zurückweichen ab.

Auch wir Menschen weichen vor einem unbekannten Reiz zurück. Diese Reaktion kann über jeden Sinnesbereich ausgelöst werden. Die folgenden Beispiele sollen unterstreichen, dass das Zurückweichen etwas Natürliches ist:

BEISPIELE
Berührt-Werden:
Ich liege im Dunkeln im Bett. Plötzlich spüre ich einen Widerstand an meiner Hand. Ich werde berührt. Ich weiss nicht, was mich berührt. Unwillkürlich ziehe ich meine Hand zurück. Dann erst kommt mir in den Sinn, dass es nur mein Hund gewesen ist, der mich berührt hat. Ich bin beruhigt. Ich strecke sogar meine Hand aus, um die Berührung zu wiederholen. Diesmal dauert die Berührung länger. Ich spüre das weiche Fell des Hundes. Ich verweile bei der Berührung.

Sehen:

Ich gebe einen Kurs in einem Heim für behinderte Kinder. Die Kinder sind in den Ferien; Möbel sind auf den grossen Balkonen aufgestapelt. Auch vor meinem Büro befindet sich ein Balkon. Das Wetter ist prächtig, und ich trete durch die Balkontüre hinaus. Ich schrecke zurück, denn gleich nach der Tür trifft ein grosser Schatten in die Peripherie meines Gesichtsfeldes. Was ist dies? Ich blicke seitwärts — aha, eine grosse Puppe! Nun weiss ich, was mich erschreckt hat. Das zweite Mal wiederholt sich meine Reaktion: erneutes Zurückschrecken! Und obwohl ich verstandesmässig nun über die Puppe auf dem Balkon orientiert bin, weiche ich doch jedesmal im ersten Augenblick zurück, wenn ich den Schatten bei späterem Betreten des Balkons wieder erblicke.

Zurückweichen kann also dadurch verursacht werden, dass wir nicht wissen, wodurch ein bestimmter Reiz (hier visuell als Schatten im Gesichtsfeld) ausgelöst wird. Zurückschrecken kann auch dann eintreten, wenn wir bestimmte Erwartungen über die Art eines Reizes, z.B. über die Beschaffenheit eines Gegenstandes, aufstellen und dann eine andere, unerwartete Information erhalten:

BEISPIEL

Wir haben ein Feuer angefacht, um Würste zu braten. D. ergreift den Stecken mit der aufgespiessten Wurst, um die Wurst übers Feuer zu halten. Mit einem Schrei lässt sie den Stecken fahren — ihre Hand hat unerwarteterweise auf etwas Weiches gegriffen (statt auf den harten Stecken): Eine Heidelbeerraupe krabbelt am Stecken empor.

In den ersten Wochen sind für den Säugling Reize der Umwelt unvertraut: Er reagiert darauf mit heftigen Bewegungen.

Für die Umwelt ist dieses Verhalten so selbstverständlich, dass sie sich kaum Gedanken darüber macht. Wir aber interpretieren: *Er schreckt zurück.*

Mit zunehmender Erfahrung baut sich dieses Zurückschrecken ab. Das Kind beginnt, *innezuhalten*. Es wird fähig, immer länger bei einem Reiz zu verweilen. *Die Umwelt wird ihm nach und nach vertrauter*, zuerst die allernächste, später auch die weiter entfernte. Wie geschieht dies? Was für Leistungen sind in diesem Vorgang eingeschlossen? Dazu einige Gedanken!

1.4.2 Auf der Suche nach Neuem

Etwas Eindrückliches im Verhalten des Säuglings und des Kleinkindes ist die Begierde nach neuartigen Reizen:

BEISPIEL

T., 7 Monate, hat eben das Sieb auf der Unterlage untersucht. Nun erblickt sie etwas anderes — etwas Neues —, das Sieb, das schon Vertrautere, wird losgelassen.

Sie umfasst das Neue auf der Unterlage mit den Fingern — dann mit dem Mund.

Solches Verhalten kann immer wieder beobachtet werden: unermüdliches Suchen nach Neuem. Ist es dem Kind gelungen, etwas anderes, Neuartiges mit den Händen zu umfassen, so kann es für einige Augenblicke sich ganz dem Neuen zuwenden:

BEISPIEL
J., 7 Monate: Es ist ihr gelungen, die Bürste zu umfassen.

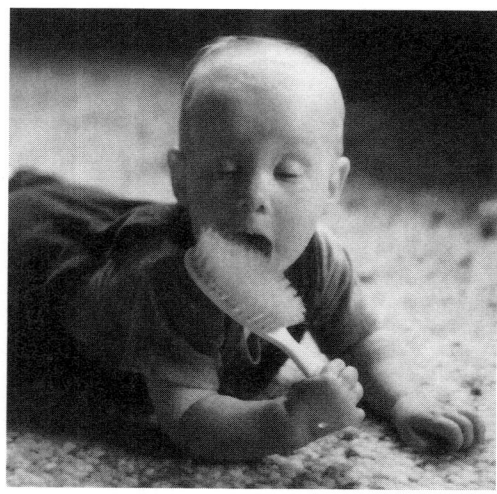

Sie richtet sich ganz aufs Spüren aus — schliesst die Augen.

„Etwas anderes" ist geschehen — die Bürste wird nicht mehr beachtet — J. schaut!

Es ist auffallend, dass sich das Kind bei Neuem zunächst ganz auf einen Sinnesbereich — Spüren *oder* Sehen *oder* Hören — richtet; so, wie der Säugling, der sich in der sinnesspezifischen Stufe befindet.
Die *sinnesspezifische* Stufe tritt auch bei uns Erwachsenen dann in Erscheinung, wenn wir uns intensiv mit Aufnehmen beschäftigen. Ich höre zum Beispiel Musik. Wenn ich mich ganz aufs Hören ausrichten will, dann schliesse ich die Augen. Oder ich betrachte ein prächtiges Gemälde. Dann bin ich froh, wenn nicht jemand mir etwas Wichtiges erzählen möchte.

Erst dann, wenn das Kind mit dem Neuen etwas vertraut wird, kann es gleichzeitig zum Spüren auch Hinschauen, also über zwei Sinnesbereiche das Geschehen aufnehmen, *Sinnesverbindungen* schaffen (siehe Abschnitt 13.2 „Vom Spüren zum ‚Spüren-und-Schauen'").

Jeden Tag, jede Stunde entdeckt das Kind Neuartiges. Und jedesmal kann man dieselbe *Reihenfolge* feststellen: Schauen, Berühren, Umfassen zunächst mit der Hand, dann mit dem Mund:

BEISPIEL
R., 11 Monate, sitzt auf dem frisch gefallenen Schnee:
▼

umfasst mit der Hand —
▼

R. schaut —
▼

und nun mit dem Mund!

berührt —

Vertraut-Werden mit der Umwelt heisst also zunächst und vor allem: die Umwelt *erspüren*, erspüren mit dem ganzen Körper. Dabei nehmen die Hände eine Sonderstellung ein. Und da kann man im Laufe der Entwicklung etwas ganz Erstaunliches beobachten:

1.4.3 Eine Hand — dann zwei — und doch Eins

Die Sequenzen des Berührens — Umfassens werden immer länger und die dabei angewandten Bewegungen geschickter. Bereits beim siebenmonatigen Kind weisen die Fingerbewegungen beim Umfassen mit der Hand eine eindrückliche Harmonie auf.

Das Kind exploriert in dieser Zeit etwas Neues zuerst meist mit *einer* Hand (Forman, 1982), die andere kommt erst nach einigem Berühren dazu, wie in den folgenden Beispielen:

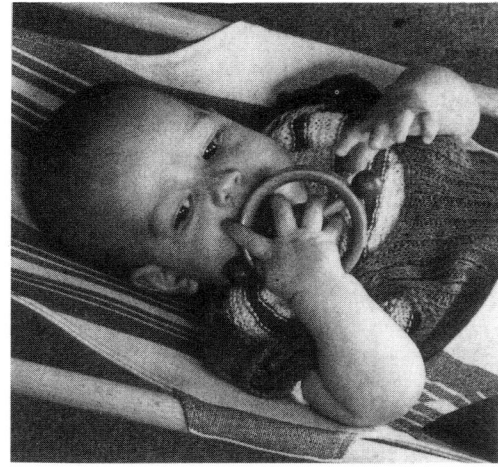

BEISPIELE

E., 5 Monate, führt seinen Ring zum Mund:

▲

Er saugt und beisst darauf, hält den Ring mit der einen Hand — die andere nähert sich „in Berührungsstellung".

▶

Nun umfasst auch die zweite Hand den Ring.

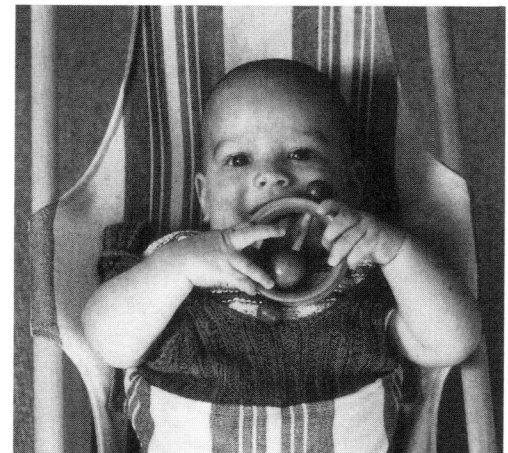

R., 8 Monate, sitzt im Gras — „bunte Flecken" um sie herum.
▶

Sie schaut — ob man diese „Flecken" berühren und nehmen kann? Vorsichtig streckt sie die eine Hand aus — die andere „steht im freien Raum" — vergessen?

Ein Etwas wird ergriffen, erspürt — und nun kommt die andere Hand dazu, um auch zu spüren, darüberzustreichen, zu bewegen!

Welch ein Wunder! Hier ist eine Hand Informationsquelle, dann kommt die andere dazu, eine zweite Informationsquelle: Wie gelingt es dem Kind, die beiden unterschiedlichen Informationsquellen zusammenzubringen, eine Einheit an Erkenntnis daraus zu machen?

Leider schweigt die Literatur darüber. Nur über die Dominanz der Hirnhälften, der Hände wird gesprochen, über Rechts- und über Linksseitigkeit. Man übergeht das Erstaunliche — und für die Entwicklung wahrscheinlich Wichtigere —, nämlich die Frage nach dem *Entstehen eines einheitlichen Begriffes der Welt, wo man doch zwei verschiedene Hände hat* (geschweige denn noch zwei Füsse ...).

1.4.4 Die Vielfalt des Berührens und des Loslassens

Betrachtet man ein Kind beim Versuch, durch Berühren mit Neuartigem vertraut zu werden, so staunt man über die Mannigfaltigkeit der verschiedenen Arten von Berühren. Wie noch zu zeigen sein wird, ist dies eine wichtige Grundlage der weiteren Entwicklung. Einige Beispiele dazu:

BEISPIEL
T., 7 Monate, liegt auf einer Decke am Boden:

Eine Hand berührt noch den Strohuntersatz auf der Unterlage, mit der andern versucht sie, das Sieb zu umfassen — wie man sich da strecken muss!

Sie zieht das Sieb über die Unterlage näher zu sich heran; die andere Hand hat den Strohuntersatz losgelassen ... ▶

... und kommt nun auch dazu —

und beide Hände berühren — und umfassen den Gegenstand auf der Unterlage — ▶

die eine Hand lässt los — zurück zum Strohuntersatz — loslassen und

wieder zum Sieb; berühren mit einer Hand —

und nun der Versuch, mit beiden Händen zu umfassen —

dann loslassen und schnell wieder dieses Andere berühren —

und erneut zurück!

Jetzt gelingt das Umfassen und das Nehmen — die Widerstände verändern sich zwischen Körper — Unterlage — Seite!

Wieder umfassen mit der einen Hand —

dann berühren mit der anderen —

und nun mit beiden Händen! — Loslassen —

und zurück zum Sieb!   *Da ist etwas zum Umfassen, mit einer Hand —*

und nun mit beiden Händen!

Wieviele Kontraste werden durch diese verschiedenen Berührungen wahrgenommen! — Kontraste bezüglich Oberfläche, Formen, Temperatur ... Dabei bewegt sich der ganze Körper auf der Unterlage, nicht nur die Hände, auch wenn diese eine Vorrangstellung einnehmen. Diese Bewegungen verändern fast ununterbrochen den Widerstand zwischen Körper, Seite und Unterlage.

Prächtige Situationen für Berühren und Berührt-Werden bietet das Essen:

BEISPIELE
M., 12 Monate, isst voll Genuss Schokoladenkuchen:

Ich berühre — und die Umwelt berührt mich — am Finger, an der Hand, am Mund, an den Wangen, im Mund. — Wo noch?

D., 11 Monate, beendet seine Mahlzeit:

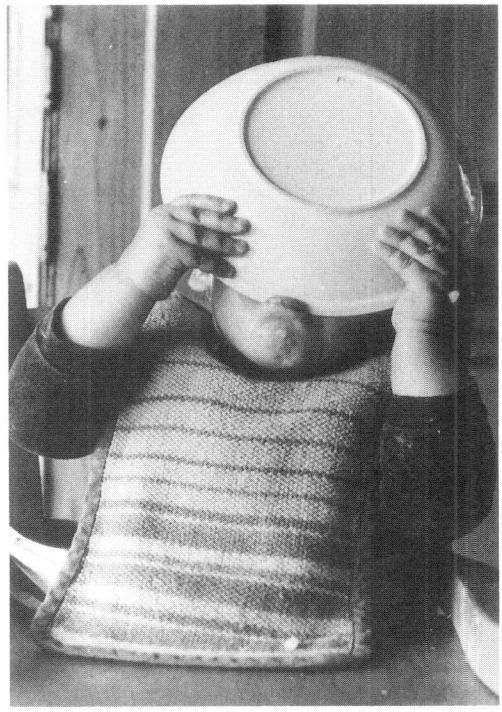 

Ich umfasse die Umwelt — und zugleich umfasst sie mich! Jetzt so — *und nun so!*

Wir fassen zusammen:

Die Welt ist für das Kind zur Umwelt geworden:
— Es ist mit Widerstandsveränderungen zwischen Unterlage, Seite und eigenem Körper vertraut.
— Es erkennt, dass es eine Welt gibt, welche es umfängt; es findet Geborgenheit in der Nische.
— Es hat entdeckt, dass man etwas Gesehenes auch spüren kann — es richtet sich darauf, *nimmt es wahr* — die *Umwelt entsteht* und ist da.
— Durch vielfältiges Berühren und Loslassen — mit einer Hand, mit beiden Händen — wird es mit der wahrgenommenen Umwelt *vertraut*.

Jetzt kann das Kind einen weiteren Schritt in seiner Entwicklung vollziehen: *Es beginnt zu wirken.*

2. Die Wirklichkeit: Wahrnehmen und Bewirken

Wir halten fest: Damit die wahrgenommene Umwelt zur Wirklichkeit wird, muss das Kind ihr *Wirken* erfassen; Wahrnehmen gehört dabei stets dazu. Wirken besteht aus *Ursache und Wirkung*.

2.1 Ursache und Wirkung

Das Kind entdeckt:
— Es bewegt sich und seine Bewegung wird gestoppt: Es berührt etwas — Ursache und Wirkung; es entdeckt, dass es *durch Bewegung etwas berühren kann*. Es berührt und das Berührte bewegt sich — Ursache und Wirkung; es entdeckt, dass es *durch Berühren etwas in Bewegung versetzen kann*.
— Es umfasst etwas auf der Unterlage. Das Umfasste kann von der Unterlage entfernt und wieder darauf zurückgelegt werden — Ursache und Wirkung; das Kind entdeckt die *Wegnehmbarkeit*.

Die zwei folgenden Abschnitte befassen sich mit diesen Entdeckungen, die für das Erkennen der Wirklichkeit wichtig sind.

2.1.1 Ich erzeuge Bewegung

Bei den Explorationen der Umwelt durch Berühren und Umfassen geschieht es immer wieder, dass die berührten Gegenstände in Bewegung geraten.

Zunächst entstehen solche Bewegungen zufällig; das Kind schreckt dann zurück oder staunt zumindest über das Geschehen — über die Wirkungen seines Tuns.

BEISPIEL
T., 8 Monate, untersucht eine Pfanne:

T. berührt mit den Händen — dann mit dem Mund!

Jetzt verändert sich der Widerstand: Die Pfanne und T. geraten in Bewegung! T. schaut.

Nun gelingt es ihr, den Stiel zu umfassen!

Und nun in den Mund!

Zurück zur Pfanne! Mit einer Hand —

▶

dann mit beiden Händen — sie versucht zu umfassen, und wieder verändert sich der Widerstand — das Berührte bewegt sich und T.s Arme und Beine bewegen sich ebenfalls — dies alles auf einer stabilen Unterlage.

Das Erzeugen von Bewegungen auf der Unterlage geht mit Widerstandsveränderungen einher. Mit wachsender Erfahrung erkennt das Kind nach und nach, dass sich in diesem Bewegung-Erzeugen Gesetzmässigkeiten ausmachen lassen, und es beginnt, diese systematisch zu untersuchen.

BEISPIEL

J. 1;8 Jahre, ist glücklich, wenn sie hie und da die Möglichkeit erhält, die Tasten der Schreibmaschine in Bewegung zu versetzen.

Welche Konzentration, die Taste genau zu treffen — und gerade soviel Druck zu geben, dass die richtige Widerstandsveränderung geschaffen wird, um Bewegung zu bewirken.

2.1.2 Ich trenne und bringe zusammen

Wir haben bereits beschrieben, wie das Kind seine Umwelt auf das *Nehmen* hin untersucht. Es fährt kratzend über eine Fläche und versucht, etwas darauf Gespürtes zu umfassen; oder es sieht etwas auf der Fläche und versucht, das Gesehene zu berühren und zu umfassen. Bei diesen Versuchen kommt es natürlich auch vor, dass etwas Gesehenes nicht umfasst und nicht „genommen" werden kann:

BEISPIEL

J., 7 Monate, liegt auf dem Boden in der Nähe eines schmalen Tisches. Die Seitenwände des Tisches sind aus rohem Arvenholz. Deutlich sind die Astansätze als dunkelbraune Flecken im hellen Holz sichtbar. J. versucht wiederholt diese dunklen Stellen zu ‚ergreifen'. Diese Versuche werden während der nächsten Tage immer wieder gemacht.

Das Kind wiederholt mit Ausdauer seine Versuche, das Gesehene zu umfassen. Erst nach und nach wird ihm bewusst: Das Gesehene kann wohl berührt werden, aber die Berührung führt nicht zum Umfassen und Wegnehmen. Dass das Kind dies nicht erwartet, wird aus dem Verhalten von J. im obenstehenden Beispiel ersichtlich: Immer wieder versucht sie, die dunklen Stellen zu ergreifen, bis sie zu verstehen scheint, dass die dunklen und die umgebenden hellen Stellen zusammengehören.

Das Kind in unserem Beispiel macht eine wichtige Entdeckung: Ich sehe etwas — doch weiss ich nicht, ob dies „etwas für sich" ist oder nicht. Um das zu wissen, muss ich versuchen, dieses Gesehene vom anderen Gesehenen zu trennen. In der Literatur wird eine solche Leistung häufig als „Figur-Grund-Unterscheidung" beschrieben (Ayres, 1973). Meistens wird von einer visuellen Leistung gesprochen (Koffka, 1963).

Das Kind macht, wie gesagt, eine wichtige Entdeckung, die über die blosse Wahrnehmung hinausreicht. Diese neue Leistung ist komplexer als die im Abschnitt 1.3.3 „Vom Schauen zum Nehmen" beschriebene. Dort handelt es sich um das Unterscheiden zwischen etwas, das sich bewegt, und dessen unbewegbarer Unterlage. Etwas später lernt das Kind, dass das Bewegbare auf der Unterlage umfasst werden kann.

Bei der neuen Leistung handelt es sich um das Erkennen, dass das Bewegbare nicht nur umfassbar, sondern auch von der Unterlage *wegnehmbar* ist: Das Beweg- und Umfassbare ist etwas, das von der Unterlage getrennt und gleichzeitig wieder darauf zurückgeführt werden kann.

Durch dieses Wegnehmen *bewirkt das Kind eine Veränderung der Umwelt*. Was vorher auf der Unterlage war, ist nun nicht mehr darauf; ich kann es aber wieder dorthin zurückbringen und loslassen. Damit kann ich die Wirkung des Wegnehmens rückgängig machen. Ich trenne und bringe wieder zusammen.

Durch solche Exploration erfährt das Kind Gesetzmässigkeiten von Ursachen und Wirkungen (in Form von Widerstandsveränderungen) als Grundlage für die *Regel der Wegnehmbarkeit*, eine unter anderen Regeln des Wirkens.

Das Kind untersucht seine Umwelt intensiv auf die Anwendbarkeit dieser Regel hin: Was kann man trennen, und was gehört zusammen?

BEISPIEL

R., 10 Monate, sitzt auf dem Schoss der Mutter hinten im Auto. Während der Fahrt greift er wiederholt nach den Haaren der Person im Vordersitz. Dabei zerrt er an den Haaren, so fest, dass es der Person weh tut.

Wir können annehmen, dass bei solchem Geschehen das Kind zunächst etwas sieht: den Körper und die Haare. Die Haare sind von anderer Farbe als der Körper — also zwei verschiedene visuelle Eindrücke. Ob beides zusammengehört oder nicht? R. umfasst etwas vom Gesehenen — er spürt den dadurch erzeugten Widerstand. Ob man diesen Widerstand überwinden kann? Er versucht, das Umfasste wegzunehmen: Er reisst an den Haaren. Um sicher zu sein, ob der umfasste Widerstand überwindbar ist oder nicht, benötigt R. in diesem Alter noch maximale Kontraste: Er zerrt, so fest er kann. Erst als er spürt, dass der Widerstand nicht nachgibt, weiss er: Obwohl diese beiden „Etwas" unterschiedlich aussehen, gehören sie zusammen.

Ähnlich wie mit den Haaren ist es mit der Brille, mit den Zähnen und der Zunge. Wiederholt muss das Kind untersuchen, ob diese „Dinge" zu einer Person gehören oder nicht. Wie oft versucht das Kind, die Brille wegzunehmen! Und da es auf „maximale Widerstandsveränderung" angewiesen ist, wird die Brille von der Nase „weggerissen".

Die folgenden Beispiele sind ein winziger Ausschnitt aus der Fülle an Erfahrungen, die ein Kind erwirbt, indem es seine Umwelt auf Wegnehmbarkeit hin untersucht:

BEISPIELE

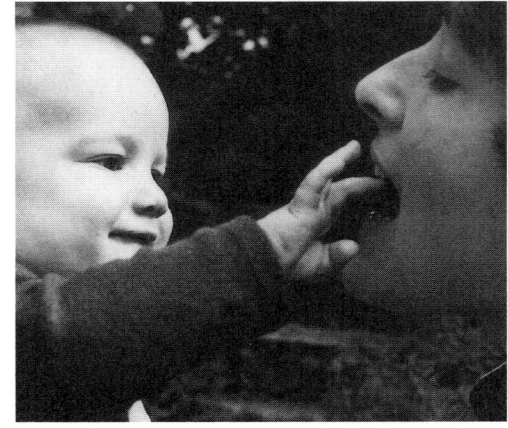

D., 7½ Monate, erblickt die Zähne seiner Mutter. Ob man die wohl wegnehmen kann?

M., 1 Jahr, isst selbständig einen Melonenschnitz:

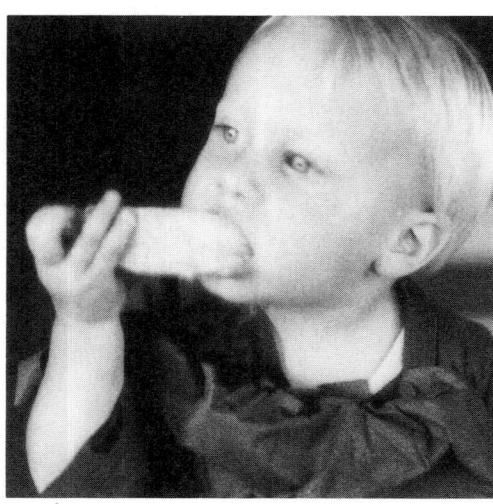

Was hier wohl wegnehmbar ist? Noch ist es weich beim Beissen —

doch jetzt beginnt's: der Widerstand — und der andere Geschmack!

D., 1;3 Jahre:
Ob man dieses gelbe „Etwas" (es sind Zwiebelschalen) wegnehmen kann?

Immer wieder exploriert auch das ältere Kind Beziehungen von getrennt-zusammen, jedoch in Situationen von wachsender Komplexität.

BEISPIELE

J., 2 Jahre:
Und wie verhält es sich bei den Pflanzen?

D., 2;6 Jahre:
Schnee ist gefallen. Was das wohl ist?
Ob es wegnehmbar ist?
Und wie spannend, dabei ein Hilfsmittel zu benützen.

Erfahrungen mit der *Wegnehmbarkeit* schliessen natürlich auch den *eigenen Körper* mit ein. Hier zwei Beispiele dazu:

BEISPIELE

M., 1;10 Jahre, weigert sich, Handschuhe anzuziehen, obwohl äusserst kaltes Winterwetter herrscht. Zieht man ihr welche an, dann versucht sie sofort, diese wieder abzustreifen. Zur gleichen Zeit wehrt sie sich, wenn der Pulloverärmel mehr als die Hälfte ihrer Finger bedeckt. — Es scheint, dass sie Angst hat, ihre Finger seien nicht mehr da, wenn sie diese nicht mehr sieht.

L., 2 Jahre, liegt im Bett. Sie zieht am Ärmel ihres Pyjamas und sagt: „Lueg: weg! (Schau: weg)." Dann zieht sie an ihren Fingern und meint: „Lueg: nöd weg — fest — aglimt (Schau: nicht weg — fest — angeleimt)."

Zur Wegnehmbarkeit gehört aber nicht nur das Weg-Nehmen, sondern auch das *Wieder-Zusammenbringen*. Im folgenden Beispiel ist das Kind damit beschäftigt:

BEISPIEL

E., 2;2 Jahre, hat einen seiner Finken (Hausschuhe) ausgezogen. Jetzt versucht er, einen Schuh anzuziehen:

▶
Er hält den Schuh an den Fuss — hier gehören sie zusammen, der Schuh und der Fuss!

Wie soll man den Schuh umfassen? — wo ihn berühren?

Die Zehen erspüren den Widerstand — ob sie hier hineinpassen?

 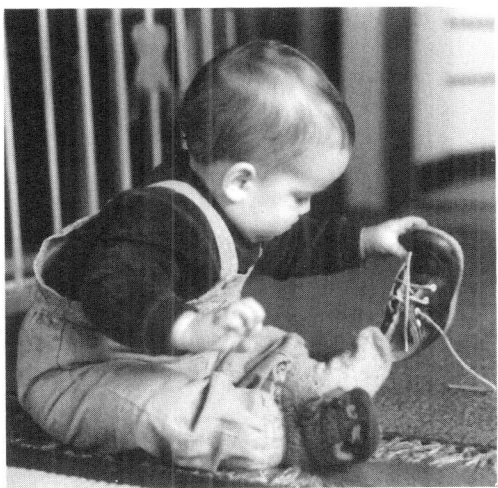

E. drückt den Schuh auf die Zehen — der Widerstand wird stärker — doch, wo sollen die Zehen jetzt hinein? (Der Schuh hat sich umgedreht)

E. beginnt noch einmal — so, vielleicht jetzt?
Die Zehen berühren den Schuh: Ob die Zehen nun hineinpassen?

Das Kind wird in dieser Zeit *selbständiger im Essen*. Die verinnerlichten Erfahrungen mit der Regel der Wegnehmbarkeit haben dies ermöglicht. Was kann ich alles vom Teller oder von der Schüssel wegnehmen? Wie mache ich das? Dabei ist wieder die Widerstandsveränderung als Information wichtig, wie das folgende Beispiel zeigt:

BEISPIEL

M., 1;6 Jahre, sitzt mit einer Schüssel voll Quark — eine von M.s Lieblingsspeisen — auf der Treppenstufe.
Sie stellt die Schüssel auf das eine Knie, mit dem andern schafft sie einen Seitenwiderstand, mit der rechten Hand umfasst sie die Schüssel und drückt diese gegen den Widerstand von Unterlage und Seite.
So — die Schüssel hält. Jetzt kann M. löffeln — alles wegnehmen, was keinen Widerstand bietet.

Zum Wegnehmen gehört neben dem Nehmen und dem Wieder-Zusammenbringen das *Loslassen*. Loslassen durchläuft eine Entwicklung:

Wir haben im Abschnitt 1.4.4 („Die Vielfalt des Berührens und des Loslassens") die Mannigfaltigkeit des Berührens beschrieben: Das Kind findet über die Unterlage hin den Weg zu einem Gegenstand; dann sieht es einen anderen, versucht, denselben ebenfalls über die Unterlage zu erreichen, zu berühren, zu umfassen; dabei muss es meistens den vorher berührten Gegenstand loslassen.

Die Widerstandsveränderungen, die durch dieses Berühren — Loslassen — Berühren ausgelöst werden, schliessen also stets die Unterlage mit ein.

In dieser ersten Phase der Erfahrungen von Widerstandsveränderungen zwischen Unterlage, Gegenstand und eigenem Körper wird das Loslassen *so nebenbei* ausgelöst. Erst durch die wachsende Erfahrung, dank der beschriebenen Vielfalt von Berühren und Loslassen wird letzteres bewusster.

Das eigentliche *Loslassen willkürlicher Art benötigt* also vorausgegangene *gespürte Erfahrung mit Gegenstand und Unterlage*. Dabei ist die umgekehrte Reihenfolge von Widerstandsveränderungen, verglichen mit dem Wegnehmen, beobachtbar:

— Beim Wegnehmen spüre ich die Veränderungen des Widerstandes zwischen Unterlage und Seite (Gegenstand auf der Unterlage) und eigenem Körper. Ich umfasse das Wegzunehmende. Ich spüre es als Gegenstand in meiner Hand und nehme es von der Unterlage weg.

— Beim Loslassen halte ich zunächst den Gegenstand in meiner Hand und spüre dessen Widerstand; dann berühre ich mit ihm die Unterlage. Sobald ich den Unterlagewiderstand spüre, löse ich meine Finger vom Gegenstand, drücke ihn mit der Handwurzel auf die Unterlage. Darauf löst sich auch meine Handwurzel vom Gegenstand — ich lasse ihn auf der Unterlage los.

Die *Wegnehmbarkeit*, einschliesslich des Loslassens, betrifft also *Beziehungen des Getrennt- und Zusammenseins zwischen Unterlage, Gegenstand und eigenem Körper*. Durch seine Explorationen der Wegnehmbarkeit erwirbt sich das Kind vielfältige Erfahrungen darüber, ob etwas, das es als „Flecken" sieht, umfasst und weggenommen werden kann.

Diese Erfahrungen beziehen sich zunächst nur auf *einen* Gegenstand in seinen Beziehungen zur Unterlage und zum eigenen Körper. Mit wachsender Erfahrung bemerkt das Kind, dass nicht nur „ein Etwas" von der Unterlage weggenommen werden kann, sondern dass beim Wegnehmen das Umfasste manchmal an einen anderen Widerstand stösst, vielleicht diesen anderen sogar in Bewegung versetzt.

Wiederholtes Auftreten solcher Geschehnisse erlaubt es dem Kind, darin eine Regelmässigkeit zu entdecken — Grundlage für das *Erkennen nachbarschaftlicher Beziehungen zwischen Gegenständen, die sich berühren*. Und so bildet es schliesslich die Regel, dass es mit einem Gegenstand einen anderen, der sich auf derselben Unterlage befindet, berühren und diesen vielleicht sogar bewegen kann. Damit ist das Kind soweit, dass es beginnt, nachbarschaftliche Beziehungen durch Anwendung solcher Regeln systematisch zu erkunden.

2.2 Ich erspüre die Nachbarschaft

Eine der zuerst entdeckten Beziehungen zwischen Gegenständen, die sich berühren, ist die Möglichkeit des „Herausholens" und des damit verbundenen „Hineinbringens".

2.2.1 Ich nehme heraus und bringe hinein

Diese Leistung ist eng mit der Wegnehmbarkeit verknüpft. Bei der Exploration der Wegnehmbarkeit kommt das Kind immer wieder in die folgende Situation: Es erblickt einen „Flecken" auf einer Unterlage und versucht, ihn zu umfassen und wegzunehmen. Bei diesem Versuch greift es, um den gesehenen „Flecken" zu nehmen, in etwas hinein. Es spürt dabei eine Seite, an der man entlanggleiten kann, bis die Finger den gesehenen „Flecken" umfassen können. Das Umfasste wird — der gespürten Seite entlang — aus der Öffnung herausgezogen. Das Kind entdeckt so das *Herausnehmen*.

BEISPIELE

J., 9 Monate, berührt einen Plastikbehälter, in welchem sich ein Bauklotz befindet. J. spürt dies und versucht, ihre Hand in den Behälter zu stecken. Die Ausführung ist schwierig, da der Behälter schmal ist und kaum Raum lässt für ihre Finger. Trotzdem versucht sie immer wieder, die Finger hineinzubringen und das, was darin ist, zu ergreifen. Nach mehreren Versuchen hat sie endlich Erfolg. In den nächsten Tagen ist ähnliches Verhalten noch und noch zu beobachten.

J., 2;8 Jahre, untersucht den Mund ihrer kleinen Schwester:

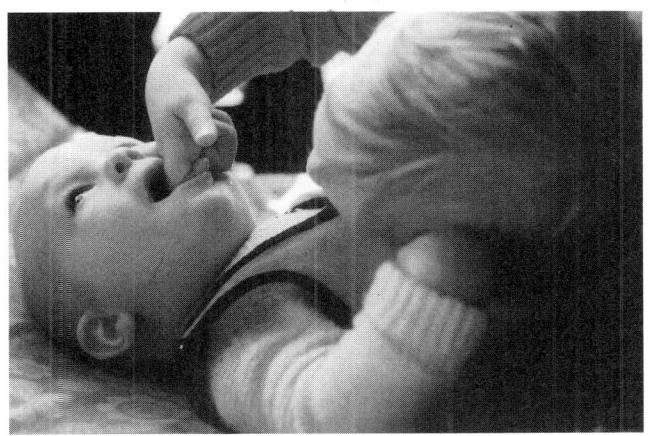

Ob man da etwas herausholen kann? Sie steckt den Zeigefinger in den Mund des Schwesterchens — vielleicht die Zunge, die sich da bewegt?

Je besser das Kind sich fortbewegen kann, desto grösser wird das Betätigungsfeld für die Anwendung der Wegnehmbarkeit und, damit verbunden, des Herausnehmens. Bald ist nichts mehr sicher: Bücher werden aus den unteren Gestellen herausgenommen, die Küche sieht einem Schlachtfeld ähnlich, wenn die Schranktür oder die untere Schublade zufällig offen gelassen wurden.

So, wie zum Wegnehmen das Zusammenbringen gehört, so gehört zum Herausnehmen das Wieder-*Hineinbringen*. Nur ist dies bedeutend schwieriger:

BEISPIELE

M., 10 Monate, verlangt nach Glas oder Becher, um Löffel hineinzustecken. Sie ergreift Speisen und versucht, diese der Mutter in den Mund zu stecken. Sie führt den Löffel in den Teller, dann in den Mund ...

D., 1;3 Jahre, hat Zwiebelschalen vom Boden aufgelesen (siehe BEISPIEL S. 57).

*Ob man diese wieder mit dem Plastikbeutel zusammenbringt?
Da hinein?
Dort, wo sie vorher waren?
D. hält die Zwiebelschalen an den Beutel — Schale und Beutel gehören doch zusammen!*

Auf vielfältige Weise untersucht das Kind diese Beziehungen: Wegnehmen — Zusammenbringen, Herausnehmen — Hineinbringen. Aus den einfachen Sequenzen „Gegenstand weg — Gegenstand zurück" werden nach und nach komplexere Betätigungen; weitere Gegenstände werden miteinbezogen, gegenseitige Nachbarschaftsbeziehungen werden erkundet: Aus dem „Heraus" wird ein „Auseinander", aus dem „Hinein" ein „Ineinander".

Kessel, Löffel, Becher, Büchsen — was dient dem Kind auf dieser Stufe nicht alles zur Exploration! Sand, Erde, Wasser — was immer weggenommen und hineingefüllt werden kann, mit der Hand, mit dem Löffel! Und wenn es drin ist, ob es wieder herauskommt? Jahrelang wird sich das Kind mit solchen Betätigungen beschäftigen.

Die so gemachten Erfahrungen bilden die *Grundlage für das Erfassen von Ursache-Wirkungszusammenhängen in verschiedensten Situationen, wie auch — später — für sprachliche und rechnerische Begriffe.*

BEISPIELE
K., 2;2 Jahre, untersucht ihre Umwelt:

ineinander/hinein — auseinander/heraus; wegnehmen — zusammenbringen ...

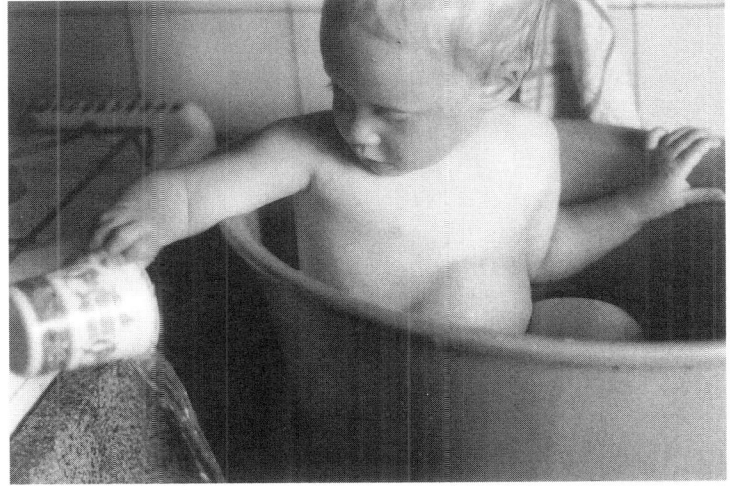

▶
J., 2 Jahre, sitzt im Badewasser. Welch herrliches Betätigungsfeld!

Das nächste Beispiel zeigt die *spontane Variation in der Wiederholung von Betätigungen* bei einem gesunden Kind im Alter von 2;6 Jahren:

BEISPIEL

In einer Schachtel befindet sich diverses Material. Der Vater und J. sitzen vor der Schachtel. J. nimmt eine Presse heraus und gibt sie dem Vater. J. nimmt eine Büchse heraus und gibt sie dem Vater. J. nimmt einen Stein aus der Büchse und gibt ihn dem Vater. J. hält die Büchse und sagt: „ine tue (hineintun)" — „nit ine tue (nicht hineintun)."

J. nimmt einen Trichter heraus, stellt ihn auf den Kopf, stülpt ihn dann über die Büchse und versucht, den Stein in den Trichterhals zu stecken. Dazu sagt J.: „ine tue (hineintun)." J. nimmt die zusammengesetzte Presse, hebt den oberen Teil weg, sieht den unteren Teil zum Vorschein kommen und legt einen Nagel hinein. Dann erblickt er auf dem Boden noch mehr Nägel und legt sie ebenfalls in die Presse.

J. stellt das Presseoberteil auf ein Trinkglas und nimmt es wieder weg. J. stellt das Presseunterteil auf das Glas und legt das Oberteil darauf. J. gibt dem ganzen Gebilde einen Stoss — und alles fällt zu Boden. J. hebt alles wieder auf und beginnt das Aufeinandertürmen von neuem. Dabei rutscht der Deckel weg. J. entfernt nun die Presse und drückt eine Orange auf das Glas...

Im Laufe dieser Erfahrungen des Hineinbringens geschieht es immer wieder, dass das Hineinstecken nicht gestoppt wird. Das Kind drückt z.B. einen Lappen in ein Gefäss. Es drückt und drückt, und der Lappen dringt der Seite entlang in das Gefäss. Doch — wo ist der Boden, der die Drückbewegung stoppt? Statt des Bodens gibt plötzlich die Seite nach — wo ist der Lappen? — Er ist unten wieder herausgekommen, ist *durch* das Gefäss hindurchgedrückt. Dem Gefäss fehlt der Boden.

Je mehr sich solche Erfahrungen wiederholen, desto bewusster wird dem Kind eine weitere nachbarschaftliche Beziehung:

2.2.2 Es geht hindurch und dann wohin?

BEISPIEL

M., 1 Jahr, entdeckt an der Bank einen Spalt zwischen den Brettern:

*In der Hand hält sie ein Stück Papier.
Was damit tun?*
▶

◀
Das könnte man in den Spalt stecken ...

*Sie versucht es. Sie drückt und drückt —
plötzlich gibt der Widerstand nach —
wo ist das Papier?*

Die Finger berühren es nicht mehr, sie spüren nur noch den Seitenwiderstand des Spaltes.

Da — M. entdeckt das Papier durch den Spalt hindurch — auf dem Boden, unter der Bank.

M. muss sich bücken — jetzt kann sie das Papier wegnehmen.

Auf vielfältige Weise begegnet dem Kind diese neue Beziehung des „Hindurch".
Dazu zwei weitere Beispiele:

BEISPIELE

R., 1;6 Jahre, hält sich im Wartezimmer des Zentrums auf. Er vergnügt sich mit Spielmaterial. Zufällig liegen auf dem Tisch zwei Arten von Aufstecktürmen (Kiddycraftmaterial). Für den einen Turm werden Scheiben verschiedener Grössen verwendet, die in der Mitte gelocht sind und über einen Stab aufeinandergeschichtet werden. Beim Aufbau des andern Turmes werden ungelochte quadratische Scheiben abnehmender Grösse aufeinandergestapelt. Beide Arten von Scheiben liegen unsortiert auf dem Tisch. Er ergreift den Stab mit der einen Hand und mit der andern aufs Geratwohl hin gelochte oder ungelochte Scheiben und versucht, sie über den Stab einzuführen, was ihm natürlich nur mit den gelochten gelingt. Nach einer Weile versucht er systematisch, abwechslungsweise eine Scheibe mit und dann eine Scheibe ohne Loch über den Stab einzuführen.

Er hat also entdeckt, dass es zwei Arten von Scheiben gibt: Er sieht Scheiben mit einem „Flecken" in der Mitte und solche ohne. Es gelingt ihm deshalb, diese abwechslungsweise in die Hände zu nehmen. Er scheint aber nicht im voraus zu wissen, welche man über den Stab einführen kann und welche nicht. Dies muss er noch jedesmal übers Spüren ausprobieren.

M., 1;3 Jahre, entdeckt kleine Steine.
Diese möchte er holen.
Doch wie das ausführen?

M. untersucht die Situation: Berühren — wo verändert sich der Widerstand?
Was hindert ihn am Umfassen der Steine?

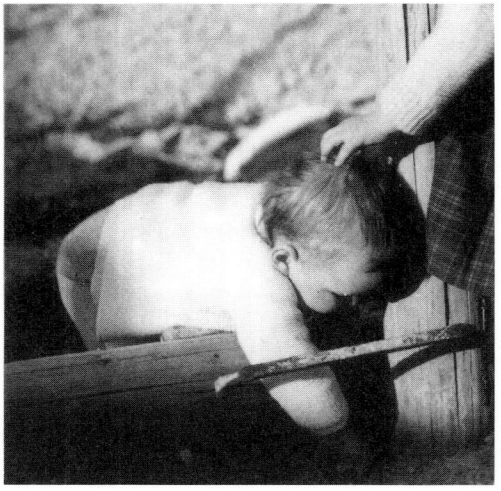

Da! Zwischen Baumstamm und Eisenstab hindurch, beidseits Beschränkung der Bewegung!

▲▲
Mit der einen Hand erspürt er die neue Unterlage, die andere umfasst noch die stabile Holzunterlage; er spürt und vergleicht — hier ist Holz — hier sind Steine!

▶
Nun führt er mit der zweiten Hand dasselbe aus — zwischen Eisen und Holz hindurch zur Unterlage mit den Steinen — jetzt kann man dieselben wegnehmen.

Noch ist der Gegenstand, der durch einen andern Gegenstand hindurchgeht, *sichtbar*. Das Kind kann gespürte Information mit visueller verbinden. Es kann jedoch geschehen, dass ein Gegenstand in etwas hineingeht, hindurchdringt und dann — verschwindet.

Je mehr Erfahrungen das Kind mit gespürtem *und* gesehenem „Hindurch-Geschehen" gesammelt hat, desto eher wird es sich mit jenen Situationen beschäftigen, in denen das „Etwas" *verschwindet*. Es beginnt, solche Geschehnisse systematisch zu untersuchen:

BEISPIEL

D., 1;6 Jahre, hat draussen eine leere Cocabüchse entdeckt. Er versucht nun, allerlei Dinge unterschiedlicher Grösse, besonders Steine von der Strasse, in die enge Öffnung zu stecken.
Beim Spazieren entdeckt er den Wasserablauf. Dieser ist mit einem Gitter abgedeckt. Auch hier versucht D., verschieden grosse Steine durch die Gitterzwischenräume zu drücken und in den Ablauf fallen zu lassen.

Gegenstände können also beim „Hindurch" verschwinden — man sieht sie nicht mehr. Was ist mit ihnen geschehen? Wohin sind sie gekommen? Dazu der nächste Abschnitt:

2.2.3 Es verschwindet, und man findet es wieder

Gegenstände verschwinden zunächst „zufällig". Sie sind nicht mehr zu sehen, aber vielleicht noch zu spüren — so, wie im folgenden Beispiel:

BEISPIEL

J., 1;3 Jahre, spielt mit Büroklammern, wovon eine — von J. unbeachtet — unter ein Blatt Papier verschwindet. J. kritzelt auf diesem Blatt. Plötzlich spürt sie eine Erhebung. Sie versucht, diese Erhebung wegzunehmen — mehrere Male. Schliesslich entferne ich mit J. das Blatt — die Büroklammer wird sichtbar. J. lacht und sagt: „Da", mit einer Betonung der Befriedigung.

Aus dem Wieder-Hervorholen von verschwundenen Gegenständen wird schon bald ein aktives Verschwinden-Lassen. Während Jahren bildet dies ein faszinierendes Explorationsfeld für das Kind. Aus dem „Darunter" entsteht ein „Darin": Ein Gegenstand wird nicht unter, sondern z.B. auf ein Papier gelegt. Dann wird das Papier um den Gegenstand gewickelt und das Ganze *zusammengedrückt*. Das starke Drücken weist auf die maximale Widerstandsveränderung hin, die dem Kind einen Anhaltspunkt für das Gelingen verschafft. Auf diese Weise „faltet" das Kind Servietten, wenn es beim Tischen oder beim Wäschezusammenlegen hilft: Die Zipfel der Serviette werden irgendwie auf der Tischunterlage zusammengedrückt.

Nach unzähligen Erfahrungen mit dem Zusammendrücken beginnt das Kind, geringere Widerstandsveränderungen zu verwerten; es versucht nun, Gegenstände in ein Papier *einzurollen*. Die Kombination von Zusammendrücken und Einrollen führt erst spät, nach vielen Jahren, zum eigentlichen *Einpacken*.

Ist das Verschwinden-Machen, das Einwickeln schon spannend, so ist das *Auspacken*, das Wiederfinden, mindestens ebenso spannend:

BEISPIEL

M., 1;7 Jahre, packt stets mit grossem Eifer aus:

M. erhält ein Paket — etwas „Umwickeltes"; M. spürt den Widerstand dessen, was im Papier versteckt ist!

*Sie zerrt am Papier — bis der Widerstand nachgibt.
Eifrig versucht sie, das „Widerstehende" zu umfassen.*

*Soviel Papier! Sooo lang! M. streckt den Arm aus — noch weiter!
Die andere Hand versichert sich, dass der Widerstand noch im Papier ist.*

Da — M. erblickt das, was versteckt war — sie findet es.

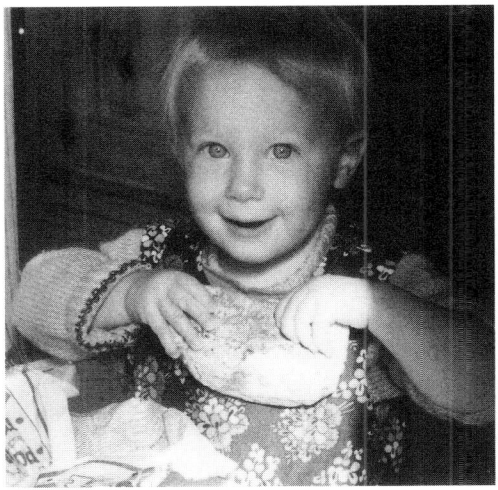 

Sie nimmt es heraus — ein Stein!

Sie lacht — sie umfasst den Stein mit beiden Händen. — Ist er nicht prächtig, der Stein?
— Mag ich doch seit Wochen so gerne Steine!

2.3 Die Wirklichkeit, wie sie ist, wird mir vertraut

Der Tätigkeitsdrang der Kinder ist erstaunlich! Unermüdlich berühren sie und untersuchen die Nachbarschaft der Dinge. Sie stellen sich Probleme und versuchen, diese zu lösen. Sie stöbern Neues auf und benützen Vertrautes auf ungewohnte Weise. Sie nehmen wahr und bewirken. Sie schaffen Ursachen und beobachten, was daraus entsteht:

2.3.1 Ich erfasse die Mannigfaltigkeit von Ursachen...

BEISPIELE

E., 3;4 Jahre, hat das Papierschneiden entdeckt. Auf wieviele verschiedene Arten kann man wohl die Schere halten — und sie schneidet das Papier?

Halte ich die Schere quer oder vorwärts gerichtet? Wie fühlt sich das an?

Oder von oben nach unten?

In der Luft, ohne Widerstand der Unterlage?

Oder mit Widerstand, zwischen Arm und Tisch?

Und wie halte ich das Papier? Aufgerichtet?

Oder auf der stabilen Unterlage des Tisches?

Der ältere Bruder, D., 5 Jahre, probiert sogar aus, wie das wohl wäre, wenn man mit zwei Scheren arbeiten würde:

Ob man beide miteinander umfassen kann?

Und ob das Schneiden dasselbe ist?

Etwas später hilft E., der jüngere Bruder, der Mutter in der Küche Melonen zu richten — das Schälmesser soll die Schale wegschneiden — die angestrebte Wirkung!

Wie umfasse, wie halte ich das Schälmesser? Berühre ich die Melone damit oben? Wie halte ich die Melone? Wo sind die Widerstände?

Oder soll ich die Melone drehen — sie so auf die Unterlage drücken; das Schälmesser an der Seite?

Die Schale ist hart. Was geschieht, wenn ich mit dem Schälmesser ins Melonenfleisch steche?
▶

Vielleicht kann ich die Schale besser mit dem Messer entfernen? E. nimmt das Messer zur Hand:
▼
Wie umfasse ich nun das Messer? Wie berühre ich damit die Melone? So — flach?

▲▲
Oder steche ich von oben in die Melone? Mit mehr Druck?

▶
Nein — das ist nicht das Richtige! Vielleicht so? E. umfasst das Messer wie einen Stift.

Einstechen, das Messer nach vorne gerichtet?

Nein! Einstechen schief von oben —

und hinunter — jetzt, das Stück Schale ist weg — hurra — die Wirkung ist da!

Wie oft werden hier die nachbarschaftlichen Beziehungen verändert — Beziehungen zwischen Melone, Unterlage und Messer! — Und wie sich dabei je auch der Widerstand verändert! Habe ich die Melone noch in der Hand? Oder entgleitet sie mir?

Das Vertraut-Werden mit Ursachen und deren Wirkungen wächst. Der Erfahrungsbereich weitet sich aus. Das Kind untersucht, was immer ihm in die Nähe kommt — vorausgesetzt, dass irgend etwas Unbekanntes darin eingeschlossen ist.

2.3.2 ... und Wirkungen — im Freien und im Haus

In den folgenden Beispielen begleiten wir zwei Geschwister, M. und J., sowie den kleinen E. durch einen Ausschnitt aus dem Alltag *vor* dem Haus, im Garten. Es folgt eine Alltagserfahrung *im* Haus. Dazwischen eine nicht alltägliche Situation in den Bergen.

Wir versuchen, das Verhalten des Kindes so genau als möglich aufzuzeichnen und uns zu überlegen, was die einzelnen Situationen dem Kind an Erfahrung anbieten.

BEISPIELE

M., 1;6 Jahre, ist draussen bei der äusseren Kellertreppe. Die Kellertür steht offen. M. hat dies bemerkt. Nun versucht sie, die Treppe hinabzusteigen:

Wie gelangt man da hinunter? Mit der einen Hand hält sich M. an der obersten Stufe fest, mit der andern am Deckel des Wasserablaufes. Ihre Aufmerksamkeit ist auf die Füsse gerichtet, die die nächste Treppenstufe abtasten — bedächtig — um ja nicht ins Leere zu treten.

Die Stufe ist erspürt — nun blickt M. auf ihre Füsse — der Halt ist versichert — jetzt eine Stufe weiter nach unten!

M. ist im Keller angelangt. Was es da zu sehen, zu berühren und zu umfassen gibt! Ob man diese Dinge wegnehmen kann?

M. hat eine verwelkte Blume mit Samen gefunden. Sie setzt sich. So kann sie das Gefundene besser untersuchen.

M. ist die Treppe hochgeklettert und setzt nun ihre Explorationen fort:

Wieder etwas Spannendes: kleine Steine auf dem Boden, gleich neben der Treppe. Ob man diese wegnehmen kann?
M. stützt sich mit der einen Hand auf die Unterlage, mit der anderen umfasst sie das Gesehene —.

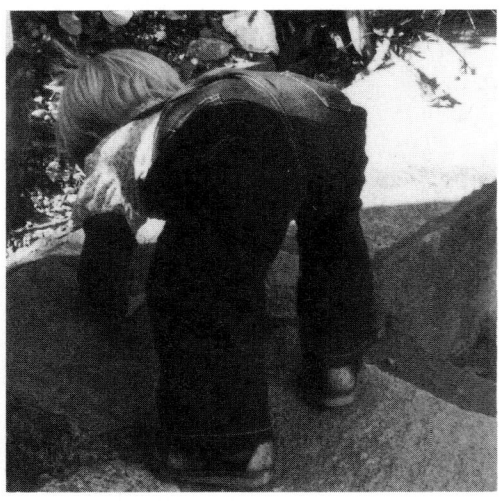

Es ist gelungen! Einige Steinchen sind in der rechten Hand.
M. versucht, aus dem Vierfüsslerstand hochzukommen.

So, jetzt! M. balanciert ihren Körper — versucht, auf ihren zwei Beinen zu stehen.

Dann kommt schon das nächste! Etwas Langes, Glitzerndes!
M. umfasst es mit beiden Händen und schaut: eine Schere!

 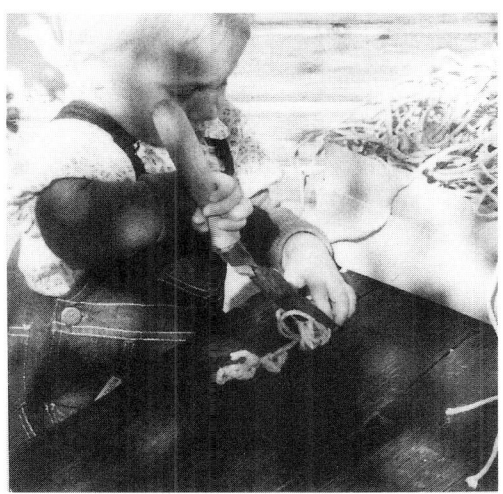

Sie zeigt mir die Schere und versucht, diese zu bewegen — was ich wohl dazu sage?

Wieviele Dinge man doch in der Umwelt findet! Hier eine Schaufel — oder ist es ein Löffel? (Es ist eine Gartenschaufel).
M. hält das Ding, wie sie den Löffel beim Essen hält, und versucht damit, die dabeiliegende Schnur zu „stechen" — was wohl damit bewirkt wird?

Die ältere Schwester, J., 3;8 Jahre, ist ebenfalls dabei, die Umwelt zu untersuchen:

Sie findet einen Gartenhandschuh, betastet ihn, umfasst die grossen Finger und staunt: so etwas Mächtiges!

Darauf findet sie die Gartenschaufel und daneben die vielen Schnüre in der Schachtel. Sie schneidet mit der Schaufel wie mit einem Messer — ob die Schnur entzweigeht?

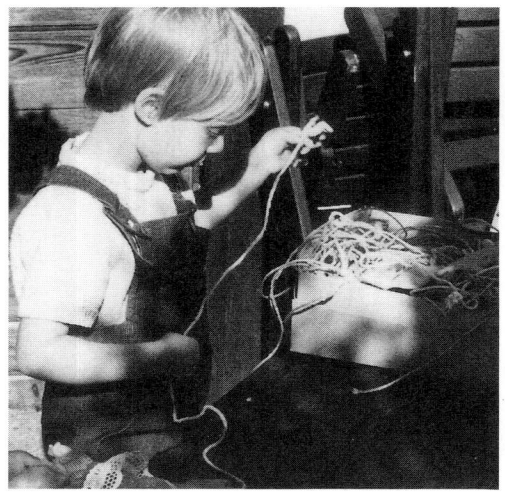 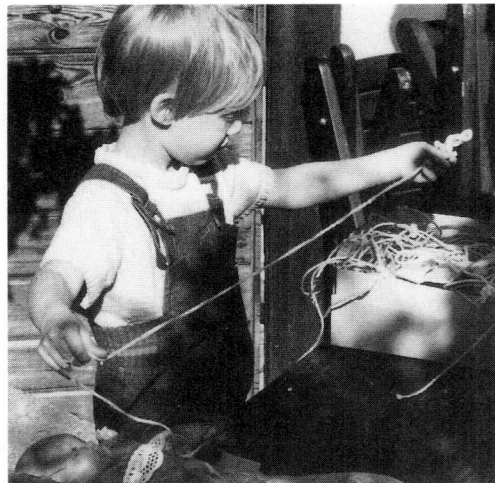

Es ist nicht gelungen.
J. untersucht die Schnur, erspürt und schaut. Sie ist nicht entzwei!

Im Gegenteil!
Was für eine lange Schnur!
J. streckt den Arm aus, die Hand mit der umfassten Schnur geht weit und weiter weg von ihrem Körper — wie weit noch?

Bei solchen Beobachtungen fällt auf, wie unablässig *neue Situationen* im Leben eines Kindes auftreten. Man könnte Bücher füllen mit solchen Beobachtungen! Und immer wieder versucht das Kind, mit solchen Situationen *vertraut zu werden*. Da darf man nicht in Eile sein!

Im folgenden Beispiel begegnen die Kinder in den Bergen dem ersten frisch gefallenen Schnee:

BEISPIEL

M., 1;6, und J., 3;10 Jahre, auf einer Bergwanderung. Begegnung mit dem Schnee:

J. berührt die neue Unterlage mit ihren Füssen — langsam, vorsichtig.
M. schaut gespannt zu, was ihre Schwester unternimmt; sie beisst sich dabei vor Erregung auf die Zunge.

Jetzt wagt sich M. an das Neue, Weisse. Mit ihren Fingern berührt sie das Unbekannte, nimmt etwas weg, erspürt und betrachtet dieses Nasse, Kalte, Zerfliessende ...

Und nun in den Mund! So anders als die gewohnte Erde, der vertraute Sand! M. überlegt ...

Der Vater hat einen Schneeball verfertigt. M. umfasst ihn — erst mit den Händen, dann mit dem Mund! Sie saugt — der Ball wird kleiner — das kalte Wasser kann man schlucken!

Nicht nur im Freien, auch *im* Haus begegnet das Kind auf Schritt und Tritt Dingen, die seine Aufmerksamkeit beanspruchen und mit denen es Ursachen und Wirkungen untersucht:

BEISPIEL

E., 12 Monate, findet das Reisszeug seines Vaters:

E. hat den Inhalt des Etuis ausgeräumt. In der einen Hand hält er die Instrumente, mit der andern sucht er einen Platz für den Zirkel — wie geht hier nun das Wiederzusammenbringen?

Da — hier passt er hinein! Der Widerstand ist „total"!

E. versucht das Etui zu schliessen, er drückt — und erspürt den Widerstand. Etwas klemmt — was? — wo?
(Die Lasche des Deckels ist zwischen Unterteil und Deckel hineingeraten.)

E. öffnet das Etui wieder. Er nimmt den Zirkel heraus. Er bewegt dessen Teile — ob diese wegnehmbar sind?

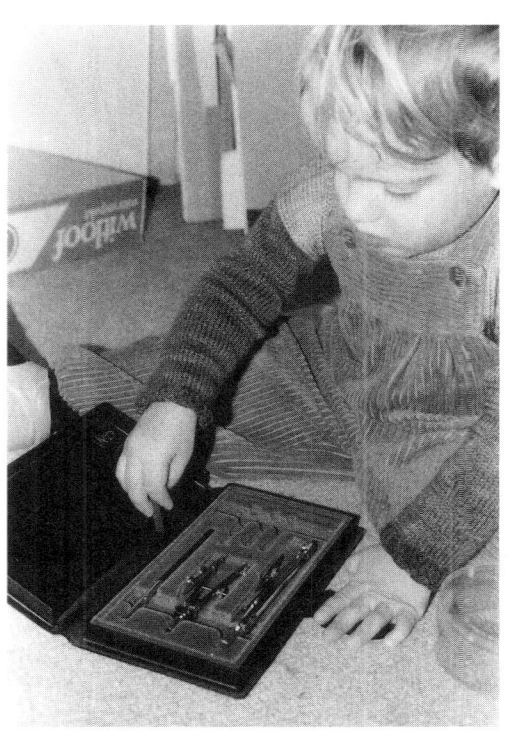

Wieder räumt er ein — sucht sorgfältig den Platz für jedes Ding.
◄

▼▼
*Neuer Versuch, das Etui zu schliessen!
Er bemerkt, dass die Lasche am falschen Ort ist und versucht, sie mit den Fingern zu entfernen, gleichzeitig drückt er mit der anderen Hand auf den Deckel und erzeugt so eine Widerstandsveränderung.*

▼
Das Zumachen ist nicht geglückt. E. findet eine andere Lösung — die Zeitung, die daneben liegt, die kann man gebrauchen:

E. legt alle Instrumente auf die Zeitung. Voll Eifer beginnt er, die Instrumente einzuwickeln. So werden sie auch versorgt sein — im Papier!

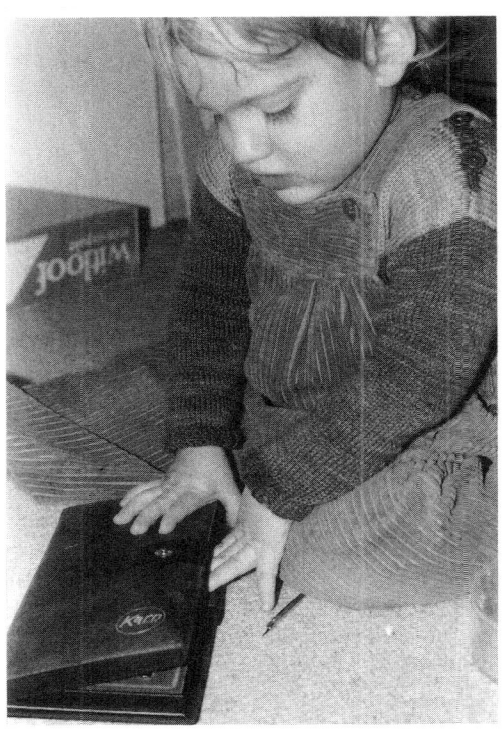

Wir fassen zusammen:

Ein langer Weg führt vom *Berühren der Welt* — von der Versicherung, dass diese und dass ich existieren — zur *Wahrnehmung der Umwelt*:

— Unzählige Berührungen finden statt. Dabei werden Widerstände zwischen dem eigenen Körper, der Unterlage und der Seite verändert — in der Geborgenheit der Nische fühlen wir uns sicher.

— Berühren führt zum Umfasst-Werden und zum Umfassen, zum Genommen-Werden und zum Nehmen. Die Welt wird zur Umwelt. Gespürte Wahrnehmung verbindet sich mit Sehen und Hören, mit Riechen und Schmecken.

— Die Vielfalt von Berührungen zwischen der Umwelt und meinem ganzen Körper, durch die Berührungsregeln geordnet, führt zur *Vertrautheit mit der Umwelt*.

Diese Umwelt ist aber noch nicht Wirklichkeit!

Leben in der Wirklichkeit bedingt zum einen ein *Wahrnehmen* der Umwelt und *darüber hinaus ein Wissen um Ursache-Wirkungszusammenhänge*:

— Das Kind bemerkt, dass Gegenstand und Unterlage voneinander getrennt sein und gleichzeitig zusammengehören können. Die entdeckte Regel der *Wegnehmbarkeit*, darin eingeschlossen das Loslassen und Wieder-Zusammenführen, erlaubt ein Ordnen von Ursache- Wirkungserfahrungen.

— Das Kind bemerkt, dass mehrere Gegenstände über die Unterlage miteinander in Beziehung stehen; sein Erfahrungsbereich weitet sich mächtig aus, geordnet durch die Regeln der *Nachbarschaft*.

— Durch Veränderung dieser Beziehungen zwischen Gegenständen der Umwelt, dem eigenen Körper und der gemeinsamen Unterlage beginnt das Kind, Einsicht in das *Wirken* der Umwelt zu erhalten — es beginnt zu erkennen, *wie die Wirklichkeit ist*.

Wir haben das Kind, anhand einiger weniger Situationen, auf diesem Entwicklungsweg begleitet; diese wenigen Situationen sind Beispiele einer unendlichen Fülle von möglichen Beobachtungen.
Wir verlassen nun das Kind in dieser Phase der Entdeckung der Wirklichkeit, wie sie ist, und versuchen, es in eine weitere Phase zu begleiten: in die Phase der *Veränderung der Wirklichkeit*.

B. Die Wirklichkeit wird verändert

1. Die Wirklichkeit, wie sie gewünscht wird

Die Erkundungen des Kindes über das Wirken der Umwelt haben grundsätzlich zwei Arten von Veränderungen der Umwelt zur Folge: bleibende und solche, die rückgängig zu machen sind. Nach dem Hantieren mit der Schere ist das Papier entzwei. Ich kann es nicht mehr zusammenfügen, so dass es wieder ganz wäre. Die Melone ist geschält, ich kann die Schale nicht mehr an der Melone festmachen.

Nimmt jedoch E. das Reisszeug aus dem Etui, so kann er es nachher wieder hineinlegen — die Wirklichkeit ist *nach* der Exploration wieder *dieselbe, die sie vorher war.*

1.1 Ich stelle die Wirklichkeit, wie sie ist, wieder her

Während längerer Zeit kann man beobachten, wie das Kind versucht, Veränderungen, die es selbst bewirkt hat oder die von der Umwelt bewirkt worden sind, *rückgängig* zu machen. Das erste Beispiel soll veranschaulichen, wie das Kind solches „Rückgängig-Machen" systematisch untersucht:

BEISPIEL

J., 1;7 Jahre, erblickt drei Münzen auf einem Buch auf dem Tisch. Sie eilt hin, nimmt eine der drei Münzen, trägt sie auf das vom Tisch entfernt stehende Sofa, holt die nächste, dann die dritte. Schliesslich sind alle drei Münzen auf dem Sofa, nicht mehr auf dem Tisch.
Nun trägt sie eine Münze nach der andern vom Sofa wieder zum Tisch, genau dorthin, wo sie die Münzen hergeholt hat. Dies wiederholt sie mehrere Male, eifrig, ohne zwischenhinein einmal aufzublicken.

Das nächste Beispiel lässt uns annehmen, dass das Kind sich „innerlich" langsam ein Bild macht davon, *wie die Wirklichkeit ist.* Die äussere Wirklichkeit sollte nun diesem „inneren Bild der Wirklichkeit" entsprechen:

BEISPIEL

L., 1;3 Jahre alt, ist im Wald. Sie ergreift einen Ast, schüttelt ihn und beobachtet, wie die Blätter fallen. Dann lässt sie den Ast los, hebt ein Blatt auf und versucht, es wieder an den Ast zu hängen.

Mit dieser Entwicklung beginnt das Kind ein Verhalten zu zeigen, das von der Umwelt als „Ordnungsverhalten" bezeichnet wird.

1.2 Ich verhalte mich ordentlich

In diese Phase fällt das Erlernen von Gewohnheiten: Schuhe gehören an die Füsse oder, wenn unbenützt, auf das Regal. Dinge haben ihren besonderen Platz. Leute haben ihre Sachen. Und das gehört mir — nicht dir!

BEISPIELE

M., 1;3 Jahre, ist dabei, als sich der Vater zum Ausgehen bereitmacht. Eilfertig bringt sie ihm den einen Schuh, dann den zweiten, und stellt sie jeweils zu seinen Füssen ab.

J. wird gewickelt. Sie ist 1;6 Jahre alt. Nachdem sie frisch gewickelt ist, nimmt sie die verschmutzte Papierwindel und wirft sie in den Abfallsack.

E., 3 Jahre, beobachtet, dass sein Bruder den Deckel der Mineralwasserflasche auf die falsche, die Süssmostflasche, geschraubt hat. Er geht und schraubt den Deckel wieder weg.

M., 1;3 Jahre: Wenn immer sie eine Brotkrume, ein Reiskorn oder sonstige Speisereste auf dem Boden findet, hebt sie diese auf und steckt sie in den Mund. Dieses Verhalten zeigt sie während Monaten.

Dieses „Zuordnen" wird auch auf Personen angewandt:

M., 1;5 Jahre begegnet G. auf der Terrasse des Hauses. Später begleitet sie ihn zur Haustür, schaut zu, wie er ins Auto steigt, und winkt „ade". — Darauf geht sie zur Terrasse und zeigt sich erstaunt, dass G. nicht mehr dort ist.

Das Verhalten des Kindes umfasst so eine wachsende Anzahl von Gewohnheiten; das Kind scheint bestrebt zu sein, *einen bekannten Zustand seiner Wirklichkeit aufrechtzuerhalten.*

Diese ruhige, von der Umwelt als angenehm empfundene Ordnungs- und Gewohnheitszeit dauert jedoch nicht allzu lange. Sie wird bald von einer unruhigeren Periode abgelöst, von der Periode „systematischer Veränderungen". Wie es wohl dazu kommt? — und ob diese Phase notwendig ist?

Zu diesen Fragen das nächste Kapitel!

2. Alltagsgeschehnisse verändern die Wirklichkeit

In dieser Zeit der zunehmenden Ausführungen von Gewohnheiten beginnt das Kind immer mehr, an Geschehnissen des Alltags teilzunehmen. Es hat gehen gelernt und versucht nun, der Mutter überallhin nachzufolgen: in die Küche, ins Badezimmer, in den Garten ... Dabei steht nicht das Zuschauen im Vordergrund. Nein, das Kind möchte an diesen Geschehnissen teilnehmen.

2.1 Ich helfe im Alltag

In den folgenden Beispielen begleiten wir ein Kind durch zwei Alltagserfahrungen:

BEISPIELE

Die Mutter hat gewaschen.
D., 1;3 Jahre, nimmt die Wäsche aus der Maschine und legt sie in den Korb:

▶
Wie gross der Korb ist! — Wie tief unten die Wäschestücke!
Nach jedem Stück Wäsche geht's tiefer hinein ...
D. bückt sich — drückt und spürt.

▼
... Nun sieht's anders aus; D. blickt in den Korb.

▼▼
So gross ist dieses Wäschestück! D. streckt seine Arme aus — so, bis die Bewegung gestoppt wird.

Ob die Maschine leer ist?
D. will erkunden — da, welch herrlicher Widerstand — mit dem ganzen Körper erspürbar — und da vorn ein Spalt — D. fühlt mit seiner Hand. Ob etwas darin ist?

Die Mutter hat gekocht, D., 2 Jahre hat dabei geholfen. Jetzt steht noch schmutziges Geschirr auf dem Spültisch. D. will abwaschen:

▶
D. ist zu klein, um den Spültisch zu erreichen. Doch er weiss sich zu helfen —

▼
... und nun kann man alles überschauen, das Wasser einfüllen.

▼▼
Jetzt beginnen die interessanten Explorationen — die gehören dazu beim Abwaschen.

Die Situationen solcher Alltagsereignisse wechseln immer wieder, verschaffen dem Kind Gelegenheit für das Entdecken mannigfaltiger Ursachen, neuartiger Wirkungen. Gemachte Erfahrungen werden bestätigt und gleichzeitig ausgeweitet. Dadurch wird der Erfahrungsschatz beweglich. Die bereits vertrauten Regeln des Berührens und des Wirkens werden in komplexere Betätigungen eingebaut.

Das Kind beginnt, alltägliche Probleme zu erfassen, nimmt teil an den Lösungsgeschehnissen dieser Probleme und wird mit den dabei stattfindenden Veränderungen der Wirklichkeit vertraut.

2.2 Ich nehme weiterhin wahr und bewirke

Nicht nur im Haus, sondern auch draussen hilft das Kind eifrig mit, so M. im folgenden Beispiel beim Wassergiessen und E. beim Wäscheaufhängen.

In diesen Beispielen ist die enge Verflechtung von Wahrnehmen, Wirken und dabei vollzogenen Veränderungen der Wirklichkeit zu beachten:

BEISPIELE

M., 1;6 Jahre, beginnt zu giessen:
▶
Die Kanne ist voll und somit schwer; hier, am Griff, kann man sie mit der einen Hand halten, und das Wasser fliesst in den Topf, zu den Blumen.
▼
Aber jetzt — das Wasser fliesst nicht mehr!
M. nimmt die zweite Hand zuhilfe. Es wird schwierig!
Beide Hände am Griff — wo genau, damit das Wasser weiterfliesst? ▼▼
Die Kanne wird leichter. Wo ist nun das Wasser? M. muss die Kanne anders halten — aber wie? — ah, so!

Jetzt beugt sich der ganze Körper — die Knie helfen auch mit, bieten Seitenwiderstand für die Kanne; diese ist abgestützt auf dem Boden, in extremer Schräghaltung, damit noch Wasser hinausfliesst.

E., 1;9 Jahre, hat sich einen Stuhl geholt, um der Mutter beim Wäscheaufhängen zu helfen:

Wie mache ich es, damit das Wäschestück an die Leine zu hängen kommt? ... Problem der Nachbarschaft: das Stück muss auf der Leine sein und gleichzeitig vorn und hinten herunterhängen — E. versucht's.

Nun sollte das Wäschestück festgeklemmt werden! Das ist schwierig: Die Klammer betätigen und gleichzeitig die Wäschestücke festhalten! Doch wofür hat man einen Mund?

Bewegungen von *Händen* und *Mund* — Ursachen, um die gewünschte Wirkung zu erzielen!

Die erste Klammer war aus Holz, diese ist aus Plastik. E. versucht's mit dem Mund — der Widerstand dieser Klammer ist anders
— da geht's auch mit der Hand! ▶
Anpassung an die Situation!

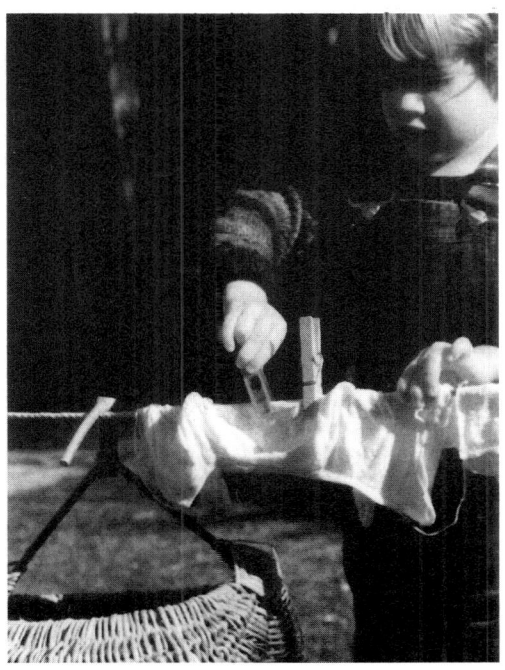

Noch einmal Probleme der Nachbarschaft:

▲
E. hält ein weiteres Wäschestück in der Hand: Wohin damit?

▲▲
Da ist noch eine Lücke, zwischen zwei anderen Wäschestücken.

▶
E. balanciert auf dem Stuhl, um die Lücke zu erreichen, der ganze Körper bewegt sich — ob E. das meistert?

In jedem dieser Beispiele hat das Kind ein *Problem* des Alltags erfasst: D. entleert die Waschmaschine; D. wäscht ab; M. giesst die Pflanzen; E. hängt die Wäsche auf.

Um diese Probleme zu lösen, sind verschiedenste *Berührungen* notwendig, muss *weggenommen, losgelassen, zusammengeführt* werden. Dabei sind Beziehungen der *Nachbarschaft* zu beachten. Die ineinandergreifenden *Ursachen und Wirkungen* sind als solche zu erkennen. All dies ist stets auf das *Ziel* ausgerichtet, das erkannte Problem zu lösen. Dabei *verändert* sich die Wirklichkeit unablässig und verlangt ununterbrochenes Wahrnehmen und Anpassen des Wirkens: Die Waschmaschine entleert sich; der Korb füllt sich; das schmutzige Geschirr wird sauber; die Giesskanne entleert sich; die Wäscheleine füllt sich.

Wir sprechen von *„Problemlösenden Geschehnissen".*

Je mehr Erfahrungen das Kind mit solchen „Problemlösenden Geschehnissen" erwirbt, desto selbständiger wird es. Recht bald wird es bei bestimmten Aufgaben erklären: „Das kann ich selbst".

2.3 Ich kann es allein

Welch ein Stolz für das Kind, wenn es im Rahmen des Familienalltages Probleme selbst lösen kann. Dazu folgende Beispiele:

BEISPIELE

J., 2;3 Jahre, übernimmt in der Küche selbständig einige Betätigungen:

Sie schnetzelt Kohl auf einem Holzbrett — geschickt hantiert sie mit Messer und Gemüse!

Das Geschnittene wird vom Holzbrett in die Schüssel gebracht. Aufgepasst, dass nichts danebenfällt!

Nun der Käse! Der ist hart, den muss man gut umfassen — und gezielt abschneiden!

Das Stück wird kleiner — und damit schwieriger zu halten. Da kann man an nichts anderes mehr denken — nur fest aufpassen!

D., 5 Jahre, und sein Bruder E., 3;6 Jahre, helfen oft beim Abwaschen.

Hier teilen sie sich in die Arbeit: D. wäscht ab, E. trocknet ab, beide ganz allein!

Andere Male spült D., ohne seinen Bruder, das Geschirr ab und räumt es weg.

So wie er es von seiner Mutter gelernt hat: den nassen Lappen in die Tasse drücken —

den Widerstand erspüren!

Nun die Tasse von aussen: der Seite entlang —

ob sie wohl sauber ist, die Tasse? D. schaut sie prüfend an — nun kann man sie wegstellen zum Trocknen!

Doch noch ist das Alltagsgeschehnis nicht beendet. Nun müssen die Hände eingesalbt werden — so, wie es die Mutter allemal tut.

▶

Tube öffnen, etwas Salbe auf die Hand drücken —

▼

nun die Hände reiben, bis die Salbe verschwunden ist — und die Haut gut duftet.

▼▼
Tube wieder fest schliessen. Und dann versorgen.

Alltagssituationen haben immer auch, mehr oder weniger ausgeprägt, eine *emotionale, soziale Komponente*, die wahrgenommen und in die Ursachen- und Wirkungszusammenhänge miteinbezogen werden muss:

BEISPIEL

J., 3;10 Jahre, und ihr Schwesterchen M., 1;7 Jahre, befinden sich zusammen in der Küche. J. hat ein Päckchen erhalten. Sie legt es auf den Hocker.
J. beginnt auszupacken. M. steht daneben, betrachtet ihren geliebten Stein. Sie hält ihn im Arm. Eben hat sie diesen ausgepackt. (Siehe Beispiel S. 67—69)

Ein Lebkuchen war im Paket!
J. beginnt, ihn mit dem Messer zu teilen.
Mm! Ob für M. auch etwas abfällt? M.
legt den Stein auf den Stuhl — so kann
sie besser zuschauen, was J. macht.
▶

▼

Richtig! J. hat M. ein Stück vom Lebkuchen gegeben.
Zufrieden nimmt M. wieder ihren Stein in den Arm — und geniesst Kuchen und Stein — M. ist glücklich!

▲

J. schneidet und überlegt: „Wer wird ein Stück erhalten? —

◀

„Dieses Stück für Mama, dieses für Papa, dieses für J."
M. beobachtet — ob J. jemanden vergisst?

J. schneidet weiter ...
M. schaut und schaut — ob noch etwas für sie abgeschnitten wird?

Ja!
J. bricht von einem geschnittenen Stück noch einen Zipfel für M. ab.

Wir fassen zusammen:

Das Kind wächst im Alltag einer Personengruppe auf. Dieser Alltag vermittelt ihm gespürte Erfahrungen zunächst über *eine Wirklichkeit, wie sie von dieser Personengruppe gewünscht wird,* erkenntnismässig-kognitiv und emotional-sozial.

Das Kind beginnt, diese *Wirklichkeit* seines vertrauten Alltags *wieder herzustellen*, wenn diese verändert worden ist:
— Dabei hilft ihm sein bereits erworbenes Wissen über den Einsatz von Betätigungen als Ursachen, um eine bestimmte Wirkung zu erzeugen.
— Das Erlernen von Gewohnheiten hilft ihm, die dabei entstandenen Veränderungen rückgängig zu machen, die Wirklichkeit wieder so herzustellen, wie sie gewünscht wird.

Im Laufe dieser Erfahrungen entstehen immer wieder schwierige und neuartige Situationen; diese verlangen vom Kind weiterhin, dass es wahrnimmt und bewirkt.

Je umfassender die Alltagserfahrung wird, desto beweglicher und anpassungsfähiger wird das Wissen um *die Wirklichkeit, wie sie ist.*

Dieses Wissen verhilft dem Kind zu einer weiteren Entdeckung:

Alltagsgeschehnisse verändern die Wirklichkeit.

Mit dieser Entdeckung hat das Kind den Übergang zu einer neuen Entwicklungsphase vollzogen. Wir verlassen das Kind an der Schwelle dieser neuen Entdeckung. Was weiter geschieht, werden wir im dritten Teil des Buches, C „Gespürte 'Problemlösende Geschehnisse des Alltags' werden verinnerlicht", betrachten ...

Wir brechen hier ab, um uns im nächsten, zweiten Teil Gedanken zu machen über jene, deren Entwicklung anders verläuft als die hier geschilderte.

II. Versagen in der Wirklichkeit

*Ich bin frustriert — ich habe Angst.
Warum?*

*Ich weiss wohl,
dass die Umwelt wirkt —.
Ich kann sie jedoch
nicht richtig berühren —
nicht richtig umfassen und bewegen.*

*Ich weiss deshalb nicht,
WIE DIE WIRKLICHKEIT IST.*

*Wie soll ich sie da
verändern können?*

Wir sind dem gesunden Kind durch einige Jahre seiner Entwicklung gefolgt. Wir staunten über die Mannigfaltigkeit seines Wahrnehmens und seines Wirkens. Wir freuten uns an seinen Entdeckungen — an seinem schöpferischen Tun. Wir versuchten, sein Anders-Sein zu verstehen. Noch wissen wir vieles nicht; rasch folgen sich die Leistungen des gesunden Kindes, und wir haben Mühe, sie einzeln zu betrachten.

Wir verlassen das gesunde Kind und wenden uns nun denjenigen zu, die die im ersten Teil des Buches beschriebenen Leistungen zum Teil nicht oder nicht mehr erbringen können. Was heisst das nun?

Einem hinkenden Menschen sieht man sein Gebrechen an. Einen Blinden erkennt man an seinem Gang, vielleicht auch an seinen Augen. Von einem Kind mit einer zerebralen Bewegungsstörung kann man Fotos verfertigen und damit irgendwie Mitleid erregen. Ein mongoloides Kind weist einen ganz bestimmten Körperbau auf, sein Gesicht ist gekennzeichnet.

Doch wie steht es mit einem *wahrnehmungsgestörten Kind*? Es sieht wie andere, gesunde Kinder aus. Wenn ich eine Fotoaufnahme mache, dann ersehe ich aus dem Bild kaum Hinweise auf die gestörte Wahrnehmung. Beobachte ich das Verhalten eines solchen Kindes nur während kurzer Zeit, während einiger Minuten, dann wirkt es immer noch wie ein gesundes Kind. Vielleicht erhalte ich den Eindruck, es sei nicht gerade gut erzogen, mit etwas mehr Strenge würde sein Verhalten schon angepasster. Oder, es wirkt für sein Alter unreif, und man beruhigt die Eltern damit, dass es sich wohl um ein spät entwickeltes Kind handelt.

Erst wenn man in den Alltag eines solchen Kindes einsteigt, wird man beunruhigt. Dann beginnt man das Ausmass an Auffälligkeiten zu ermessen. Nicht einmal, sondern immer wieder geraten diese Kinder in Spannung, erscheinen verständnislos, zeigen Angst, fallen durch abwegiges Verhalten auf.

Mit dem Älterwerden drückt sich die Störung auch in Schwierigkeiten bezüglich der Sprachentwicklung aus, und in der Schule kann sie zur Erschwerung des Erwerbs von Lesen, Schreiben, ja auch des Rechnens führen.

Wenn man diese Kinder zu uns bringt, dann haben sie meist schon bei irgendeiner Abklärungsstelle einen Namen für ihre Schwierigkeiten erhalten: verhaltensgestört; verzögert in der Sprachentwicklung; Stammler; Agrammatiker; lerngestört; Kind mit einer Lese-, Schreib-, oder Rechenschwäche; autistisch; hypoton; spastisch; Kind mit einem POS (psychoorganisches Syndrom)... eine ganze Liste von Namen! Und dann wird von uns ein weiterer Name gegeben — meist: *wahrnehmungsgestört* — etwas sehr Komplexes; *etwas, das man nicht sieht.*

Den Schwierigkeiten dieser Kinder ist der vorliegende zweite Teil des Buches gewidmet.

Es gibt aber auch *Erwachsene mit einer Wahrnehmungsstörung*. Das sind Menschen, die eine gesunde Kindheit erlebt haben, die oft einen Beruf erfolgreich ausgeübt, sich in einer sozialen Gruppe angepasst bewegt haben. Dann kam der Unfall, die Krankheit — eine schwere Hirnschädigung ist zurückgeblieben! Schwierigkeiten, sich in der Wirklichkeit zurechtzufinden, unangepasstes Verhalten — und meist ein Körper, der noch manche Jahre zu leben erhoffen lässt! Erhoffen — doch wie soll ihr Leben in diesen Jahren sich gestalten?

So sind auf den kommenden Seiten oft Beobachtungen solcher erwachsener hirngeschädigter Menschen beschrieben, neben jenen der Kinder.

Wir *warnen* den Leser: So herzerfrischend das Verhalten des Gesunden — so bedrückend das Versagen des Wahrnehmungsgestörten! Wir tauchen in eine Welt ein, die wir nur schlecht verstehen.

Anhand von Beobachtungen versuchen wir das Versagen zu beschreiben. Diese Beobachtungen sind aus Tausenden ausgewählt. Während 15 Jahren Forschungszeit haben wir Beobachtung an Beobachtung gereiht, verglichen, nachgetragen — und tun dies noch immer. Diese Beobachtungen, bruchstückhaft wie sie waren, schienen zunächst keinen Sinn zu geben. So geht es vielleicht auch Ihnen beim Lesen derselben.

Um eine erste Verständnishilfe zu geben, haben wir die Beobachtungen gruppiert:

Die Umwelt bemerkt: Hier reiht sich Beobachtung an Beobachtung — zermürbend, beängstigend, aufwühlend, entmutigend! Wo hat das Versagen begonnen? Bei der Umwelt, beim Kind/Erwachsenen? — Im Zusammenspiel beider?

Wir überlegen: Wir werden versuchen, die bruchstückhaften Beobachtungen genauer zu betrachten. Wie setzt sich ein wahrnehmungsgestörtes/r Kind/Erwachsener mit seiner Umwelt, mit der Wirklichkeit auseinander? Wo erscheinen seine Schwierigkeiten beim Wahrnehmen und beim Bewirken? Was kann es/er und was nicht?

Wir erklären: Ob wir etwas finden, das die Bruchstücke zusammenbringt? Etwas Grundlegendes, das wir angehen können?

Fünfzehn Jahre lang haben wir über unsere Beobachtungen nachgedacht. Es war eine lange, mühsame Zeit der Suche nach der „Wurzel" — nach dem, was die Bruchstücke zusammenhält — nach einem Bild, das Sinn-Loses in Sinn-Volles verwandelt. Ein dornenvoller Weg — zwei Schritte vorwärts, ein Schritt zurück!

Dieser zweite Teil des Buches nimmt Sie mit auf diese Wanderschaft. Wir wünschen Ihnen Verständnis und Ausdauer dafür!

1. Die Umwelt bemerkt: Sie sind abwegig

Jedes/r wahrnehmungsgestörte Kind/Erwachsene fällt in seinem Verhalten auf. Je nach Ausmass der Störung und Reaktion der Umwelt wird dieses Verhalten als mehr oder weniger „abwegig" beurteilt.

In diesem Kapitel erwähnen wir einige der häufigsten Aussagen der Umwelt. Diese Aussagen werden wie Mosaiksteine sein, die ich in den Händen halte, ohne zu wissen, ob sie zusammengehören oder nicht.

Wir werden diesen Zustand zunächst so bestehen lassen müssen. Er entspricht der Wirklichkeit. Angehörige bemerken die Auffälligkeiten ihrer Kinder oder erwachsener Familienmitglieder, ohne sie erklären zu können.

Tauchen wir ein in die Beschreibung der „Abwegigkeit"! Als Einführung besuchen wir für einige Augenblicke einen Kindergarten für wahrnehmungsgestörte Kinder. Vier Kinder, alle um 5 Jahre, sind gerade beim „Freien Spiel": B., K., M. und W.

BEISPIELE

M. erklärt, sie wolle in der Puppenecke spielen, K. sei der Vater.

K. zieht einen Leiterwagen mit einer Schaufel darauf durchs Zimmer, bleibt dabei an Tischbeinen mehrere Male hängen. In der Ecke blickt er umher, den Mund geöffnet, singt „Bin i Vate". Darauf fuchtelt er kurz mit der Schaufel in der Luft herum und kehrt in die Puppenecke zurück: „Bin i wieder da — feti affe (fertig geschafft = gearbeitet)." Niemand antwortet — K. wiederholt mehrere Male seine Aussage.

M. steht am Herd. Eilig stellt sie eine Pfanne auf den Tisch, öffnet den Backofen, schliesst und öffnet ihn wieder, nimmt die Pfanne vom Tisch und stellt sie in den Backofen. Nun reisst sie eine Schublade auf, ergreift eine Handvoll Besteck und wirft es auf den Tisch. Dabei spricht sie pausenlos von „Tee kochen, heiss, verbrennen." Zu B., die sich über das Puppenbett beugt, ruft sie: „Meinsch i schla Chind gän ab (meinst, ich schlage die Kinder gerne)."

B. steht unbeweglich da, dann fährt sie sich ins Haar, berührt ihren Pullover, nestelt daran herum. Dabei blickt sie ständig auf M. Schliesslich streicht sie mehrere Male über die Decke im Puppenbett, ergreift die Puppe am Arm und zieht diese heraus.

W. saust im Zimmer herum, nimmt die Schienen der Holzbahn, wirft sie weg, ergreift dann ein Holzmännlein: „Hoi Ken, go Laschwage fae (gehe Lastwagen fahren)", wirft es und einige Klötze auf den danebenstehenden Lastwagen, fährt bis zum Besen, ergreift den Besen, lässt den Lastwagen stehen, schlägt mit dem Besen auf Tisch und Stühle, Fenstersims und Gestell, sieht den Hammer im Gestell und wirft den Besen weg. Darauf ergreift er den Hammer, schlägt mit diesem aufs Gestell, sucht Nägel, ... und so geht die Hektik weiter.

Solch eine Situation, wie die eben geschilderte, ist nicht ungewöhnlich für die Kindergärtnerin. Wahrnehmungsgestörte Kinder fallen stets durch eine von zwei extremen Verhaltensweisen auf: Entweder sie sind fast ständig in Bewegung, oder sie bewegen sich äusserst wenig.

1.1 Sie sind hektisch oder zu ruhig

Viele wahrnehmungsgestörte Kinder geben den Eindruck, als würden sie von einer Sache zur andern jagen. M. wirkt überbeschäftigt. Sie tut wohl, als würde sie kochen. Dieses Spiel besteht jedoch aus ganz kurzen Betätigungen mit Pfanne, Backofen oder Tischdecken. W. saust wie eine Hummel durch das ganze Zimmer. Bei ihm ist nicht einmal ein Spiel zu beobachten. Was immer gerade in seiner Nähe ist, wird für eine Bewegung benützt. Er nimmt den Gegenstand, schlägt häufig mit demselben auf einen andern Gegenstand, so mit dem Besen, dem Hammer. Loslassen artet oft in Werfen aus: Er wirft die Klötze auf den Lastwagen; wirft den Besen weg, wie er den Hammer sieht; wirft die Schienen weg, das Holzmännlein.

Diese *hektischen* Kinder können kaum ruhig sitzen. Sie bewegen z. B. dauernd die Beine, wenn sie warten sollten, schlagen sich an den Kopf, flattern mit den Händen und bewegen den Rumpf.

BEISPIEL

Th., 10 Jahre, wahrnehmungsgestört, springt im Haus herum, sobald er unbeschäftigt ist. Er macht dabei einen gespannten Eindruck, springt zum Büchergestell, packt eine Schachtel mit Holzwürfeln, wirft diese auf den Boden, lacht und „flattert" mit Armen und Händen. Er holt weitere Gegenstände, was immer er erreichen kann, wirft diese irgendwohin, lacht und „flattert" weiter.

Solch hektisches Gebaren tritt nicht nur in unbeschäftigten Situationen auf, sondern auch dann, wenn Ungewöhnliches eintritt. So, wenn das Kind sich unwohl fühlt:

BEISPIEL

D., 11 Jahre, wahrnehmungsgestört, wirkt hektisch, sobald er erkältet ist, oder auch, wenn er Aufträge erhält. Dann springt er mit steifen Beinen umher, stampft, schlägt sich mit beiden Händen auf die Brust und beginnt zu spucken. Dabei gibt er unverständliche Laute von sich.

Wieder andere wahrnehmungsgestörte Kinder wirken *passiv*. Sie bewegen sich kaum, stehen da und schauen dem zu, was um sie herum geschieht, so wie B. im Beispiel der Kindergartensituation. Beobachtet man B.s Verhalten, so stellt sich heraus, dass sie eigentlich nichts unternimmt, ausser, dass sie die Puppe aus dem Bett zerrt.

Diese „ruhigen" wahrnehmungsgestörten Kinder verziehen sich in einer Gruppe meist in eine „ruhige Ecke". Die Umwelt folgert daraus, dass diese Kinder Kontakt meiden — *Einzelgänger* seien.

BEISPIELE

P., 13 Jahre, wahrnehmungsgestört, bleibt in der Mittagspause der Schule selten länger bei der Gruppe. Er läuft ziellos im Gang hin und her oder schaut in der Küche beim Aufräumen zu. Wird er gefragt, was er wolle, dann sagt er: „ääh" und verlässt die Küche.

Die Mutter des 11jährigen, wahrnehmungsgestörten G. erzählt, dass er nicht mehr zu den andern Kindern auf den Spielplatz gehen wolle. Schicke man ihn trotzdem hinaus, dann stelle er sich an den Rand des Platzes und schaue den anderen zu.

E., 14 Jahre, wahrnehmungsgestört, bleibt nur kurz in einer Gruppensituation. Sie bleibt am Tisch, solange sie isst. Wenn sie fertig ist, dann zieht sie sich sogleich zurück. Sitzen die Kinder und der Lehrer im Kreis und berichten von einem vergangenen oder besprechen ein kommendes Ereignis, dann frägt sie nach kurzem, ob sie aufs WC dürfe. — Kommt sie abends von der Schule heim, dann geht sie zuerst zu ihrem Lieblingsplatz, den Haselstauden, wo sie „ihre Ruhe" hat.

Häufig übersieht man, dass diese Kinder nur in gewissen *Situationen* ruhig sind, in anderen hingegen lebhaft wirken können. Dazu zwei Beispiele:

BEISPIELE

A., 9 Jahre, wahrnehmungsgestört, soll sich beim Baden allemal zusammen mit andern Kindern umziehen. Sie wird jedoch nicht fertig, weil sie den anderen zuschaut, statt sich selber umzuziehen. Befindet sie sich allein in einer Umkleidekabine, so kann sie dies jedoch rasch.

L., 5 Jahre, wahrnehmungsgestört, besucht eine Sonderschule, wo man sie als äusserst schüchternes Mädchen kennenlernt: An der Hand ihrer Kindergärtnerin geht sie mit steifen Bewegungen durch den Gang, auf ihrem Gesicht ein verlegenes Lächeln. Bei gemeinsamen Aktivitäten der Schule steht sie unbeweglich da, dreht verlegen an ihrem Pullover.
Dieses Verhalten in Situationen, in denen sie unvertrauten Personen begegnet, so im Schulhausgang oder bei gemeinsamen Anlässen, steht im Gegensatz zu ihrem Verhalten in eng begrenzten, sehr vertrauten Situationen, so zum Beispiel in ihrem Schulzimmer. Dort lacht sie laut, spricht mit kräftiger Stimme, spielt entspannt. Am Ende des Schuljahres wird von ihr ein Video gezeigt, aufgenommen im Schulzimmer: Jedermann in der Schule staunt über ihre Lebhaftigkeit.
Als die Kindergärtnerin wechselt, benötigt L. drei Monate, bis sie erstmals spontan auf die neue Kindergärtnerin zugeht und sich bei ihr anlehnt, so, wie die andern es oft tun.

Eine weitere Auffälligkeit, neben der Art, sich zu bewegen, betrifft das Sprechen. Meist beginnen wahrnehmungsgestörte Kinder verspätet mit Sprechen. Wenn sie aber soweit sind, dann kann man beobachten, wie sie bald übermässig viel sprechen.

1.2 Sie sprechen viel

In der beschriebenen Kindergartensituation war M. mit ihrem eiligen Tun zu beobachten. Dabei sprach sie fast ununterbrochen vor sich hin.

Im folgenden Beispiel wird F. mit seinem Sprechverhalten geschildert:

BEISPIEL

F., 8 Jahre, wahrnehmungsgestört, wird von einer Kursteilnehmerin wegen schwerer Lernstörungen und einer verzögerten Sprachentwicklung einer Kursgruppe vorgestellt: Wir geben ihm Matador-Klötze zum Bauen und legen ein Auto aus Matador-Material als Vorlage hin. Er wird ermuntert, auch ein Auto herzustellen. „Auto, Auto", wiederholt F. Er stellt zwei Klötze aufeinander, fährt mit ihnen auf dem Tisch hin und her und sagt: „Schiff". Dann steckt er einen Knopf in eines der Löcher im Klotz und beginnt, den Knopf herumzudrehen. Darauf hält er den Klotz mit dem Knopf an seine Augen, dreht am Knopf und sagt: „Foto, Foto".

Die Personengruppe um ihn herum beginnt zu lachen. F. fährt in gleicher Weise fort — es wird weiter gelacht. Dies dauert fünf, zehn Minuten lang. Die Umstehenden ergötzen sich. F. dreht und dreht und sagt in einem fort: "Foto, Foto". Mir läuft es kalt den Rücken hinauf. Was gibt es da wohl zu lachen?

Beobachtet man dieses viele Sprechen, dann ist es wichtig, sich über den Inhalt des Gesprochenen Gedanken zu machen. Man bemerkt bald, dass dieser Inhalt sehr eintönig ist. Je nach Person besteht er vornehmlich aus Redensarten, aus Floskeln, oder dann aus Bitten, Klagen und Aufforderungen.

Äussern die Wahrnehmungsgestörten Redensarten, dann können sich diese auf eine entsprechende Situation beziehen, wie das folgende Beispiel beschreibt:

BEISPIEL

Frau L. hat einen Schlaganfall erlitten. Sie erhält Therapie, soll in der Küche einen Kuchen zubereiten. Sie steht vor dem Tisch. Plötzlich bemerkt sie, dass sie keine Schürze anhat. Statt nach der Schürze zu fragen, erklärt sie: "In der Küche braucht man eine Schürze".

Oft aber sind die Redewendungen schwer verständlich, der Inhalt erscheint verworren, so wie in den folgenden Beispielen:

BEISPIELE

D., 11 Jahre, wahrnehmungsgestört, schneidet Rhabarber. Es spritzt. D. sagt dazu: "Well's geschprützt sind — schprützet's (weil sie gespritzt sind — spritzen sie)."

L., 5 Jahre, wahrnehmungsgestört, möchte ein Ei kochen. Lange Zeit hält sie das Ei zwischen den Händen, dreht es und dreht es. Plötzlich fällt es ihr aus den Händen — pflatsch auf den Boden! L. bückt sich und sagt: "Zum Glück hani's no gsecht (zum Glück habe ich es noch gesehen)." — Dann hält sie die Schaufel ans Ei auf dem Boden, berührt das Ei aber nicht, erklärt: "Du söllsch ine, Ei ... du söllsch ine, do ... (du sollst hinein, Ei ... du sollst hinein, da ...)." Später legt sie ein frisches Ei in die Pfanne. Die Kochplatte ist nicht angeschaltet und in der Pfanne fehlt das Wasser. L. wartet, dass das Ei zu kochen beginne. Sie sagt: "Wenn's Blötterli git, denn ghör i's pfifferle (wenn es Blasen gibt, dann höre ich es pfeifen)."

M., 6 Jahre, wahrnehmungsgestört, wird zur Begutachtung gebracht. Sie grüsst auf Aufforderung, setzt sich und beginnt wie ein Wasserfall zu sprechen. Sie erzählt von ihrer Schülermappe, die kaputtging, von ihrer kleinen Schwester ... ihre Ausführungen sind bruchstückhaft und kaum zu verstehen.

Der Inhalt des Gesprochenen besteht bei vielen Wahrnehmungsgestörten, Kindern oder Erwachsenen, häufig aus Bitten und Aufforderungen.

BEISPIEL

B., 7 Jahre, wahrnehmungsgestört, wirkt höflich und wohlerzogen. Ein Spielgegenstand fällt ihr unter den Tisch. B. bewegt sich nicht. Sie sagt nur: "Oh, isch abegfalle. Bis so guet, tuesch en uflese (oh, ist hinuntergefallen, sei so gut, hebe ihn auf)." — Die Umwelt springt und hebt den Gegenstand auf.

Ob B. auf diese Weise ihre Schwierigkeit, sich hinunterzubeugen, versteckt? Zu diesen Schwierigkeiten das nächste Beispiel:

BEISPIELE

Kurze Zeit nach dem eben geschilderten Geschehen soll B. von einem Stuhl hintersteigen, den sie mit Hilfe erklommen hat. Sie steht auf dem Stuhl, trippelt darauf herum, weiss offensichtlich nicht, wie sie ihre Bewegungen organisieren soll, um hinunterzugelangen.

C., 12jährig, wahrnehmungsgestört, trägt im Winter geschnürte Schuhe. Er kann diese nur mit grösster Mühe öffnen. Er setzt sich deshalb meistens auf die Bank und befiehlt seiner Klassenkameradin, ihm die Schuhe zu öffnen.
In andern Situationen erweist sich C. als wortreicher Anführer. Die Köchin erklärt der Kindergruppe, dass diese das Geschirr vor der Küche hinstellen sollten, sie sei in der Küche zu sehr beschäftigt. Kurz darauf hört sie die befehlende Stimme von C., dann Stille. Als die Köchin später die Tür öffnet, sind Teller und Tassen schön aufeinandergeschichtet. Die Köchin überlegt: C. hätte das nie ausführen können. Sehr wahrscheinlich hat er die andern dazu kommandiert.

Auch bei hirngeschädigten Erwachsenen beobachtet man häufiges Bitten, meist mit Klagen verbunden:

BEISPIELE

Herr F., hirngeschädigt, erwähnt bei Anforderungen in der Therapie, dass ihm das Bein so weh tue, dass ihm schlecht sei, und bittet um ein Glas Wasser.

Herr K. hat einen Schlaganfall erlitten. Werde er gebeten, etwas Bestimmtes zu tun, dann entgegne er jeweils, dass er heute sehr müde sei, ob man bitte dies oder jenes für ihn täte. So beauftrage er die andern Patienten immer wieder, ihm etwas zu holen. Daheim drangsaliere er seine Frau und gebärde sich als Diktator.

Ob diese Interpretation stimmt?

Ich versuche, mit Herrn K. einen Cake zu backen. Er könne doch so feinen Schokoladencake backen, sage ich zu ihm (dies wurde uns von seiner Familie mitgeteilt). Herr K. strahlt: Ja, das könne er, seine Cakes seien gut. Ich schlage nun Herrn K. vor, einen Schokoladencake für die morgige Kaffeepause zu backen. Herr K. zögert ...: „Nein, nicht heute, ich bin müde — ich möchte lieber auf mein Zimmer gehen".
Ich versuche, die Situation zu vereinfachen. Herr K. wird vor den Tisch geführt, auf dem alle Gegenstände aufgestellt sind, die man braucht, um Schokoladencake zuzubereiten. Ich wundere mich, ob Herr K. nicht doch anfangen würde. Aber immer noch beharrt er darauf, dass er zu müde sei. Er sagt: „Machen doch Sie den Schokoladencake!"
Nun entfernen wir alle Gegenstände, die nicht zum ersten Schritt des Cakemachens gehören. Zuletzt befinden sich nur die Schüssel, die Butter und eine Kelle vor Herrn K. Erneut ersuche ich ihn, den Kuchen zu machen. Ohne etwas zu sagen, nimmt Herr K. darauf die Butter, bringt sie in die Schüssel und verrührt sie mit der Kelle. Während des Rührens stelle ich den Zucker daneben. Herr K. erblickt den Zucker, legt die Kelle weg, schüttet den Zucker in die Schüssel und rührt weiter. Nun stelle ich das Mehl daneben. Wiederum dasselbe: Herr K. erblickt das Mehl, legt die Kelle beiseite, schüttet das Mehl in die Schüssel und rührt. Gleicherweise gehe ich vor mit der Milch, dann mit der Schokolade. Jedesmal führt Herr K. sofort die entsprechende Tätigkeit aus. Dabei ist er verstummt. Nicht ein einziges Mal blickt er von der Arbeit auf oder seufzt oder erklärt, dass er müde sei. Nein! Er arbeitet und arbeitet, bis der Teig fertig ist und der Cake in den Backofen gestellt werden kann.

Was war geschehen? Wir folgerten, dass Herr K. sehr grosse Schwierigkeiten hat, eine Situation „zu ordnen". Gewöhnlich sind Alltagssituationen komplex. Herr K. kann die Anforderungen des Alltags einschliesslich der Therapie, nicht erfüllen, weil er solche Alltagssituationen nicht ordnen und folglich nicht entscheiden kann, was zu tun ist. Er spürt dies. Er kommt sich dann müde vor oder bittet andere, die an ihn gestellte Forderung zu erfüllen. Dasselbe ist der Fall bei Herrn F. im ersten Beispiel. Ihn schmerzt in diesen Überforderungssituationen das Bein, oder er bittet um ein Glas Wasser.

Gestaltet man bei diesen Patienten die Situation so einfach, dass sich nur noch das Notwendige für den nächsten Tätigkeitsschritt vor ihnen befindet, dann nimmt man ihnen das „Ordnen der Situation" ab. Dann können sie die Entscheidung, was zu tun sei, selbst treffen und diesen Schritt ausführen. Es ist also nicht so, dass sie etwas „nicht tun möchten". Sie können aber einen Auftrag nur dann ausführen, wenn die Umwelt die Situation einfach genug gestaltet. Und dann tun sie es!

In der Folge versuchten wir, eine Bestätigung für unsere Auslegung zu erhalten:

Am anderen Tag soll Herr K. das Frühstück zubereiten. Wiederum befindet sich alles auf dem Tisch: Milch, Eier, Tee, Kaffee, Brot, Butter usw. Herr K.: „Ach, heute ist es mir nicht wohl — ich komme lieber später — machen Sie es". In dem Augenblick aber, als sich nur noch Schüssel und Eier vor ihm befinden, nimmt er ein Ei nach dem andern und klopft es in die Schüssel. Darauf beginnt er zu rühren. Ich stelle die Milch daneben. Herr K. sieht die Milch, erklärt, er brauche Wasser, nicht Milch, dann würden die Rühreier besser. Also Wasser auf den Tisch! Herr K. nimmt den Krug mit dem Wasser, giesst es in die Schüssel und rührt weiter. Dasselbe geschieht mit dem Salz, das ich daneben stelle. Dann sage ich: „Nun wollen wir die Rühreier kochen" — Der Kochherd befindet sich hinter Herr K., also nicht in seinem Gesichtsfeld. Herr K. entgegnet: „Ach nein, machen Sie das". Wir bringen Herrn K. in Stellung vor den Herd, die Pfanne auf der Platte, die Schüssel mit der Rühreiermasse daneben. Ohne Kommentar giesst Herr K. die Masse in die Pfanne und rührt fachgemäss.
Die Rühreier sind fertig. Drei Teller stehen aufeinander auf dem Tisch. Herr K. nimmt einen Teller, füllt ihn mit Rührei, nimmt die Gabel und beginnt zu essen. Er scheint die andern Teller und uns, die wir auch am Tisch sitzen, nicht zu beachten.

Es stellte sich also wieder heraus, dass Herr K. in einer einfachen Situation ohne Klagen und Bitten arbeitet. Dies bestätigte unsere Vermutung, dass das Ausmass der Komplexität einer Situation für einen Hirngeschädigten dafür kritisch sein kann, ob er zur Ausführung einer Tätigkeit gelangt oder nicht.

Eine weitere Auffälligkeit des Verhaltens Wahrnehmungsgestörter wird von der Umwelt bemerkt und als „Aggression" beurteilt. Diese Interpretation kann für das wahrnehmungsgestörte Kind oder den Erwachsenen schwerwiegende Folgen haben.

1.3 Sie seien aggressiv

BEISPIELE

D. ist zehn Jahre alt, wahrnehmungsgestört. Er geht mit der Klasse schwimmen. Die Kinder bewegen sich im Wasser, spielen Fangen. Plötzlich hält D. eine Kameradin am Hals. Diese schreit: „Au, au". Die Lehrerin versucht, D.s Hände vom Hals zu lösen; es ist schwierig. Sie schimpft mit D., was ihm denn einfalle, sich so bös zu verhalten und die arme G. zu würgen; sie schickt ihn zur Strafe nach Hause. Am Telefon erzählt sie der Mutter, D. hätte die Kameradin erwürgen wollen.

In der gleichen Zeitperiode erhält die Mutter andere Reklamationen. Eines Tages wird D. sogar bei der Polizei vorgeladen. Dort wird berichtet:
D. würde auf dem Heimweg von der Schule Autoantennen mutwillig zerbrechen. — Die Mutter frägt D., weshalb er dies tue? D. antwortet, er wolle ja nur wissen, was das sei und er habe doch die Antennen „nur berührt". —
A., 10 Jahre, wahrnehmungsgestört, geht mit seiner Klasse in ein ihm unvertrautes Hallenbad. Nach dem Baden soll A. wie üblich die Haare fönen. Dies bereitet ihm sonst keine Schwierigkeiten. Doch heute schreit er und versucht wegzulaufen. Als die Lehrerin ihn zu halten versucht, beisst und kratzt er sie.

Nicht nur bei wahrnehmungsgestörten Kindern, auch bei hirngeschädigten Erwachsenen begegnet man der Schilderung von Verhaltensweisen, die als aggressiv bezeichnet werden. Dazu folgende Beispiele:

BEISPIELE

R., 20 Jahre, Hirntraumatiker, soll in der Therapie eine Zitrone auspressen: Vor ihm liegen Zitrone, Messer und die aus zwei Teilen bestehende Presse auf dem Tisch. Er zögert einen kurzen Augenblick, plötzlich wischt er mit einer heftigen Bewegung die Gegenstände vom Tisch — Panikreaktion? Ich stelle die Gegenstände nochmals vor ihn auf den Tisch und wiederhole damit den Hinweis, die Zitrone auszupressen. Er sitzt vor diesen drei Gegenständen und scheint zu überlegen und zu überlegen. Schliesslich nimmt er die Zitrone, legt sie in jene Hälfte der Presse, die einer Schale gleicht. Dann stülpt er die andere Hälfte der Presse wie einen Hut darüber.
Ch., 19 Jahre, schwere Hirnschädigung nach einem Verkehrsunfall. Man berichtet mir, dass er in der Therapie schreie und sich aggressiv verhalte. Therapeuten und Pflegepersonal fürchteten sich vor ihm. Man weigere sich, weiter mit ihm zu arbeiten. Meine Frage ist, ob Ch. ständig schreie, wenn man mit ihm arbeite, oder ob es Situationen gebe, in denen er nicht schreie? Man kann mir diese Frage nicht beantworten. So schlage ich vor, nach einer etwaigen Gesetzmässigkeit des Schreiens zu suchen und dazu Beobachtungen zu sammeln:
Ich begleite die Therapeutin zur Schwimmtherapie mit Ch.. Ch. liegt auf dem Wasser, getragen durch die Hände der Therapeutin. Sie erklärt Ch.: „Nun hebe ich die Füsse". Sie hebt Ch.s Füsse. Nichts geschieht; er bleibt ruhig. „Nun hebe ich den Kopf". Wiederum nichts! „Nun drehe ich dich auf den Bauch". Die Therapeutin dreht Ch. von der Rücken- in die Bauchlage. Wieder bleibt Ch. dabei ruhig. Dann erklärt die Therapeutin: „Jetzt wollen wir schwimmen". — Fast im gleichen Augenblick schreit Ch. mit solcher Intensität, dass es einem durch Mark und Bein geht. Es widerhallt im ganzen Schwimmbad.

Was ist geschehen? Wir analysierten die Anforderungen der verschiedenen Wassersituationen. Jene, in welchen sich Ch. ruhig verhalten hatte und jene, in welcher er schrie. Wir stellten dabei fest, dass die Mitteilungen: „Nun hebe ich die Füsse ... nun den Kopf ... nun drehe ich dich auf den Bauch", beinhalteten, dass die Therapeutin dies tun würde und nicht Ch. Bei der Erklärung: „Jetzt wollen wir schwimmen", war dies anders. Höchstwahrscheinlich erkannte Ch., dass er schwimmen sollte. Er wusste genau, dass er dazu nicht mehr fähig war. Vor seinem Unfall war er ein ausgezeichneter Schwimmer gewesen. In Wettkämpfen hatte er sogar Medaillen gewonnen. Und nun befand er sich in einem solchen Zustand! Was blieb ihm anderes übrig, als — zu schreien! Dass wir mit dieser Interpretation recht hatten, bewiesen die darauffolgenden Therapiesituationen, in denen aufgepasst wurde, wie man Aufforderungen formulierte, — und er schrie nicht. Eindeutig wurde unsere Interpretation später bestätigt, als Ch. soweit Fortschritte gemacht hatte, dass er nicht mehr plötzlich in Panik geriet, sondern seine Überlegungen formulieren konnte: „Ich habe Angst", erklärte er dann.

Die Tatsache, dass die Umwelt kräftiges Drücken, Beissen, Schlagen usw. als Ausdruck von Aggression auslegt, kann für das betreffende Kind/den Erwachsenen *schwerwiegende Folgen* haben. Dazu das folgende tragische Beispiel:

BEISPIEL
L., 10 Jahre, wahrnehmungsgestört, wird mir zur Begutachtung gebracht. Man berichtet mir, dass L. vor drei Wochen in eine neue Heimschule eingetreten sei. Nach zwei Wochen habe man sie wieder entlassen. Grund: sie sei so aggressiv geworden, dass sie die Umwelt gefährdet habe. So hätte man sie in eine Zwangsjacke stecken müssen.
Eine Mitarbeiterin beschäftigt sich mit L. während einer Viertelstunde. Dann kommen beide zu mir ins Büro. Ich sitze am Pult, L. steht neben mir. Ruhig grüsse ich sie, halte ihr, wiederum bewusst ruhig, meine Hand hin. L. ist ebenfalls ruhig, blickt mich an, gibt mir die Hand — ein freundlich wirkendes Kind, das mich anlächelt.
Ich wende mich meiner Mitarbeiterin zu, die neben L. steht. Sie beginnt zu erzählen — ruhig, bis zum Augenblick, wo sie zu einer Bemerkung plötzlich eine rasche Bewegung ausführt — unerwartet und heftig! Das genügt, um bei L. eine grosse Spannung hervorzurufen, und ehe wir uns versehen, hat sich L. in den Pullover meiner Mitarbeiterin verbissen, ihre Finger sich in deren Haaren verstrickt.
Ich streiche behutsam über L.s starren Körper — einmal, mehrere Male, über ihre Hand und die Finger, die sich festgekrallt haben, bis ich spüre, dass die Spannung abnimmt. Nun gelingt es mir, die Finger zu lösen; ich nehme dieselben und streiche mit ihnen leicht über die Haare meiner Mitarbeiterin — einmal, zweimal! Dabei erscheint auf L.s Gesicht gespannte Aufmerksamkeit — ja, es scheint aufzuleuchten: Es ist, als ob L. noch nie erlebt hätte, was man spürt, wenn man eine sanfte Bewegung ausführt, wenn man jemanden streichelt.

Nach diesem Erlebnis war mir klar, was in dem Heim geschehen war. Wenn L — in einer sonst ruhigen Atmosphäre — bereits auf eine heftige Bewegung neben ihr mit einem Übermass an Spannung reagiert, was kann man in einer Umgebung erwarten, wie das neue Schulheim sie ihr bot? In diesem Heim sind ja keine gesunden Kinder, sondern jedes Kind bringt ein Problem mit sich. Dazu war ihr die Umwelt unvertraut.
Welche Fülle an Spannungsquellen — unberechenbar! Musste man da nicht erwarten, dass L. in einen Übertonus geraten würde, aus dem sie durch die andauernden, ja ansteigenden Spannungen nicht mehr herauskommen könnte —?
Die Umwelt mit ihrer Beurteilung und ihrer Angst, L. könnte andere verletzen, vermehrte die Spannungen noch. Jedermann sprach auf das Kind ein, eilte herzu, um „Verletzungen" zuvorzukommen. Man stelle sich die dabei hervorgerufenen zusätzlichen Aufregungen und Spannungen vor! — Und dann kam die Zwangsjacke! ... Furchtbar, wenn man sich das alles vorstellt!

Leider ist dies kein Einzelfall. Nur, dass oft anstelle der Zwangsjacke Medikamente verabreicht werden, was zu einer Beruhigung des Patienten, aber nicht zur Veränderung seiner Umwelt führt.

Beispiele fügen sich an Beispiele; dem Patienten wird die Schuld zugesprochen, das Urteil wird über ihn gefällt: aggressiv, autodestruktiv ... ob das gerechtfertigt ist?

Die im nächsten Abschnitt zur Sprache kommende Interpretation der Umwelt bezüglich gewisser Schwierigkeiten von Wahrnehmungsgestörten ist wohl auf den ersten Blick nicht so hart, aber doch für die Angehörigen — vor allem die Eltern — zermürbend: Sie seien unerzogen.

1.4 Sie seien unerzogen

Da man äusserlich einem wahrnehmungsgestörten Kind seine Störung nicht ansieht, es sich aber nicht wie ein gesundes verhält, beurteilt die Umwelt es häufig als *unerzogen*.

Als Folge wagen sich Eltern mit ihrem wahrnehmungsgestörten Kind oft nicht mehr in einen Autobus, in die Bahn, in Geschäfte. Im Bus zum Beispiel setzen sich wahrnehmungsgestörte Kinder, sobald irgendwo ein Platz frei wird, da sie Mühe haben, im rüttelnden Bus ihr Gleichgewicht aufrechtzuerhalten. Sie beachten deshalb alte Leute nicht.

Ähnliches gilt für das Treppensteigen: Da müssen sich wahrnehmungsgestörte Kinder am Geländer festhalten. Neben der Sonderschule in St. Gallen befindet sich auch eine Treppe, die von einem Altersheim in die Stadt hinunterführt — die Kinder der Sonderschule würden den alten Leuten nicht Platz machen ... *Unhöflichkeit* — oder?

BEISPIELE

M., 16 Jahre, wahrnehmungsgestört, kauft ein. Seit einiger Zeit kennt er den Wert des Geldes. Der Lehrer ist bei ihm. Bevor sie zur Kasse gehen, zählt M. das Geld zusammen, das er für das Eingekaufte bezahlen muss. Kaum fertig damit, stürmt M. zur Kasse. Die Kassiererin ist mit einer Kundin beschäftigt, tippt eben deren Rechnung in die Kasse. M. beugt sich vor, streckt der Kassiererin den Geldbetrag unter die Augen: „Lueg, han i scho alles zäme zellt, stimmt gnau (schau, ich habe schon alles zusammengezählt, stimmt genau)." Er scheint nicht zu bemerken, dass die andere Kundschaft nicht fertig bedient ist. Solches wiederholt sich mehrere Male in Einkaufssituationen.

Th., 14 Jahre, wahrnehmungsgestört, geht in die Stadt einkaufen. Am Rande eines Fussweges stehen mehrere Besucherbusse. Die Touristen steigen aus und besetzen den Fussweg. Th. schaut weder links noch rechts, zwängt sich „rücksichtslos" zwischen den Menschen durch. Er bahnt sich seinen Weg, indem er die Ellbogen benützt. Die Leute blicken ihn böse an und schimpfen über diese Ungezogenheit.

S., 5;6 Jahre, wahrnehmungsgestört, ist zum ersten Mal in der Kindergartengruppe. Sie hat beim Kochen mitgeholfen. Eben trägt sie ein Becken voll Wasser zum Schüttstein. Ich komme zufällig dazu. Schwups! — da schüttet sie mir das Wasser an das Kleid. S. lacht: „Bisch jetzt ganz nass? (bist du jetzt ganz nass?)."
Wochen sind vergangen. Zufällig ergibt sich eine ähnliche Situation. Ich treffe S. wieder mit einem Becken voll Wasser — im Gang. Bevor ich auf die Seite ausweichen kann, tropft das Wasser wieder an meinem Kleid herunter. S. sagt: „Gäll, ha der scho emol Wasser agrüehrt (nicht wahr, ich habe dir schon einmal Wasser angeworfen)."

Ob S. wirklich so frech ist?

Andere Auffälligkeiten wahrnehmungsgestörter Kinder werden als *lügen* und *stehlen* bezeichnet. Ich erhalte einen schlechten Bericht über R., 8 Jahre, wahrnehmungsgestört: Er würde jetzt oft lügen — es sei schlimm, was er sich da erlaube. Ich bitte um genauere Auskünfte. Man erzählt mir folgendes:

BEISPIEL

R. sei von der Schule heimgekommen, ganz aufgeregt und habe erzählt, dass man ihn heute im Turnen bis zur Decke hinaufgezogen hätte. Nachfragen ergaben, dass er sich an zwei Ringen hätte hin und her wiegen sollen, dabei sei er einige Augenblicke mit beiden Füssen vom Boden weg in die Luft gekommen.

Ob das wirklich Lügen sind?

Das nächste Beispiel schildert das *Sammelverhalten* von manchen wahrnehmungsgestörten Kindern. Häufig sind diese auf ganz spezielle Gegenstände ausgerichtet, seien es Filzstifte, Celluxrollen, Plastikbeutel. Dieses Ausgerichtetsein kann sich bis zu einer Fixierung steigern, so dass das Sammeln dieser Gegenstände vermeintlich Zwangscharakter erhält:

BEISPIEL

M., 14 Jahre, wahrnehmungsgestört, hat grosse Freude an Schlüsseln. Er eignet sich solche an, wo immer er einen findet. Eines Abends kommt ein aufgeregter Arbeiter von der Garage in der Nachbarschaft und berichtet, dass ein Kunde gleich sein Auto abholen werde, der Zündschlüssel aber fehle. Wir schauen im Hosensack von M. nach und finden dort den Schlüssel.

Ob M. wirklich stehlen wollte?

Auffälligkeiten, die oft als Unerzogenheit gedeutet werden, treten auch beim Essen auf:
Viele wahrnehmungsgestörte Kinder und Erwachsene sind in ihren Bewegungen fahrig. Sie verschütten Getränke; wenn sie einschenken, wissen sie nicht, wann sie mit Giessen aufhören sollen. Speiseteile fallen zu Boden oder auf den Schoss, ohne dass sie dies zu beachten scheinen.
Sie essen schnell, stopfen die Speisen in den Mund, bis dieser überquillt. Sie kauen kaum, bewegen den Kiefer nur auf und ab. Die Zunge liegt häufig flach und bewegungsträge im Mund. Das spärliche Kauen kann über viele Jahre hinweg auffällig bleiben. Schlecken bleibt für manche jahrelang schwierig; gibt man ihnen ein Eiscornet, dann beissen sie ab, statt daran zu schlecken.
Manchmal müssen sie die Finger zuhilfe nehmen, um etwas zwischen Wangen und Kiefer hervorzuholen. Öfter kommen sie mit dem Besteck nicht zurecht und müssen dann die Finger nehmen. Einige können schlecht abbeissen, verschenken daher zum Beispiel die ihnen zugeteilten Äpfel. Oft kann man starkes Geifern beim Essen beobachten.

Ein weiteres Problem für die Angehörigen ist das Toilettentraining. Viele wahrnehmungsgestörte Kinder und Erwachsene benötigen sehr viel Zeit dafür. Dabei hängt die Dauer der Lernzeit mit dem Ausmass der Wahrnehmungsstörung direkt zusammen.

Wir fassen zusammen:

Wahrnehmungsgestörte sind in ihrem Verhalten im Alltag schwer gestört. Dies wird von der Umwelt bemerkt und interpretiert. Wir haben einige dieser Interpretationen erwähnt und mit einem Fragezeichen versehen. Ob sie stimmen? Wenn nicht, worauf sind die Abwegigkeiten zurückzuführen?

Um bessere Erklärungen zu finden, mussten wir über Jahre hin unzählige weitere Beobachtungen zusammentragen. Diese weiteren Beobachtungen befassen sich mit Leistungen, die wahrnehmungsgestörte Kinder und Erwachsene ausführen können, und mit Situationen, in denen diese Leistungen zerbrechen. Das nächste Kapitel beschreibt solche Beobachtungen.

2. Wir beobachten: Sie haben es und haben es doch nicht

Im ersten Teil des Buches berichteten wir von Regeln, die gesunde Kinder im Laufe ihrer Entwicklung anwenden. Es sind einerseits Regeln, die mit „Berühren" zu tun haben und andererseits solche, die sich auf das „Wirken" in der Umwelt beziehen. Erfahrungen mit diesen Regeln helfen dem Kinde, die Wirklichkeit kennenzulernen und sich in der Wirklichkeit immer besser zurechtzufinden.

Wie ist das mit wahrnehmungsgestörten Kindern und Erwachsenen? Im ersten Abschnitt dieses Kapitels werden wir die Anwendung der Regeln des Berührens und im zweiten die Anwendung der Regeln des Wirkens beschreiben.

2.1 Sie wissen um die Regeln des Berührens — wo aber bleibt die Umwelt?

Berühren ist ein Verhalten, das beobachtbar ist. Ich berühre die Umwelt mit meinem Körper, den Beinen, den Händen, dem Rumpf, dem Kopf ... bei all meinen täglichen Verrichtungen. Eine reichhaltige Quelle von Möglichkeiten, das Berührungsverhalten von wahrnehmungsgestörten Kindern und Erwachsenen zu erfassen! Die dabei beobachteten Auffälligkeiten haben wir nach drei Gesichtspunkten geordnet:
Zuerst schildern wir das Verhalten von wahrnehmungsgestörten Kindern/Erwachsenen, das durch eine Berührung ausgelöst werden kann, dann befassen wir uns mit den Regeln des Berührens und zuletzt mit der Art der Berührungsbewegung.

2.1.1 Sie weichen aus, werden gespannt und schauen weg

Eine erste Gruppe von Beobachtungen schildert ein *Ausweichen* von wahrnehmungsgestörten Kindern, wenn sie berührt werden. Ausweichen kann bei gesunden Kindern auch beobachtet werden. Wahrnehmungsgestörte Kinder scheinen aber sehr viel häufiger auszuweichen und dabei gespannt zu werden:

BEISPIELE

S., 7 Jahre, wahrnehmungsgestört, wehrt ab, wenn sie von der Mutter berührt wird, und erklärt: „Lang mi nöd a — da macht de B. scho de ganz Tag im Chindegarte (berühre mich nicht, dies macht B. schon den ganzen Tag im Kindergarten)."

K., 7 Jahre, wahrnehmungsgestört, lässt sich an den Händen führen, solange eine Arbeit dauert. Nach Beendigung geht die Lehrerin mit K. aus dem Zimmer. Dabei legt sie den Arm auf ihre Schulter — K. schüttelt den Arm ab.

G., 5 Jahre, wahrnehmungsgestört, erhielt eine spezielle Massagetherapie. Nach zwei Jahren erklärt die Therapeutin, es nütze nichts — G. werde jeweils gespannter statt entspannter. Er würde sich darin deutlich von zerebral Bewegungsgeschädigten unterscheiden. Diese würden sich mit Hilfe der Massage entspannen.

Häufig kann man beobachten, dass das Zurückweichen zu einem eigentlichen Zurückschrecken wird, besonders dann, wenn etwas Weiches, Feuchtes, Glitschiges, Kratziges, Rauhes ... berührt wird.

BEISPIELE

D., 11 Jahre, wahrnehmungsgestört, soll für das Mittagessen Käse raffeln. Kaum berührt D. den Käse, beginnt er zu schimpfen: „Nei, also nöd, väschwind, ha jo nöd wölle do si ... (nein, also nicht, verschwinde, habe ja nicht da sein wollen)."
Er wird aufgefordert, die Butter aus dem Kühlschrank zu holen. Er beginnt bereits zu schimpfen, als er die Tür des Kühlschrankes öffnet: „Ha nöd wölle ... (habe ja nicht wollen)."
Er hält eine Hand vor den Mund, er beginnt zu geifern, trotzdem greift er langsam nach der Butter — mit ganz verspannten Fingern.
Wir streichen über die Raffel, um den Käse wegzunehmen. Sobald D. die aufgeraühte Fläche der Raffel berührt, zieht er seine Hände zurück und schlägt sich an den Kopf.

R., 10 Jahre, wahrnehmungsgestört: Der Lehrer schneidet mit F. eine Melone entzwei. Darauf führt der Lehrer R.s Hand zum Melonenfleisch, um die Kerne zu entfernen. Einen Augenblick lang lässt R. dies geschehen und ist ganz aufmerksam dabei. — Plötzlich reisst er seine Hand weg, schreit, sucht den Lappen und putzt seine Hände ab. Spontan greift er wieder in das Melonenfleisch. Doch wiederum — nach einem Augenblick — beginnt er zu schreien und die Hände abzuwischen.

M., 16 Jahre, wahrnehmungsgestört, paniert Fische. Er legt die Fischfilets in einer Reihe auf den Tisch. Dann springt er zum Wasserhahn und wäscht sich die Hände. Er kehrt zu den Filets zurück, nimmt ein Filet und legt es in das vorbereitete Eigelb. Darauf wäscht er wiederum die Hände. So verhält er sich bei jedem Filet: ins Eigelb, dann Hände waschen!

Die *Spannungen*, die zum Beispiel bei der Berührung von feuchtem Material bei wahrnehmungsgestörten Kindern ausgelöst werden, führen oft zu seltsam anmutenden Fingerbewegungen.

Das folgende Beispiel veranschaulicht diese Beobachtung:

BEISPIEL

G., 12 Jahre, wahrnehmungsgestört, hilft in der Küche. Er soll Bananen zerdrücken:

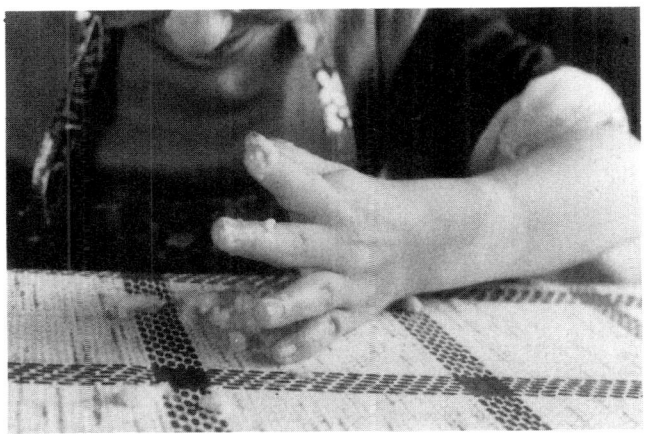

Er drückt nur mit dem kleinen und dem Ringfinger auf die weiche Banane — die andern Finger spreizt er ab.

Die Hand wird zur Faust geballt — damit drückt G. die Banane gegen den Tisch.

Die Fingerspitzen drücken fest auf die Banane — und die Unterlage.

Der Arm hebt sich etwas, damit wird der Druck über die Fingerspitzen auf die Banane und den Tisch verstärkt.

Die Finger sind nun klebrig — das Klebrige trocknet — *die Finger sind weiterhin in Spannung.*

Manchmal weichen die Kinder der Berührung zwar nicht aus, *schauen hingegen* während des Berührens *weg:*

BEISPIEL
D., 11 Jahre, wahrnehmungsgestört, füllt eine Tomate mit Thon (Thunfisch):

Er berührt mit einer Fingerspitze den weichen, glitschigen Thon auf der Gabel und versucht, diesen in die Tomate fallen zu lassen — die andern Finger spreizt er ab.
▶
Die Lehrerin führt D. Der ganze Finger, nicht nur die Fingerspitze, berührt den feuchten Thon — D. blickt weg.

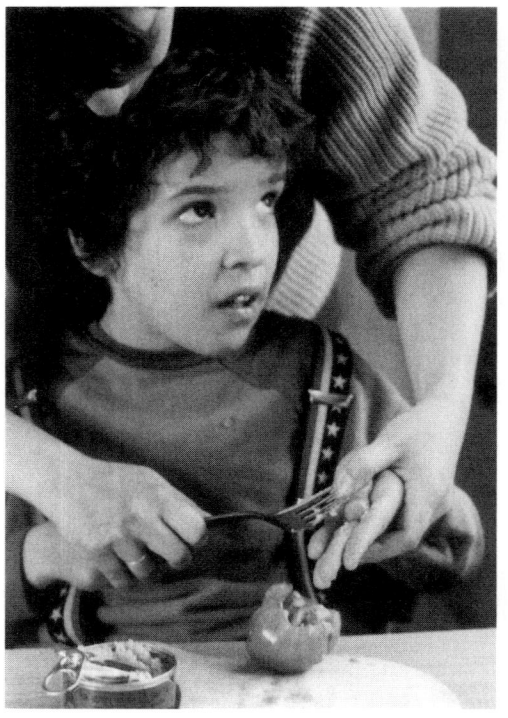
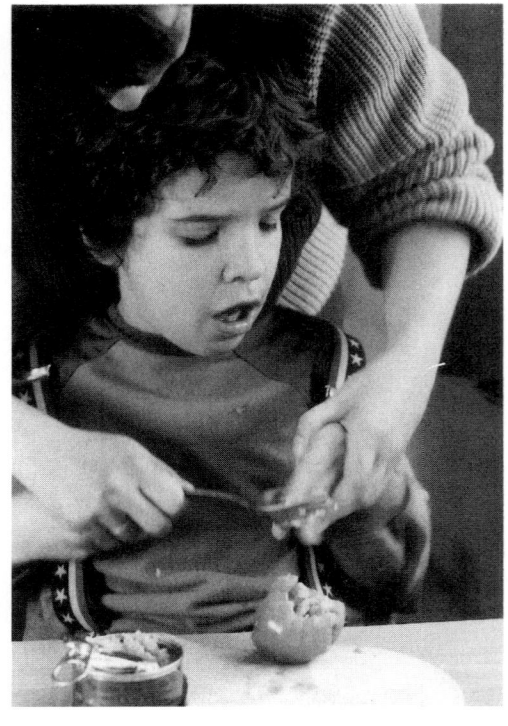

▲▲
Puh — nun hat D. den Thon mit allen Fingern berührt. Die Augen sind nach oben gerichtet, der ganze Körper ist gespannt.

▲
Jetzt wird der Thon von der Gabel entfernt — alle Finger der Hand sind beteiligt — D. schliesst die Augen und beginnt zu schimpfen.

◀
Eine weitere Gabel voll! D. hält die Büchse fest — eine vertrautere Berührung! D. blickt auf das Geschehen.

Der Thon liegt auf der Gabel; D. blickt auf den Thon, ohne ihn zu berühren — jetzt lächelt er. Wiedererkennen? Über die Augen?

D. arbeitet weiter. Langsam werden die Fingerbewegungen weicher. D. drückt den Thon in die Tomate — fest — bis zum Widerstand — mit zwei Fingern der Hand!
Ob er mit der Berührung vertrauter wird?

Besonders auffällig für die Umwelt wird das häufige Wegschauen der wahrnehmungsgestörten Kinder *beim Gehen* — und dies ausgerechnet dann, wenn Hindernisse auftauchen. Immer wieder hört man in solchen Situationen die Aufforderung der Umwelt: „Du musst halt schauen!"

BEISPIELE

D. vom vorherigen Beispiel, geht einen steilen Hang hinunter und versucht, eine Treppe zu erreichen:

▶
Er zögert, bevor er beginnt, den Hang hinunterzusteigen —

dann schliesst er die Augen —

und geht mit steifen Bewegungen los.

Er erreicht den Zaun und hält sich krampfhaft daran fest.

Vorsichtig fügt D. Schritt an Schritt. Ob er es wohl bis zur Treppe schafft?

D. spürt das Holz an seinen Füssen —. Nun kann er den seitlichen Halt des Zaunes loslassen.

Vorsichtig setzt er den Fuss auf die Treppe, den Unterlagewiderstand erspürend.

C., 11 Jahre, wahrnehmungsgestört, geht bei einer Wanderung einen schmalen, unebenen Pfad entlang. Am Vortag hat es stark geregnet, und der Boden ist aufgeweicht und glitschig. C. fällt immer wieder hin. Die Lehrerin nimmt ihn deshalb an der Hand. Es fällt ihr auf, dass C. nicht hinschaut, wenn er seinen Fuss aufsetzt: Er blickt in die Luft hinaus, und oftmals ruft er den vor uns gehenden Kindern etwas zu. Derweil tritt er immer wieder gerade dorthin, wo es am ungünstigsten ist, so etwa auf eine kleine Erhebung und nicht dorthin, wo es flacher wäre. — Natürlich rutscht er wieder aus. C. wird ermahnt, nicht zu sprechen und besser auf den Weg zu schauen. Es nützt nichts. —

So ist das Unvermögen dieser wahrnehmungsgestörten Kinder, hinzuschauen auf das, was die Füsse tun, für die Umwelt oft ein Ärgernis. Und je mehr man darauf besteht, dass das Kind endlich hinschaue, desto weniger tut es das Kind.

In den nächsten Abschnitten beschäftigen wir uns erneut mit dem Vorgang des Berührens. Wenn wir berühren, dann suchen wir nach Gesetzmässigkeiten. Wir wenden Regeln an. Ob sich das wahrnehmungsgestörte Kind/der Erwachsene darin vom Gesunden unterscheidet? Ob es/er um die Berührungsregeln weiss?

2.1.2 Sie wissen um die Regeln der stabilen Unterlage und der Seite

Unterlage- und Seitenwiderstand werden von uns wahrnehmungsgesunden Menschen immer wieder untersucht und benötigt. Dieses Verhalten wurde im ersten Teil des Buches geschildert. Wie verhalten sich hierin wahrnehmungsgestörte Kinder/Erwachsene?
Die ersten Beispiele geben Beobachtungen wieder, die sich auf die *Regel der stabilen Unterlage* beziehen:

BEISPIELE
P., 15 Jahre, wahrnehmungsgestört, muss sich immer wieder der Stabilität seiner Unterlage versichern:

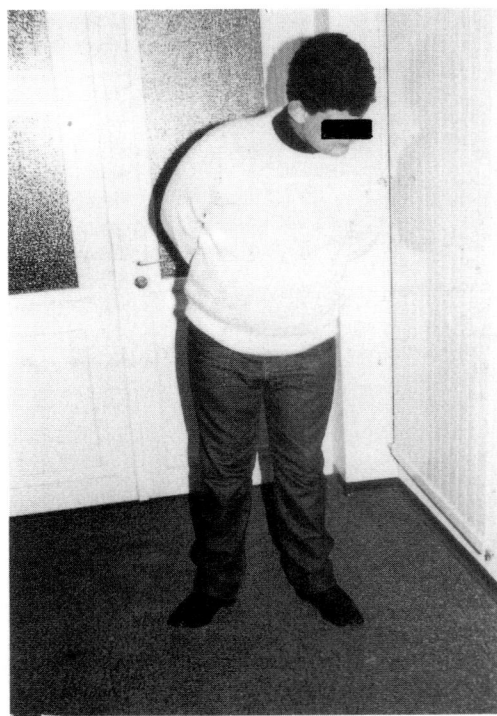

Es kommt öfters vor, dass P. nach der Therapie neben seinen Eltern im Gang steht und warten muss. Die Eltern haben dann meist noch einige Fragen. In dieser

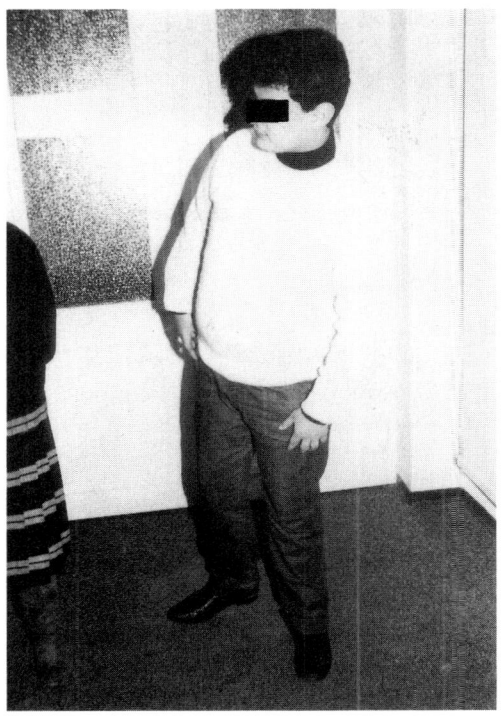 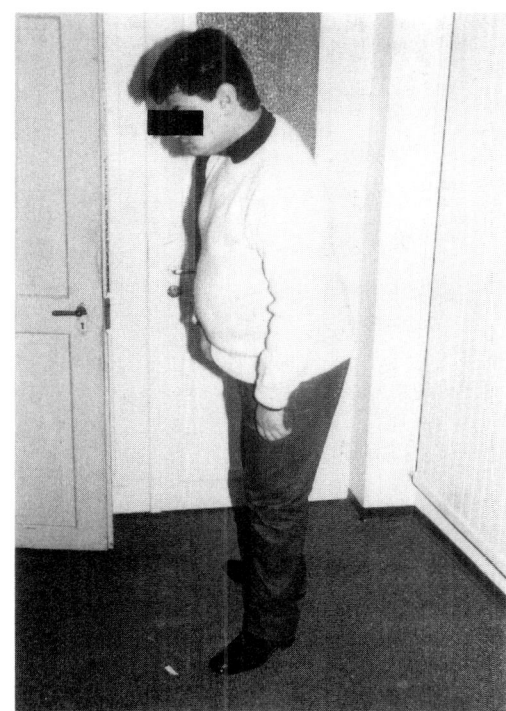

▲
Situation wiegt sich P. hin und her, indem er das rechte Bein etwas hochhebt, dann auf den Boden stellt, darauf das linke hochhebt usw. ▲▲

Die Interpretation der Umwelt: P. ist nervös. Die Mutter erklärt ihm allemal, er solle ruhig stehen. P. befolgt diese Aufforderung für einen kurzen Moment, dann fängt das Wiegen von neuem an. Ähnlich verhält er sich, wenn er auf einem Stuhl sitzt und warten muss; dann beginnt er jeweils sogleich, seinen Oberkörper nach vorn und nach hinten zu wiegen.

Weshalb wohl? Ob dies etwas mit der Unterlage zu tun hat? Wir beobachteten P. in einer Treppensituation. Er musste eine unvertraute Treppe hinauf- und dann hinuntergehen:

P. hält sich an Treppengeländer und Seitenwand mit beiden Händen fest — vorsichtig gleitet der eine Fuss über die Unterlage, ständig deren Stabilität prüfend.

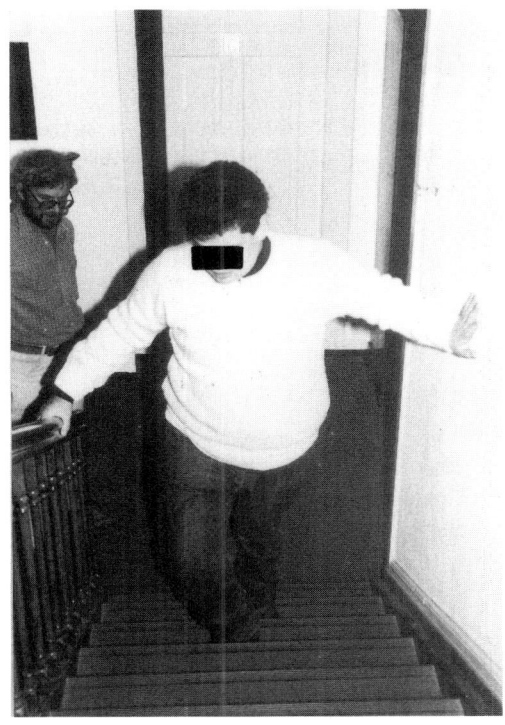

 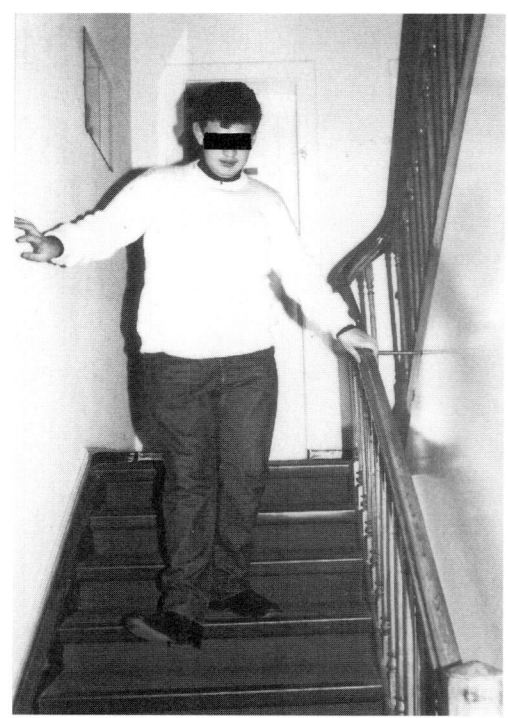

Der andere Fuss steht dabei jeweils ruhig auf der Stufe. So geht er hinauf und dann hinunter.

Beim Hinuntergehen wird P.s Suche nach Widerstandsinformation besonders deutlich:

P. schiebt den einen Fuss auf der Stufe nach vorn, behält dabei den Kontakt mit der Unterlage, bis er zur Kante gelangt. Nun senkt er den Fuss mit der Ferse der Stufenwand entlang abwärts, bis er den Unterlagewiderstand der nächsten Stufe spürt. Jetzt setzt er den Fuss betont stark ab und beginnt dasselbe mit dem nächsten Fuss: Vorwärtsschieben auf der Stufe bis zur Kante ...

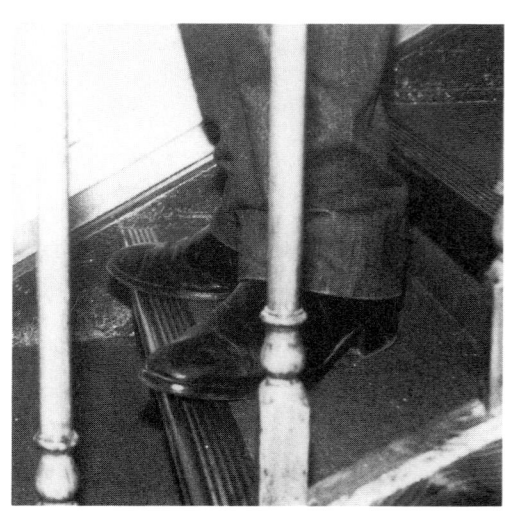

Mit beiden Füssen steht P. auf dem Treppenabsatz.

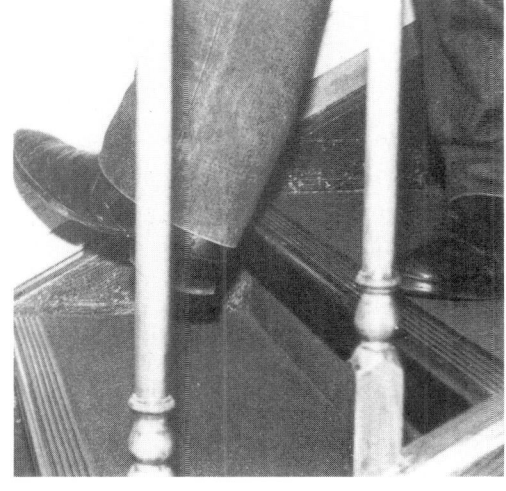

▲▲
Die Bewegung, und damit die Suche nach Widerstand, beginnt ...

▲
P. erspürt die Stufenkante und schiebt den Fuss, Ferse voraus, der Kante entlang nach unten.

◀
Mit der Ferse in Kontakt mit der Stufenwand ...

▼▼
hinunter, bis die Ferse Unterlagewiderstand spürt.

▼
Nun kann der Oberkörper sich nach vorn beugen — die neue Unterlage ist stabil.

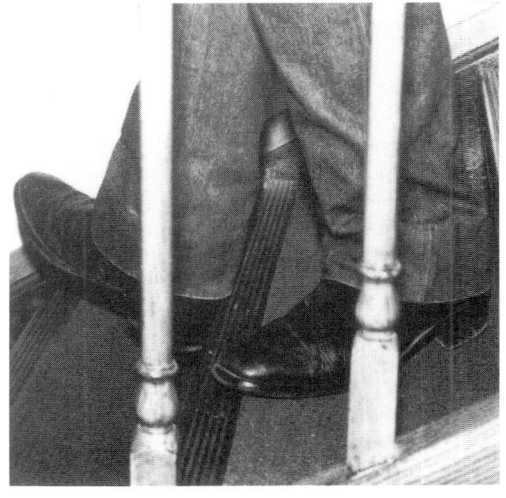

 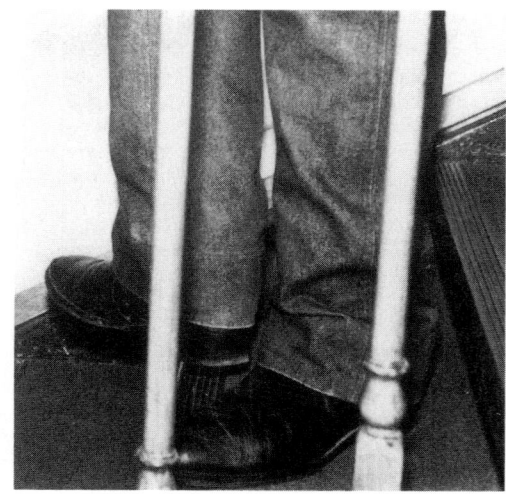

Der zweite Fuß kommt nach vorn, bis beide Füsse auf der gleichen Stufe stehen —

Dieses Verhalten erinnert an das Kleinkind, das in einer fremden Situation eine Treppe hinuntersteigt. Nur ist P. bedeutend älter. Weshalb hat er solchen Widerstand nötig?

In diesem Zusammenhang erinnern wir hier nochmals an R., den achtjährigen

und dann beginnt die Bewegung und Suche nach Information aufs neue.

Buben, von dem man berichtete, er lüge. Er erzählte, dass man ihn bis zur Decke an den Ringen hochgezogen hätte (siehe Abschnitt 1.4 „Sie seien unerzogen"). Wir fügen eine weitere Beobachtung von R. an. Sie beschreibt, wie sehr R., ähnlich wie P., den Unterlagewiderstand sucht:

BEISPIEL

R., 8 Jahre, wahrnehmungsgestört: R.s Schulklasse führt einen Tanz aus. R. hält die Lehrerin, welche ihn rundherum führt. R. bewegt sich im Rhythmus mit, doch so, dass seine Füsse sich nie vom Boden weg bewegen; er gleitet so in ständigem Kontakt mit der Unterlage über den Boden weg.

Man meldet mir eine Patientin zur Beobachtung. Laut Bericht der Ärzte und Therapeuten würde sie fast unaufhörlich sprechen:

BEISPIEL

Frau R., Hirntraumatikerin. Die Therapeutin erzählt, Frau R. würde in einem fort sprechen. Dabei verstehe man nur selten, was sie ausdrücken wolle. Sie wiederhole die gleichen Äusserungen. Hie und da werde der Redestrom unterbrochen.
Wir sammeln in einer Therapiestunde Beobachtungen darüber: Die Therapeutin malt mit der Patientin, indem sie deren Arme und Hände führt. Dabei ergibt sich folgendes: Der Pinsel wird durch die Luft bewegt. Frau R. spricht ununterbrochen dabei. Der Pinsel ist im Farbtopf, dessen Boden wird angetupft. Frau R. hört auf zu sprechen. Der Arm mit dem Pinsel wird wieder durch die Luft bewegt. Jetzt spricht Frau R. wieder. Die Hand berührt mit dem Pinsel das Blatt Papier auf dem Tisch. Frau R. spricht nicht mehr.

Was ist geschehen? Frau R. spricht, solange ihr Arm durch den freien Raum bewegt wird. Hier begegnet die Armbewegung kaum einem Widerstand. Sie verändert ihr Verhalten und schweigt, wenn ihr Arm mit dem Pinsel auf etwas Festes, auf Widerstand trifft. Dies geschieht, wenn sie den Boden des Farbtopfes berührt, ein andermal die Tischplatte. Es scheint, dass die Patientin in der Bewegung durch den freien Raum keine neue Information erhält. Nur wenn eine starke, *maximale Widerstandsveränderung* entsteht, scheint die Patientin dies wahrnehmen zu können.

Wahrnehmungsgestörte Kinder und Erwachsene suchen häufig, neben dem Unterlagewiderstand, nach einem zusätzlichen starken *seitlichen Widerstand*.

BEISPIELE

M., 15 Jahre, wahrnehmungsgestört, hat eine besondere Schlafgewohnheit: Er dreht sich immer gegen die Wand, der Kopf befindet sich oben am Bett, so dass er an die Holzwand des Bettgestells gedrückt wird.

R., 9 Jahre, wahrnehmungsgestört, gerät beim Schwimmen in Panik, sobald er sich nicht mehr an der Seite festhalten kann. Er steigt deshalb die Treppe hinab, indem er sich am Geländer festklammert. Darauf folgt er dem Rand des Schwimmbeckens. Er wehrt sich gegen die Hilfe der Lehrerin, die ihn vom Rand wegzulocken versucht, indem sie verspricht, ihn festzuhalten.

M., wahrnehmungsgestört, zeigte während manchen Jahren (von 13 bis 16 Jahren) folgendes Verhalten: Er springt auf, wenn er in Spannung gerät und stellt sich mit der Hüfte an die Wand, die Füsse etwas entfernt und wippt in dieser Stellung mit dem Oberkörper heftig vor und zurück.

C., 12 Jahre, wahrnehmungsgestört, muss sich heute noch an den Tisch anlehnen, wenn er stehend arbeitet. Die folgenden Bilder zeigen ihn bei verschiedenen Betätigungen, und jedesmal benötigt er den Seitenwiderstand:

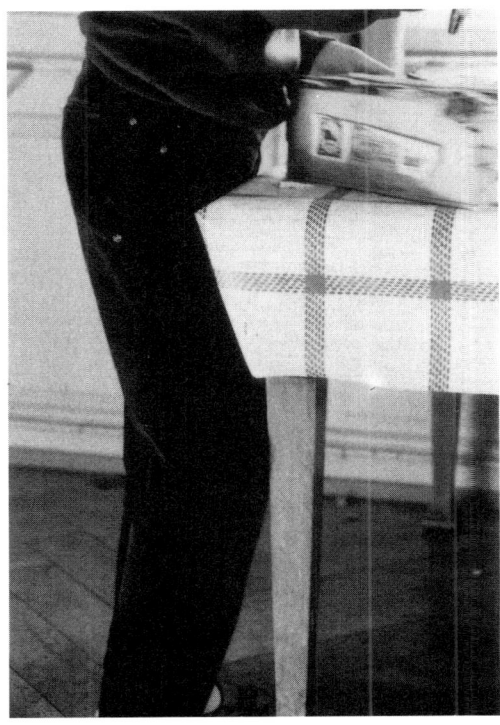 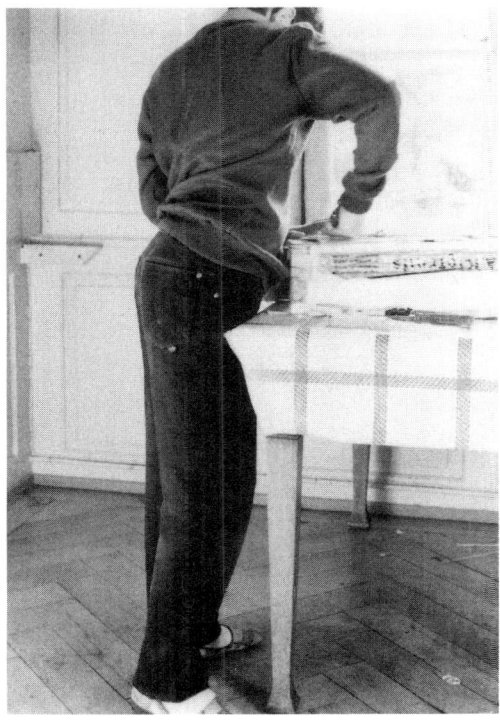

A., 11 Jahre, wahrnehmungsgestört, versucht, den Vorhang vom Fenster zu entfernen. Zunächst kniet sie auf einen Hocker. Um sich vom Knien aufzurichten, hält sie sich an der Tischkante fest. Sie versucht, ein Bein hochzuheben. Dabei stösst sie an die Wand, und der Tisch wird zur Seite geschoben. Nun hängt A. zwischen Hocker und Tisch und kann sich nicht mehr helfen.

K., 10 Jahre, wahrnehmungsgestört, geht zusammen mit ihrer Schulgruppe in eine unbekannte Turnhalle. K. zögert, bevor sie eintritt. Dann geht sie hinein, bewegt sich aber nur den Wänden entlang. Bei den Übungen muss man sie an der Hand heranholen. Ihre Bewegungen wirken steif. Auch nachdem die Gruppe diese Turnhalle schon während einiger Wochen benützt hat, kann K. dort nicht frei laufen, und sie bewegt sich immer noch steif.

K., 11 Jahre, wahrnehmungsgestört, sollte in den obersten Stock eines ihr unbekannten Schulhauses gehen. Dieses Schulhaus hat hohe Gänge und eine breite Wendeltreppe führt in den oberen Stock. Der Blick nach unten ist frei. K. weigert sich, die Treppe hinaufzusteigen, auch wenn man versucht, mit ihr die Wand entlangzugehen. Sie setzt sich auf die unterste Stufe und wirkt gänzlich verkrampft.
Soll K. etwas vom Boden aufheben, so kann sie sich nicht bücken, sie geht dazu stets in die Hockstellung. Als 4–5jähriges Kind getraute sie sich nicht, über die 10 cm breite Regenrinne vor ihrer Haustüre zu gehen.

E., 11 Jahre, wahrnehmungsgestört, soll die an der Decke aufgehängten Pflanzen giessen:

Sie steigt auf den Stuhl — mühsam hält sie sich dabei am Tisch und am Stuhl zugleich.

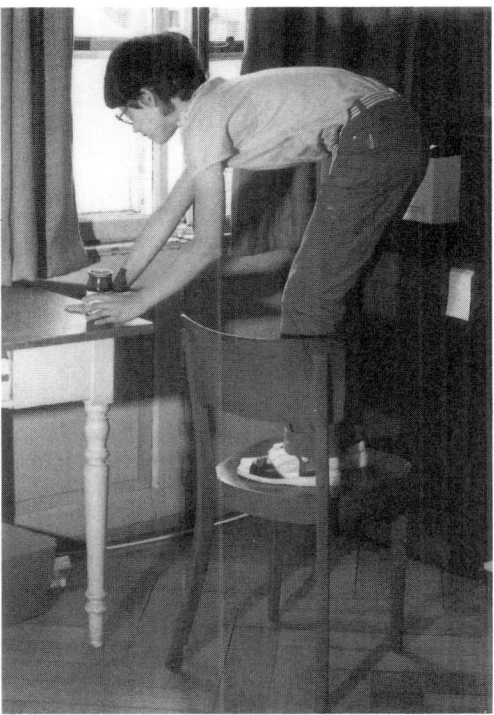

Nun ist sie soweit, dass sie das mit Wasser gefüllte Glas vom Tisch wegnehmen kann.

Sie versucht, ihren Körper zu strecken. Doch — wo ist der Seitenwiderstand? ▶

Sie geht in die Hockstellung und verschafft sich so etwas mehr Widerstand, während sie nach einer stabilen Seite sucht.

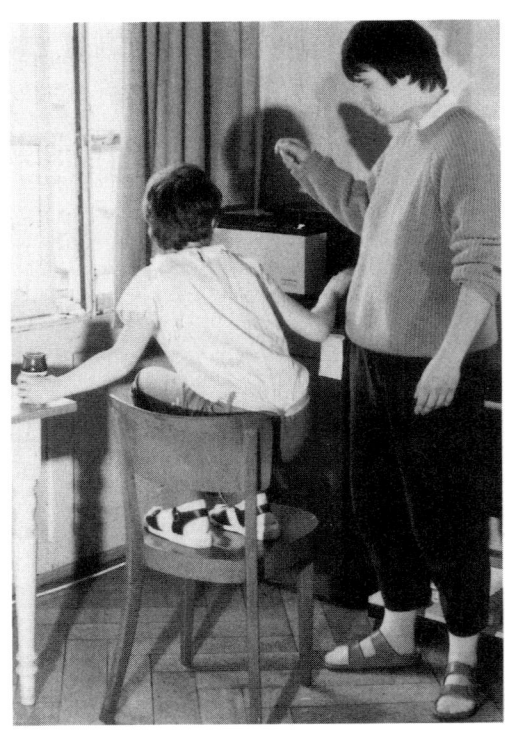

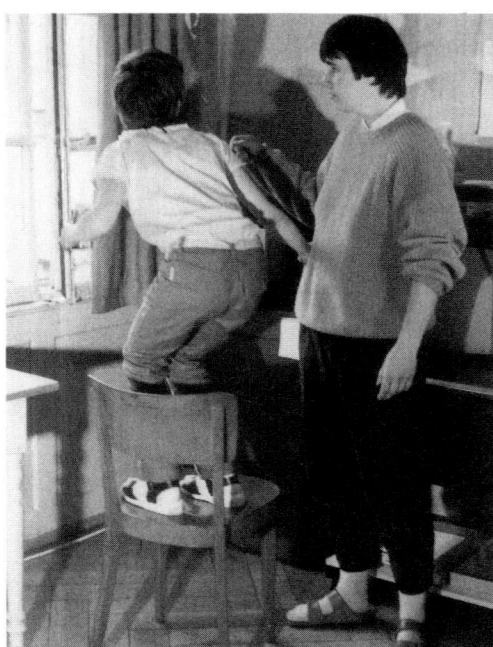

Da — sie ergreift den Pullover der neben ihr stehenden Person.
Nun kann sie versuchen, sich aufzurichten.

Jetzt hat sie die Pflanze erreicht.

Sie kann giessen. Gut, dass die stabile Seite noch da ist!

Im ersten Teil des Buches über „das Leben in der Wirklichkeit", wurde ausgeführt, wie das Berühren — über die Widerstandserfahrung — zur Erkenntnis verhilft, dass die „Welt" da ist. Ohne diese Erkenntnis komme ich nicht zum Gefühl der Geborgenheit. Eine sehr ausgeprägte Situation solcher Widerstandserfahrung ist diejenige der *Nische*. Beobachtungen von Wahrnehmungsgestörten unterstreichen, dass die Nischenregel auch von ihnen angewendet wird, und zwar oft in intensiver Art und Weise:

BEISPIEL
Frau L. erlitt infolge eines Schlaganfalles eine schwere Hirnschädigung. In ihrem Zimmer in der Rehabilitationsklinik bringt sie jeweils ihren Rollstuhl in eine von der Zimmerecke und dem Bett gebildete Art von Nische, so dass sie auf der einen Seite den Widerstand des Bettes spürt, in ihrem Rücken und auf der andern Seite die Wände des Zimmers. Und den Tisch rückt sie jeweils so nahe zu sich heran, dass sie ihn mit ihren Knien und Armen berühren kann. So fühlt sie sich offenbar geborgen.

Geborgenheit heisst: etwas Festes um sich haben, denn das Feste gibt Halt. Es ist deshalb für schwerst wahrnehmungsgestörte Menschen unerlässlich, Information in Form von maximalen Widerstandsveränderungen zu bekommen. Nur so können sie sich geborgen fühlen. Dafür ist das Verhalten von Frau L. ein drastisches Beispiel.

Wir folgern: Es scheint, dass in der Nischensituation die durch das Berühren und Berührtwerden erhaltenen Widerstandsveränderungen maximaler Art zum Bewusstwerden der Existenz einer stabilen Welt führen und damit das Gefühl von Geborgenheit erzeugen.

Wahrnehmungsgestörte ziehen sich deshalb immer wieder in „Nischen" zurück:

BEISPIEL
K., 11 Jahre, wahrnehmungsgestört. Wenn sie allein ist, dann stellt sie Stühle und Schemel so vor sich hin, dass eine Ecke des Zimmers damit abgegrenzt wird. In diese Nische zieht sie sich jeweils mit ihren Spielsachen zurück.

E., 15 Jahre, wahrnehmungsgestört, bleibt selten allein bei den andern Kindern, wenn keine Erwachsenen da sind. Sie zieht sich dann in eine selbstgebastelte Hütte im Schulzimmer zurück.

Eine weitere Reihe von Beobachtungen über die Anwendung von Berührungsregeln durch wahrnehmungsgestörte Kinder/Erwachsene unterstreicht die Wichtigkeit von Widerstandsveränderungen auch im *menschlichen Kontakt*.
Manche wahrnehmungsgestörte Kinder versuchen häufig die Person, mit der sie in augenblicklichem Kontakt sind, zu berühren:

BEISPIELE

C., 12 Jahre, wahrnehmungsgestört, ist sehr gesprächig. Wenn er etwas erzählt, dann berührt er stets die betreffende Person irgendwo. So ergibt sich auch die folgende Situation: Die Lehrerin geht mit C. durch den Gang und die Treppe hinunter. C. erzählt, was er eben gemacht habe, und will wissen, was er jetzt dann machen müsse. Statt dabei vorwärts zu gehen, wendet er sich immer wieder der Lehrerin zu, legt ihr den Arm um den Hals, fährt mit der Handfläche über ihre Schulter und hält sich am Blusenkragen fest.

K., 11 Jahre, wahrnehmungsgestört, versucht beim Spazierengehen stets, den sie begleitenden Erwachsenen die Hand zu geben. Fordert man sie auf, doch alleine zu gehen, so führt sie dies aus, bleibt aber bis auf einen Meter Abstand hinter dem Erwachsenen —, so dass sie diesen im Notfall schnell berühren kann.

E., 14 Jahre, wahrnehmungsgestört, wartet mit der Mutter in der Bahnhofhalle — die Klasse geht ins Schullager. E. hängt sich an den Arm der Mutter. Die Lehrerin tritt heran. E. löst sich nun vom Arm der Mutter, um sich sogleich an den Arm der Lehrerin zu hängen. In dieser Stellung verbleibt sie und geht mit der Lehrerin, bis alle im Zug sitzen. Dies kann man bei E. in unvertrauten Situationen immer wieder beobachten: Sie hängt sich an den Arm der ihr vertrauten Person.

Solche Berührungen können so „kräftig" sein, dass sie auf die Kontaktperson unangenehm wirken:

BEISPIELE

B., 16 Jahre, wahrnehmungsgestört, ist sehr gross. Wir versuchen, miteinander einen Schrank zu öffnen. Wegen ihrer Grösse stelle ich mich neben sie, um ihre Hände zum Öffnen zu führen. B. wendet mir ihr Gesicht zu, lächelt mich an und schlingt überraschend einen Arm um meinen Hals. Dabei drückt sie mich so fest an sich, dass ich kaum mehr atmen und mich lösen kann. B. lacht dazu mit ihrer rauhen, tiefen Stimme und beisst sich dann auf die Finger ihrer andern Hand.

K., 10 Jahre, wahrnehmungsgestört, steht neben mir. Sie fährt mir mit der flachen Hand ins Haar. Plötzlich packt sie fest zu, öffnet die Hand und packt wieder zu.

S., 13 Jahre, wahrnehmungsgestört: Sobald er ein Kleinkind sieht, nähert er sich diesem mit flatternden Armbewegungen und schlägt dann mit gestreckten Fingern hart auf dessen Kopf. Gegenüber Besuchern zeigt er dasselbe Verhalten, diese erwarten natürlich den unvermittelten „Angriff" nicht und sind jeweils sehr erstaunt.

Kontakt wird dann gemieden, wenn das wahrnehmungsgestörte Kind sich in Situationen befindet, in denen kaum Widerstandsveränderungen entstehen können. Eindrücklich ist in dieser Hinsicht das folgende Beispiel eines Kindes, das sich weigert, auf einem unstabilen grossen Ball Übungen mit der Physiotherapeutin zu machen, das sich aber in der Kurssituation, beim engen Sitzen, nicht gegen Kontakt wehrt:

BEISPIEL

B., 5 Jahre, wahrnehmungsgestört. Seine motorische Entwicklung war verzögert, und er erhielt Physiotherapie. Die Therapeutin bemerkte bald, dass es sehr schwiwrig war, mit ihm zu arbeiten. So begann er jedesmal zu schreien, wenn er sich beim Turnen auf den grossen Ball legen sollte. Diese Therapiesituation spitzte sich zuletzt dermassen zu, dass B. schon zu schreien begann, wenn die Therapeutin sich ihm näherte.

B. wird als „taktil defensives" Kind bezeichnet, das Kontakte mit andern Leuten strikte meide und sogar zurückweise. Er spreche nicht, verstehe aber manches von dem, was man zu ihm sage, besonders, wenn die Mitteilung mit der jeweiligen Situation zusammenhänge.
B. kommt zur Begutachtung: Es ist eine Kurssituation und etwa zwanzig Kursteilnehmer befinden sich im grossen Zimmer, in welchem ich mit B. zu arbeiten gedenke. Der Arbeitstisch für das Kind und mich muss behelfsmässig mit zwei Kisten und einem darübergelegten Brett erstellt werden. Der Leerraum unter dem Brett ist so eng, dass er eigentlich kaum für vier Beine Platz bietet.
Nun soll ich also in solcher Körpernähe mit einem Kind arbeiten, das als extrem kontaktscheu geschildert worden ist? Ich stelle einige Gegenstände auf den Tisch, welche — so hoffe ich — B. wahrscheinlich an schon oft beobachtete Tätigkeiten seiner Mutter in der Küche erinnern. Als Aufgabe habe ich das Zubereiten von Birchermus gewählt. Ich nähere mich dem Buben, erkläre ihm kurz: „Schau, da habe ich etwas für uns zum Arbeiten", nehme ihn an der Hand, setze mich mit ihm an den improvisierten Tisch und beginne sogleich, seine Hände zur ersten Tätigkeit zu führen. Das spielt sich so schnell ab, dass ich selber zunächst nur eines meiner Beine unter den Tisch bringe. Schliesslich, während wir arbeiten, zwänge ich noch das andere Bein darunter.
Einen engeren Kontakt, als wir beide ihn jetzt haben, kann man sich nicht vorstellen: vier Beine unter dem Tisch, wo eigentlich nur Raum für drei Beine ist, ich auf meinem Stuhl sitzend, meinen Körper an seinen Körper drückend und dazu erst noch seine Hände mit meinen Händen führend. Und wie verhält sich B. dabei? Er zuckt nicht einmal zusammen, als wir miteinander in so engen Körperkontakt kommen, er scheint nicht einmal zu merken, dass seine Hände geführt werden, und seine Aufmerksamkeit wendet sich nie von der Aufgabe weg, mit der wir uns beschäftigen.
Dieses Verhalten ist für die Kursteilnehmer erstaunlich und scheint ihnen zu den geschilderten Verhaltensweisen in krassem, unerklärlichem Gegensatz zu stehen. Auch die Mutter traut ihren Augen kaum, als sie ihr Kind so nahe bei einer fremden Therapeutin sitzen und konzentriert arbeiten sieht.

Was ist geschehen? Vergleichen wir die beiden Situationen:

Hier die Enge des Sitzens, der gespürte feste Widerstand — stabile Unterlage und Seitenwiderstand — einerseits von der Kiste, andererseits von meinem Körper. Diese Enge war so intensiv, dass jede Körperbewegung auf totalen Widerstand traf.

Die Situation der Physiotherapeutin war extrem anders: Sie arbeitete mit B. in einem grossen Raum, fast völlig ohne Möbel. Wo war da der Widerstand der Umwelt? Bei den Übungen auf dem grossen Ball war er unstabil. Dies schaffte eine völlig verunsichernde Situation für B. — Er reagierte darauf mit Panik.

Die Beispiele dieses Abschnittes unterstreichen die Suche der wahrnehmungsgestörten Kinder/Erwachsenen nach Widerstandsveränderungen. Sie wissen um die Regeln des Berührens und versuchen, diese anzuwenden — ja, sie scheinen sogar in einem grossen Ausmass von der Möglichkeit der Anwendung abhängig zu sein.

Im nächsten Abschnitt wenden wir uns den Bewegungen zu, die wahrnehmungsgestörte Kinder ausführen, wenn sie die Umwelt berühren:

2.1.3 Sie haben zwei Hände — und benützen häufig nur eine...

Im ersten Teil wiesen wir auf ein Entwicklungsgeschehen im Gebrauch der Hände beim gesunden Kind hin: Ein gesundes Kind benützt zunächst jeweils nur eine Hand, wenn es die Umwelt berührt. Einmal ist dies die rechte, dann wieder die linke Hand. Diese Periode der „Einhändigkeit" führt über zur Periode der „Zweihändigkeit". Zwei Hände zugleich einsetzen zu können, ist Ausdruck eines komplexen Zusammenspiels beider Hirnhälften.

Beim Erwähnen dieser Entwicklung unterstrichen wir die grosse Wissenslücke über die Phase der „Zweihändigkeit": Eine Hand — dann zwei — und doch Eins! Welch ein Geheimnis! Die Wissenslücke wird beängstigend, wenn wir uns nun an die Beobachtung des wahrnehmungsgestörten Kindes machen:

Höchst auffällig ist die Tendenz *aller* wahrnehmungsgestörten Kinder, Dinge *nur mit einer* Hand zu ergreifen. Dabei wird einmal diese, einmal jene Hand benützt, häufig jene, die dem zu ergreifenden Gegenstand am nächsten ist.

BEISPIELE
S., 15 Jahre, wahrnehmungsgestört, ergreift die Seife:

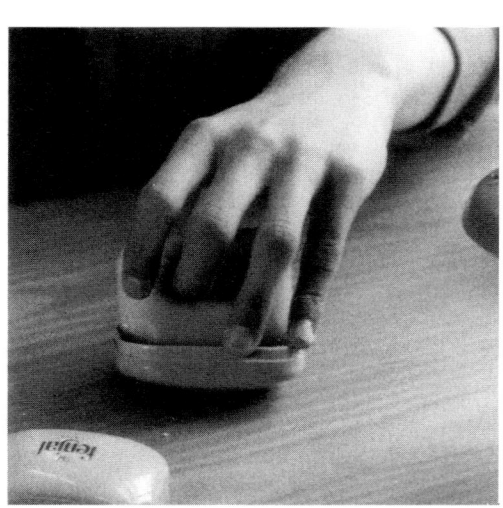

▶
Einhändig! — geschickt nimmt er die Seife aus der Schale. Mit der Fingerkuppe des Mittelfingers hebt er die Seife an. Der Zeigefinger steht in der Luft, Kleiner- und Ringfinger stemmen an der Schale ab.

G., 10 Jahre, wahrnehmungsgestört, reinigt den Tisch:

Einhändig drückt G. den Lappen im Wasser aus. Die andere Hand liegt passiv auf dem Tisch.

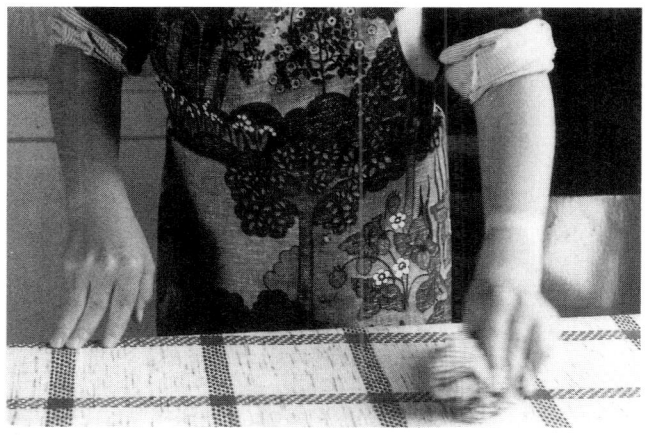

▼
Etwas später: Die Banane wird entfernt — mit einer Hand, die andere hängt passiv nach unten.

▲
Er wischt den Tisch ab — einhändig, die andere Hand drückt, Fingerspitzen als Berührungspunkt, auf den Tisch.

◄
Jetzt die Milchtüte: Mit einer Hand wird sie erfasst.

Es ist erstaunlich, wie geschickt wahrnehmungsgestörte Kinder Betätigungen mit nur einer Hand ausführen können. Diesen Eindruck kann man aber nur solange aufrechterhalten, als man nur die eine Hand betrachtet und nicht das Kind mit seinem ganzen Körper. Sobald man das gesamte Kind beobachtet, wird einem die „Einseitigkeit" im Gebrauch nur einer Hand bewusst — und bedrückt frägt man sich, wieso dieses „Verhalten"? *Wieso sind wahrnehmungsgestörte Kinder auf der elementaren Stufe der Einhändigkeit stehengeblieben und nicht zur Zweihändigkeit gekommen?*

Leider ist der Gebrauch nur einer Hand nicht das allein Auffällige bei den Berührungsbewegungen der wahrnehmungsgestörten Kinder. Betrachte ich G. beim Reinigen des Tisches, dann kann ich beobachten, dass er die Gegenstände zwar irgendwie berührt, aber diese nie richtig umfasst. Was liegt da vor?

2.1.4 ... und gelangen nicht zum Umfassen

Betrachten wir noch einmal wahrnehmungsgestörte Kinder bei der Verrichtung alltäglicher Geschehnisse! Beobachten wir dabei besonders, *wie* sie Gegenstände in der Hand halten!

BEISPIELE

S., 15 Jahre, wahrnehmungsgestört, soll den Putzlappen reinigen:

Er ergreift den Putzlappen mit Daumen und Mittelfinger —

▼

und hebt ihn in die Höhe — nur mit je zwei Fingern: Mittel- und Ringfinger rechts, Daumen und Mittelfinger links.

▼▼

Er hebt den Lappen auf Gesichtshöhe — weiterhin festgehalten mit je zwei Fingern —. Ob der Lappen sehr schmutzig ist?

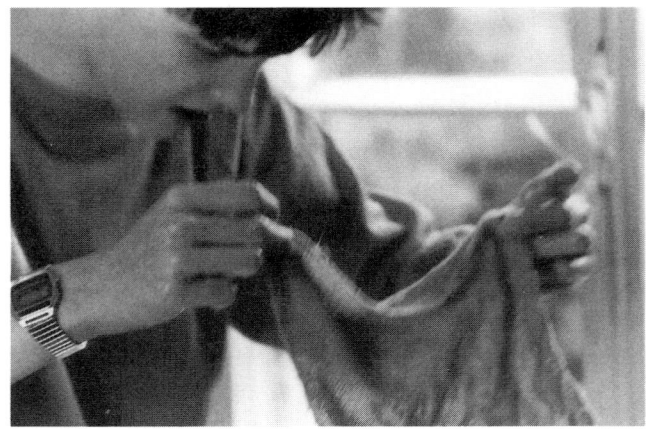

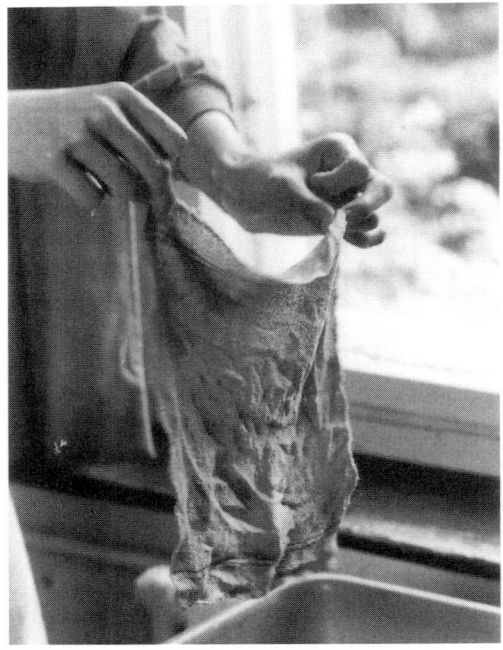

G., 10 Jahre, wahrnehmungsgestört, fasst Gegenstände stets nur mit zwei Fingern an:
▶
Hier mit Daumen und Zeigefinger, die anderen Finger sind zur Faust geschlossen.

▶
Hier isst sie ein Eiscornet. Sie hält das Cornet mit Zeigefinger und Daumen fest, die anderen Finger sind abgespreizt. So isst sie zuerst von unten bis zu den zwei Fingern, dann von oben hinunter bis zu den zwei Fingern. Darauf löst sie die Umklammerung und schiebt den Rest des Cornets in den Mund.

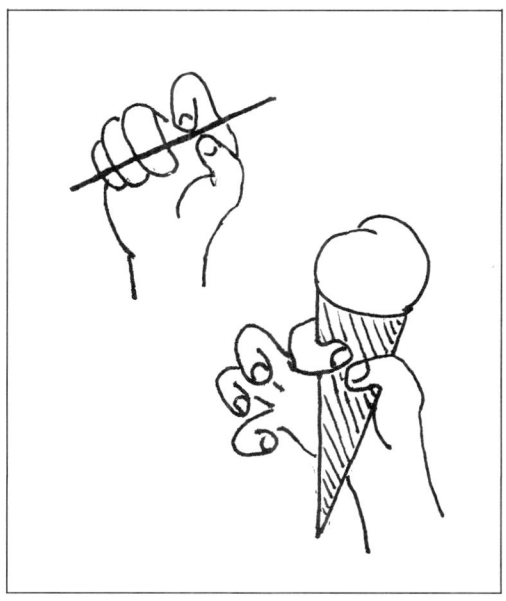

L., 6 Jahre, wahrnehmungsgestört, grübelt Kerne aus einer Grapefruit:

▶
Sie berührt mit beiden Zeigefingern das Fleisch, die andern Finger sind abgespreizt —.

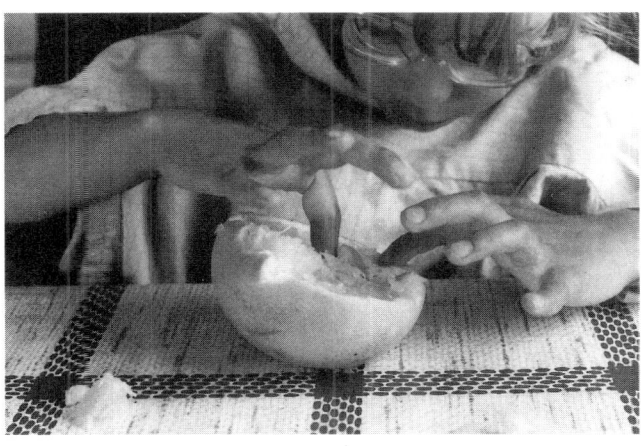

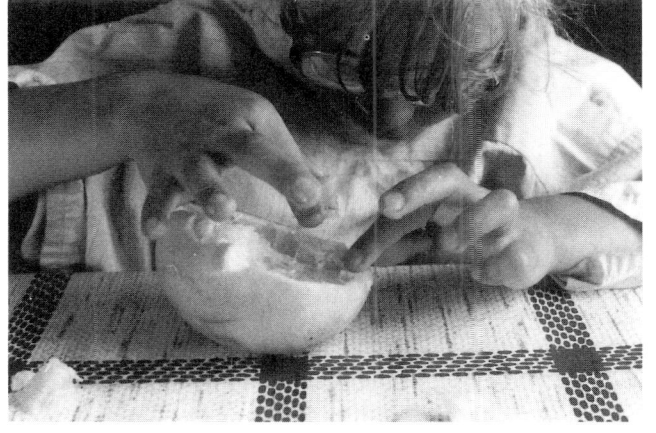

◀
Daumen und Zeigefinger rechts heben ein Stück vom Fruchtfleisch hoch, die andern drei Finger sind stark abgespreizt. Der Zeigefinger links drückt die Frucht weiterhin auf den Tisch.

Die rechte Hand: Zeigefinger und Daumen setzen zum Ergreifen an — im Pinzettengriff!
◀

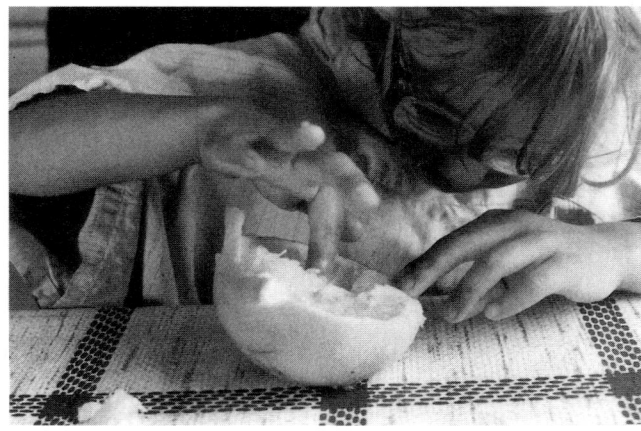

▶
Mit einem Finger der linken Hand hält sie die Frucht, ein Finger der rechten Hand sucht nach einem weiteren Kern —

Aus diesen Beobachtungen können wir *folgern*: In alltäglichen Geschehnissen finden immer wieder Berührungen statt — auch für das wahrnehmungsgestörte Kind. Es muss Gegenstände ergreifen, um diese bewegen zu können. Dabei benützt es fast ausschliesslich zwei Finger. *Zwei Finger* sind notwendig, um den Gegenstand zu erfassen. Dabei bleibt es gewöhnlich. Welch ein Unterschied zum Umfassen des gesunden Kindes! Statt des Umfassens bringt es das wahrnehmungsgestörte Kind nur zum *Anfassen*.

Das wahrnehmungsgestörte Kind benützt wohl eine *Widerstandsveränderung* beim Ergreifen von Gegenständen wie das gesunde Kind. Das gesunde Kind setzt dabei aber meist alle seine Finger ein, die sich um den Gegenstand schliessen bis zum totalen Widerstand. Das wahrnehmungsgestörte Kind unterscheidet sich hierin vom gesunden: Es verursacht die Widerstandsveränderung nur mit zwei Fingern. Diese zwei Finger fassen den Gegenstand an — wie mit einer Pinzette; die zwei Finger bewegen sich auf den Gegenstand zu — bis totaler Widerstand die Bewegung blockiert.

Wir erinnern an die Ausführungen über das Umfassen beim gesunden Kind im ersten Teil. Umfassen von etwas, das ich auf der Unterlage berühre, erlaubt mir, die Umwelt kennenzulernen. Nur wenn ich so umfassen kann, wird die Welt zur

Umwelt — erfahre ich die „Dreidimensionalität" dessen, was um mich ist — komme ich zu wichtiger Information über die Beschaffenheit und werde so mit Dingen und Personen um mich herum vertraut.

Das wahrnehmungsgestörte Kind aber gelangt nicht zu diesem Vertrautsein.

Dazu folgende Beispiele:

BEISPIELE
S., 15 Jahre, wahrnehmungsgestört (siehe früheres Beispiel S. 134):

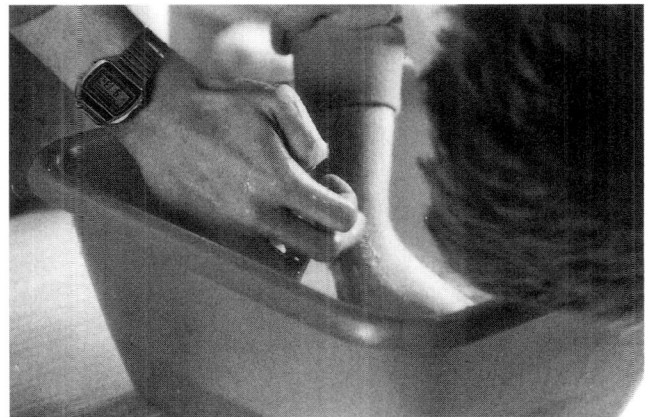

▶ *Der Putzlappen ist im Wasser, S. sucht den Widerstand — er gerät in grosse Spannung —*

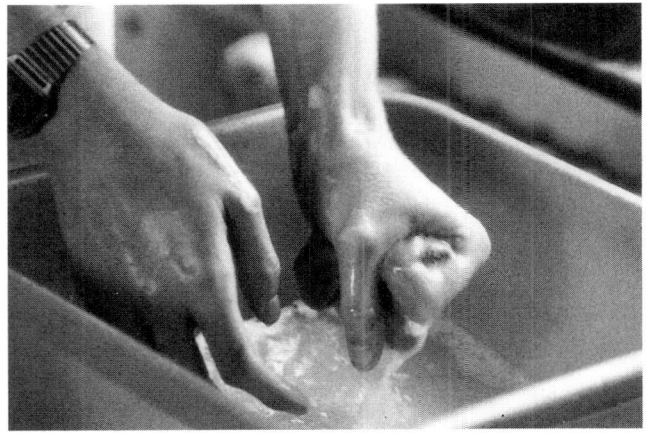

◀ *er ergreift den Lappen — einhändig — drückt seine Finger zusammen so fest er kann. Wo bleibt da der Lappen?*

C., 10 Jahre, wahrnehmungsgestört, soll einem Apfel das Kerngehäuse ausstechen: Um dies auszuführen, muss er den Apfel in die richtige Lage bringen. Er fasst den Apfel an und dreht ihn. Bei jeder Drehung spreizen sich die Finger und „fahren in die Luft hinaus" — die Finger können sich der Drehbewegung des runden Apfels nicht richtig anpassen, es fehlt die richtige „Erwartung" oder „Vorauseinstellung" der Finger auf die Rundung.

Zum Schluss noch ein trauriges Beispiel dafür, wohin die Unvertrautheit mit der Umwelt führen kann:

BEISPIEL

K., 9 Jahre, ist ein schwer wahrnehmungsgestörtes Kind in einem Heim für geistig Behinderte: Ich beobachte sie beim Essen. Vor ihr liegen Biskuits. In einem Kartonbecher ist Sirup. Die anderen Kinder essen und trinken voll Eifer. K. versucht, ein erstes Biskuit zu essen; sie fasst es an, und schon ist es zerdrückt, die kleinen Stücke über den Tisch verstreut. Mit dem zweiten Biskuit geht es ebenso. Und der Becher? K. versucht zu trinken, doch da ist der Becher schon flach gedrückt, der Sirup auf dem Tisch. Arme K.! Während die anderen Kinder um sie herum schmatzen und sich erlaben, geht K. leer aus. Schliesslich nähere ich mich K., obwohl auf Besuch, und führe ihre Hände: zum Essen, zum Trinken!

Mit diesem Hinweis auf die Folgen, die das Unvermögen zu umfassen mit sich bringt — Mangel an Erfahrung über die Beschaffenheit der Umwelt und demzufolge ein Unvertraut-Sein mit ihr — schliessen wir unsere Beobachtungen über das Berühren ab.

Zusammenfassend können wir festhalten:

Wahrnehmungsgestörte Kinder und Erwachsene berühren „die Welt" auch; Berührungen führen bei ihnen jedoch viel *häufiger* als bei Gesunden zum *Zurückweichen, zu Spannungen, zum Wegblicken*. Wahrnehmungsgestörte Kinder und Erwachsene wissen um die Berührungsregeln der Unterlage, der Seite und der Nische. Sie wenden diese an.

Auffällig bei den Berührungsbewegungen der wahrnehmungsgestörten Kinder ist, dass sie viele Jahre über die Zeit hinaus, während der das gesunde Kind dies tut, jeweils *nur eine Hand* benützen. Dazu kommt, dass sie statt der fünf Finger meist nur deren zwei gebrauchen. Mit diesen zwei Fingern fassen sie Gegenstände wie „mit einer Pinzette" an — und gelangen damit nicht zum Umfassen; ein weiteres Anzeichen dafür, dass sie nur bruchstückhafte Erfahrungen über „die Welt" sammeln können; damit wird die Welt nicht zur Umwelt (siehe ersten Teil des Buches).

2.2 Sie wissen um die Regeln des Wirkens — wo aber bleiben die Veränderungen?

Im ersten Teil beschrieben wir, wie beim gesunden Kind zum Wahrnehmen das Erforschen des Wirkens in der Umwelt dazukommt. Für eine angemessene Entwicklung genügt Wahrnehmen allein nicht. Wahrnehmen genügt auch nicht, um die Probleme alltäglicher Geschehnisse zu lösen. Das Wissen um das Wirken ist zusätzlich notwendig.

Wie verhält sich das wahrnehmungsgestörte Kind/der Erwachsene in dieser Hinsicht? Weiss es/er um die Regeln des Wirkens, wie wendet es/er diese an? Wo liegen die Schwierigkeiten?

Wir werden versuchen, einige wichtige Beobachtungen zu beschreiben und uns zu überlegen, wie das wahrnehmungsgestörte Kind, der Erwachsene mit den Regeln der Wegnehmbarkeit und der Nachbarschaft umgehen kann.

2.2.1 Sie nehmen weg — aber wie?

Ob wahrnehmungsgestörte Kinder überhaupt um die Wegnehmbarkeit wissen? Wenn ja, wie wenden sie dieses Wissen an?

BEISPIELE

Th., 8 Jahre, wahrnehmungsgestört, besucht seine Mutter und das neugeborene Schwesterchen im Spital: Er setzt sich auf den Stuhl und bekommt das Schwesterchen auf den Schoss. Er wird ganz ruhig, und vorsichtig hält er es fest und betrachtet es genau. Er hebt einen Arm des Kindes hoch und lässt ihn wieder los. Er erschrickt, als der Arm hinunterfällt, und zieht seine Arme weg.
Etwas später greift Th. nach dem Unterarm des Säuglings, drückt ihn, betrachtet die kleinen Hände genauer und öffnet deren Finger. Dann schaut Th. dem Neugeborenen ins Gesicht und versucht, die geschlossenen Augen zu öffnen. Dies wiederholt er während seines Besuches mehrere Male.

D., 14 Jahre, wahrnehmungsgestört, räumt den Tisch ab. Es liegen noch einige Bierdeckel darauf, die in Staniolpapier gewickelt sind. Zuerst kratzt und grübelt D. fein säuberlich das Staniolpapier weg und wirft es in den Abfallkübel. Zum Schluss wirft er alle Deckel in den Abfallkübel.

Diese Beispiele veranschaulichen, dass auch wahrnehmungsgestörte Kinder die Umwelt auf „Wegnehmbarkeit" hin untersuchen; sie erinnern an das gesunde Kind, wie wir es im ersten Teil beobachtet haben: Wie es zum Beispiel Personen seiner Umwelt untersucht, um sicher zu werden, dass Nasen zum Gesicht gehören, nicht aber Brillen, dass sichtbare „Flecken" als „Figuren" auf einem Grund wegnehmbar sind. Ähnlich verhält sich Th. mit seinem neuen Geschwister — und D. mit den Bierdeckeln — der Unterschied: Th. und D. sind bedeutend älter als das gesunde Kind in der entsprechenden Entwicklungsphase.
Es scheint also, dass *wahrnehmungsgestörte Kinder um die Wegnehmbarkeit wissen*. Sie wenden deren Regel in alltäglichen Verrichtungen an, auch wenn dies Schwierigkeiten verursacht, so wie bei L. im folgenden Beispiel:

BEISPIEL

L., 10 Jahre, wahrnehmungsgestört, hat Kerne aus der Grapefruit entfernt (siehe früheres Beispiel, S. 135f.). Bei dieser Arbeit sind ihre Finger klebrig geworden:

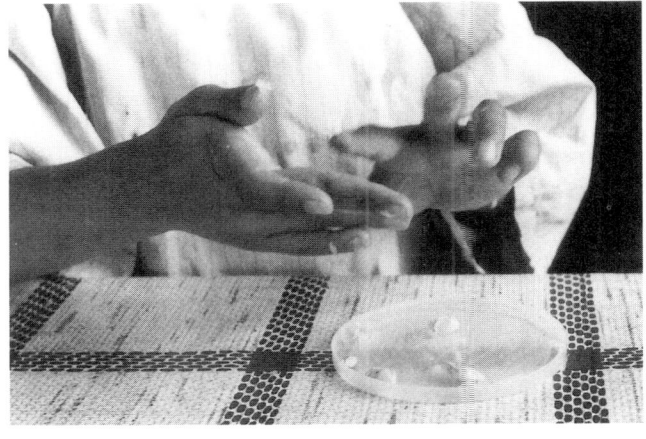

◄
Puh — die Finger, die sind so klebrig!

Wie bringt man dieses klebrige Zeug weg?

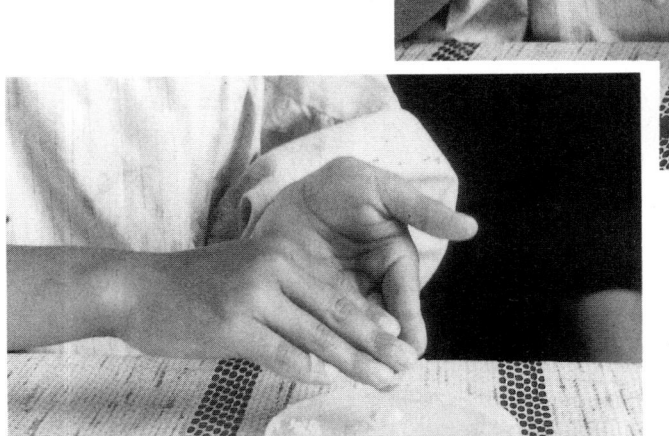

So? — Es geht nicht weg.

Oder so? Auch nicht.

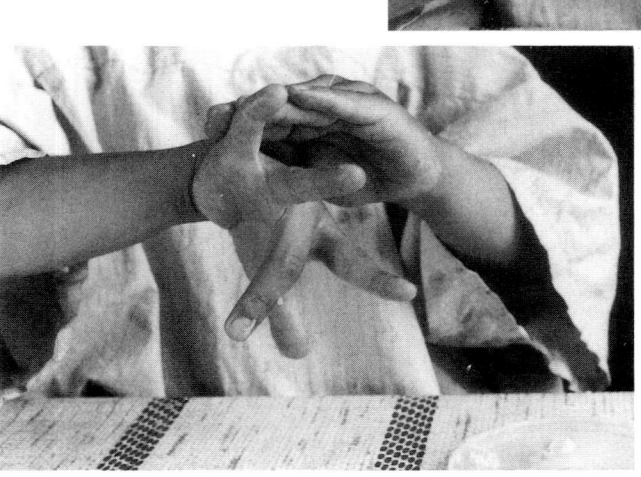

Nun so? — Nein.

Vielleicht so? Ach, das ist so schwierig — und so klebrig!

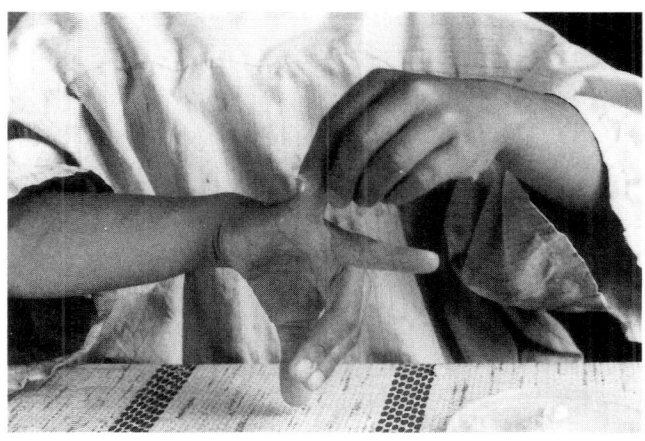

Dieses Beispiel unterstreicht, wie *mühselig* der Versuch des Wegnehmens für ein älteres wahrnehmungsgestörtes Kind sein kann. L.s bizarre Fingerbewegungen sind Anzeichen der Spannungen, die dabei auftreten können. Sie erinnern an die Fingerbewegungen bei der blossen Berührung von glitschigem Material (siehe Abschnitt 2.1.1 „Sie weichen aus, werden gespannt und schauen weg"). Sie erscheinen im Beispiel hier noch ungeordneter, es geht hier nicht nur um Berühren, sondern zusätzlich um Wirken — um das Wegnehmen.

Um diesen Schwierigkeiten auf die Spur zu kommen, beobachten wir nochmals das gesunde Kind bei dieser Betätigung und unterscheiden dabei die folgenden Schritte:
— das Widerstandsverhältnis prüfen, das zwischen etwas Gesehenem und gleichzeitig Gespürtem und dessen Unterlage besteht,
— falls der geprüfte Widerstand nachgibt, versuchen, das gespürte „Etwas", dessen Widerstand in Bezug zur Unterlage nachgibt, von der Unterlage zu entfernen,
— und versuchen, das Weggenommene auf einem andern Ort der Unterlage loszulassen.

Beobachtet man wahrnehmungsgestörte Kinder beim Versuch, die Regel der Wegnehmbarkeit anzuwenden, so wird ersichtlich, dass sie sich bezüglich der Anzahl wie auch der Ausführung der einzelnen Schritte vom gesunden Kind unterscheiden:

Eine *erste Gruppe* von wahrnehmungsgestörten Kindern scheint nur das Widerstandsverhältnis zwischen den gesehenen „Flecken" und der Unterlage zu prüfen. Viele Kinder dieser Gruppe können nicht oder nur mit Mühe ergreifen. Sie benützen deshalb andere Bewegungen, um das Widerstandsverhältnis „Flecken"-Unterlage zu untersuchen, so Klopfen oder Schlagen.

BEISPIEL
Th., 14 Jahre, wahrnehmungsgestört, klopft mit dem Nagel seines Mittelfingers gegen Gegenstände, vor allem, wenn er unbeschäftigt ist. Als Kleinkind verweilte er sich stundenlang auf diese Weise.

Klopfen oder Schlagen auf die Unterlage beobachtet man sehr häufig bei hypotonen (schlaffen) Kindern:

BEISPIELE

Th., 9 Jahre, M., 8 Jahre, und G., 2;6 Jahre wurden uns als Kinder mit einer starken Hypotonie vorgestellt. Sobald die drei Kinder sich selbst überlassen sind, auf dem Boden oder an einem Tisch sitzen, schlagen sie auf die Gegenstände, die sie erreichen können.

Eine *zweite Gruppe* von wahrnehmungsgestörten Kindern versucht, das Gespürte von der Unterlage zu entfernen. Sie führen also einen Schritt mehr aus — doch wie?

BEISPIELE

K., 11 Jahre, wahrnehmungsgestört, hilft, eine Tomate auszuhöhlen. Ich führe sie dabei: Wir schneiden den oberen Teil der Tomate weg — dann führe ich K. mit ihren Händen in das Weiche der Tomate, um die Kerne zu entfernen. Kaum berührt K. das Tomatenfleisch, krallen sich ihre Finger in die Tomate, und diese wird gänzlich zerdrückt.

P., 15 Jahre, wahrnehmungsgestört, steht neben seinem Therapeuten. Dieser ist Brillenträger. Die Eltern stellen einige Fragen, und P. muss warten. Plötzlich packt er die Brille des Therapeuten, reisst sie von dessen Nase und drückt sie dabei mit seinen Fingern so stark, dass sie beinahe zerbricht; nur mit Mühe kann man die Brille aus P.s Fingern lösen.

Viele wahrnehmungsgestörte Kinder versuchen, den Mund einzusetzen, um etwas wegzunehmen oder die Wegnehmbarkeit zu untersuchen:

BEISPIELE

C., 14 Jahre, wahrnehmungsgestört, hat beim Kochen geholfen. Nun sind seine Finger voll Teig. Die Lehrerin führt seine Hand zum Mund, damit er die Finger abschlecken kann. Dabei gerät der Mittelfinger zuerst in den Mund. C. beisst darauf — es gelingt ihm auch nach mehreren Versuchen nicht, seinen Finger abzuschlecken.

S., 16 Jahre, wahrnehmungsgestört, soll das noch übriggebliebene Orangenfleisch von der Schale kratzen. Ich führe S. an seinen Händen: Wir biegen die Schale ein wenig und bringen sie zum Mund, damit er mit den Zähnen nachhelfen kann. S. nähert seinen Mund, berührt die Schale und unsere Finger — und schon beisst er kräftig auf meinen Finger.

M., 5;6 Jahre, wahrnehmungsgestört, hypoton: Seit Jahren versucht M. das, was er sieht und daraufhin berühren kann, mit dem Mund gleich zu erfassen; dabei beisst er auf die Gegenstände. Die Therapeutin versucht seit längerer Zeit, M. dieses „In-den-Mund-Nehmen" abzugewöhnen und rät den Eltern, dasselbe zu tun.

Ob dies das Richtige ist?

Th., 3;6 Jahre, wahrnehmungsgestört und zerebrale Bewegungsstörung mit starker Hypotonie: Ich spiele mit Th. mit einem Klapperfrosch. Ich führe seine Finger und drücke mit ihm auf die Klapper, mehrere Male, es „klappert". Dann überlasse ich Th. den Frosch. Dieser nimmt ihn gleich in den Mund und betätigt ihn: auf und ab.

Oft sieht dieses „Mundverhalten" unauffällig aus, ausser, dass es häufiger und zu einem späteren Zeitpunkt benützt wird, als dies bei gesunden Kindern der Fall ist.

BEISPIEL

R., 10 Jahre, wahrnehmungsgestört, möchte eine Sirupflasche öffnen. Er versucht kurz, den Plastikdeckel mit der Hand wegzunehmen — es gelingt nicht.

Daraufhin führt er die Flasche zum Mund, beisst mit den Zähnen auf den Deckel, winkelt mit den Händen die Flasche nach unten ab — der Deckel springt weg.

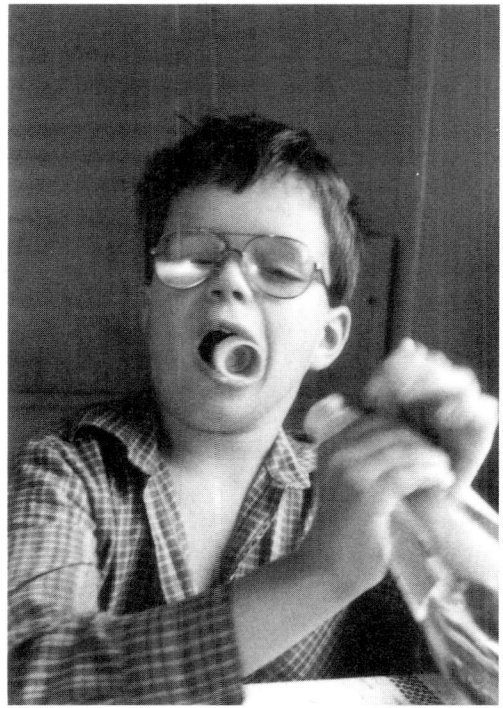

Eine *dritte Gruppe* versucht auch das Loslassen. Ihre Art loszulassen unterscheidet sich jedoch von jener des gesunden Kindes:

BEISPIEL

Ch., 4;6 Jahre, wahrnehmungsgestört, kommt zum Untersuch. Im Zimmer befindet sich ein Gestell mit mehreren Fächern, gefüllt mit Spielsachen: Formen, die ineinanderzuschachteln sind, dann Aufstecktürme und Einwerfkistchen — kurz, Spielsachen, die aus vielen Einzelteilen bestehen, in den verschiedensten Farben, aus Holz und aus Plastik.
Ch. beginnt im obersten Fach. Er nimmt das erste Spiel, die Fässchen, öffnet sie, ergreift die Teile und mit scheinbarer Eleganz wirft er diese auf den Boden. Ein Spiel folgt dem andern, bis das erste Fach leer ist; dann folgt das zweite — und jedesmal die gleiche elegante Werfbewegung! Arbeitet er zunächst recht ruhig, wird seine Aktivität nach und nach schneller, bis er beim letzten Fach hektisch wirkt.
Zum Schluss ist das Gestell leer; der Boden übersät mit grösseren und kleineren Spielteilen, eine bunte Schau — erinnert an eine mit Ostereiern übersäte Wiese.

Was ist geschehen? Ob Ch. einfach ein unerzogener Bub ist, der die Aufmerksamkeit der Umwelt auf sich ziehen will? Ist er in einem verspäteten Trotzalter? — oder aber benötigt er maximale Widerstandsveränderungen beim Ergreifen wie auch beim Loslassen?

Um dies abzuklären, versuchen Sie diese zwei Schritte selbst: Nehmen Sie einen Bleistift oder sonst einen nahe liegenden Gegenstand — ergreifen Sie ihn! Nun drücken Sie ihre Finger, so fest Sie können, auf den Gegenstand — maximaler Druck — maximaler Widerstand vom Gegenstand! Nun führen Sie die Hand in die Luft! Darauf lassen Sie los — doch halt, dies muss mit *maximaler Widerstandsveränderung* vor sich gehen. Das heisst: fest drücken, dann so rasch als möglich von maximalem Widerstand zu keinem Widerstand übergehen! Achten Sie darauf, wie Sie ihre Finger bewegen! Sieht diese Bewegung nicht „elegant" aus? Und was geschieht mit dem Gegenstand? Dieser fällt nicht einfach zu Boden, nein, er „fliegt" durchs Zimmer. Versuchen Sie dies mehrere Male!

Einer *vierten Gruppe* von Wahrnehmungsgestörten gelingt ein Loslassen und ein Wieder-Zusammen-Führen. Aber wie? Dazu folgende Beispiele:

BEISPIELE

Frau H. ist hirngeschädigt, 36 Jahre alt. Sie hat Äpfel geschnitten und mehrere kleine Kuchenformen mit Teig gefüllt. Nun legt sie Apfelschnitz auf Apfelschnitz in die erste, vor ihr liegende Form. Die leeren Formen stehen gleich daneben. Sie füllt und füllt, die kleine Form wird voll. Noch liegen aber Apfelschnitze vor ihr auf dem Tisch! Sie hört nicht auf — sie füllt und füllt weiter, der Apfelschnitzberg in der kleinen Form wächst und wächst, Schnitze fallen auf den Tisch, sie hebt diese wieder auf und legt sie auf den Berg. Nochmals und nochmals! Schliesslich steht sie ganz verzweifelt vor den Dingen.

Was ist hier geschehen? Offensichtlich ist, dass das Hinschauen auf diesen Berg von Apfelschnitzen ihr nicht geholfen hat zu entscheiden, ob jetzt genug, zu wenig oder zuviel Schnitze in die Form gelegt worden sind.

C., 5 Jahre, wahrnehmungsgestört, bereitet „Erdbeertörtchen" zu: Er benützt dabei bereits gebackene, knusprige Teigförmchen. So muss er nur noch die frischen, geschnittenen Erdbeeren darauflegen. Er nimmt ein Förmchen, legt die erste Erdbeere darauf und drückt fest auf sie. — Krach — das Törtchen erhält einen Sprung! Die nächste Erdbeere, denselben Druck auf die Beere — wieder ein Sprung in das Förmchen!
So arbeitet C. weiter. Am Schluss hat er Krümel mit Erdbeeren statt Erdbeertörtchen.

Was ist geschehen? Suchte er nach Widerstand?

Die Beispiele veranschaulichen, dass Wahrnehmungsgestörte um die Wegnehmbarkeit wissen. Je nach Ausmass ihrer Wahrnehmungsschwierigkeiten führen sie mehrere oder nur wenige der Betätigungsschritte aus, die zur Wegnehmbarkeit gehören. Sie suchen dabei nach Widerstandsveränderungen.

Auffällig ist, dass bei den wahrnehmungsgestörten Kindern diese Betätigungen erst später auftreten als bei den gesunden, und dass sowohl Kinder wie Erwachsene betont nach maximalen Widerstandsveränderungen suchen.

2.2.2 Und wo bleibt die Nachbarschaft?

Die Beobachtungen über das Erkennen und das Herstellen nachbarschaftlicher Beziehungen können wir in zwei Gruppen einteilen:

Eine *erste Gruppe von Beobachtungen schliesst nachbarschaftliche Beziehungen zwischen Gegenständen ein, die sich berühren.*

Wahrnehmungsgestörte Kinder können solche Beziehungen herstellen, sofern die *Situation einfach* ist, ja sie können sogar sehr viel Zeit für solche Betätigungen aufwenden. Diese einfachen Situationen verlangen das „Inbeziehungsetzen" von nur *zwei Gegenständen* aufgrund nur einer Beziehung. Das Ausmass solcher Betätigungen kann sich bei einzelnen Kindern bis zur Auffälligkeit steigern:

BEISPIELE

C., 5 Jahre, wahrnehmungsgestört: Er entdeckt auch die kleinste Spalte in seiner Umwelt, sei sie neben dem Radiator oder sonstwo im Haus, im Holzboden, in der Wand. Sobald er sie erblickt, versucht er, kleinere Gegenstände hineinzustecken. Dazu dient ihm, was immer er in der Nähe findet: Papier, Knöpfe, Steinchen, Holz, Lappen ...

K., 5 Jahre, wahrnehmungsgestört, setzt Rohre zusammen, *so viele er nur finden kann.* Dann fügt er die so entstandene Rohrleitung an Wasserhähne an und lässt das Wasser durchfliessen. Diese Betätigung führt er aus, sobald er sich selber überlassen ist, noch und noch.

Die Leistungen Wahrnehmungsgestörter zerfallen jedoch häufig, wenn *mehr als eine Beziehung* zur gleichen Zeit beachtet werden muss:

BEISPIELE

D., 13 Jahre, wahrnehmungsgestört, will Tee zubereiten: Er füllt das Tee-Ei mit Teekraut und schliesst es. Er ergreift das Tee-Ei an der Kette und hängt es an den Rand des Kruges — jedoch nicht nach innen, sondern nach aussen. Er giesst Wasser in den Krug und bemerkt immer noch nicht, dass das Ei falsch hängt. Er blickt in den Krug und erwartet, dass das Wasser sich braun färbe.

Th., 10 Jahre alt, wahrnehmungsgestört, soll Würstchen in Teig einrollen (also ein „Ineinander" vollziehen): Er nimmt eines der Würstchen und drückt es fest auf das Teigstück. Er bereitet das nächste Teigstück vor, nimmt wieder ein Würstchen, legt es ebenfalls auf den Teig, drückt fest. Und so fährt er weiter, bis alle Würstchen benützt worden sind.

F., 12 Jahre, wahrnehmungsgestört, will Suppe kochen: Die Kochplatte steht auf dem Tisch. Das Kabel ist um die Platte gewickelt. F. zieht am Stecker und möchte diesen in die Steckdose stecken. Das Kabel reicht nicht so weit, er merkt nicht, dass er das „Herum" lösen sollte. Er zieht und zieht am Stecker und gibt dann auf.

Überlegen wir uns diese Beispiele: Bei der Spalte und dem Zusammensetzen der Rohre handelt es sich jedesmal um zwei „Gegenstände": im ersten Fall um die Öffnung und etwas darin, beim Rohr um je zwei Stücke, die zusammengebracht werden. Die Beziehung besteht in einem Hineinbringen, was zu einer deutlichen Widerstandsveränderung führt: Einstecken, bis der Widerstand total ist.

Wir bemerken, dass in beiden Fällen eine einfache Situation vorliegt: Zum einen muss nur eine Art der nachbarschaftlichen Beziehung mit nur je zwei Gegenständen beachtet werden, zum andern ergibt sich aus dieser Art der Beziehung eine eindeutige Widerstandsinformation, und so gelingt dem wahrnehmungsgestörten Kind diese Leistung.

Nicht so in den folgenden Beobachtungen: D. bereitet Tee zu. Nun sollte er das Tee-Ei *innen* am Krug aufhängen. Dies verlangt *zwei* Beziehungen, die Ausführung des „Tee-Ei am Krug" und *gleichzeitig* „Tee-Ei im Krug". D. kann das nicht, er führt nur eine der zwei Beziehungen aus, das „Am".

Bei Th. mit dem Würstchen-im-Teig geschieht etwas Ähnliches: Er sollte die Würstchen in Teig *einrollen*. Dies verlangt das Ausführen von *zwei* Beziehungen: Zunächst müsste er das Würstchen *auf* den Teig legen, dann den Teig *über* das Würstchen legen und nun das Ganze noch *rollen*. Dies ist zu komplex! Th. führt nur die erste Beziehung aus: Er drückt das Würstchen auf den Teig.

F. sollte das Kabel lösen. Das Kabel ist *um* die Platte gewickelt. Dieses „Herum" besteht aus einer Reihenfolge von nachbarschaftlichen Beziehungen. Stellen Sie sich vor, sie wickeln das Kabel um die Platte: Sie führen das Kabel zuerst auf die linke Seite der Platte; dann nach hinten, hinter die Platte; dann nach rechts; wiederum der Platte entlang nach vorn usw. Das Kabel berührt die Platte immer wieder an einem *andern Ort*. F. kann diese Komplexität nicht leisten — er weiss nur: Kabel und Platte berühren sich, somit ist das Kabel *an* der Platte, folglich kann er ziehen — und damit das „Zusammensein" zu einem „Getrenntsein" verändern.

All diesen Beispielen gemeinsam ist das *Wissen des wahrnehmungsgestörten Kindes um die Nachbarschaft*. Es kann *eine Beziehung auf einmal* berücksichtigen. Es kann diese ausführen. Dazu benötigt es eine *deutliche Widerstandsveränderung*: Diese entsteht beim Aufhängen des Tee-Eis, beim Auf-den-Teig-Drücken und beim Ziehen. Je nach Problemstellung genügt diese Leistung (so bei den ersten zwei Beispielen) oder genügt nicht (so bei den letzten drei Beispielen).

Die Situation der nachbarschaftlichen Beziehungen wird auch dann *komplexer, wenn mehr als zwei Gegenstände* miteinander in Beziehung gesetzt werden müssen, so in den folgenden Beispielen:

BEISPIELE

O., 14 Jahre, wahrnehmungsgestört, soll Wäsche an die Leine hängen. Er wird geführt: Ein Handtuch wird mit ihm über die Leine gehängt, dann mit Wäscheklammern festgemacht. Beim nächsten Stück nimmt O. die Wäscheklammer selbst und hält sie an das Wäschestück auf der Höhe der Leine — hält nicht! O. bemerkt dies. Nun versucht er, die Klammer umgekehrt über das Wäschestück zu stülpen. Die Klammer fällt hinunter. Dritter Versuch: O. steckt nun die Klammer richtig ein.

A., 11 Jahre, wahrnehmungsgestört, will mit dem Staubsauger ein ihr unvertrautes Zimmer reinigen: Sie hat den Staubsauger zusammengesteckt. Nun sucht sie die Steckdose, um das Kabel einzustecken. Sie schaut umher. Schliesslich versucht sie, den Stecker beim Schlüsselloch einzustecken.
Sie geht mit zum Metzger, um einzukaufen. Wie gewohnt wird die Einkaufstasche mitgenommen. In der Metzgerei erhält A. zwei Päckchen. Sie drückt diese unter den Arm. Die Päckchen rutschen bald weg und fallen beinahe auf den Boden. A. muss sie immer wieder festklemmen — sie merkt nicht, dass sie die Päckchen in die Tasche legen könnte.

Bei diesen Beispielen handelt es sich um nachbarschaftliche Beziehungen zwischen *drei* Gegenständen: O. hängt Wäsche auf und versucht, die Wäschestücke mit Hilfe von Wäscheklammern festzustecken. Um dies zu erreichen, muss er die Klammer mit dem Wäschestück und beide Gegenstände zugleich mit der Wäscheleine in Verbindung setzen. Zunächst bringt er die Klammer *in Berührung* mit dem Wäschestück — Beziehung zwischen zwei Gegenständen mit Widerstandsveränderung. Darauf versucht er, die Klammer *auf* das Wäschestück zu bringen — wiederum eine Beziehung zwischen zwei Gegenständen mit Widerstandsveränderung. Erst beim dritten Versuch gelingt es ihm, die Wäscheklammer so zu betätigen, dass sowohl Wäschestück *wie* Leine eingeklemmt werden — eine Beziehung zwischen drei Gegenständen!

A. sucht die Steckdose, um das Kabel des Staubsaugers einzustecken. Sie berücksichtigt dabei nur zwei Gegebenheiten: Kabel und Öffnung. A. kann so das Problem nicht lösen; die Bedingung wäre der Einbezug einer weiteren, dritten Gegebenheit, jener des elektrischen Stromes, der nur in der Steckdose gewährleistet ist, nicht beim Schlüsselloch.

A. kauft beim Metzger ein. Sie drückt die zwei Päckchen unter den Arm — sie bringt also jedes Päckchen für sich in Verbindung mit ihrem Körper, was der einfachen nachbarschaftlichen Beziehung entspricht. Sie kann aber die nachbarschaftliche Beziehung zwischen sich, der Tasche und den beiden Päckchen *zugleich* nicht leisten, was Voraussetzung wäre, um beide Päckchen in die Tasche zu versorgen und so nach Hause zu tragen.

Nun gibt es *nachbarschaftliche Beziehungen* zwischen Gegenständen und eigenem Körper, bei denen *keine direkte Berührung besteht,* sondern wo die Beziehung *über eine gemeinsame Unterlage* vollzogen werden muss. Wie verhalten sich wahrnehmungsgestörte Kinder bei solcher Bedingung? Dazu eine *zweite Gruppe* von Beobachtungen:

BEISPIELE

M., 16 Jahre, wahrnehmungsgestört, bäckt „Glarner Spitzbuben": Diese bestehen aus zwei runden, aufeinandergelegten Teigstücken mit einer Marmeladenfüllung dazwischen. Der Boden der Backform ist schon fast mit „Spitzbuben" bedeckt, es bestehen nur noch einzelne Lücken.
M. sticht eine weitere Rondelle aus und versucht, diese aufs Blech zu legen. Statt dies vorsichtig auszuführen, lässt er die Teigrondelle aufs Blech fallen. Sie fällt teils auf eine andere, teils in den Zwischenraum. Erst jetzt schiebt M. sie in die Lücke hinein. Trotz verbaler Hinweise, aufzupassen, gelingt es M. nicht, die Teigstücke langsam und vorsichtig in die Lücken zu legen.
MR., 11 Jahre, wahrnehmungsgestört, soll in der Rhythmik über Matten steigen, ohne diese zu berühren — er kann das nicht, steht immer wieder auf die Matten statt in die Zwischenräume.
B., 14 Jahre, wahrnehmungsgestört: Die Mutter berichtet, B. würde auch kleinste Sachen weit weg erkennen. Er hätte kleine Kinder sehr gerne. Er werde ganz aufgeregt, wenn er einen Kinderwagen sähe, auch wenn dieser noch weit weg sei und man ihn kaum erkennen könne.
S., 3 Jahre, wahrnehmungsgestört, erblickt auf dem Tisch den Korb mit Nüssen, mit denen er eben auf dem Boden intensiv gespielt hat: Er versucht, den Korb zu ergreifen — zu weit weg! Er geht ein Stück weit um den Tisch herum und versucht wieder, den Korb zu ergreifen — zu weit weg! So geht er mehrere Male um den Tisch herum und versucht immer wieder, den Korb zu ergreifen ... Er scheint nicht abschätzen zu können, dass der Korb auf dem Tisch zu weit weg ist.

In den ersten zwei Beispielen stehen Gegenstände unter sich — über eine gemeinsame Unterlage — in nachbarschaftlicher Beziehung. Im dritten und vierten Beispiel handelt es sich um die Beziehung zwischen einem Gegenstand und dem eigenen Körper, wobei diese Beziehung nicht in einer direkten Berührung besteht, sondern nur indirekt über eine gemeinsame Unterlage.

In allen vier Beispielen scheinen die wahrnehmungsgestörten Kinder diese nachbarschaftlichen Beziehungen nicht richtig einschätzen zu können: So findet M. die Lücke zwischen den „Spitzbuben" nicht; MR. steht immer wieder auf die Matten statt in die Zwischenräume; B. scheint nicht abschätzen zu können, wie weit weg der gesehene Kinderwagen ist; ähnlich ergeht es S., welcher nicht zu erkennen scheint, wie weit weg der Nusskorb auf der Tischunterlage ist.

Die Schwierigkeit, *Distanzen abzuschätzen*, wenn zwei Gegenstände — oder ein Gegenstand und der eigene Körper — sich nicht berühren, drückt sich auch in den folgenden Beispielen aus:

BEISPIELE

J., 5 Jahre, wahrnehmungsgestört, vergnügt sich draussen vor dem Haus: Unermüdlich rollt er den Rundstab. Dazwischen versucht er mehrere Male, in das Haus einzutreten. Beim Eingang befindet sich eine Türschwelle. Er stoppt dabei seine Bewegung bereits dann, wenn er sich noch weit von der Schwelle entfernt befindet.

D., 12 Jahre, wahrnehmungsgestört, kann Distanzen schlecht abschätzen: Beim Einkaufen führt der Weg häufig über einen Kirchplatz. Hüfthohe Steinsäulen rahmen diesen Platz ein. Meist springt D. auf diese Säulen zu, bis er sie fast mit den Zehen berührt, bevor er innehält. Im letzten Augenblick schwenkt er dann ab. Eines Tages ist er in schlechter Verfassung — und diesmal rennt er auf die Säulen zu und in diese hinein, so dass er mit seinem Oberkörper darüberkippt.
Ein andermal befindet er sich auf dem Riesenrad beim Besuch des Jahrmarktes. Dabei scheint er sich der Gefahr nicht bewusst zu sein: Mit seiner Lehrerin und einem Klassenkameraden sitzt D. in der Gondel und fährt. Am höchsten Punkt angelangt, bleibt die Gondel stehen. Sein Kamerad hält sich ängstlich am Geländer der Gondel fest und blickt in die Tiefe, ganz vorsichtig. D. jedoch schaut fröhlich hinunter und ruft: „Lueg do une, de Schützegarte (ein auffallend glänzendes Gebäude)! — Do fahred mer ame vorbi (schau da unten, der Schützengarten! — Da fahren wir immer vorbei)".

AW., 9 Jahre, wahrnehmungsgestört, im Schullager: Wir kommen an einen elektrischen Zaun. Ich muss AW. unten durchziehen — er ruft: „Au Weh", obwohl er den Zaun bei weitem nicht berührt.

D., 10 Jahre, wahrnehmungsgestört, sollte bei einem Hindernislauf unter einer Schnur durchschlüpfen, die einen Meter hoch über den Weg gespannt ist: Obwohl sich D. nur leicht bücken müsste, um ungehindert durchzukommen, legt er sich auf den Boden und kriecht unten durch; er vermag die Höhe des Zwischenraumes nicht abzuschätzen und sich ihr bei der Bewältigung des Hindernisses nicht „sachgemäss" anzupassen.

C., 12 Jahre, wahrnehmungsgestört, hilft mit beim Marmelade-Einkochen: Die Früchte sind weichgekocht und werden nun durch ein Sieb gedrückt. Mit dem Finger streicht C. das Fruchtmark durch das Sieb. Er wendet das Sieb, um etwas Fruchtfleisch vom Sieb schlecken zu können. Dabei fällt Fruchtfleisch vom Sieb auf den Tisch. C. bemerkt dies nicht.
Weiteres Fruchtfleisch wird ins Sieb gefüllt. Wieder wird gedrückt und darübergestrichen. C. ist wacker dabei. Erneut wendet er das Sieb, um Fruchtmark zu schlecken. Und wiederum fällt Fruchtmark auf den Tisch. Diesmal bemerkt C. das Fruchtmark auf dem Tisch und ist ganz erstaunt darüber, dass sich Fruchtmark auf dem Tisch und nicht nur am Sieb befindet. — Er scheint dies nicht miteinander in Verbindung zu bringen und noch weniger seine Bewegung mit dem Sieb miteinzubeziehen.

Die Beispiele weisen auf die Schwierigkeit hin, die wahrnehmungsgestörte Kinder allgemein zeigen: *Sie können schlecht Distanzen zwischen Gegenständen untereinander und dem eigenen Körper abschätzen.*

Im letzten Beispiel scheint das Kind zwei Sachen, das Fruchtmark im Sieb und das auf dem Tisch, nicht in eine nachbarschaftliche Beziehung zu bringen.

Wirken geschieht *in der Zeit*: Eine Betätigung folgt der andern, die Wirkung erscheint nach der Ursache. *Reihenfolgen* werden wichtig. Wie verhält sich hier das wahrnehmungsgestörte Kind/der Erwachsene?

2.2.3 Die Reihenfolge — wenn etwas fehlt oder man nicht rückwärts kann

Die ersten Beobachtungen beschreiben die Schwierigkeit, eine bestimmte Reihenfolge von Betätigungen einzuhalten. Immer wieder kann man bei wahrnehmungsgestörten Kindern beobachten, dass irgendwann eine *Betätigung ausgelassen* wird:

BEISPIELE

R., 10 Jahre, wahrnehmungsgestört, befindet sich in der Einzelbehandlung; sein Therapeut und er wollen eine Zitrone auspressen; dazu setzen sie eine kleine Handpresse zusammen und drücken das Oberteil fest darauf. Die Zitrone liegt aber noch auf dem Tisch. R. blickt erwartungsvoll auf die Presse. Nach einigem Drücken frägt er: „Wieso chunnt kei Saft? (Weshalb kommt kein Saft?)."

D., 14 Jahre, wahrnehmungsgestört, enthülst Erbsen, die er dann in die Pfanne legt. Dann holt er die Heizplatte, steckt diese ein, stellt die Pfanne auf die Platte und schaltet auf heiss. Die Erbsen brennen an, da D. kein Wasser dazugegeben hat.

Th., 11 Jahre, wahrnehmungsgestört, setzt sich nach dem Schwimmen mit der Badekappe auf dem Kopf unter den Haartrockner. Erst nach einiger Zeit zieht er die Badekappe ab.

R., 10 Jahre, wahrnehmungsgestört, versucht mit dem Locher Konfetti herzustellen. Er schiebt ein Papier in den Locher und drückt und drückt, verschiebt dabei aber das Papier nicht. Er ist erstaunt, dass es keine Konfetti gegeben hat.

Die zweite Gruppe von Beispielen veranschaulicht eine Schwierigkeit, die häufig zu beobachten ist: Irgendwann entsteht ein *Fehler* im Laufe von Betätigungen; der Fehler sollte *rückgängig* gemacht werden — aber wie?

BEISPIEL

K., 6 Jahre alt, wahrnehmungsgestört, ist mit einem Aufsteckturm beschäftigt: Die aufzusteckenden Scheiben sollten von der grössten bis zur kleinsten geordnet werden. Nun begeht er einen Fehler, bemerkt ihn aber erst, als er bereits eine weitere Scheibe über die falsche gelegt hat — hilflos sitzt er da. Schliesslich kehrt er den bereits konstruierten Teil des Turmes um, so dass die aufgesteckten Teile alle wieder auf den Tisch fallen, und beginnt die Aufgabe aufs neue.

Solches *Von-vorne-Beginnen* kann man oft beobachten. Es ist Anzeichen für eine recht unbewegliche Vorstellung bezüglich der Reihenfolge. Das Von-vorne-Beginnen kann jedoch seinerseits wieder Schwierigkeiten verursachen, wie folgendes Beispiel zeigt:

BEISPIEL

C., 10 Jahre, wahrnehmungsgestört, hängt mit seiner Therapeutin ein Brett neben dem Fenster an die Wand: Sie bohren je zwei Löcher in das Brett, ziehen Schnüre hindurch und hängen das Brett so an die Wand. Wie sie fertig sind, bemerken sie, dass man das Fenster nicht mehr öffnen kann, weil das Brett zu breit ist.
C. weiss nicht, wie dies zu korrigieren ist. Die Therapeutin schlägt vor, ein Stück vom Brett abzusägen. C. wehrt sich heftig und erklärt, dass dadurch zwei der gebohrten Löcher wegfallen würden. Dann könne man das Brett nicht mehr aufhängen.
Nur widerwillig lässt er sich führen: Brett weg von der Wand, Säge holen, Stück absägen. Sobald jedoch das Stück weggesägt ist, erklärt er: „Ah, zwei Löcher bohren und Schnur hindurchziehen". Eifrig macht er sich an die Arbeit.

C. kann sich vorstellen, dass beim Absägen des vor ihm liegenden Brettes zwei der gebohrten Löcher wegfallen werden. Er kann sich also den nächsten Schritt vorstellen. Er kann sich aber die weiteren, darauffolgenden Schritte nicht vorstellen: Wenn die Löcher verschwunden sind, dann kann man wiederum zwei Löcher bohren. Mit andern Worten: Man kann „von neuem anfangen". Diese Reihenfolge von Betätigungen kann er sich nicht ausdenken. Erst wenn es soweit ist, wenn die wirkliche Situation gegeben ist, das Brett ohne Löcher vor ihm liegt, dann kann er wieder mit dem Löcherbohren beginnen.

Reihenfolgen zu ordnen und sich diese Ordnung vorstellen zu können, ist ein komplexes Geschehen. Wenn ich zum Beispiel eine Tür aufschliessen muss und beide Hände voll habe, muss ich zuerst einen Gegenstand auf den Boden setzen, mit der freigewordenen Hand die Tür öffnen, dann den Gegenstand wieder aufnehmen, durch die Tür gehen, dann den Gegenstand wieder hinstellen, Tür schliessen, Gegenstand aufnehmen und weitergehen. Solches zeitliches Ordnen von Betätigungen können wahrnehmungsgestörte Personen nur mit grosser Mühe oder gar nicht ausführen:

BEISPIELE

B., 9 Jahre, wahrnehmungsgestört, versucht, Bildchen aufzukleben: Sie holt die Klebepaste und öffnet dieselbe. Nun sitzt sie da, in der einen Hand das Bildchen, in der andern die Paste. Wie soll sie vorgehen? Was kommt jetzt, was dann, und wie weiter? B. verzagt — gerät in Aufregung, kann sich nicht helfen.

Herr R. ist ein Hirntraumatiker. Er befindet sich in der Therapie und will einen Teig mit Hilfe eines Mixers zubereiten: Das Kabel des Mixers muss in eine mobile Steckdose eingeführt werden, was ihm manipulatorische Schwierigkeiten bereitet. Herr R. benötigt dazu beide Hände. Die Reihenfolge der Tätigkeiten wäre: Zuerst den mit der einen Hand gehaltenen Mixer ablegen, damit diese Hand frei wird. Dann mit der nun freigewordenen Hand die mobile Steckdose festhalten, damit die andere Hand das Kabel mit dem Stecker in die Dose einführen kann, daraufhin den Mixer wieder aufnehmen, die Steckdose weglegen und den Mixer in Betrieb setzen.
Er steht der Situation hilflos gegenüber: In der einen Hand hält er den Mixer, in der andern die Steckdose.

Bei hirngeschädigten Erwachsenen, die in einer Klinik sind, hören wir oft die Klage, dass sie in der Nacht die Schwester nicht rufen, um auf die Toilette gebracht zu werden, obwohl sie fähig seien, die Glocke zu betätigen. Wir weisen, als Erklärung, jeweils auf die Schwierigkeiten hin, welche diese Patienten zeigen, notwendige Abläufe von Tätigkeiten in der richtigen Ordnung sich vorzustellen. In diesem Fall: Zuerst spüren, dass man auf die Toilette muss, dann sich vorstellen: „Wenn ich die Glocke läute, dann hört dies die Nachtschwester, dann wird sie in mein Zimmer kommen, und dann wird sie mir helfen, auf die Toilette zu gehen."

2.2.4 Wenn nur der Augenblick da ist...

Bei den Betätigungen wahrnehmungsgestörter Kinder/Erwachsener kann man oft beobachten, dass sie diese nur auf die augenblickliche Situation ausrichten und das, *was folgt, nicht miteinbeziehen können*:

BEISPIEL

M., 15 Jahre, wahrnehmungsgestört: Nach jedem Nagel, den er aus der Schachtel genommen hat, schliesst er die Schachtel wieder, auch wenn er noch mehr Nägel benötigt. So wird auch der Bohrer nach jedem Gebrauch aus dem Gewinde genommen. Er verschliesst die Sirupflasche, auch wenn der Nachbar noch keinen Sirup hat und ihm das Trinkglas zum Füllen entgegenstreckt.

Die Schwierigkeit, sich das auszudenken, was erst später eintreten wird, führt zu einer weiteren Auffälligkeit, jener des *Nicht-warten-Könnens*. Für die Umwelt ist diese Auffälligkeit oft schwer zu ertragen und häufig nicht verständlich:

BEISPIEL

B., 5 Jahre, wahrnehmungsgestört, ist schon manches Mal mit dem Zug gefahren und noch nie zu spät gekommen. Er hat schon öfters jemanden an den Bahnhof begleitet. Am betreffenden Bahnhof wird jeweils der Zug zusammengestellt, steht also längere Zeit bereit, bevor er abfährt. Und trotzdem kommt es immer wieder zu Szenen wie der folgenden:
B. begleitet mit seinem Vater den Besuch zur Bahn. Sie sind früh. Der Besuch geht mit B. und dem Vater in den Wagen, das Gepäck wird dort abgelegt, man beginnt zu plaudern. B. wird unruhig. „Der Zug fährt ab", meint er. Man erklärt ihm, es sei noch viel Zeit. Der Kondukteur müsse noch an jedem Wagen die Bremsen kontrollieren; die Post müsse noch eingeladen werden. Er könne dies draussen sehen. Und der Vorstand, der stehe noch im Billetraum, er habe noch nicht einmal die Mütze an. Diese müsse er zuerst anziehen, dann müsse er herauskommen, umherschauen, ob alles in Ordnung sei — der Kondukteur müsse die Türen schliessen. Er rufe dann aus: „Alles einsteigen!" ..., und so werden B. die verschiedenen Tätigkeiten aufgezählt, die noch geschehen müssen.
Es hilft nichts. B. wird unruhig, erklärt, er gehe hinaus, der Zug fahre ab — als wir nicht reagieren, beginnt er zu rufen; „Hinaus, hinaus!" Noch keine Reaktion unsererseits — B. beginnt zu schreien, mit den Beinen zu stampfen —.

Ist er unerzogen? Oder wie ist sein Verhalten zu erklären? Weshalb diese Schwierigkeit des Nicht-warten-Könnens? Kann er sich die Geschehnisse der Umwelt so schlecht vorstellen? Oft werden diese wahrnehmungsgestörten Kinder als „in der Zeit nicht orientiert" geschildert:

BEISPIEL

E., 8 Jahre, wahrnehmungsgestört: Es kommt immer wieder vor, dass ihr morgens erklärt wird, am Nachmittag könne sie Rollschuh fahren, gehe man schwimmen — und immer wieder holt sie sogleich die Rollschuhe, das Badezeug und will weggehen.

Sie ist auf Besuch, eingeladen zum Abendessen. Nach dem Essen sitzen die Erwachsenen noch am Tisch und reden. Die Mutter wendet sich zu E. und erklärt ihr: „Du kannst mit deinen Ponys spielen und der Puppe. Später kannst du sie dann in der Tasche versorgen. Wenn es dunkel ist, werden wir heimgehen." — E. nimmt Ponys und Puppe und versorgt sie in der Tasche, holt ihren Mantel und steht nach einigen Minuten zur Heimfahrt bereit vor ihrer Mutter.

Eine weitere Auffälligkeit gehört ebenfalls in diesen Zusammenhang:

Dunkel verursacht Angst. Eltern von wahrnehmungsgestörten Kindern berichten, dass sie nachts das Licht brennen lassen müssen, dass ihr Kind nie in den Keller hinuntergehe, da es dort dunkel sei. Es hätte halt — so wird dann vielfach interpretiert — eine grosse Phantasie und würde überall Gespenster sehen ... Ähnliches kann auch bei gesunden Kindern beobachtet werden. —

Was das wahrnehmungsgestörte Kind vom gesunden unterscheidet, ist das Ausmass. Ein gesundes Kind findet sich in einem gewohnten Raum, so etwa in seinem Schlafzimmer, erstaunlich gut zurecht, auch bei Dunkelheit; so zieht es sein Taschentuch unter dem Kissen hervor, genau dort, wo es dieses vor einer, zwei Stunden versorgt hat. Ein wahrnehmungsgestörtes Kind zeigt in dieser Hinsicht besondere Schwierigkeiten. Dazu folgendes Beispiel:

BEISPIEL

D., 14 Jahre, wahrnehmungsgestört: Die Erzieherin trägt mit D. eine Kiste Mineralwasser in den Keller. Die Räume sind im Halbdunkel. Sie führt D.s Hände zum Lichtschalter. D. beginnt extrem viel zu sprechen, was er stets tut, wenn er Angst hat. Er kommentiert, was er macht: „S'Liecht sueche — do stoht öppis — au, fascht umkeit — hä, hä — so dunkel — scho gfunde — jetzt brennts (das Licht suchen — da steht etwas — au, beinahe umgefallen — hä, hä — so dunkel — schon gefunden — jetzt brennt es)."

Dass wahrnehmungsgestörte Kinder sich nur den Augenblick vorstellen können, drückt sich auch in Schwierigkeiten aus, Gefahren richtig erkennen und abschätzen zu können:

Wo lauert die Gefahr? So stark viele wahrnehmungsgestörte Kinder sich im Dunkeln fürchten, so schlecht können sie sich echte Gefahren vorstellen. Dies hat zur Folge, dass sie entweder überall hingehen oder sich dann ängstlich zurückziehen.

Es gibt wahrnehmungsgestörte Kinder, die auf einem Spaziergang einfach weitergehen würden, ohne sich nach den Begleitern umzusehen. Einige unter diesen Kindern reagieren auch nicht auf Rufe. Bei ihnen ist es ein grosser Entwicklungsschritt, wenn sie endlich auf Anruf stehenbleiben oder sogar zurückkommen. Dann kommt bei manchen dieser Kinder die Zeit, wo sie vermeintliche Gefahren von weitem sehen. So haben sie Angst, ein Hund könnte sie beissen, auch wenn dieser noch weit entfernt ist. Es ist anzunehmen, dass sie Distanzen schlecht einschätzen können (siehe Abschnitt 2.2.2 „Und wo bleibt die Nachbarschaft?"):

BEISPIEL

Th., wahrnehmungsgestört, wächst auf einem Bauernhof auf. Als Kleinkind lief er mitten durch eine Kuhherde, ohne die Tiere zu beachten; er kroch in die Futterkrippe, auch wenn die Tiere am Fressen waren ... Einmal wurde er von einem Hund gebissen — dies beeinflusste sein Verhalten den Tieren gegenüber nicht.

Als er jedoch 11, 12 Jahre alt wurde, veränderte sich sein Verhalten: Er begann, in Spannung zu geraten, wenn er sich einem Tier näherte und verzog sein Gesicht zu einem ängstlichen Ausdruck.
Mit 12;6 Jahren wurde er nochmals von einem Hund gebissen. Von nun an reagierte er mit panischer Angst auf Tiere, auch dann, wenn ein Hund noch in weiter Ferne war, oder auch, wenn er diesen nur irgendwo bellen hörte. Hatte er bei einem Haus auch nur einmal einen Hund erblickt, so brachte man ihn kaum mehr an diesem Haus vorbei.

Th. sieht in der Ferne „das Haus mit dem Hund" — er weigert sich, weiterzugehen!

Von etwa 13 Jahren an hat Th. begonnen, sein Verhalten solchen Situationen besser anzupassen: Wenn sich ihm ein Tier nähert, steigt er nun auf einen Zaun oder er hängt sich einem Erwachsenen an den Arm; zu Hause in der Wohnung schliesst er die Tür, wenn die Katze das Zimmer verlassen hat, um sie daran zu hindern, zurückzukehren.

2.2.5 ... und Ursachen nicht der Situation entsprechen,...

Das Lösen alltäglicher Probleme verlangt den Einsatz von Ursachen, um bestimmte Wirkungen zu erzielen. In diesem Geschehen können verschiedene Störungen auftreten:
So kann ich vielleicht die richtige Betätigung als Ursache einsetzen, kann sie aber nicht den augenblicklichen Gegebenheiten anpassen und verfehle so die Wirkung — die gewünschte Veränderung tritt nicht ein, damit ist das Problem nicht gelöst. Das gesunde Kind bemerkt dies meistens, verändert die Betätigung prüft die Wirkung. Es kann der Fall eintreten, dass ich eine unerwünschte Wirkung erhalte, weil ich eine falsche Betätigung als Ursache benützt habe; es stellt sich dann die Frage, ob ich meinen Fehler bemerke und ihn allenfalls verbessern kann.

BEISPIELE

D., 14 Jahre, wahrnehmungsgestört, versucht, eine Schranktür zu schliessen: Ein Haken ist am Schrank befestigt, den man bewegen kann, so dass er die Öffnungsbewegung der Tür blockiert, wenn er in einer entsprechenden Position ist.

D. dreht und dreht den Haken. Dabei drückt er mit dem Knie gegen die Türe, damit diese sich nicht öffnet. Und er dreht weiter ... die Tür öffnet sich immer wieder — er dreht und dreht und weiss nicht, wann er aufhören soll.

Offensichtlich kann D. die Wirkung seines Drehens nicht beurteilen. Fehlt ihm die Widerstandsveränderung?

C., 12 Jahre, wahrnehmungsgestört, will während der Mittagspause zum Spass die Schulzimmertür zubinden, so dass niemand ins Schulzimmer gelangen kann:
Er bindet eine Schnur an die Türfalle und befestigt sie an ein neben der Tür stehendes Pult. Da die Tür sich nach innen — auf das Pult zu — öffnet, tritt die erwartete Wirkung in diesem Fall nicht ein. Darauf stellt C. einen Waschmittelbehälter, der sich in der Nähe befindet, an die Tür und befestigt die Schnur daran. Wieder bleibt die erwartete Wirkung aus. Nun beginnt C., Stühle und Schachteln an der Tür aufzubauen. Nach einiger Zeit tritt der Lehrer ein — lautes Gepolter — C. lacht.

Es regnet. Die Schulgruppe geht aus. Th., 14 Jahre, wahrnehmungsgestört, zieht die Windjacke an, stülpt die Kapuze über den Kopf. Beim Ausgang sind einige Schirme aufgespannt. Th. ergreift einen davon. Die Erzieherin stellt den Schirm wieder zurück und erklärt: „Du hast ja die Kapuze." Th. holt sich den Schirm wieder und trägt ihn auf dem ganzen Weg, aufgespannt, über dem Kopf, die Kapuze weiterhin aufgesetzt.

K., 11 Jahre, wahrnehmungsgestört, soll ihre Zeichnung aufhängen. Sie nimmt einen Hammer und einen Nagel. Damit geht sie zum Fenster und will den Nagel in die Scheibe einschlagen.

A., 11 Jahre, wahrnehmungsgestört, macht eine Vanillecrème. Dazu soll sie die Milchpackung öffnen. Mit dem Messer sticht sie mitten in das Paket. Milch spritzt heraus. A. zeigt sich überrascht.

Jedes dieser Kinder wendet eine *richtige Betätigung* als Ursache an: D. dreht den Haken; C. benützt eine Schnur, Th. den Regenschirm; K. versucht, das Bild mit Nagel und Hammer aufzuhängen und A. mit dem Messer eine Öffnung zu schneiden. Sie alle können jedoch diese *Betätigung* irgendwie *nicht den Gegebenheiten anpassen:* D. findet die entsprechende Position des Hakens nicht; C. hat Mühe, sich die nachbarschaftlichen Beziehungen der Gegenstände in der Situation vorzustellen; Th. bemerkt nicht, dass die Kapuze bereits vor Regen schützt; K. weiss nicht, dass man einen Nagel nicht in Glas einschlagen kann, und A. kann sich nicht vorstellen, dass Druck (mit dem Messer) Gegendruck erzeugt und die Milch herausspritzen wird.

In den folgenden Beispielen erhalten die wahrnehmungsgestörten Kinder unerwünschte Wirkungen, weil sie eine *falsche Betätigung* angewandt haben:

BEISPIELE

M., 16 Jahre, wahrnehmungsgestört, fährt einmal in der Woche mit der Bahn zur Schule. Er erhält dazu eine Entwertungskarte. Nun fällt eine Fahrt aus. M. erklärt, dass er deshalb bei der nächsten Fahrt zwei Felder entwerten lassen müsse.

Th., 14 Jahre, wahrnehmungsgestört, kocht das Mittagessen: Die Therapeutin stellt mit ihm die Kochplatte auf die höchste Stufe, um die Pfanne mit dem bereits gekochten Gericht nochmals zu erhitzen. Die Therapeutin hat allerhand zu tun und kümmert sich nicht mehr um Th. Plötzlich riecht es nach angebranntem Essen. Die Therapeutin läuft in die Küche zurück. Dort steht Th. und rührt wie wild in der Pfanne. Mit dem freien Arm fuchtelt er aufgeregt in der Luft herum — sein Gesichtsaus-

druck wirkt verzweifelt, und er stösst ärgerliche Laute hervor: „ä—ä—ä."
Offensichtlich hat Th. nicht bemerkt, dass die Ursache des Problems die überhitzte Kochplatte ist ...

Wenn eine erwünschte Wirkung nicht eintritt, dann versuchen wahrnehmungsgestörte Kinder, die Ursachen zu verändern. Sie benützen aber häufig unangepasste Betätigungen, die wiederum zu unerwünschten Wirkungen führen. Aus dieser Suche nach Anpassung der Betätigung entsteht für die Umwelt der Eindruck einer grossen *Geschäftigkeit* des Kindes. Folgendes Beispiel soll dies veranschaulichen:

BEISPIEL
S., 5;6 Jahre, wahrnehmungsgestört, kocht ein Ei für einen Brotaufstrich in der Schule...: Das Ei kocht im Wasser. Dampf tritt unter dem Deckel heraus. S. möchte den Deckel wegnehmen, um das Ei herauszuholen. Sie greift nach dem Deckelgriff — sie brennt sich am Dampf.
Nun versucht sie, den Deckel mit einer Suppenkelle von der Pfanne zu schieben. Sie fasst die Kelle weit vorne an und bewegt sie zum Deckel — sie brennt sich erneut am Dampf. Nun stülpt sie einen kleinen Plastiksack über die Hand und greift zum Deckel. Wiederum brennt sie sich — der Sack ist zu klein.
Sie blickt sich um, sie überlegt. Dann holt sie die Schürze vom Haken. Auf dem Weg zurück wickelt sie die Schürze um den Griff der Kelle. Die umwickelte Kelle hält sie mit der rechten Hand. Mit der linken Hand versucht sie, den Deckel wegzuschieben. Sie brennt sich ein weiteres Mal.
S. schüttelt den Kopf — wickelt die Schürze um den rechten Arm und die Hand, ergreift mit dieser Hand die Kelle und schubst damit den Deckel aufatmend von der Pfanne.

S. erweckt den Eindruck grosser Geschäftigkeit. Sie erfährt: Der Dampf ist heiss. Sie muss die Wirkung, dass man sich daran brennt, beheben. Doch wie?

Sie nimmt die Kelle — eine angemessene Ursache — doch sie umfasst sie nicht am richtigen Ort. Irgendwie kann sie den Vollzug der Bewegung nicht im voraus erkennen. Dies gilt auch für das Einsetzen des Plastiksacks, der zu klein ist! Darauf wickelt sie die Schürze um die Kelle. Schürze holen, umwickeln, um sich vor Wärme zu schützen, könnte wiederum eine angemessene Ursache sein. Nun aber wird die Situation zu komplex.

Sie umwickelt das, was sie vor sich sieht und bereits benützt hat: die Kelle. Und dann die nächste Schwierigkeit; sie nimmt die andere freie Hand, um den Deckel wegzuschieben.

S. kann die Verflechtung der Beziehungen, die hier entstanden sind, nicht nachvollziehen. Sie gelangt so zu folgendem Kurzschluss: Kelle dient zum Wegschieben. Deckel muss weggeschoben werden. Es ist heiss. Schürze dient zum Schutz vor Wärme. Also Schürze und Kelle zusammen! Erst nach erneuter Erfahrung und wirklichem Tun kann sie ihre Ausführung verbessern — und gelangt schliesslich zum Ziel.

2.2.6 ... dann entgleitet ihnen die Wirklichkeit

Im Alltagsleben entstehen immer wieder Veränderungen, auch wenn ich das Gefühl habe, mein Leben sei eintönig. Wie verhalten sich Wahrnehmungsgestörte, wenn sich im Alltag etwas verändert?

Eine Auffälligkeit ist, dass sie bei Veränderungen rasch in *Aufregung* geraten:

BEISPIEL

D., 11 Jahre, wahrnehmungsgestört, fährt mit seinen Klassenkameraden häufig Trolleybus. Meistens steigen sie am Marktplatz aus. Heute aber fahren sie zwei Haltestellen weiter. D. beginnt zu rufen: „Aber, mer mönd do ustige (aber, wir müssen hier aussteigen)." Er schlägt sich auf die Hände und ans Gesicht und ist ganz verzweifelt. Die ersten Male sassen D. und seine Therapeutin in der Therapiestunde stets am gleichen Platz. Darauf wechselt die Therapeutin den Platz — D. schimpft: „Mer sitzed doch ame do, nöd, wött do sitze ... (wir sitzen doch jeweils hier ab, nicht, möchte da sitzen)."

Eine weitere Auffälligkeit ist, dass sie versuchen, die *Umwelt wieder so herzustellen, wie sie diese vor der Veränderung erblickt haben* (siehe dazu erster Teil, Abschnitt B. 1.1 „Ich stelle die Wirklichkeit, wie sie ist, wieder her"):

BEISPIEL

Th., 11 Jahre, wahrnehmungsgestört: Die Schulgruppe spaziert. Sie kommen an einem Zaun aus Eisenstangen vorbei. Eine Stange ist durchgerostet und abgebrochen. Th. geht von der Hand der Lehrerin weg, hebt die herunterhängende Stange auf und hält sie an den noch stehenden Teil.

Dieses Bedürfnis, dass die Umwelt sich nicht verändern sollte, wird von einigen wahrnehmungsgestörten Kindern auf die Spitze getrieben; es kann sich bis zu einer Art Zwang steigern. So müssen für manche die Türen stets geschlossen sein, eine Jacke wird nur mit geschlossenem Reissverschluss getragen, Ärmel dürfen nicht aufgestülpt werden, auch wenn sie dadurch beim Arbeiten nass und schmutzig werden.
So sollte für wahrnehmungsgestörte Kinder das Vertraute im gleichen vertrauten Zustand bleiben und sich im Ablauf genau wiederholen. Dies drückt sich auch in den *Betätigungen* aus, die die Kinder selbst ausführen. Eine einmal erfasste Ordnung ihrer Tätigkeiten wird stets gleich ausgeführt — sie wirkt deshalb *monoton, pedantisch*:

BEISPIELE

A., 8 Jahre, wahrnehmungsgestört, kommt am Morgen als erste vom Schulbus. Im Schulhaus angekommen, führt sie immer dasselbe aus: Licht anzünden und alle WC-Türen mit Knall schliessen. Hindert man sie an ihrem Tun, dann brüllt und stampft sie.

B., 9 Jahre, wahrnehmungsgestört: In der Mittagspause klebt die Erzieherin die Lagerfotos ein, mit Selbstklebern; diese muss sie von einer Folie abziehen, wobei jedesmal ein kleines Stück Folie zum Wegwerfen übrigbleibt; diese Stücklein liegen kreuz und quer auf dem Tisch. B. räumt sie dauernd weg und wird immer peinlicher im „Tisch-Sauber-Machen", indem er auch Bleistiftspitzen entdeckt und wegwischt, herumliegende Gummiringli versorgt ... Sogar den Bleistift und die Schere schiebt er zusammen in die obere Ecke des Tisches.

Ändert sich die Situation, dann *zerbricht eine Leistung* sehr rasch:
Mit wahrnehmungsgestörten Kindern/Erwachsenen werden häufig spezielle Leistungen geübt; nach einiger Zeit bringen sie es auf diese Weise darin zu einer gewissen Fertigkeit. Verlassen sie aber das Schulzimmer oder den Therapieraum, dann bricht die Leistung zusammen. Es entstehen Klagen über die schlechte Übertragung einer Leistung — man spricht von Mangel an „Transfer":

BEISPIEL

R., 35 Jahre, Hirntrauma nach Unfall: In der Physiotherapie habe sie wieder gehen gelernt — nach langer, langer Übungszeit. Sie könne nun gehen — und doch könne sie es nicht. Immer wieder breche ihre Gehleistung zusammen, sobald die kleinste Veränderung in der Situation eintrete.

Hier wurde eine Bewegung in einer ganz speziellen Situation, im Therapieraum gelehrt. Ein Therapieraum verändert sich wenig. Er unterscheidet sich dadurch von einer „wirklichen" alltäglichen Situation. In dieser treten unerwartete Geräusche auf; der Boden, auf dem man geht, wechselt plötzlich seine Beschaffenheit; Möbel tauchen auf, die man umgehen muss; Personen erscheinen, die sich bewegen, rufen, etwas wollen...:

BEISPIELE

M., 9 Jahre, wahrnehmungsgestört, befindet sich mit seiner Klasse in der Turnhalle: Zwei Stangen sind aufgestellt. Sie sind mit einem Gummiseil so verbunden, dass die Kinder darüberspringen können. M. sollte es auch versuchen — er kann springen. Wie er aber in dieser neuen Situation in die Nähe des Seils kommt, wird er ganz aufgeregt, verzerrt das Gesicht, beginnt zu weinen, sperrt sich ...

Th., 9 Jahre, wahrnehmungsgestört: Wir beginnen, einen Holzrost zu verfertigen. Bevor die Arbeit beendet ist, wird es Zeit zum Mittagessen; wir müssen den Tisch abräumen. Th. wird wütend; er nimmt den angefangenen Holzrost und reisst ihn wieder auseinander.

Bei beiden Kindern hat die Situation gewechselt. M. kann wohl springen — in einer gewissen Situation. Nun entsteht durch das Aufstellen der Stangen eine neue, unvertraute Situation — und M. kann nicht springen. Bei Th. entsteht ebenfalls eine neue Situation: Er war beim Bauen — und nun soll der Tisch mit seinem Werk darauf verändert werden? Th. kann sich nicht darauf einstellen, er gerät in Spannung.

Spannungen treten bei Wahrnehmungsgestörten auch dann rasch auf, wenn eine *Betätigung nicht gleich zum Erfolg führt*:

BEISPIELE

C., 12 Jahre, wahrnehmungsgestört, möchte eine Orange von Hand auspressen: Er halbiert sie, führt die eine Hälfte zum Mund. Es gelingt ihm aber nicht, Saft herauszusaugen — sein Gesicht verfinstert sich, er schreit: „Chan-i nöd (kann ich nicht)" und wirft die Orangenhälfte weg.

S., 13 Jahre, wahrnehmungsgestört, sägt mit dem Lehrer ein Einlagebrett für den Schrank zurecht. Dabei bricht ein Sägeblatt der Stichsäge. S. gerät in Spannung, sein Gesicht verzerrt sich. Das Sägeblatt muss ausgewechselt werden — er versucht, den Schlüssel anzusetzen, um die Schraube zu lockern — es gelingt nicht. S. reisst sich los und beginnt, um sich zu schlagen ... Der Lehrer führt S. durch die Handhabungen — S. wird ruhiger.
Das Einlagebrett ist zum Einsetzen in den Schrank fertig. S. hat an drei Seiten eine Halterung angebracht (die vierte hat er übersehen). Er fügt das Brett ein — es hält im Augenblick. Er versorgt nun das Material, das er zu Beginn aus dem Schrank genommen hat, wieder in den Schrank — doch das Brett kippt. — S. gerät erneut in Spannung und wirft die zwei Nagelschachteln, die er eben hineinstellen wollte, auf den Boden.

So zerbrechen die Leistungen Wahrnehmungsgestörter immer wieder, wenn die Situation sich verändert. Es ist, wie wenn ihnen die *Wirklichkeit immer wieder entgleiten* würde. Dieses zwiespältige Verhalten, diese Spannungen beim Leistungszusammenbruch sind etwas vom Schwierigsten für die Umwelt: „Wenn sie doch so manches können, weshalb können sie es plötzlich doch wieder nicht?"

Wir fassen zusammen:

Wahrnehmungsgestörte berühren, und doch berühren sie nicht wie gesunde Kinder und Erwachsene: Sie schrecken zurück, schauen weg. Sie fassen nur an, benützen meistens nur eine Hand, obwohl sie manchmal beide einsetzen können.

Sie wirken, und doch wirken sie nicht wie gesunde Kinder und Erwachsene: Sie nehmen weg und doch lassen sie Teilschritte aus. Sie drücken, bis das Material zerbricht, sie werfen und schlagen. Sie setzen Dinge in nachbarschaftliche Beziehungen, wenn diese sich berühren — weshalb aber nicht, wenn diese über eine Unterlage zu erreichen sind? Und wenn sie so viele visuelle Leistungen erbringen, weshalb können sie so schlecht Distanzen abschätzen?

Dann *das Problem der Reihenfolgen* — weshalb sind diese so schwierig für die Wahrnehmungsgestörten?

Wie kann man sich diese Auffälligkeiten erklären? Hat der Leistungszerfall wirklich etwas mit „Motivation" zu tun? — oder ist die Beantwortung nicht so einfach? Im nächsten Kapitel wollen wir versuchen, eine Erklärung zu finden.

3. Wir erklären: Wenn es am Spüren mangelt

Die Beobachtungen im ersten Teil „Leben in der Wirklichkeit" wiesen darauf hin, wie das gesunde Kind mit seiner Umwelt vertraut wird und wie es das Wissen um die Wirklichkeit erwirbt.

In dieser Zeit ist das gesunde Kind ständig in Bewegung: Es bewegt die Augen, um visuelle Information zu erhalten; es dreht den Kopf nach Geräuschen, um auditive Information aufzunehmen; es verändert die Stellung seines Körpers, des Rumpfes, des Kopfes, der Hände, der Finger, des Mundes, der Arme und Beine, relativ zur Umwelt, um Spürinformation wahrzunehmen.

Auf diese Weise ist das gesunde Kind ununterbrochen auf der Suche nach Information.

3.1 Sie suchen nach Information

Um uns entwickeln und um lernen zu können, benötigen wir Information. Es ist deshalb wichtig, die in diesem Teil des „Versagens in der Wirklichkeit" beschriebenen Verhaltensweisen wahrnehmungsgestörter Kinder/Erwachsener hinsichtlich der *Suche nach Information* zu analysieren.

Wichtig ist ferner die Frage nach der *Art der Information*, die gesucht wird. Wir sprechen von visueller, auditiver und taktil-kinaesthetischer (gespürter) Information. Wie verhält sich das wahrnehmungsgestörte Kind/der Erwachsene in dieser Hinsicht?

3.1.1 Sie sehen und hören

Viele Betätigungen wahrnehmungsgestörter Kinder sind darauf ausgerichtet, eine visuell oder auditiv wahrnehmbare Wirkung hervorzurufen.

Einige Beispiele sollen dies erläutern

BEISPIELE von Betätigungen mit visuell wahrnehmbarer Wirkung

R., 10 Jahre, wahrnehmungsgestört, ist mit dem Handbohrer beschäftigt: Er dreht wie wild und schaut, wie sich der Bohrer dreht. Zu uns gewendet erklärt er: „Schau Mami, schau Patrick ..."

C., 9 Jahre, wahrnehmungsgestört, befindet sich im Lagerhaus, wo eine Lampe tief herunterhängt. Er hält den Lampenschirm mit einer Hand und meint: „Soll ich?" Dann dreht er den Schirm um die Achse wie ein Karussell, lässt den Schirm los und freut sich, als dieser sich nun von selbst zurückdreht.

BEISPIELE von Betätigungen mit auditiv wahrnehmbarer Wirkung

R., 10 Jahre, wahrnehmungsgestört, will den Hammer holen, der am Nagel an der Wand aufgehängt ist: Als er ihn berührt und wegnehmen will, entgleitet ihm der Hammer und schlägt gegen die Wand. Dabei hört man einen dumpfen Ton. R. wiederholt die Bewegung, offensichtlich, um das Klopfgeräusch wieder zu erzeugen, einige Male. Er vergisst dabei, dass er den Hammer ins Schulzimmer hätte bringen sollen.

Er nimmt eine kleine Kugel und lässt sie die selbstgebastelte Kugelbahn hinunterrollen. Die Kugel rollt ihm jedoch davon. Er holt sie. Nun befestigt er dort, wo die Kugel hinunterfallen sollte, ein Sandgefäss so, dass die Kugel hineinfällt. Der akustische Effekt scheint ihn zu faszinieren. Er probiert nun aus, wie man auf verschiedene Arten die Kugel in das Gefäss springen lassen kann, so dass unterschiedliche Rhythmen entstehen.

Auch das gesunde Kind führt Betätigungen aus, um eine visuell oder auditiv wahrnehmbare Wirkung zu erzielen; die Wirkung mag neu sein, und es wiederholt die Bewegung, um diese Neuheit zu untersuchen; ist seine Neugierde gestillt, dann geht es zu einer anderen Tätigkeit über. Dieses Verhalten ist besonders in den ersten Lebensjahren zu beobachten.

Kinder suchen also auch nach visueller und auditiver Information; auch wahrnehmungsgestörte tun dies. Beim wahrnehmungsgestörten Kind ist aber wiederum das Ausmass auffällig, indem es viel häufiger als das gesunde Kind visuell und auditiv ausgerichtete Wirkungen erzeugt. Auch das Alter ist auffällig: Das wahrnehmungsgestörte Kind ist bedeutend älter als das gesunde, wenn es solche Betätigungen wiederholt.

Dieses ausgeprägte Gerichtetsein auf visuelle und auditive Information drückt sich in einigen der beschriebenen Auffälligkeiten aus: Im Abschnitt 2.2.6 „... dann entgleitet ihnen die Wirklichkeit" schilderten wir die Verzweiflung von D., als die Schulklasse nicht an der gewohnten Trolleybushaltestelle ausstieg, sondern weiterfuhr. Im täglichen Leben bestimmen wir aufgrund von visueller Information, ob wir an einer Haltestelle angekommen sind. So tut es auch D. Auffällig ist aber, dass er in Panik gerät, wenn diese visuelle Information nicht zu der dazugelernten Gewohnheit führt.

Ähnlich verhält es sich mit den anderen Beispielen:

D. hat gesehen, dass seine Therapeutin auf einem bestimmten Stuhl an einem bestimmten Ort im Zimmer sitzt. Er hat diese Situation wie ein „Foto" gespeichert. Nun erträgt er nicht, wenn diese visuell aufgenommene Situation verändert wird.

Th. hält den abgebrochenen Teil einer Eisenstange an den noch stehenden Teil. Mit dieser Betätigung stellt er das visuell gespeicherte Bild des Zaunes wieder her.

Auch die im selben Abschnitt 2.2.6 geschilderten pedantisch wirkenden Aufräumbetätigungen Wahrnehmungsgestörter können dahin interpretiert werden, dass diese jeweils versuchen, das gespeicherte visuelle Erscheinungsbild der Umwelt wieder herzustellen, sobald sich etwas verändert hat: Der Tisch ist normalerweise eine grosse, gleichfarbige Fläche. Folienstücke, Bleistiftspitzen, Gummiringe ... bilden „Flecken" auf dieser Tischfläche. Farbige „Flecken" aber stören das gewohnte gleichfarbige Bild des Tisches — sie müssen also weggewischt werden.

Solches Verhalten wahrnehmungsgestörter Kinder unterscheidet sich vom Verhalten gesunder Kinder. Piaget und Inhelder (1972) sind der Frage nachgegangen, wie sich beim gesunden Kind die Vorstellung, so z. B. über den Raum, entwickelt. Ihre Befunde widersprechen einem „Foto-Kamera-Modell". Dies heisst, dass das gesunde Kind einer Situation wohl auch visuelle Information entnimmt, diese aber mit Spürinformation verbindet, zu der es durch Interaktion mit der Wirklichkeit gelangt.

3.1.2 Sie spüren

Wir haben die Anwendung von Regeln des Berührens und des Wirkens bei gesunden und bei wahrnehmungsgestörten Kindern und Erwachsenen beschrieben. Dabei fällt auf, dass Wahrnehmungsgestörte bei solchen Betätigungen *starken Druck* aufwenden. Dies erweckt den Eindruck aggressiven Verhaltens. Und die Umwelt bemerkt nicht, dass die wahrnehmungsgestörten Kinder/Erwachsenen nach *Information* suchen und dabei maximale Widerstandsveränderungen erzeugen:

Wir schilderten Beispiele des *Berührens*: Im Abschnitt 2.1.2 „Sie wissen um die Regeln der stabilen Unterlage und der Seite" brachten wir die Beobachtung von P., der sich beim Stehen hin und her wiegt und so zwischen seinen Füssen und der Unterlage immer wieder maximale Widerstandsveränderungen erzeugt — Suche nach notwendiger Spürinformation, um sich zu vergewissern, wo sein Körper und wo die Unterlage ist! C. sucht gleichartige Spürinformation, wenn er beim Arbeiten seine Hüfte stets gegen die Tischkante drückt.

S. erzeugt ebenfalls eine maximale Widerstandsveränderung, wenn er den nassen Lappen mit grossem Druck in seiner Hand hält, und ebenso K., im Heim für Geistesschwache, welche beim Trinken den Kartonbecher und beim Essen das Biskuit zerdrückt (beide Beispiele siehe Abschnitt 2.1.4 „... und gelangen nicht zum Umfassen").

Wir schilderten Beispiele des *Wirkens* (siehe Abschnitt 2.2.1 „Sie nehmen weg — aber wie?"): Kinder, die nicht ergreifen können, so hypotone, klopfen und schlagen auf die Unterlage. Wir interpretierten, dass diese Kinder versuchen, den Widerstand zwischen der Unterlage und dem, was sie darauf erblicken, zu verändern. Wahrnehmungsgestörte Kinder, die ergreifen können, versuchen mit Wucht, Gesehenes voneinander zu trennen: P. ergreift die Brille des Therapeuten mit solcher Kraft, dass dieser befürchtet, die Brille sei zerbrochen. K. möchte die Kerne aus der Tomate entfernen — und schon zerdrücken ihre Finger das Fleisch der Tomate.

Statt der Hände setzen manche wahrnehmungsgestörte Kinder den Mund ein, um maximale Widerstandsveränderungen zu erzeugen; sie beissen mit Kraft auf das Gespürte: C. versucht, den Teig von den Fingern abzuschlecken und beisst sich dabei auf den Finger. S. kratzt das Orangenfleisch von der Schale weg — benützt dazu den Mund — und beisst sich auf die Finger. Wahrnehmungsgestörte können nicht schlecken, da sich dabei der Widerstand kaum verändert, statt dessen beissen sie das Eis vom Cornet ab. Sie benötigen starke Widerstandsveränderungen, deshalb stopfen sie Speisen in den Mund, bis dieser fast überquillt (siehe Abschnitt 1.4 „Sie seien unerzogen").

In *verschiedensten Situationen* versuchen Wahrnehmungsgestörte *maximale Widerstandsveränderungen* hervorzurufen: Ch. ergreift Spielgegenstände und wirft diese in „elegantem Bogen" durch die Luft. C. drückt die Erdbeeren so stark auf die knusprige Teigunterlage, dass diese zerbricht (siehe Abschnitt 2.2.1 „Sie nehmen weg — aber wie?"). D. will seiner Kameradin im Wasser beim Schwimmen etwas mitteilen — er kann ihr nicht zurufen, da es zu laut ist. So will er sie am Hals berühren, damit sie sich ihm zuwende. Wie weiss er, dass sie ihn spürt? Nur, indem er eine maximale Widerstandsveränderung erzeugt. Und schon ist die Panik da! Suche nach Information!

Ähnlich ist die Situation mit den Autoantennen: D. möchte wissen, ob diese zum Auto gehören — er möchte sie deshalb berühren. Wie weiss D., dass er sie berührt? Nur durch maximale Widerstandsveränderung, und schon ist die Antenne zerbrochen (siehe Abschnitt 1.3 „Sie seien aggressiv").

In manchen Situationen können keine maximalen Widerstandsveränderungen hervorgerufen werden. Dies führt zu einem Mangel an gespürter Information und damit zu einem Zerfall von Leistungen. Das gewünschte Ziel wird nicht erreicht, ein Problem des Alltags nicht gelöst: Frau H. legt Apfelschnitz auf Apfelschnitz und kann nicht entscheiden, wann sie genügend Schnitze in die Törtchenform gelegt hat — es fehlt die maximale Widerstandsveränderung (siehe Abschnitt 2.2.1 „Sie nehmen weg — aber wie?").

Solcher Mangel an gespürter Information erklärt auch die Schwierigkeiten im Toilettentraining von Wahrnehmungsgestörten:

Es kann sehr lange dauern, bis Wahrnehmungsgestörte die Blase entleeren können, bevor sie voll ist, da in dieser Phase noch kein maximaler Druck in der Blase besteht. Dieser tritt erst auf, wenn die Blase voll ist. Diese Spürinformation erlaubt dem Wahrnehmungsgestörten die Blase zu entleeren — den Übergang vom totalen zu keinem Widerstand zu schaffen. Da aber diese maximale Widerstandsveränderung — wie wir im nächsten Abschnitt feststellen werden — rasch vollzogen werden muss, um gespürt zu werden, geschieht die Entleerung der Blase plötzlich. Dies erlaubt keinen „Umweg", so zum Beispiel, auf die Toilette zu gehen.

Wir halten fest: Wahrnehmungsgestörte suchen nach Spürinformation. Sie erzeugen maximale Widerstandsveränderungen. Wird keine maximale Widerstandsveränderung erzeugt, so versagen Wahrnehmungsgestörte oft in einer gewünschten Leistung.

Gelingt es ihnen jedoch, diese maximale Widerstandsveränderung zu erzeugen, so können sie in ihrer Leistung zum Erfolg gelangen. Dies ist eine wichtige Feststellung. Sie ist für das Lernen bei Wahrnehmungsgestörten wesentlich. Wir wollen diese Feststellung deshalb an zwei weiteren Beispielen noch einmal eingehend veranschaulichen:

BEISPIEL

Frau N. hat eine Hirnschädigung erlitten. Sie ist Hausfrau und sollte durch Therapie soweit Fortschritte machen, dass sie für ihre Familie wieder einfache Mahlzeiten zubereiten kann, wie zum Beispiel ein Frühstück oder ein Birchermüesli. Seit 6 Wochen versucht die Therapeutin, ihr das Schälen von Äpfeln und das Streichen von Butter auf Brotschnitten beizubringen — ohne Erfolg! Sie klagt mir ihre Sorge. Ich überlege: Wie lange kann man einen Apfel schälen? Der Apfel ist rund, und ich kann schälen und schälen, bis fast nichts mehr in meiner Hand ist. Wie lange kann ich Butter auf Brot streichen? Ich kann andauernd streichen und streichen. Beim Schälen und Streichen entstehen nur minimale Widerstandsveränderungen, die zwar mir — als gesunder Person — den Entscheid erlauben, dass die Tätigkeit beendet ist, die aber zu schwach sind, um dem Wahrnehmungsgestörten diesen Entscheid zu ermöglichen. Vielleicht liegt hier die Erklärung für die Schwierigkeiten von Frau N. und das Ausbleiben des Lernerfolges? Kann man diese Situation ändern? — Wir versuchen es; statt mit dem Schälen, beginnen wir mit dem Zerschneiden der Äpfel. Wir teilen die Äpfel in zwei Hälften, dann jede Hälfte wiederum in zwei Teile zu Vierteln. Wir führen das Zerteilen der Äpfel weiter, bis viele kleine Stücke vor uns liegen. Nun erst folgt — Stück für Stück — das Entfernen der Schale mit dem Messer; erstes Stück:

Schnitt — Schale weg; nächstes Stück: — Schale weg. Frau N. strahlt: „Ich kann es!" Am Schluss liegen lauter geschälte Apfelstücke auf dem Tisch, die Zubereitung des Birchermuses kann fortgesetzt werden.
Nun zu den Butterbroten: Brotscheibe aufs Brett und durchschneiden, bis viele kleine Brotstücke auf dem Tisch liegen. Mit dem Messer je ein Stück Butter abschneiden, auf eines der Stückchen Brot drücken — fertig! Nächstes Stückchen Brot; Stückchen Butter abschneiden, aufs Brot drücken — fertig! So wird fortgefahren, bis zuletzt mehrere mit Butter belegte Stückchen Brot auf dem Teller liegen als Frühstück für die Familie. Frau N. strahlt: „Ich kann es!"

Wieso konnte es Frau N. nun? Was hatte sich an Information durch den Übergang vom Schälen zum Schneiden und vom Streichen zum Drücken verändert? Jeder Schnitt und jedes Drücken war von kurzer Dauer. Dies scheint, zusammen mit der hier verursachten Widerstandsveränderung, entscheidend gewesen zu sein. Jeder Schnitt und jedes Drücken verursachte *in dieser kurzen Zeitdauer eine maximale Widerstandsveränderung:* Das Messer wird durch die Luft zum Apfel geführt; keine Einschränkung der Bewegung! Das Messer schneidet kurz durch den Apfel und wird dann vom darunterliegenden Brett total aufgehalten. Dasselbe gilt für das Festdrücken der Butter auf das Brot.

Die Möglichkeit der Erzeugung solcher maximaler Widerstandsveränderungen innerhalb kurzer Zeit fehlte in den früheren Situationen des Schälens und Streichens. Sie wenden vielleicht ein: „Ja, aber ich kann doch den Apfel anschauen, und dann weiss ich, ob er geschält ist. Ich kann doch auch das Brot anschauen, und dann weiss ich, ob die Butter daraufgestrichen ist."

Für uns Gesunde ist es klar, dass wir solche visuelle Information benützen können, um zu entscheiden, ob eine Bewegung zum gewünschten Ziel geführt hat oder nicht. Frau N. kann auch schauen. Sie sieht die Äpfel und die Brote; sie kann sowohl Äpfel wie Brote ergreifen, wenn sie diese auf dem Tisch erblickt. Muss sie aber damit eine Bewegung ausführen und eine Wirkung erzielen, dann benötigt sie dafür als Information offensichtlich starke Widerstandsveränderungen. Sie braucht diese Spürinformation, um zu wissen, wann die Bewegung beginnt, wie sie weitergeführt werden muss, wann die gewünschte Wirkung erzielt und die Bewegung beendet werden kann. Die in der Situation aufgenommene visuelle Information bietet da offenbar keine Entscheidungsgrundlage. Auf diese Aussage werden wir im nächsten Abschnitt zurückkommen.

Beim nächsten Beispiel steht wieder die gespürte maximale Widerstandsveränderung im Vordergrund. Diese hilft K., dem Kind, eine Leistung zu vollbringen, so wie sie Frau N. geholfen hat:

BEISPIEL
Von K., 9 Jahre, wahrnehmungsgestört, berichteten wir bereits über das Versagen beim Trinken aus dem Kartonbecher und beim Essen des Biskuits (Seite 138). Hier ein weiteres Beispiel:
Sie befindet sich noch im Heim. Einmal im Jahr besteht am Wohnort von K. der Brauch, Kürbisse auszuhöhlen, Öffnungen in die ausgehöhlten Kürbisse zu schneiden und eine Kerze hineinzustellen. Erwachsene Besucher erhalten die Aufgabe, dies mit je einem Kind der Heimgruppe auszuführen. K. wird mir zugeteilt. Sie kann es offensichtlich nicht allein tun.
Ich beginne, K.s Hände zu führen, um den Kürbis zu ergreifen. Sobald wir ihn jedoch berühren, reagiert K. mit ausfahrenden Bewegungen des ganzen Körpers.

Beim Versuch, mit ihr zusammen den umfangreichen Kürbis durchzuschneiden, gelingt es mir nicht mehr, K.s Körper zu kontrollieren. Ich lasse sie los und vollführe das Werk selbst. Beim Versuch, K. beim Herausholen des weichen Inhaltes wieder zu führen, reagiert sie erneut mit sprunghaften, ausfahrenden Bewegungen.

Wiederum mache ich es ohne K. und schneide dazu noch Sterne und mondförmige Öffnungen aus. Dann erfasse ich K.s Finger und führe diese zur Exploration in die Öffnungen.

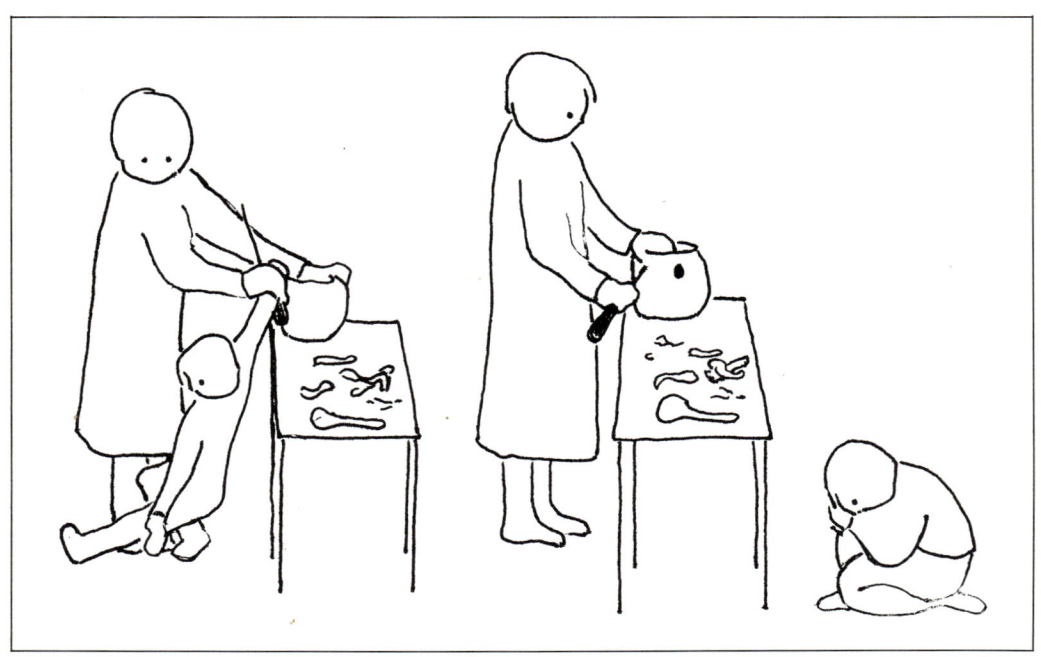

Beim Berühren des Kürbisses reagiert sie im ersten Augenblick mit ausfahrenden Bewegungen. Sobald jedoch die Finger in den Kürbis eindringen, hält K. inne. Auf ihrem Gesicht zeigt sich eine Angespanntheit, die während der ganzen nun folgenden Exploration andauert. Die Bewegungen werden weicher, der Tonus angepasster:

Ich kann sie mit Leichtigkeit führen. Wir explorieren zuerst die eine, dann die andere, dann die dritte, dann die vierte Öffnung. Ich spüre, wie K. die Bewegung mehr und mehr übernimmt. Schliesslich kann ich ihre Hände loslassen — und siehe da, K.s Finger gehen spontan zum Kürbis, um dessen Öffnung zu ertasten.

Was ist geschehen?

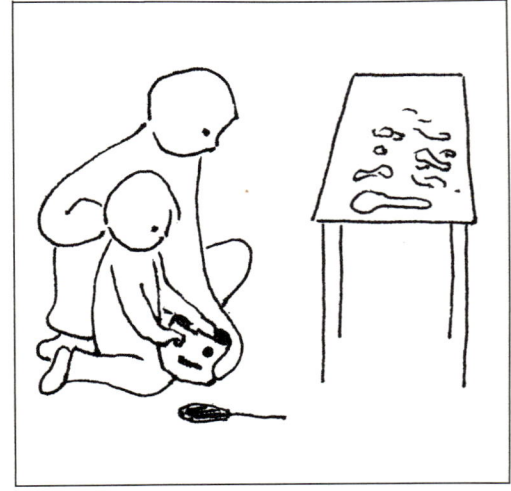

Vergegenwärtigen wir uns die Verhältnisse des Widerstandes, den die Umwelt den Bewegungen von K. entgegensetzt: Führen der Arme von K. über den „freien Raum"; dabei entstehen kaum Widerstandsveränderungen zwischen Arm und Umwelt. Dann Berühren des Kürbisses; dieser ist kühl, und man kann seiner Fläche entlangstreichen; die dabei entstehenden Widerstandsveränderungen bleiben sich gleich. Darauf folgt das Aushöhlen des Kürbisses, das Eindringen in die weiche Masse: geringe und sich gleichbleibende Widerstandsveränderungen. Dann das Einführen des Fingers in die Öffnungen; diese sind gerade so gross, dass ein Finger knapp hineingesteckt werden kann. Die begrenzte Öffnung setzt der Bewegung des Fingers nach den Seiten hin totalen Widerstand entgegen. Die Bewegung wird dadurch äusserst eingeschränkt. Nur der Verbleib des Fingers in der Öffnung oder das Zurückziehen sind möglich. Mit anderen Worten: Die Bewegung des Fingers in die Öffnung hinein — Annäherung an die Öffnung, dann Eindringen des Fingers mit dem daraus entstehenden totalen Widerstand — führt zu einer maximalen Widerstandsveränderung. Und dank dieser gespürten Information übernimmt K. die Explorationsbewegungen.

Zusammenfassend können wir festhalten:

Unsere Beobachtungen unterstreichen, dass Wahrnehmungsgestörte nach Information suchen. Sie unterscheiden sich darin nicht von Gesunden.

Auffällig ist aber, dass wahrnehmungsgestörte Kinder häufiger versuchen, visuell und auditiv wahrnehmbare Wirkungen zu erzeugen als gesunde, und dass man dies auch noch bei älteren wahrnehmungsgestörten Kindern beobachten kann.

Auffällig ist ferner die Auslösung maximaler Widerstandsveränderungen innerhalb einer kurzen Zeitspanne bei der Suche nach Spürinformation. Es scheint, dass schwer wahrnehmungsgestörte Kinder und Erwachsene geringe Widerstandsveränderungen nicht verwerten können.

3.2 Wenn die Information andersartig ist, ...

Im ersten Teil des Buches beschrieben wir, wie das gesunde Kind durch Berühren die Welt entdeckt. Diese Berührungsversuche führen zu einer intensiven Interaktion zwischen dem Körper des Kindes und der Welt in Form von Widerstandsveränderungen. Solche *gespürte Erfahrung erlaubt dem Kind, mit seiner Umwelt vertraut zu werden. Visuelle und auditive Wahrnehmung scheint dabei nicht wesentlich zu sein*; sie führt erst und nur in Verbindung mit gespürter Information auf einer höheren Wahrnehmungsstufe zu einer Ausweitung der Interaktionserfahrung (siehe erster Teil, Abschnitt 1.3 „Die Umwelt wird wahrgenommen: Ich nehme die Umwelt").

Der Mangel an gespürter Information beeinträchtigt beim Wahrnehmungsgestörten die Interaktion mit der Umwelt. Er gelangt so nur zu ungenügender gespürter Interaktionserfahrung; die Welt, einschliesslich der Umwelt, bleibt ihm unvertraut. Der Mangel an gespürter Information führt zu einer Überbewertung visueller und auditiver Information. Diese bleibt bruchstückhaft, da sie vom Wahrnehmungsgestörten nur mit mangelhafter — oder nur schlecht mit — Spürinformation verbunden werden kann. Als Folge ist die Information, die ein Wahrnehmungsgestörter einer Situation entnimmt, anders geartet als bei einem Wahrnehmungsgesunden. Diese Andersartigkeit der Information erklärt verschiedene der beschriebenen Auffälligkeiten.

3.2.1 ... dann werden Probleme erkannt, aber nicht gelöst, ...

Beobachtet man Wahrnehmungsgestörte in Alltagssituationen, dann weist ihr Verhalten immer wieder darauf hin, dass sie visuelle Information erhalten. Diese *visuelle Information lässt sie häufig Probleme erkennen, scheint aber ungenügend zu sein, um ihnen zur Lösung der Probleme zu verhelfen*:

Häufig können Wahrnehmungsgestörte solche Probleme verbal beschreiben. Wir erinnern in diesem Zusammenhang an die Beispiele von Abschnitt 1.2 „Sie sprechen viel". B. bemerkt, dass einer der Spielgegenstände auf den Boden gefallen ist, und erklärt: „Isch abegfalle ... tuesch en uflese (ist hinuntergefallen ...hebe ihn auf)." Sie selbst bewegt sich nicht, um den Gegenstand aufzulesen. — C. sieht, dass seine Schuhe geschnürt sind, und befiehlt, dass man sie ihm öffne. Er selbst tut es nicht. Herr F. und Herr K. erkennen, dass ihnen etwas fehlt. Sie bitten andere, dies oder das für sie zu holen. Sie selbst tun es nicht. Ist dies Bequemlichkeit? Oder ist es vielleicht so, dass Wahrnehmungsgestörte wohl sehen — das Gesehene auch benennen, dass dies aber nicht genügt, um das visuell erkannte Problem lösen zu können?

Um diese Frage besser beantworten zu können, wollen wir das Verhalten jener Wahrnehmungsgestörten betrachten, die sich in einer Problemsituation befinden und in dieser *etwas tun:*

Im Abschnitt 2.1.1 „Sie weichen aus, werden gespannt und schauen weg" beschrieben wir das Verhalten wahrnehmungsgestörter Kinder, wenn sie beim Gehen Hindernisse antreffen. So sollte D. einen Hang hinuntergehen. Er sieht den Hang, der zur Treppe führt. Er beginnt auch, den Hang hinunterzugehen. Auffällig ist aber, dass er dabei die Augen zumacht — die visuelle Information dadurch ausschliesst und sich offensichtlich ganz aufs Spüren ausrichtet —. Wir können folgern, dass die so gespürte Information ihm hilft, die Lösung des Problems in Angriff zu nehmen, dass er aber grosse Mühe hat, genügend Spürinformation aufzunehmen, und deshalb die Augen schliessen muss.

Diese Beobachtung lässt uns vermuten, dass diese „Hochleistung" der Suche nach gespürter Information einem Wahrnehmungsgestörten in manchen Situationen nicht gelingt, so B., die sich nicht bewegt, um das Spielzeug aufzulesen (siehe Abschnitt 1.2 „Sie sprechen viel").

Neben der Schwierigkeit, erkannte Probleme zu lösen, tritt eine weitere auf:

3.2.2 ... und die Umwelt bleibt unvertraut

Befinden wir uns in einer fremden Situation, dann benötigen wir einige Augenblicke — je nach Komplexität kürzer oder länger —, um die Situation zu erfassen. Das Erfassen der neuartigen Situation beruht auf visuell-taktil-kinaesthetischer Information. Gespeicherte Interaktionserfahrung hilft dabei mit, die Information zu ordnen.
Die visuell ausgerichteten Wahrnehmungsgestörten geraten in solchen Situationen in Schwierigkeiten. Wiederum

wird es offensichtlich, dass die *visuelle Information* ihnen wohl dazu *verhilft, sich der „Neuheit" bewusst zu werden, ihnen aber nicht die Möglichkeit verschafft, vertraut zu werden*. Dazu haben sie gespürte Information nötig.

Die Suche nach solcher Spürinformation kann häufig deutlich beobachtet werden: Die zehnjährige K. bewegt sich in der neuen Turnhalle nur den Wänden entlang. Die elfjährige K. setzt sich im neuen Schulhaus im Gang auf den Boden und bewegt sich nicht mehr weiter. Frau L. baut sich eine Nische in der Zimmerecke mit Wand, Bett und Tisch. So versuchen wahrnehmungsgestörte Kinder/Erwachsene in unvertrauten Situationen neben der visuellen möglichst intensive Spürinformation zu erhalten (siehe Abschnitt 2.1.2 „Sie wissen um die Regeln der stabilen Unterlage und der Seite").

Ähnlich kann man auch die Beobachtungen interpretieren, die wir im bereits erwähnten Abschnitt im Zusammenhang mit dem menschlichen Kontakt beschrieben haben: C., 12 Jahre, K., 11 Jahre, und E., 14 Jahre, müssen die Person, mit welcher sie sprechen, oder neben der sie gehen, gleichzeitig berühren.

Solche Beispiele lassen uns annehmen, dass Wahrnehmungsgestörte wohl visuelle Information aufnehmen, dass diese aber nicht genügt, um sich in verschiedenen Situationen angemessen verhalten zu können. Wahrnehmungsgestörte gelangen nur mühsam — oder nicht — zu der in diesen Situationen enthaltenen Spürinformation, und die Umwelt bleibt ihnen mehr oder weniger unvertraut.

Die visuelle Information ohne dazugehörige gespürte — diese Andersartigkeit der Information — erklärt noch weitere Auffälligkeiten:

Erblickt ein gesundes Kind eine geschälte Banane, dann weiss es, dass diese beim Berühren feucht, glitschig, klebrig ist. Irgendwie gelingt es ihm, der visuellen Information dazugehörige gespürte Interaktionserfahrung zuzuordnen und aus seiner Speicherung hervorzuholen. Nicht aber den Wahrnehmungsgestörten! Diese erblicken wohl auch die Banane. Diese visuelle Information bereitet sie aber nicht auf das bei der Berührung Gespürte vor. Mit andern Worten, sie schauen auf die Banane und berühren sie, und nun weichen sie zurück — die Berührung vermittelt ihnen unvertraute Information. So berichteten wir, dass Wahrnehmungsgestörte bei Berührung häufig zurückweichen und in Spannung geraten (siehe Abschnitt 2.1.1 „Sie weichen aus, werden gespannt und schauen weg"). Dies trifft besonders dann zu, wenn feuchtes, glitschiges, kratziges ... Material berührt wird. Oder dann, wenn eine Unterlage unstabil ist, so wie im Beispiel von B., 5 Jahre, den die Therapeutin auf den grossen Ball setzen wollte und der sich weigerte (siehe Abschnitt 2.1.2 „Sie wissen um die Regeln der stabilen Unterlage und der Seite").

Interessant ist, dass es sich jeweils um Situationen handelt, in denen keine maximalen Widerstandsveränderungen erzeugt werden können. So versucht D., den Thon (Thunfisch) vom Löffel in die Tomate fallen zu lassen. Dabei wird er sehr gespannt. Dieses Gespanntsein steht im Gegensatz zur darauffolgenden Situation, in welcher er den Thon in die Tomate und mit der Tomate fest auf die Unterlage drücken kann und sich dabei entspannt.

Die Andersartigkeit der aufgenommenen Information und der Mangel an gespürter Interaktionserfahrung führen bei Wahrnehmungsgestörten zu einer weiteren Schwierigkeit:

3.2.3 Sie wissen kaum, was um sie herum geschieht

Im Abschnitt 1.4 „Sie seien unerzogen" wurden verschiedene Auffälligkeiten geschildert:

M. wird als *unhöflich* beurteilt, weil er sich zur Kassiererin drängt, ohne die andere Kundschaft zu berücksichtigen. Die wahrnehmungsgestörten Kinder halten sich beim Hinuntersteigen am Geländer der Treppe fest und nehmen so den alten Leuten, denen sie begegnen, die Geländerstütze weg. Th. drängt sich mit seinen Ellbogen durch die Touristengruppe.

Diese Situationen sind sich ähnlich; jedesmal ist das wahrnehmungsgestörte Kind mit dem Lösen eines Problems beschäftigt: M. hat eben sein Geld, das er schuldig ist, gezählt und soll nun bezahlen. Die Kinder auf der Treppe müssen sich darauf konzentrieren, wie sie die Treppe hinunterkommen, ohne zu fallen. Th. ist auf dem Weg zum Einkaufen und damit beschäftigt, den richtigen Weg zu finden — und nun die ungewohnte Menge von Menschen.

Wir haben bereits erwähnt, wie vorwiegend visuell die Information ist, die Wahrnehmungsgestörte einer Situation entnehmen, wie schwierig es für sie ist, genügend gespürte Information zu erhalten, um Probleme zu lösen. So müssen die Kinder in diesen Beispielen ihre ganze Aufmerksamkeit darauf lenken, zu spüren und ihre Probleme zu lösen. Und das allein schon erschwert es ihnen, gleichzeitig Information darüber zu sammeln, was die andern Leute um sie herum tun.

Es kommt aber noch eine andere, grössere Schwierigkeit dazu. *Um mir vorstellen zu können, was für Probleme andere Leute in einer augenblicklichen Situation lösen müssen, benötige ich ein grosses Ausmass an gespeicherter, gespürter Interaktionserfahrung sowie das Darüber-Verfügen-Können.* Und gerade hier versagen die Wahrnehmungsgestörten.

Es ist also nicht ein Mangel an erzieherischen Massnahmen, sondern ein Mangel an angemessener Vorstellung, die das Versagen der Wahrnehmungsgestörten in sozialen Situationen verursacht.

Dies erklärt auch die Schwierigkeit, M. beizubringen, dass er Schlüssel, die er sieht, nicht einfach in seinen Hosensack versorgen darf. M. weiss, dass er mit einem Schlüssel Türen aufmachen kann. Er kann sich aber nicht vorstellen, dass ein bestimmter Schlüssel einer anderen Person gehört — die im Augenblick nicht einmal da ist — und dass diese Person mit dem Schlüssel ihr Auto/Haus… öffnen wird.

Der Mangel an gespürter Interaktionserfahrung erklärt auch die Auffälligkeiten, die wir im Abschnitt 2.2.4 „Wenn nur der Augenblick da ist…" beschrieben haben: Manche wahrnehmungsgestörte Kinder haben viel häufiger als gesunde *Angst im Dunkeln*. Sie *erkennen schlecht Gefahren*, so auch auf der Strasse. Solche Situationen setzen voraus, dass man sich vorstellen kann, was in der Umwelt geschieht.

Auch die Tatsache, *dass Wahrnehmungsgestörte so schlecht warten können*, hängt damit zusammen, dass sie sich das Geschehen in der Umwelt nicht oder nur mangelhaft vorstellen können, was seinerseits, wie gesagt, durch den Mangel an gespürter Interaktionserfahrung bedingt ist. So weiss B. am Bahnhof wohl, dass der Zug abfahren wird. Soviel kann er sich vorstellen. Er kann sich aber nicht vorstellen, was der Bahnhofsvorstand noch alles machen muss, bis der Zug abfahren kann. Ebensowenig kann er sich vorstellen, was der Schaffner und der Lokomotivführer tun müssen — und da hilft auch das Erzählen des Vaters nichts, dies vermittelt ihm keine gespürte Interaktionserfahrung — Voraussetzung für das Sich-vorstellen-Können und somit Vorbedingung des Wartenkönnens.

Im Abschnitt 2.2.5 wurden Situationen beschrieben, in welchen „Ursachen nicht der Situation entsprechen". Um *Ursachen einer Situation anpassen* zu können, muss ich mir das Ursache-Wirkungsgeschehen *im voraus* vorstellen können. Und dies ist — wie wir festgehalten haben — für Wahrnehmungsgestörte äusserst schwierig, oft unmöglich.

Eine vierte Auffälligkeit führt zu schwerwiegenden Folgen in der Entwicklung wahrnehmungsgestörter Kinder:

3.2.4 Die Welt wird nicht zur Umwelt

Zunächst kehren wir zum *gesunden Kind* zurück. Wir blättern im ersten Teil „Leben in der Wirklichkeit" bis zum Abschnitt 1.4.4 „Die Vielfalt des Berührens und des Loslassens". Dieser Abschnitt beginnt mit dem Beispiel von T., 7 Monate alt:

Betrachten wir die *Situation*: T. liegt auf einer Decke am Boden, auf dem Bauch; um sie herum sind Gegenstände verstreut; die Gegenstände berühren sich nicht, sie befinden sich aber alle mit T. auf derselben Unterlage.

Das Problem: T. erblickt diese Gegenstände. Sie versucht, sie zu berühren — einmal diesen, dann jenen. Wie gelangt sie zu den Gegenständen?

Lösung des Problems: T. muss sich bewegen: die Arme mit Händen und Fingern, den Rumpf — je nach dem, wie weit der Gegenstand auf der Unterlage von ihrem Körper entfernt ist. Die Unterlage ist bei jeder Bewegung miteinbezogen.

Beobachten wir die Bewegungen der *Hände*: welch ein Wechsel — und zugleich welches Zusammenspiel! Auf dem ersten Bild hält jede Hand einen Gegenstand. Dann drückt die linke Hand das Sieb auf die Unterlage, die rechte lässt den Strohuntersatz los. Und auf dem dritten Bild sind beide Hände mit dem gleichen Gegenstand beschäftigt. Beachten wir die Verschiedenheit in der Berührungsbewegung der beiden Hände und wie sich diese verändert von einem Bild zum nächsten!

Fünftes Bild: Jetzt geht T. mit der rechten Hand auf Erkundung (auf dem ersten Bild war es die linke) — zum Strohuntersatz — und dann mit der linken zurück zum Sieb. Und nun mit beiden Händen am Sieb: siebtes Bild. Vergleichen wir mit dem vierten: Die Umfassungshand ist einmal die linke, dann die rechte... Welch ein Reichtum an Spürinformation! Aus diesem Reichtum können wir hier nur bruchstückweise das herausnehmen, was für unsere Diskussion wichtig ist. Da sind, gleichsam als Basis des Spürens, die *Widerstandsveränderungen*:

Betrachten wir nochmals das erste Bild: T. streckt den linken Arm aus nach dem Sieb. Der Arm befindet sich auf der Unterlage, T. spürt deren Stabilität. Nun berührt sie mit den Fingern das Sieb. Die Finger drücken das Sieb auf die Unterlage — alle Finger spüren die dabei entstehende Widerstandsveränderung. So erhalten alle Finger dieselbe Information.

Auf dem zweiten Bild sehen wir T., wie sie das Sieb umfasst. Das umfasste Sieb gibt nach — T. exploriert eine Wegnehmbarkeit, im Sinne einer „Bewegung entlang der unbewegten Unterlage". T. scheint so beeindruckt zu sein von dieser Entdeckung, dass die zweite Hand auch dazukommt.

T.s *Rumpf* bewegt sich nur wenig — gerade aber soviel, dass T. sich immer wieder der Stabilität der Unterlage versichern kann, der Referenzebene für die verschiedenen Körperbewegungen.

So gelangt T. zu wichtigen Erfahrungen über Widerstandsveränderungen, zunächst zwischen Körper und Unterlage, dann aber auch zwischen Körper — Gegenstand — Unterlage; es ergeben sich Beziehungen multipler Art! Das Beständige, das Alles-Verbindende ist, vom Körper wahrgenommen, die Stabilität der Unterlage; die Berührungen und Bewegungen der Gegenstände bleiben also immer auf die Unterlage bezogen, sind in dieser Weise „relativ". Auch für das Zusammenspiel der Hände, für die Bewegungen und das Zusammenspiel der Finger bleibt die Unterlage stets die Referenzebene; und bezogen auf sie werden nachbarschaftliche Beziehungen der Gegenstände erfahren, geschieht das Umfassen, kommt es zur Einheit der Finger und beider Hände.

Hier verlassen wir das gesunde Kind und kehren zum *wahrnehmungsgestörten* zurück. Die Entwicklung des wahrnehmungsgestörten Kindes scheint anders zu verlaufen als die des gesunden. Dazu folgendes Beispiel:

BEISPIEL

F., 1;10 Jahre, wahrnehmungsgestört, liegt meistens auf dem Rücken. Sie kann nicht kriechen. Sie kann sich auch nicht an der Seite festhalten und sich so aufrichten, auch dann nicht, wenn man ihr einen Stuhl hinstellt. Bietet man ihr einen Gegenstand an, dann ergreift sie diesen, schüttelt ihn, schlägt damit auf den Boden. Wenn man sie auffordert, den Gegenstand loszulassen, so gelingt ihr dies nur hie und da.
Stellt man sie auf die Beine, dann kann sie seit einigen Tagen gehen. Sie kann aber nicht selber absitzen. Sie kann auch im Stehen keine Gegenstände vom Boden auflesen.
Sie besitzt motorisch „richtige" Muster, kann diese aber nicht anwenden. Sie lernt rasch in Situationen, in welchen man ihr spürbare Hilfen anbietet; kaum verändert sich die Situation, führt sie die eben gelernten Bewegungen nicht mehr aus.

Wie wird sich F. weiter entwickeln? Auf dem Hintergrund unserer bisherigen Beobachtungen und Erfahrungen mit wahrnehmungsgestörten Kindern können wir folgendes vermuten:

F. wird immer mehr Zeit fürs Gehen aufwenden. Sie wird sich mehr und mehr den Gegenständen von der stehenden Position aus zuwenden; sie wird die Umwelt also vom „freien Raum" her berühren, das heisst, Hände und Arme bewegen sich durch die Luft und nicht über die Unterlage, so, wie das gesunde Kind es bei seinen ersten grundlegenden Explorationen der Umwelt macht.

Was heisst dies nun aber für die Berührungsbewegung, die zum Ergreifen und Wegnehmen führen sollte?

Das wahrnehmungsgestörte Kind ist — wie das gesunde, aber viel länger — bei der Berührung und beim Berührt-Werden auf maximale Widerstandsveränderungen angewiesen.

Ist das wahrnehmungsgestörte Kind soweit, dass es Gegenstände, die es sieht, auch holt, dann kann es bereits gehen. Da es dadurch die Gegenstände vom freien Raum und nicht von der Unterlage her berührt, kann es die Widerstandsveränderungen zwischen Hand und Unterlage nicht auslösen. Seine Berührungen von Gegenständen sind also nicht auf die Erzeugung von Veränderungen des Widerstandes zwischen Gegenstand — Unterlage — eigenem Körper ausgerichtet. *Es kann die Unterlage nicht als Refe-*

renzebene benützen wie das gesunde Kind (siehe Beispiel T.). Wie soll es da zur Harmonie der Fingerbewegungen, wie zur Einheit der beiden Hände kommen?

Das wahrnehmungsgestörte Kind schafft sich eine *andere Art von Referenz* für seine Berührungsbewegungen, *indem es die Finger benützt:* Ein Finger berührt den Gegenstand an einer Seite, ein anderer Finger an der anderen Seite; nun drücken die beiden Finger fest gegeneinander, den Gegenstand dazwischen, bis der Widerstand total ist — maximale Widerstandsveränderung in kurzer Zeit, geschaffen durch zwei Finger und den Gegenstand.

Die Andersartigkeit der Referenz drückt sich in Auffälligkeiten aus, die besonders die Entwicklung der Berührungsbewegungen, die Art des Wegnehmens und der nachbarschaftlichen Beziehungen betreffen:

Im Abschnitt 2.1.4 „... und gelangen nicht zum Umfassen" beschrieben wir die *auffälligen Fingerbewegungen* der wahrnehmungsgestörten Kinder, wenn sie etwas ergreifen. Statt mehrere Finger zu benützen, fassen sie die Gegenstände nur mit zwei Fingern an, so, wie man es mit einer Pinzette machen würde. Müssen sie eine Fläche berühren, so wie R. beim Reinigen der Tischplatte, dann spreizen sie die Finger auseinander. Wir erinnern auch an die eigenartigen Fingerbewegungen von L. beim Entfernen der Kerne aus dem Fleisch der Grapefruit.

Im Abschnitt 2.1.3 „Sie haben zwei Hände — und benützen häufig nur eine..." berichteten wir von der Auffälligkeit, dass wahrnehmungsgestörte Kinder, auch wenn sie 10, 12 Jahre und älter sind, wenn immer möglich nur *eine Hand benützen* — und zwar mit grosser Geschicklichkeit. Die auffälligen Fingerbewegungen und die Einhändigkeit können als Folge der fehlenden Referenzebene der Unterlage betrachtet werden.

Die nächste Auffälligkeit betrifft das *Wegnehmen* und, damit verbunden, das *Loslassen* (siehe Abschnitt 2.2.1 „Sie nehmen weg — aber wie?"):

Beim Ergreifen des wegzunehmenden Gegenstandes kann man das bereits beschriebene Anfassen vom freien Raum her beobachten. Haben wahrnehmungsgestörte Kinder einen Gegenstand irgendwo weggenommen, dann wird die Schwierigkeit offensichtlich, dass sie diesen nicht wie gesunde Kinder loslassen können; so wirft Ch., 4;6 Jahre, die ergriffenen Gegenstände in die Luft, statt sie auf einer Unterlage loszulassen.

Auch diese Auffälligkeit des Werfens kann damit erklärt werden, dass dem wahrnehmungsgestörten Kind in seinem Wissen um die Umwelt die Referenzebene „Unterlage" fehlt.

Die dritte Gruppe von Auffälligkeiten betrifft die *Beziehungen der Nachbarschaft*. Im Abschnitt 2.2.2 „Und wo bleibt die Nachbarschaft?" geht es um die Frage: Wo befinden sich die Gegenstände der Umwelt, die ich sehe, in bezug zu meinem Körper und in bezug zueinander?

Die Beobachtungen weisen darauf hin, dass *visuelle Information allein nicht genügt, um Distanzen* zwischen dem eigenen Körper und Gegenständen *abzuschätzen*. Wahrnehmungsgestörte Kinder können deshalb nicht oder nur sehr schlecht Distanzen beurteilen. R. gerät in Panik, als die Ringe, an welchen er sich festhält, beim Turnen hochgezogen werden, so dass sich seine Füsse einige Zentimeter vom Boden entfernen; er hat den Eindruck, er sei an der Decke oben — offensichtliche Schwierigkeit abzuschätzen, wie weit seine Füsse vom Boden entfernt sind, den er nicht mehr berühren kann.

D. legt sich auf den Boden, um unter der

Schnur durchzukriechen, obwohl noch viel Platz zwischen seinem Körper und der Schnur ist. J. stoppt jedesmal, wenn er die Türschwelle sieht, um sich bereitzumachen, darüber zu klettern — obwohl diese noch weit entfernt ist. S. versucht, den Korb mit den Nüssen auf dem Tisch zu ergreifen, geht dabei um den Tisch herum und kann offensichtlich nicht abschätzen, dass der Korb auf dem Tisch zu weit weg ist.

Das Beispiel von Th. mit dem Hund im Abschnitt 2.2.4 „Wenn nur der Augenblick da ist..." bezieht sich ebenfalls auf die Schwierigkeit der Wahrnehmungsgestörten, Distanzen abzuschätzen: Th. ist noch weit weg vom Haus mit dem Hund. Er sieht zwar das Haus, weiss aber nicht, wie weit weg es in Wirklichkeit ist — und gerät in panische Angst, der Hund komme gleich und beisse ihn.

Im Abschnitt 2.1.2 „Sie wissen um die Regeln der stabilen Unterlage und der Seite" wird von K. berichtet, die als kleines Mädchen nicht über die Regenrinne zu bringen war.

Nun ist es nicht nur so, dass *visuelle Information* nicht hilft, Distanzen abzuschätzen, sie *kann sogar irreführen*. Dazu folgendes neues Beispiel:

BEISPIEL

C., 11 Jahre, wahrnehmungsgestört, ist damit beschäftigt, Fruchtsaft herzustellen. Dazu benützt er halb aufgetaute Brombeeren. Er drückt auf die Beeren. Dabei werden die Finger kalt. C. nimmt eine durchsichtige Glasschüssel zuhilfe und drückt diese auf die Beeren. Die Schüssel wird unten ganz rot. C. nimmt die Schüssel und führt sie zum Mund, als wolle er den Saft, der sich vermeintlich in der Schüssel befindet, trinken. Doch nichts geschieht — C. ist überrascht. Er schaut in die Schüssel, dreht sie — und schleckt nun den Boden ab.

Wahrnehmungsgestörte, Kinder und Erwachsene, haben Mühe, die „Dreidimensionalität" der Welt um sie herum zu erfassen. So zeigen sie Schwierigkeiten, Beziehungen wie „davor — dahinter" zu erkennen. C. nimmt an, dass der Saft, den er sieht, mit dem Boden der Schüssel in einer „Davor-Beziehung" steht — in Wirklichkeit handelt es sich um eine „Dahinter-Beziehung". So wird die Welt für die Wahrnehmungsgestörten nicht zur Umwelt.

Wahrnehmungsgestörte scheinen nur dann die Nachbarschaft zwischen zwei Gegenständen richtig abschätzen zu können, wenn diese sich direkt berühren, das heisst, wenn die Nachbarschaft nicht die Unterlage als Referenzebene bedingt:

Im Abschnitt 2.1.2 „Sie wissen um die Regeln der stabilen Unterlage und der Seite" berichteten wir von R., der beim Tanzen mit den Füssen in steter Berührung mit dem Boden bleibt. Es handelt sich um dasselbe Kind, das beim Turnen an den Ringen, wenn vom Boden hochgezogen, in Panik geriet.

Im Abschnitt 2.2.2 „Und wo bleibt die Nachbarschaft?" beschrieben wir, wie die Herstellung nachbarschaftlicher Beziehungen bei wahrnehmungsgestörten Kindern nur dann gelingt, wenn Gegenstände sich berühren: C. steckt Gegenstände in Spalten hinein; K. setzt Röhren zusammen; D. bereitet Tee, indem er das Ei an den Krug hängt; T. legt Würstchen auf den Teig; D. gelingt es, Wäschestücke an die Leine zu hängen.

So baut sich das wahrnehmungsgestörte Kind eine andersartige Welt auf, die nicht zur Umwelt wird: Gegenstände, die man sieht, kann man vielleicht über den „freien Raum hin" ergreifen —, man weiss aber nicht, wie weit weg sie sind.

Die gespürte Unterlage aber, die die gesehenen Gegenstände untereinander und mit dem eigenen Körper verbindet, fehlt.

Das wahrnehmungsgestörte Kind beginnt mehr und mehr, je flinker es im Gehen wird, zu diesen gesehenen Gegenständen zu eilen, diese anzufassen — vom freien Raum her — sie auch im freien Raum wieder loszulassen... es kommt zu einer Hektik, einem Übermass an Bewegungen, zu einem Verhalten, das oft als Hyperaktivität beschrieben wird. Wir haben es im Abschnitt 1.1 „Sie sind hektisch oder zu ruhig" kurz beschrieben.

Unsere Erklärungen der Auffälligkeiten, die wir bei Wahrnehmungsgestörten beobachten können, bleiben unvollständig, ohne die Berücksichtigung dessen, was eng mit der Suche nach Information zusammenhängt und was wir mit dem Begriff „Kapazität" umschreiben wollen.

3.3 Die Beschränktheit der Kapazität

Die Suche nach Information nimmt Kapazität in Anspruch. Die Kapazität des „Wahrnehmen-Könnens" ist beschränkt:

Wenn wir intensiv mit der Suche nach Information beschäftigt sind, dann werden wir müde. Auf dem Gebiet der *Informationstheorie* ist man diesem Problem intensiv nachgegangen. Broadbent (1958, 1971) und Miller (1967) beschrieben zahlreiche Forschungsbefunde, aufgrund derer gefolgert wurde, dass die Wahrnehmungs-Kapazität des menschlichen Nervensystems beschränkt ist. Als „Kapazität" bezeichnet man in diesem Zusammenhang die Menge an Information, die wir innerhalb einer bestimmten Zeitdauer aufnehmen können.

3.3.1 Was bedeutet diese Beschränktheit der Kapazität?

Im gewöhnlichen Alltag werden wir die Beschränktheit kaum bemerken. Wir gesunde Menschen haben unsere Arbeit so eingerichtet, dass unsere Kapazität dafür genügt. Nun kann es aber vorkommen, dass wir sehr müde sind; vielleicht sind wir bereits mit Kopfweh aufgewacht; oder ein wichtiger Mitarbeiter fehlt; in der Familie ist jemand plötzlich ernstlich krank geworden... In solchen Situationen erfährt man die Beschränktheit der Kapazität. Vielleicht rufe ich dann aus: „Jetzt ist es genug! — jetzt seid einmal still! ... lasst mich in Ruhe! ... ich komme nicht mehr zum Denken ... zum Atmen!"

Dauert der Stress weiter an, dann kommt der Augenblick, wo meine *Leistungen zerfallen*. Der Zerfall ist systematisch und die Auswirkung voraussagbar (Cherry, 1957; Affolter, 1970).

Manche Auffälligkeiten Wahrnehmungsgestörter können durch einen solchen kapazitätsbedingten Zerfall der Leistungen erklärt werden: Im Abschnitt 2.2.2 „Und wo bleibt die Nachbarschaft?" beschreiben wir angemessene Ausführungen von nachbarschaftlichen Beziehungen, wenn diese die direkte Berührung zwischen Gegenständen erlauben und einfacher Art sind. Solche Situationen waren folgende: etwas in einen Spalt stecken, ein Rohr in ein anderes stecken, dann ein weiteres Rohr dazu usw., ein Tee-Ei an den Krug hängen, ein Würstchen auf den Teig legen... Die Wahrnehmungsgestörten versagten aber, wenn *zwei Beziehungen gleichzei-*

tig beachtet werden sollten: D. kann nicht gleichzeitig das Tee-Ei an und in den Krug hängen, Th. sich nicht gleichzeitig das Würstchen auf und im Teig vorstellen.

Die Wahrnehmungsgestörten versagten auch, wenn mehr als *zwei Gegenstände gleichzeitig* miteinander in Beziehung gesetzt werden sollten: D. bringt wohl die Wäscheklammer mit dem Wäschestück, aber nicht gleichzeitig mit Wäschestück und Leine in Beziehung. A. stellt eine Beziehung zwischen dem Kabel des Staubsaugers und der Öffnung in der Wand her, nicht aber eine Beziehung zwischen Kabel, Öffnung in der Wand und elektrischer Stromquelle. Es gelingt ihr auch nicht, beide Päckchen gleichzeitig mit der Tasche, und alle Gegenstände zusammen mit ihrem Arm in Beziehung zu bringen.

Im Abschnitt 2.2.3 „Die Reihenfolge — wenn etwas fehlt oder man nicht rückwärts kann" schilderten wir Auffälligkeiten, die ebenfalls auf die Beschränktheit der Kapazität zurückgeführt werden können:

Begehen Wahrnehmungsgestörte innerhalb einer Folge von Betätigungen Fehler, dann *können sie häufig den Fehler nicht rückgängig machen*; sie müssen *aufs neue beginnen*. So steckt K. Scheiben, die sich in der Grösse unterscheiden, der Grösse nach auf einen Stab. Dabei irrt er sich bei einer Scheibe — bemerkt dies, wie er die nächste Scheibe aufgesteckt hat. Er beginnt aufs neue mit Aufstecken.

Einen Fehler innerhalb einer Folge von Tätigkeiten zu korrigieren, ist schwieriger, als von neuem zu beginnen. Um den Fehler allein rückgängig zu machen, muss ich genau seinen Standort innerhalb der Reihenfolge bestimmen; ich muss also unterscheiden: was ist richtig, was ist falsch — wo ist das Richtige, wo das Falsche; was kommt vorher, was nachher? Dies ist für die Kapazität der Wahrnehmungsgestörten meist zuviel — so beginnen sie aufs neue.

Im gleichen Abschnitt 2.2.3 beschrieben wir das Versagen Wahrnehmungsgestörter, wenn sie verschiedene, voneinander abhängige Betätigungen aufgrund dieser Abhängigkeit ordnen sollten. Diese Betätigungen müssen in eine Reihenfolge geordnet werden, in eine „Serie". Wir sprechen deshalb von serialem Ordnen. In früheren Publikationen wurde die *Schwierigkeit* von Wahrnehmungsgestörten *im Erstellen serialer Ordnungen* beschrieben (Affolter & Stricker, 1980):

B. hat alles zum Kleben bereitgestellt: Papier, Klebepaste und Bildchen. Sie hat auch die Klebepaste geöffnet. Sie weiss, sie muss irgendwann das Bildchen auf das Papier legen und irgendwann die Rückseite des Bildchens mit Paste bestreichen. Aber sie kann die genaue Folge der Betätigungen nicht bestimmen — was zuerst, was dann und was zuletzt.

Ähnlich geht es Herrn R. mit Mixer, Kabel, Steckdose. In der einen Hand hält er den Mixer, in der andern das Kabel, auf dem Tisch ist die mobile Steckdose. Zum Einstecken des Kabels mit Stecker in die Steckdose benötigt er zwei Hände; die Steckdose ist mobil und muss mit einer Hand festgehalten werden, während die andere den Stecker des Kabels in die Steckdose einführt. Doch wie kann er eine Hand frei machen? Welche Betätigung kommt zuerst — was darauf — und was zuletzt? Herr R. kann diese seriale Ordnungsleistung nicht vollbringen.

Zu diesen Beispielen gehört auch die Schilderung von R. mit der Zitronenpresse; es gelingt ihm nicht, Unterteil der Presse, Oberteil und Zitrone richtig zusammenzubringen. Das heisst, er kann nicht bestimmen, was er zuerst in die Hand nehmen muss, was dann und was zuletzt. Er gerät deswegen in Panik, wirft alles vom Tisch. Beim zweiten Mal nimmt er das Unterteil, dann die Zitrone, legt diese in das Unterteil und stülpt nun das Oberteil über die Zitrone (siehe Abschnitt 1.3 „Sie seien aggressiv").

Diese Schwierigkeit, Tätigkeitsfolgen zu ordnen, erklärt auch die beschriebene Schwierigkeit von Hirngeschädigten, in einer Klinik in der Nacht der Pflegerin zu läuten, um auf die Toilette gebracht zu werden.

Solche *komplexe Situationen werden von Wahrnehmungsgestörten häufig vereinfacht*, indem eine der Betätigungen ausgelassen wird. Die ersten Beispiele des erwähnten Abschnittes 2.2.3 beschrieben solches Verhalten: D. kocht Erbsen, holt die Pfanne, legt die Erbsen hinein, steckt die Heizplatte ein, hat aber vergessen, Wasser in die Pfanne zu giessen. Th. trocknet nach dem Baden die Haare, setzt sich an den richtigen Ort, betätigt den Haartrockner, zieht aber die Badekappe nicht ab.

Eine weitere Gruppe von Auffälligkeiten bei Wahrnehmungsgestörten kann ebenfalls durch die Beschränktheit der Kapazität erklärt werden:

Befinden sich Wahrnehmungsgestörte in *Berührungssituationen,* dann *blicken sie häufig weg* (Abschnitt 2.1.1 „Sie weichen aus, werden gespannt und schauen weg"). D. blickt weg, wenn er den Thon berührt, einen Hang hinuntergeht. C. blickt immer weniger auf die Strasse, je glitschiger diese wird.

In diesen Beispielen sind die Wahrnehmungsgestörten auf Spüren ausgerichtet. Das Wegblicken kann dahin gedeutet werden, dass sie nicht gleichzeitig Spüren und Sehen können, ihre Kapazität wird offenbar durch das — intensive — Spüren völlig ausgelastet.

3.3.2 Wenn ich Information ordnen kann

Das Wissen um die Beschränktheit der Kapazität hat in der Informationstheorie zu verschiedenen Fragen geführt. Unter anderen wurde die Frage aufgeworfen, ob sich die Kapazität entwickle. Man hat beobachtet, dass Kinder mit zunehmendem Alter mehr Information speichern können. Es lag nahe, diesen Befund durch eine Ausweitung der Kapazität zu beantworten. Miller und andere Informationstheoretiker fanden jedoch eine andere Erklärung. Da diese für das Verständnis der Schwierigkeiten Wahrnehmungsgestörter wichtig ist, wollen wir kurz die Ergebnisse dieser Forscher zusammenfassen:

Miller (1956) untersuchte, wieviel Information man aufnehmen kann. Er beobachtete, dass die Menge an Information dieselbe ist, gleich, ob ich sie über das visuelle, das auditive oder das taktile Sinnessystem aufnehme. Die Menge ist bei Erwachsenen von einer Person zur andern gleich. Miller spricht in seiner Studie denn auch von einer „magischen Zahl Sieben plus oder minus zwei". „Plus oder minus" weist darauf hin, dass in Situationen, in denen ich zum Beispiel müde bin, ich etwas weniger Information aufnehme als in Situationen, in denen ich ausgeruht bin.

Welches sind nun aber die Einheiten, auf die sich die Zahl Sieben bezieht? Miller benützt dafür den Begriff „Bündel". In einem Bündel fasse ich Verschiedenes zusammen. So kann ich in einem Bündel mehr Gegenstände zugleich herumtragen, als wenn ich diese Gegenstände einzeln in die Hände nehmen würde. Je besser ich Gegenstände zusammenbündle, je mehr Gegenstände kann ich transportieren.

Ähnlich ist es mit der Information, die ich aufnehme. Ich kann Information in „Bündel" zusammenfassen. Bin ich geschickt im Bündeln, dann kann ich mit den sieben Bündeln, die meiner Kapazität zur Verfügung stehen, mehr Information aufnehmen als jemand, der nur schlecht bündeln kann.

Beobachtet man bei gesunden Kindern im Laufe der Zeit eine Zunahme an Information, die sie aufnehmen können, so kann man dies durch eine Verbesserung des „Bündelns" erklären.

Bündeln-Können ist also eine Vorbedingung für die Aufnahme und damit für die Speicherung einer gewissen Menge an Information (Norman, 1982).

3.3.3 Was aber, wenn ich auf der Suche nach Spürinformation bin ...

Wir beschrieben, wie Wahrnehmungsgestörte darauf ausgerichtet sind, maximale Widerstandsveränderungen zu erzeugen. Wir folgerten daraus, dass sie auf der Suche nach gespürter Information sind. Wir beschrieben, wie ihnen solche Information hilft, das Lösen von Problemen in Angriff zu nehmen und erreichte Wirkungen zu erkennen.

Wir beschrieben ferner, wie durch den Mangel an Spürinformation ein Mangel an Interaktionserfahrung entsteht — wie die Umwelt unvertraut bleibt. Der Mangel an Erfahrung und die Schwierigkeit, in einer augenblicklichen Situation angemessene Information zu erhalten, verstärken sich gegenseitig in ihren Auswirkungen und erschweren das „Bündeln".

Die zur Verfügung stehende Kapazität muss meist voll für die Suche nach Information und das Bündeln derselben eingesetzt werden, sie reicht deshalb bei Wahrnehmungsgestörten häufig nicht aus. Das schlechte Bündeln führt zu einer schlechten Speicherung der aufgenommenen Information. Dies wird oft, fälschlicherweise, als eine Gedächtnisschwäche ausgelegt.

Es gibt Wahrnehmungsgestörte, die zu einer gewissen *Kompensation* gelangen — sie kompensieren mit *der Zeit*. Diese Kinder und Erwachsenen wirken dann sehr langsam. Eltern oder Lehrer von wahrnehmungsgestörten Kindern berichten uns, dass diese für ihre Hausaufgaben viel mehr Zeit benötigen als gesunde Kinder oder dass sie bei einem Diktat in der Schule nicht mitschreiben können.

Wieder andere Wahrnehmungsgestörte versuchen, die *Fülle* der in einer Situation enthaltenen *Information zu beschränken*, um ihre Kapazität nicht zu überfordern: Sie ziehen sich an einen ruhigen Ort zurück, wo sich kaum etwas verändert; sie suchen eine ruhige Ecke auf; wirken als Einzelgänger; stehen unbeweglich passiv herum (siehe Abschnitt 1.1 „Sie sind hektisch oder zu ruhig").

Wir können eine weitere Auffälligkeit feststellen: Werden bei Wahrnehmungsgestörten die Kapazitätsgrenzen überschritten — und dies ist aus genannten Gründen früher und somit auch häufiger der Fall als bei Wahrnehmungsgesunden —, so wird ihnen ihr Versagen — im Unterschied etwa zu geistig Behinderten — sehr wohl bewusst, und sie sind *frustriert*:

F. sollte ein Auto herstellen. Statt dessen gelingt es ihm nur, zwei Blöcke aufeinanderzustellen, einen Knopf in eines der Löcher zu stecken. Man kann annehmen, dass er sich Rechenschaft über sein Versagen gibt: Er wird hektisch und beginnt, am Knopf zu drehen und zu drehen und dabei zu sprechen und zu sprechen. Dieses Gebaren drückt grosse Spannung aus — Spannung, die als Anzeichen von Frustration gedeutet werden kann (siehe Abschnitt 1.2 „Sie sprechen viel").

Diese Spannung kann sich bis zur Panik steigern: R. kann die Zitrone nicht auspressen — er wirft die Gegenstände vom Tisch. Ch. soll im Wasser schwimmen — er beginnt zu schreien (siehe Abschnitt 1.3 „Sie seien aggressiv").

3.3.4 ... und die Kompetenz nicht zur Performanz wird?

Die Kapazität wird also — wir wiederholen — bei Wahrnehmungsgestörten früher ausgelastet, deren Grenze schneller überschritten als bei Wahrnehmungsgesunden; einerseits sind Wahrnehmungsgestörte vermehrt mit der Suche nach Information beschäftigt, und andererseits ist für sie die erhaltene Information häufiger unvertraut und bruchstückhaft.

Wir wollen der Deutlichkeit halber nochmals festhalten, dass, *falls es an Information mangelt und die Kapazität überschritten wird, Leistungen zerfallen.* Dies ist bei Wahrnehmungsgestörten und bei Wahrnehmungsgesunden der Fall, tritt nur bei Wahrnehmungsgestörten um vieles häufiger und schneller ein.

In diesem Zusammenhang ist es wichtig, dass wir den *situationsgebundenen Leistungszerfall* unterscheiden von einem generellen Unvermögen — wir müssen, mit anderen Worten, unterscheiden zwischen Kompetenz und Performanz.

Ich verfüge über gewisse Regeln: die Regeln des Berührens und die Regeln des Wirkens; das heisst, ich bin in diesen Regeln *kompetent*. Auch die Wahrnehmungsgestörten verfügen über solche Regeln; auch sie sind in diesen kompetent[1] (siehe Kapitel 2. „Wir beobachten: Sie haben es und haben es doch nicht").

Voraussetzung zu einer Leistung ist immer die Kompetenz für diese Leistung. Kompetent-Sein ist aber nicht die einzige Voraussetzung. Wir erwähnten, dass Leistungen stets in einer augenblicklichen Situation erbracht werden müssen; die Komplexität dieser Situation ist eine weitere Voraussetzung für die Performanz. Das folgende Beispiel soll diesen *Zusammenhang von Kompetenz und Situation* veranschaulichen:

BEISPIEL

Wenn ich Flöte spielen kann, dann bin ich im Spielen der Flöte kompetent. Dies heisst nicht, dass ich in jeder Situation auch wirklich Flöte spielen kann. Daheim, in der vertrauten Situation, bereitet mir dies keine besondere Mühe. Aber schon in der Flötenstunde können sich Schwierigkeiten in der Performanz ergeben. Befinde ich mich aber im Konzertsaal, auf dem Podium, vor vielen Zuhörern, dann besteht die Gefahr, dass meine Leistung zerbricht und ich nicht zur Performanz gelange.

Die Komplexität der Situation beeinflusst die Leistung, je nach Situation ist eine Leistung leichter oder schwerer zu erbringen oder sie kann sogar zusammenbrechen. Dies ist häufig der Fall bei Wahrnehmungsgestörten, kann aber auch bei uns Gesunden geschehen: Denke ich an solche Erfahrungen und veranschauliche ich mir den beschriebenen Mangel an gespürter Information bei Wahrnehmungsgestörten, dann sollte es für mich verständlich sein, dass diese noch viel weniger als ich zur Performanz gelangen. Für sie sind bedeutend mehr Situationen unvertraut als für mich Gesunden. Ihre Kompetenz führt also noch viel weniger als bei mir zur Performanz.

---

[1] ausser mehrfachgeschädigte wahrnehmungsgestörte Kinder, die zusätzlich zur Wahrnehmungsstörung noch eine sogenannte „Geistesschwäche" aufweisen.

Wenn ich also bei einem Wahrnehmungsgestörten beobachte, dass dieser in einer gewissen Situation nicht zu einer Leistung kommt, dann darf ich dies nicht als Mangel an Kompetenz ausdeuten, sondern nur den *Mangel an Performanz* feststellen. Dabei muss ich stets die augenblickliche Situation und deren Vertrautheitsgrad für den Wahrnehmungsgestörten abklären, das heisst, ich muss mich mit dem Informationsgehalt der Situation beschäftigen:

Ist die Situation vielleicht arm an Spürgehalt? Wir erinnern an die Wichtigkeit der Spürinformation für das Lösen von Problemen! Stelle ich einen solchen Mangel fest, dann muss ich versuchen, dem Wahrnehmungsgestörten notwendige Spürinformation zu vermitteln.

Ob ich dem Wahrnehmungsgestörten diese Spürinformation vermitteln kann und, wenn ja, *wie* ich dies tun kann — darüber werden wir im dritten Teil „Lernen in der Wirklichkeit" nachdenken.

Wir fassen zusammen:

Wahrnehmungsgestörte versagen im Alltag: Wir haben versucht, dieses Versagen zu beschreiben, hinzuzufügen, wie die Personen der Umwelt dieses Versagen deuten, selbst dabei in Spannung geraten und so das Ihre beitragen, das Versagen des Wahrnehmungsgestörten noch zu vergrössern. Leider ist es unmöglich, anhand kurzer Beschreibungen die Ängste, die Sorgen und Fragen von Eltern und Angehörigen Wahrnehmungsgestörter zu schildern, wenn das Versagen andauert.

Wir beobachteten, wie Wahrnehmungsgestörte versuchen, Regeln des Berührens und des Wirkens anzuwenden — ihre Suche nach Widerstandsinformation —, wie *eine Leistung da ist und doch, bei der nächsten Veränderung der Situation, wieder zerfällt.*

Wir beschrieben die besonderen Schwierigkeiten Wahrnehmungsgestörter im Erfassen der Nachbarschaft, der Reihenfolge und der Geschehnisse in der Zeit — und schliesslich, wie dies alles zu einem *„Versagen in der Wirklichkeit"* wird.

Wir versuchten, Schritt um Schritt, uns Gedanken darüber zu machen, was es heisst, nach Information zu suchen, dass *gespürte Information unerlässlich ist*; was geschieht, wenn Wahrnehmungsgestörte diese nicht erhalten; dass die Welt dadurch nicht zur Umwelt wird und damit auch nicht zur Wirklichkeit werden kann und, als Folge, die Kapazität nicht ausreicht.

Was tun? ... Darüber berichtet der nächste Teil des Buches.

III. Lernen in der Wirklichkeit

*Alltag ist Wirklichkeit
voll mit Problemen.
Ich, als Kind, stöbere sie auf,
versuche sie zu lösen.*

*Probleme des Alltags!
Sie zu lösen bereitet Schwierigkeiten,
die ich überwinde,
indem ich die Umwelt erspüre.*

*So lerne ich, die Beschaffenheit
und die Nachbarschaft der Dinge
und dazwischen mich selbst
zu erkennen.*

*Ich lerne, auf die Umwelt einzuwirken,
meinen Körper einzusetzen,
Veränderungen zu erzielen
und dies alles wieder zu erspüren.*

Wir haben uns einige Gedanken gemacht über die ersten Entwicklungsschritte des gesunden Kindes; wir stellten dabei fest, dass das gesunde Kind über das Spüren wichtige Informationen erhält.

Anhand von Beispielen haben wir das Versagen von Wahrnehmungsgestörten in alltäglichen Situationen beschrieben. Wir haben darauf hingewiesen, dass diese Kinder/Erwachsenen in der Informationsaufnahme über das Spüren versagen und dass deshalb die beschriebenen Auffälligkeiten auftreten.

Wir werden uns jetzt überlegen, wie wir den Wahrnehmungsgestörten helfen können; wir greifen dabei solche Fragen auf, die für die Wahrnehmungsgestörten besonders wichtig sind:

— In Teil A werden wir das Problem der *Wurzel der Entwicklung* streifen. Wir werden die Fülle der damit zusammenhängenden Fragen nicht vermitteln können; wir werden uns einige Gedanken machen, des weiteren aber uns auf Literaturhinweise beschränken müssen.

— In Teil B werden wir anhand praktischer Beispiele das *Lernen-über-das-Spüren* besprechen. Wir werden uns überlegen:
Wie kann Spüren beim Lösen alltäglicher Probleme so wichtig sein? Kann ich durch Spüren *mein Verhalten ändern,* das heisst, kann ich durch Spüren *lernen*? Wie kann ich dem wahrnehmungsgestörten Kind/Erwachsenen zu besserem Spüren verhelfen?

— In Teil C werden wir den *Beginn des Ausführens und der Darstellung* beschreiben und damit den Problemkreis Wahrnehmung—Wirklichkeit—Sprache schliessen.

Die Darlegungen entsprechen unserem *jetzigen* Wissensstand. Wir sind uns bewusst, dass wir uns immer noch *auf dem Weg* zum hohen Berg befinden.

Die Beispiele sind gemischt: Manchmal schildern wir das gesunde Kind, dann das wahrnehmungsgestörte, dann den Erwachsenen.

Wir hoffen, dass Sie uns mit Verständnis begleiten können!

A. „Problemlösende Geschehnisse" als Wurzel der Entwicklung

1. Die erstaunliche Regelmässigkeit des Entwicklungsgeschehens

Entwicklungsleistungen erscheinen bei Kindern in einer eindrücklich regelmässigen Folge. Eine reichhaltige Literatur unterstreicht diese Beobachtung. Die Befunde sind universal — das heisst, auf der ganzen Welt kann man etwa folgendes beobachten:

Der Säugling nimmt wahr. Seine Wahrnehmung wird umfassender (Salapatek & Cohen, 1986), seine Wahrnehmungsaktivität geordneter (Piaget, 1961). Im Laufe des ersten Lebensjahres beginnt das Kind, zuerst Hand- und andere Körperbewegungen, dann Laute nachzuahmen (Piaget, 1969 a). Gegen Ende des ersten Lebensjahres kann man beim Kind die Permanenz des Gegenstandes beobachten (Piaget, 1947). Zu Beginn des zweiten Jahres zeigt das Kind Umwegsverhalten und Mittel-Zweck-Leistungen (Piaget, 1969 b). Die Mitte des zweiten Jahres ist durch beginnendes Symbolverhalten, verzögerte Nachahmung und Entdeckung der Sprache gekennzeichnet (Piaget, 1969 a). In der Lautentwicklung wird zuerst eine Phase des Lallens beschrieben, die sich in der zweiten Hälfte des ersten Jahres durch eine Reduktion der Lallproduktionen bemerkbar macht, bevor das Plaudern beginnt (Jakobson, 1969).

In der Sprachentwicklung werden zuerst Einwortsätze, dann Zweiwort-, Dreiwort- und schliesslich komplexere Sätze beobachtet. Passivsätze werden zuletzt gebildet und erscheinen erst um 14 Jahre (Menyuk, 1971). Damit umfasst die Periode des Spracherwerbs etwa 12 1/2 Jahre, von 18 Monaten bis zu 14 Jahren (Palermo & Molfese, 1972).

Gehörlose Kinder unterscheiden sich nicht von hörenden bezüglich der Reihenfolge der verschiedenen Entwicklungsleistungen:

Sensomotorische Leistungen erscheinen in derselben Folge, sofern sie nicht auf auditiver Informationsübertragung beruhen. So ahmen gehörlose Kleinkinder Körperbewegungen zur selben Zeit nach wie hörende. Je nach Ausmass des Hörverlustes fehlt die Nachahmung gewisser Laute. Hörgeschädigte Kinder beginnen zur selben Zeit wie die hörenden mit semiotischen Leistungen, also mit verzögerter Nachahmung und Symbolspiel. Sie verinnerlichen Erfahrungen in ihrem erkenntnis- und gefühlsmässigen Gehalt. Sie gelangen zur Reversibilität gleich wie die Hörenden und erwerben Leistungen der konkreten Intelligenz in derselben Reihenfolge (Affolter, 1954, 1968, 1985; Affolter & Bischofberger, 1982). Furth (1966) verglich formallogische Leistungen Gehörloser mit jenen von Hörenden und fand keine signifikanten Unterschiede. Die Unterschiede, die er feststellte, entsprachen Unterschieden, die man zwischen hörenden Land- und Stadtkindern finden kann.

Bischofberger (1986) fasste Forschungsbefunde der Entwicklung *blinder Kinder* zusammen und ergänzte dieselben durch eigene Untersuchungen; er kam zum Schluss, dass die *Entwicklung blinder Kinder sich nicht wesentlich von jener sehender unterscheidet.*

Aus all diesen Forschungsbefunden kann man folgern, dass *weder Sehen, noch Hören, noch Sprache* (siehe gehörloses Kind) *wesentlich zur Entwicklung beitragen.*

2. Was aber, wenn Kinder im Wahrnehmen versagen?

Fünfzehn Jahre lang beobachteten wir die Entwicklung von *Kindern mit unterschiedlichen Wahrnehmungsstörungen*[1]. Wir verglichen diese Beobachtungen mit Beobachtungen der Entwicklung von normalen und hörgeschädigten Kindern. Zehn Jahre lang finanzierte der „Schweizerische Nationalfonds zur Förderung der wissenschaftlichen Forschung" diese Untersuchungen (SNF Projekte Nr. 3.237.69, 3.448.70, 3.902.72, 3.2050.73, 3.504.75, 3.711.76, 3.929.078). Verschiedene Veröffentlichungen beschäftigen sich mit den Resultaten (siehe Literaturverzeichnis im Anhang).

Die erhaltenen Forschungsbefunde unterstreichen eine *Andersartigkeit der Entwicklung wahrnehmungsgestörter Kinder,* darunter solche mit einer Störung in der taktilkinaesthetischen (gespürten) Informationsaufnahme, solche mit einer Störung in der Verbindung von Informationen verschiedener Sinnesbereiche und solche mit einer Störung der zeitlich-sukzessiven Integration.

Die Andersartigkeit drückt sich unter anderem in drei Bereichen der Entwicklung aus: in der Entwicklung von Wahrnehmungsleistungen, in der Reihenfolge von Entwicklungsleistungen und im „Problemlösenden Verhalten".

2.1 Die Entwicklung von Wahrnehmungsleistungen ist auffällig

Normale Kinder verschiedener Altersstufen wurden auf ihre Wahrnehmungsleistungen hin untersucht. So konnte mit zunehmendem Alter ein Leistungsanstieg im „Erkennen Sukzessiver Muster" und im „Erkennen von Formen" in verschiedenen Darbietungsmodalitäten beobachet werden (Affolter & Stricker, 1980, 140—157).

Hörgeschädigte Kinder unterschieden sich in visuellen und taktilen Leistungen nicht von hörenden (Affolter & Stricker, 1980, 23—29; 39—66).

Blinde Kinder benötigten etwas mehr Entwicklungszeit für den Anstieg in auditiven und taktilen Leistungen (Affolter & Stricker, 1980, 21—36). Sie erreichten — wenn auch mit Verspätung — denselben Leistungsstand wie die sehenden (Bischofberger, 1986).

Wahrnehmungsgestörte Kinder unterschieden sich von den normalen, den hörgeschädigten und den blinden Kindern. Sie verhielten sich nicht wie die jüngeren Kinder dieser Gruppen, sondern waren *andersartig:* Sie versagten im Erkennen Sukzessiver Muster in den verschiedenen Modalitäten; je komplexer die Muster waren, desto deutlicher wurden ihre Schwierigkeiten. Formen wurden unterschieden, wenn sie optisch dargeboten wurden. In dieser Darbietungsart unterschieden sich diese Kinder nicht oder kaum von den normalen Kindern. Mussten die Formen aber taktil unterschieden werden, dann zerfielen die Leistungen bei allen wahrnehmungsgestörten Kindern.

---

[1] Für die Beschreibung der verschiedenen Wahrnehmungsstörungen siehe Affolter, 1974 a, 1976, 1977; Affolter, Brubaker & Bischofberger, 1974.

2.2 Die Reihenfolge von Entwicklungsleistungen ist unterschiedlich

Verschiedene Befunde weisen darauf hin, dass Entwicklungsleistungen bei wahrnehmungsgestörten Kindern nicht in derselben Folge erscheinen wie bei normalen Kindern:

Piaget (1969 a, 1969 b) hat in vielen Werken die Entwicklung des normalen Kindes beschrieben. Für eine genaue Beschreibung der hier erwähnten Leistungen verweisen wir den interessierten Leser auf die genannten Bücher.

Ein normales Kind beginnt mit *direkten Nachahmungsleistungen* einige Monate, bevor es Sprache entdeckt. Dies ist nicht bei allen wahrnehmungsgestörten Kindern der Fall: Ein Teil der Kinder beginnt Sprache zu verstehen, bevor sie nachahmen können (Affolter & Stricker, 1980).

Wenn ein normales Kind *Sprache* entwickelt, so beginnt es mit Einwortsätzen, nur selten mit längeren, darauf erscheinen Zweiwortsätze und erst später komplexe Sätze. Bei den Wahrnehmungsgestörten gibt es solche, die während einer mehr oder weniger langen Phase längere Sätze korrekt aussprechen. Meistens bricht diese Leistung irgendwann zusammen, und es treten dann Zweiwortsätze auf. Normale Kinder *lallen* und *plaudern*, bevor sie richtig sprechen können. Bei wahrnehmungsgestörten fehlen in der Regel Lall- und Plauderproduktionen; trotzdem gelangen sie meistens zum Sprechen. Normale Kinder *kritzeln* zuerst, dann folgen *menschliche Darstellungen* in Form von Kopffüsslern und später differenziertere Zeichnungen von Personen. *Perspektivisch-konstruktive Darstellungen* sind erst bei älteren Kindern beobachtbar (Piaget & Inhelder, 1972). Unter den wahrnehmungsgestörten Kindern findet man solche, die mit perspektivisch-konstruktiven Darstellungen beginnen. Zeichnungen von Personen erscheinen später.

Solche und viele andere, hier nicht erwähnte Beobachtungen *unterschiedlicher Reihenfolgen von Entwicklungsleistungen* innerhalb der Gruppe der Wahrnehmungsgestörten einerseits und zwischen normalen Kindern und wahrnehmungsgestörten andererseits lassen vermuten, dass *Entwicklungsleistungen untereinander nicht in direktem Zusammenhang stehen* (Affolter, 1985).

2.3 Das problemlösende Verhalten ist andersartig

Beobachten wir einmal die Aktivitäten von Kindern, wenn sie Probleme lösen: Ein Kind versucht zum Beispiel, seinen Ball, der unter den Schrank gerollt ist, hervorzuholen. Wie geht es vor? Was für Bewegungen führt es aus? Welches Ziel verfolgen die einzelnen Bewegungen?

Das Kind muss erkunden, wie weit entfernt der Ball ist. Kann es diesen mit seiner Hand erreichen? Es stellt eine *Hypothese* auf: „Ja, der Ball ist nahe genug." Es versucht, den Ball mit der Hand zu ergreifen — eine Aktivität, die, falls sie nicht gleich zum Ziel führt, doch der *Informationsgewinnung* dient: Die Hand greift ins Leere. Das Kind spürt dies; wir sprechen von einer Rückmeldung, einem *Feed-back*. Das Kind *wertet* diese Meldung *aus* und *folgert*: „Der Ball ist zu weit weg. Ich kann ihn mit der Hand nicht holen." Was nun? Das Kind muss eine andere Hypothese aufstellen: „Vielleicht kann die Mutter den Ball holen?" oder: „Vielleicht geht es mit dem Besen?" — Das Kind *entscheidet* sich, der Mutter zu rufen ...

Man kann die verschiedenen Aktivitäten, die beim Problemlösen beobachtbar sind, als Ausdruck verschiedener Prozesse deuten: Hypothesen-Bilden, Information-Gewinnen, Feed-back-Auswerten, Folgerungen-Aufstellen und Entscheidungen-Treffen.

Wir haben *normale* Kinder verschiedenen Alters auf solche „Prozesse Problemlösender Tätigkeiten" hin untersucht (Affolter, 1985). Ältere Kinder erbrachten bessere Leistungen als jüngere.

Wahrnehmungsgestörte Kinder unterscheiden sich in diesen Prozessen deutlich von normalen Kindern: Sie sind dabei weder mit den jüngeren noch mit den älteren normalen Kindern vergleichbar. Es handelt sich also nicht um ein „Reifungsproblem", nicht um eine Entwicklungsverzögerung, sondern eindeutig um eine *Andersartigkeit.* Der stärkste Unterschied besteht in einem betonten Mangel an jenen Aktivitäten, die ein normales Kind zur Informations-Gewinnung einsetzt. Der Unterschied ist nur schwach bei jenen Aktivitäten, die auf Hypothesen-Bildung, Feed-back-Auswertung und Folgerungen-Aufstellen hinweisen (Affolter, 1985).

3. Wie man sich die Entwicklung nun vorstellt

3.1 Die Deutung der Befunde

Die erstaunliche Regelmässigkeit des Entwicklungsgeschehens bei gesunden Kindern und die Übereinstimmung der Entwicklung bei sinnesgesunden, bei gehörlosen und bei blinden Kindern zwingt zur Suche nach einer andern *Quelle der Entwicklung* als jener des Sehens, des Hörens oder der Sprache — einer Quelle, *die all diesen Kindern gemeinsam* ist.

Wahrnehmungsgestörte Kinder unterscheiden sich von sinnesgesunden, von gehörlosen und blinden Kindern in der Reihenfolge ihrer Entwicklungsleistungen. Wir können annehmen, dass ihre *Störung die den Kindern gemeinsame Quelle oder den „Ursprung der Entwicklung"* beeinträchtigt.

Um diesem Ursprung der Entwicklung näherzukommen, haben wir im ersten Teil des Buches das Verhalten von Säuglingen und Kleinkindern beschrieben: Diese sind ständig in Bewegung. Wir unterschieden verschiedene Bewegungsmuster: Berühren — Umfassen — Bewegen. Diese Aktivitäten geschehen in immer komplexer werdenden Zusammenhängen, bis schliesslich Sequenzen von zielgerichteten Betätigungen entstehen mit dem Charakter *„Problemlösender Alltagsgeschehnisse".*

Gehörlose Kinder unterscheiden sich im Verstehen und später im Ausführen solcher „Problemlösender Geschehnisse" nicht von hörenden. Blinde Kinder scheinen mehr Zeit zu benötigen, bis sie dasselbe Ausmass an gespürten Erfahrungen in „Problemlösenden Alltagsgeschehnissen" erreichen wie die sehenden (Fraiberg, 1977; Bischofberger, 1986).

Wahrnehmungsgestörte Kinder versagen — in unterschiedlichem Ausmass — in der Ausführung „Problemlösender Geschehnisse" (siehe Abschnitt 2.3 „Das problemlösende Verhalten ist andersartig"). Nach allem, was wir bis jetzt feststellen konnten, versagen sie, weil sie die zur Lösung der Probleme notwendige Spürinformation aus der jeweils aktuellen Situation nur in ungenügendem Ausmass wahrnehmen können.

Alle diese Befunde (die Gleichartigkeit der Entwicklung und der Aktivitäten beim Lösen von Alltagsproblemen bei sinnesgesunden, gehörlosen und blinden Kindern einerseits und das Versagen wahrnehmungsgestörter Kinder in Entwicklung und problemlösendem Verhalten andererseits) lassen uns folgern: *Den Ursprung der Entwicklung kann man als eine gespürte Interaktion beschreiben, die zwischen Kind und Umwelt in Form „Problemlösender Geschehnisse" stattfindet.* Die Auffälligkeiten von wahrnehmungsgestörten Kindern im Vergleich mit den ebengenannten Gruppen lassen im weiteren den Schluss zu, dass bei ihnen offenbar dieser Ursprung der Entwicklung gestört ist.

Diese Folgerung führt zu einem Modell der Entwicklung, das sich von gebräuchlichen Entwicklungsmodellen unterscheidet und das wir im nächsten Abschnitt kurz beschreiben werden.

3.2 Das Entwicklungsmodell

Im Mittelpunkt des Modells befinden sich die „Problemlösenden Alltagsgeschehnisse". Gespürte Erfahrungen in der Interaktion mit der Umwelt in Form solcher Geschehnisse bilden *die Wurzel,* den Stamm der Entwicklung. So wie Wurzel und Stamm einer Pflanze wachsen und stärker werden, so dehnt sich der Bereich der gespürten Erfahrungen mit „Problemlösenden Alltagsgeschehnissen" aus:

Im Laufe der Entwicklung erwirbt sich das Kind zuerst gespürte Erfahrung, die durch die Berührungsregeln der Unterlage und der Seite geordnet werden; wir haben diese Erfahrungen im ersten Teil des Buches beschrieben. Umfassen und Loslassen mit Einbezug der Unterlage führen zur Ausweitung dieser Erfahrung; das Kind beginnt, mit der Beschaffenheit der Umwelt vertraut zu werden. Gespürte Erfahrungen schliessen immer mehr Ursache-Wirkungsbeziehungen ein und werden durch die Regeln des Wirkens, so der Wegnehmbarkeit und der Nachbarschaft, geordnet: Das Kind beginnt zu erkennen, wie die Wirklichkeit ist.

Gegen Ende des ersten Lebensjahrs kann man deutlich das zunehmende Verständnis für Veränderungen der Wirklichkeit beobachten. Damit beginnt das Kind, die Regeln des Berührens und des Wirkens nicht nur zum Erkunden der Wirklichkeit, wie sie ist, einzusetzen, nein — immer mehr versucht es damit Probleme zu lösen, die im Alltag auftauchen. Solches Lösen von Alltagsproblemen bringt Veränderungen der Wirklichkeit mit sich.

Aus dem Stamm beginnen Äste zu wachsen: gespürte Information im Zusammenhang mit „Problemlösenden Geschehnissen" verbindet sich zunehmend mit gleichzeitig aufgenommener visueller und auditiver Information. Diese gespürte und die mit ihr verbundene Information aus andern Sinnesbereichen wird durch die „Problemlösenden Geschehnisse" in zeitliche Folgen geordnet — man spricht von einer zeitlich-sukzessiven, einer serialen Organisation (Lashley, 1951). So entwickeln sich *Wahrnehmungsleistungen* in direktem Zusammenhang mit der gespürten Interaktionserfahrung in Form von „Problemlösenden Alltagsgeschehnissen".

Sensomotorische Leistungen, wie zum Beispiel die direkte Nachahmung, Signalverhalten und Permanenz des Gegenstandes (Piaget, 1969 a, 1969 b) entwickeln sich ebenfalls dank der anwachsenden Erfahrung in „Problemlösenden Geschehnissen"; sie verlangen aber ein reicheres Ausmass an solchen Erfahrungen als die Wahrnehmungsleistungen.

Gespürte Erfahrungen mit „Problemlösenden Alltagsgeschehnissen" weiten sich aus, werden verinnerlicht. Diese Ausweitung und Verinnerlichung führen um die Mitte des zweiten Lebensjahrs zur Entdeckung der *semiotischen Funktion* (Piaget, 1969 a) und nach und nach zur weiteren Entwicklung derselben. Die Entwicklung der Sprache betrachten wir, wie Piaget, als eine unter verschiedenen Ausdrucksmöglichkeiten der semiotischen Funktion (Piaget, 1969 a).

Je stärker die Wurzel und der Stamm werden, desto umfassender werden die Wahrnehmungsleistungen, desto komplexer die sensomotorischen und die semiotischen Leistungen. Um 6 Jahre ist dann der Erfahrungsbereich bezüglich gespürter „Problemlösender Geschehnisse" des normalen Kindes so umfassend, dass Leistungen der nächsten Stufe der Entwicklung möglich werden, jene *der konkreten Intelligenz* (Piaget, 1947). Leistungen der konkreten Intelligenz verlangen also ein grösseres Ausmass an gespürter Erfahrung mit „Problemlösenden Alltagsgeschehnissen" und deren Verinnerlichung als jene der sensomotorischen Intelligenz.

Eine sehr hohe Stufe der Verinnerlichung gespürter Interaktionserfahrung mit „Problemlösenden Alltagsgeschehnissen" verlangen schliesslich die Leistungen der *formalen Intelligenz* (Piaget, 1947), die von etwa 12 Jahren an erscheinen.

Die Leistungen der verschiedenen Entwicklungsstufen sind, wir wiederholen, nicht direkt voneinander abhängig. Sie *sind*, wie auch jede Stufe, *direkt von der Wurzel abhängig*, ähnlich wie bei einem Baum ein Ast nicht direkt mit dem andern zusammenhängt, sondern jeweils über Stamm und Wurzel.

So ist die Nachahmung der sensomotorischen Stufe nicht eine Voraussetzung direkter Art für die Entdeckung der Sprache (Affolter & Stricker, 1980); sowohl Nachahmung wie Sprache stehen in direktem Zusammenhang mit der Wurzel, mit der gespürten Interaktionserfahrung in Form „Problemlösender Geschehnisse" (siehe dazu Teil C „Gespürte ‚Problemlösende Geschehnisse des Alltags' werden verinnerlicht").

Die Beobachtung, dass gehörlose und blinde Kinder bezüglich dieser Erfahrung von sinnesgesunden nicht grundlegend verschieden sind, erklärt, weshalb die Reihenfolge ihrer Entwicklungsleistungen die gleiche ist wie jene der sinnesgesunden Kinder.

Das Auftreten neuer Entwicklungsleistungen und -stufen hängt also jeweils in direkter Weise mit der Wurzel zusammen. Damit steht dieses Modell im Gegensatz zu den gebräuchlichen Modellen der Entwicklung, die einen direkten Zusammenhang zwischen einfacheren und komplexeren Leistungen beziehungsweise Stufen der Entwicklung annehmen.

4. Man darf nicht einfach warten

Wir haben festgestellt, dass wahrnehmungsgestörte Kinder in der Folge ihrer Entwicklungsleistungen *anders* sind als normale Kinder.
Ich kann also nicht einfach warten und hoffen, dass das wahrnehmungsgestörte Kind mit der Zeit mehr Erfahrungen in „Problemlösenden Alltagsgeschehnissen" sammle und dann, dank des Anstieges an solchen Erfahrungen, in der Entwicklung weiterkomme, so wie es beim normalen Kind der Fall ist. Ich muss *eingreifen* — aber wie?
Die häufigste Antwort, die auf diese Frage gegeben wird, ist: „... durch das *Üben von Fertigkeiten*". Dabei richtet man seine Aufmerksamkeit auf einzelne Leistungen, die beim Wahrnehmungsgestörten mangelhaft angebildet sind. So versucht man dem

Kind das Anziehen beizubringen, Knöpfe zuzumachen, den Löffel richtig zu halten beim Essen; man versucht, es zu lehren, wie man ein Männchen zeichnet, wie man einen Buchstaben schreibt usw. Gestörte Wahrnehmungsleistungen werden ähnlich angegangen: man übt Spüren, visuelle Unterscheidung und Hören, indem das Kind z. B. lernen muss, Formen aufgrund unterschiedlicher, gespürter, gesehener oder gehörter Merkmale zu unterscheiden. Man versucht, Blickkontakt beim Kind oder Nachahmungsleistungen hervorzurufen, es zum Stillsitzen zu bringen, damit es zuschaut, wenn man ihm etwas vormacht...

4.1 Man soll nicht Fertigkeiten üben,...

Sicher kann ich durch Üben Fertigkeiten erlangen; durch Üben erwerbe ich Geschicklichkeit im Stricken, im Kochen, im Holzsägen, in der Benützung der Schreibmaschine, in der Benützung von Essstäbchen, wenn ich chinesisch esse usw. *Ich kann auch einem Wahrnehmungsgestörten Fertigkeiten beibringen.* Dies ist meistens nicht einmal sehr schwierig. Manche wahrnehmungsgestörte Kinder gelangen von selbst zu erstaunlichen Leistungen: Wir treffen unter ihnen eigentliche „Jongleure" an, die mit ungeheurer Geschicklichkeit runde Gegenstände in die Luft werfen und wieder auffangen; es gibt solche, die ins Wasser springen und sich dort geschickt fortbewegen, obwohl sie nie eigentlichen Schwimmunterricht erhalten haben.

Mit dem Üben von Fertigkeiten — und mögen diese eine grosse Zahl umfassen — bringe ich ein Kind in der Entwicklung jedoch nicht weiter. Hier liegt eine eigentliche Tragik vor. Soviel Einsatz von der Umwelt *und* von seiten des Kindes und so geringer Erfolg! Kaum befindet sich das Kind in einer fremden Situation, brechen diese mühsam angelernten Fertigkeiten zusammen — Hinweis darauf, dass die zugrundeliegenden Schwierigkeiten mit allem Üben nicht angegangen worden sind.

4.2 ... sondern man muss bei den „Problemlösenden Alltagsgeschehnissen" und der Informationsvermittlung einsetzen

Im vorausgehenden Abschnitt 3.2 haben wir das Entwicklungsmodell beschrieben; dabei haben wir mehrfach auf die Wurzel hingewiesen, die den verschiedensten Entwicklungsstufen gemeinsam ist: die gespürte Interaktionserfahrung mit „Problemlösenden Alltagsgeschehnissen".

Ist bei einer Pflanze die *Wurzel krank*, dann kann ich lange an den verschiedenen Trieben der Pflanze, an den Ästen des Baumes herumdoktern — die Pflanze wird nicht genesen. Genauso ist es beim Wahrnehmungsgestörten; es bringt diese Menschen, um es nochmals zu betonen, nicht weiter, wenn ich mit ihnen einzelne Fertigkeiten übe. Mit meiner Arbeit muss ich unbedingt *an der Wurzel* ansetzen. Ich muss Ursachen- und nicht Symptombehandlung durchführen.

Die Wurzel der Entwicklung sind die „Problemlösenden Alltagsgeschehnisse" — ich muss meine Arbeit auf diese ausrichten. Dies bedingt, dass ich den *Alltag des Kindes/Erwachsenen in meine Arbeit einbeziehe*. Ich muss mir Gedanken machen über die im Alltag des Kindes/Erwachsenen entstehenden *Probleme*. Ich muss Wege finden, mit dem

Kind/Erwachsenen solche Probleme zu *lösen*. Dabei muss *Spüren* miteinbezogen werden als wichtigste Informationsquelle für die dabei entstehende Interaktion mit der Umwelt.

Das heisst aber auch: Ich kann nicht Spiele zuhilfe nehmen. Spiele sind nicht Wirklichkeit, nicht Alltag. Spiele bieten Gelegenheit für „Pseudointeraktionen"; dies kann wertvoll sein für Personen, die sich ausruhen möchten von den unzähligen Interaktionsgeschehnissen ihres Alltags, aber nicht für Kinder, die nach wirklicher Interaktionserfahrung „hungern", und nicht für wahrnehmungsgestörte Erwachsene, die wieder gesunden möchten.

Um richtig helfen zu können, muss ich ferner wissen, *was an der Wurzel krank ist*. Im zweiten Teil des Buches haben wir unterstrichen, dass die Wahrnehmungsstörung einen Mangel — ja eine *Abwegigkeit an Information* verursacht. Wir müssen also bei den Wahrnehmungsgestörten innerhalb der „Problemlösenden Alltagsgeschehnisse" die *Informationsgewinnung* angehen. Dies ist unsere Aufgabe: dem wahrnehmungsgestörten Kind/Erwachsenen *angemessenere Spürinformation vermitteln, wann immer wir mit ihnen alltägliche Probleme lösen*. Das Gelingen unserer Arbeit hängt vom Gelingen der Informationsvermittlung ab! Wie das geschehen kann, davon berichten die Kapitel B und C dieses dritten Teils des Buches.

B. „Problemlösende Alltagsgeschehnisse" werden gespürt

1. Ich spüre und ändere mein Verhalten

Leider weiss man über das *physiologische* Geschehen des taktil-kinaesthetischen Sinnessystems, das für das Spüren verantwortlich ist, kaum Bescheid (Schiff & Foulke, 1982). Ebensowenig kann man über die *Entwicklung* taktil-kinaesthetischer Leistungen etwas erfahren; die Literatur über die Entwicklung der Wahrnehmung beschränkt sich auf die visuelle und die auditive Wahrnehmung, der taktilen Wahrnehmung widmet sie höchstens einen winzigen Abschnitt, meistens wird sie nicht erwähnt. So wird Spüren kaum je mit Entwicklung im weiteren Sinn zusammengebracht (Neisser, 1976; Pick, 1980).

Für uns ist aber die Frage von zentraler Bedeutung: Kann ich über Spüren lernen?

1.1 Ich lerne über das Spüren

Beobachten wir gesunde Kinder in ihrem Alltag, in ihrer Familie! Immer wieder geschieht es, dass ein Kind vor einem Problem steht, das es nicht lösen kann. Wenn Eltern dies bemerken, dann benützen sie häufig ganz spontan das „Führen": Sie nehmen die Hände des Kindes und lösen mit ihm das Problem. Mit anderen Worten, sie verschaffen dem Kind Spürinformation über die beim Lösungsvorgang entstehenden Veränderungen — und siehe, das Verhalten des Kindes ändert sich. Was heisst das?

BEISPIEL

Ein mächtiger Hund liegt schläfrig auf dem Boden vor dem Kiosk; ein 1 1/2jähriges Mädchen erblickt ihn. Das Kind ist im Augenblick allein, der Vater ist in den Kiosk gegangen: Es nähert sich dem Hund, bleibt aber in einiger Distanz stehen — schaut. Es ist offensichtlich: Das Mädchen möchte den Hund gerne streicheln — und doch fürchtet es sich.

Der Vater verlässt den Kiosk, überblickt die Situation, erfasst das Problem. Spontan nimmt er die Hände seines Kindes und streichelt mit ihm den Hund, einmal, zweimal, mehrere Male. Dann lässt er die Hände des Kindes los. Ein kurzes Zögern, dann streichelt das Kind selbst den Hund. — Sein Verhalten hat sich geändert.

Was ist geschehen?

Das Mädchen erblickte den Hund — visuelle Information! Diese genügte nicht, um die Frage: „Kann ich streicheln?" zu beantworten. Wahrscheinlich verursachte sie das Gegenteil, im Sinne von: „Bleib besser weg vom Hund". — Nun führt der Vater die Hände des Kindes und berührt mit ihm den Hund — Spürinformation!

Was solche Berührungen und Bewegungen nicht alles vermitteln können: Oberflächenbeschaffenheit (die Weichheit des Felles), die Wärme des Tieres, das „Elektrisierende" beim Darüberstreichen; dann die Bewegungen des Tieres, das ruhige Auf und Ab seines Körpers beim Atmen...

Auf jeden Fall scheint das Kind durch die geführten Berührungen und Bewegungen des Streichelns *soviel Information gespürt zu haben, dass sein Verhalten sich ändert*: Aus der Angst wird Vertrauen — und das Kind streichelt den Hund selbst.

BEISPIEL

Zwei Väter sind mit ihren zwei kleinen Buben, etwa 2 Jahre alt, im Wald. Sie spielen Verstecken. Die Buben sind noch zu klein, sie können das Spiel nicht ausführen. — Was tun? Die Väter nehmen spontan die Hände ihrer Kleinen. Der eine Vater versteckt sich so mit seinem Buben hinter einem Baum; der andere lehnt sich mit seinem Buben an einen Baum, führt ihn dabei an seinem Körper. Sie halten die Hände vor die Augen. Nach einer Weile geht dieser Vater mit seinem Buben auf die Suche. Wo sind die anderen versteckt?... Ich höre die Freudenausbrüche, wie die Buben einander entdecken.

Das Rufen und das Lachen, die offensichtliche Begeisterung der beiden Kinder lassen mich vermuten, dass beide das Spiel verstanden haben und dass die durch das „Führen" gespürte Information ihnen dazu verholfen hat, mitmachen zu können. Und dies, obwohl sie das Spiel nicht selbständig ausführten!

Diese Beispiele beschreiben *Änderungen des Verhaltens nach erfolgtem Spüren*. Im ersten Beispiel drückte sich die Veränderung in einer *Ausführung* aus: Das Mädchen streichelte den Hund. Im zweiten Beispiel *machten* die Buben *mit*.

Zu diesen Möglichkeiten der Verhaltensänderung kommt eine dritte: Ich kann den *Gesichtsausdruck* beobachten, wenn jemand geführt wird. Veränderungen des Gesichtsausdruckes verhelfen mir zur Interpretation, ob jemand „spürt, wenn er berührt". Die folgenden Beispiele bringen solche Beobachtungen und Interpretationen:

BEISPIEL

D., 5 Jahre, gesund, versucht eine Melone zu schälen. Die Mutter sitzt in der Nähe:

D. setzt zum Schneiden an — das Gesicht verrät Aufmerksamkeit.
Er spürt den Widerstand der Schale.

Das ist aber schwierig!
D.s Mund verspannt sich.
Er spürt, das Messer schneidet nicht.

*Nun führt die Mutter
D.s Hände zum Schneiden —
D. spürt, wie das Messer unter die Schale dringt — die Veränderung des Widerstandes — sein Gesicht entspannt sich.*
▶

E., 3;6 Jahre, der kleine Bruder von D., möchte auch Melonen schälen — die Mutter führt ihn dazu:

◀
Die Augen sind auf das gerichtet, was mit seiner Hand geschieht — auf das, was er spürt.

*Das Gespürte wird vertrauter!
Er lächelt.*

Jetzt kommt die Rundung — aufgepasst — das Gespürte wird anders ...

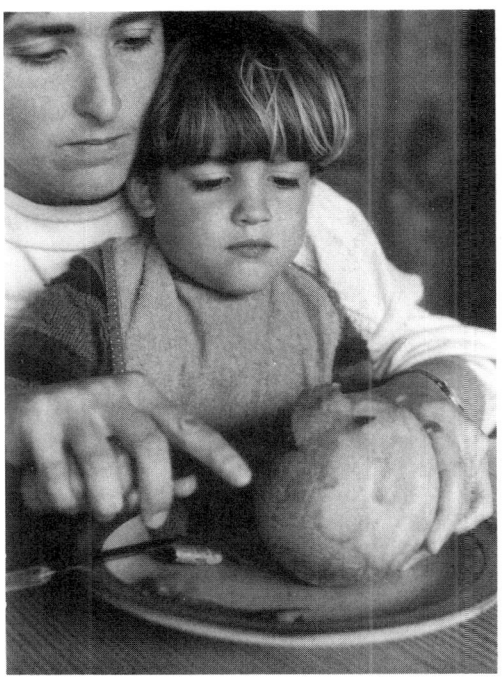

und wieder anders — das Messer gleitet über die Melone hinweg auf die andere Seite.

Da — Widerstand! E. spürt, wie das Messer auf den Teller trifft — und blickt darauf.

◄

Ein weiteres Stück Schale wird angeschnitten — und diese Veränderungen beim Schneiden werden gespürt — und gesehen ...

Auf diese Weise scheinen D. und E. mit voller Aufmerksamkeit dabei zu sein. Sie spüren — sie erleben das Geschehen, die Ursachen und die Wirkungen. Sie spüren soviel, dass sie häufig selbst einen Teil des Geschehnisses übernehmen können. Manchmal wird es schwierig: Da greift die Umwelt — hier die Mutter — ein und verhilft zu besserem, genauerem Spüren.

Es scheint, dass das Kind über das Spüren beim Lösen alltäglicher Probleme, wie Den-Hund-Streicheln, Verstecken-Spielen, Melone-Schälen ... wichtige Information erhält. *Es erhält diese Information, ob es nun die Bewegungen selbst ausführt oder ob es dazu geführt wird.* Sein Verhalten ändert sich jeweils. Wir schliessen daraus: *Es lernt.*

Im nächsten Abschnitt wollen wir einige erste *Lernschritte* abgrenzen, die man beim Spüren beobachten kann.

1.1.1 Das, was ich spüre, ist mir fremd

Wir beginnen beim *Berühren.* Wir *erinnern* den Leser an die Schilderungen *auffälligen Verhaltens,* das Wahrnehmungsgestörte bei Berührungen zeigen können. Eine dieser Verhaltensweisen besteht im „Wegblicken", damit einhergehend kann man ein Ansteigen der Körperspannung beobachten (siehe zweiter Teil des Buches, Abschnitt 2.1.1 „Sie weichen aus, werden gespannt und schauen weg").

Wir folgern: Auf einer *ersten Stufe* tritt offenbar ein *Übermass an neuer Spürinformation* an das Kind/den Erwachsenen heran. In einer solchen Situation steigt der Körpertonus rasch an. Meist erfolgt eine brüske, zurückweichende Bewegung — die Augen blicken dabei weg.

Es gibt schwer Wahrnehmungsgestörte, die sich beim Berühren häufig auf dieser ersten Stufe befinden; aufgrund der beschriebenen Reaktion ist es schwierig, mit diesen Kindern zu arbeiten.

1.1.2 Ich spüre und werde vertraut — nun kann ich auch schauen

Arbeite ich mit einem Wahrnehmungsgestörten, indem ich seine Hände beim Lösen eines alltäglichen Problems führe, dann kommt es vor, dass ich mit dem Kind/Erwachsenen Material berühre, das ihm unvertraut ist; dies ist häufig der Fall bei feuchtem, glitschigem Material.

Diese Berührung ruft das Verhalten der ersten Stufe hervor: Der Tonus des Geführten steigt rasch an, er blickt weg; führe ich weiter, dann wird sein Körper bald weicher — der Tonus vermindert sich; die Augen beginnen, auf das Geschehen der Hand zu blicken.

BEISPIEL

F., 23 Jahre, wahrnehmungsgestört und zerebrale Bewegungsstörung. Sie wird geführt. Sie berührt mit ihrer linken Hand ein Stück Brot, das auf dem Tisch liegt:

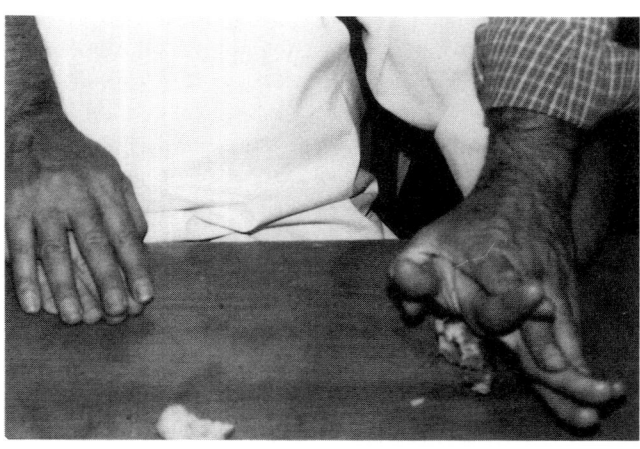

Der Tonus steigt rasch an — die Finger spreizen sich.

Die Berührung dauert an — der Körper wird weicher —

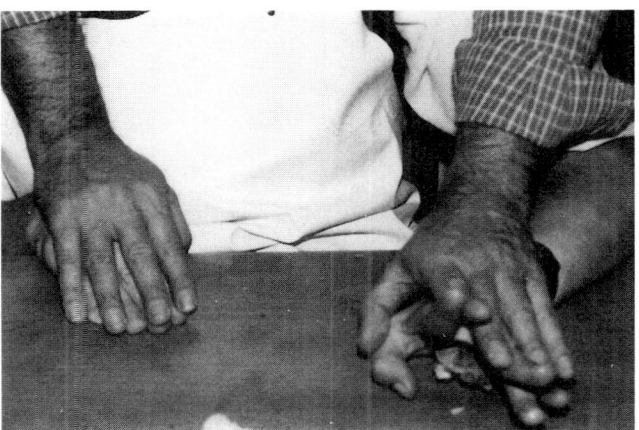

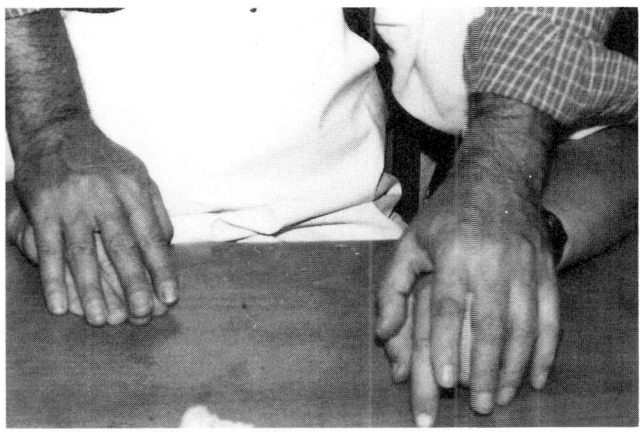

die Hand schliesst sich um das Berührte.

Mit diesem Verhalten ist die *zweite Stufe* des Lernens über das Spüren gekennzeichnet: Fortgesetztes Berühren innerhalb eines „Problemlösenden Geschehnisses" erlaubt das Vertrautwerden mit der gespürten Information; der Anteil an Unvertrautheit vermindert sich. Es ist gerade soviel Neues dabei, dass das Kind/der Erwachsene gleichzeitig spüren *und* schauen kann.

Man kann also Veränderungen des Körpertonus' und der Blickrichtung benützen, um diesen wichtigen Übergang von einer ersten zu einer zweiten Stufe des Lernens festzuhalten.

Weitere Beispiele sollen diese Beobachtung verdeutlichen, wobei wir zunächst die Veränderungen des Körpertonus', darauf jene der Blickrichtung betrachten wollen.

Der *Körpertonus verändert sich:* Führt man Patienten mit zuviel Tonus beim Lösen alltäglicher Probleme, dann kann man beobachten, dass die Bewegungen weicher werden; bei hypotonen steigt der Tonus an. Dies bedeutet, dass in beiden Fällen der Tonus angepasster wird.

Solche Beobachtungen unterstreichen die Feststellung, dass innerhalb geführter „Problemlösender Alltagsgeschehnisse" der Körpertonus sich in Richtung Normalität verändert. (Jedoch nur, wenn genügend Information über Widerstandsveränderungen gegeben wird!).

BEISPIEL

H. ist ein zerebral bewegungsgeschädigtes Kind, 7 Jahre alt und in einer Spezialschule. Ich beabsichtige, mit ihm Orangen auszupressen. Die Physiotherapeutin hilft mir, H. auf meinen Schoss zu setzen. Sie zeigt mir, wie ich seine Beine festhalten soll. Dies sei notwendig, meint sie, weil H. bei Berührungen sich stark verkrampfe, sprunghafte und ruckartige Bewegungen ausführe und ich ihn dann vielleicht nicht mehr halten könne. Vor uns liegen die Gegenstände: Orangen, Messer, Schneidebrett, Presse, Tasse. Ich nehme H.s Hände und beginne die Tätigkeiten: Orange ergreifen, dann Messer, Orange auf das Brett legen und schneiden; die halbe Orange auf Presse legen, drücken und auspressen; Saft in Tasse giessen; aus der Tasse trinken. Dazwischen explorieren wir die geschnittene Orange mit Fingern, Händen, Armen, Mund — konventionelle und unkonventionelle Tätigkeiten folgen sich dabei etwa so, wie ein gesundes Kleinkind sie ausführen würde. Zu Beginn der Betätigungen verkrampft sich H. jeweils, so z.B. wenn er die Orange oder das Messer berührt. Die Verkrampfungen lösen sich aber, sobald mit dem Gegenstand etwas getan wird. Je länger wir arbeiten, desto geringer werden die Verkrampfungen, desto weicher wird H. in seinen Bewegungen. Schliesslich kann ich seine Beine aus der Festhaltung freilassen.

Die Interpretation liegt nahe, dass der erste Berührungsreiz für H. während der geführten Betätigungen unbekannten Charakter hat. Dasselbe ist zu beobachten, wenn er in freieren Situationen berührt wird. Bewegt man aber mit ihm den betreffenden Gegenstand im sinnvollen Tun des „Problemlösenden Geschehens", dann wird er mit der Berührung vertrauter. Wir können deshalb annehmen, dass die Verkrampfung durch die Unvertrautheit der Berührung hervorgerufen wird, die Entspannung durch das Vertraut-Werden.

BEISPIEL

Ch. ist ein Hirntraumatiker, 23 Jahre alt. Er sitzt in seinem Rollstuhl, den Rumpf und den Kopf stark vornübergebeugt. Die Physiotherapeutin klagt, es sei so schwierig, ihn zu einer besseren Kopfkontrolle zu stimulieren. Wir fahren mit Ch. zum Getränkeautomaten: Ich führe seine Hand zu seiner Geldtasche und ergreife mit ihm das notwendige Geldstück. Wo muss das hineingeworfen werden? Ich führe Ch.s Hand mit dem festgehaltenen Geldstück hinauf — noch höher hinauf [Der Einwurf befindet sich ganz oben]. Ch.s Rumpf streckt sich, der Kopf hebt sich, ein wenig, dann mehr — noch reicht es nicht, wir sind nicht am Spalt. Noch mehr — und jetzt, jetzt kann Ch. das Geldstück einwerfen. Dasselbe geschieht bei der Auswahl des Getränkes — der Knopf zum Drücken befindet sich ebenfalls in der Höhe.
Die Physiotherapeutin staunt: solch ein Tonus und solch eine prächtige Rumpf- und Kopfbewegung!

Eng mit dem Körpertonus verbunden sind die *motorischen Leistungen*; man ist beeindruckt, wieviele Bewegungen bei schwer Hirngeschädigten im Laufe geführter Geschehnisse wieder möglich werden! Hier ein weiteres Beispiel:

BEISPIEL

Herr F. ist nach einem Hirntrauma in seinen motorischen Leistungen schwerst beeinträchtigt. Er wird geführt. Problem: Für die Kursleute soll eine Glocke aufgehängt werden, um sie nach den Pausen zusammenzurufen. Herr F. ist aufmerksam dabei... Es kommt der Augenblick, wo er, stets geführt, die Glocke aufhängen muss. Er sitzt im Rollstuhl. Er hebt den Arm mit der Glocke hoch — es reicht noch nicht, der Na-

gel ist höher — er streckt den Arm nach oben, noch etwas und noch etwas — der Rumpf streckt sich — die Finger strecken sich — jetzt, endlich!
Am andern Tag betrachtet die Physiotherapeutin im Rahmen eines Vortrages die Videoaufnahme. Wie sie das Hochheben des Armes sieht, gibt sie, inmitten all der Zuhörer, ihrem Erstaunen über die Leistung Ausdruck: „Und ich habe das Hochheben hundertemale geübt und diese Beweglichkeit nie erreicht!"

So verbessern sich, über das Spüren, motorische Leistungen in geführten Situationen. Diese Verbesserung beschränkt sich aber nicht nur auf jene Bewegungen, die unter Führung vollzogen werden; es findet auch ein sogenannter „Transfer", eine Übertragung, statt. Und dies ist das Erstaunliche! So kommt es vor, dass Patienten nach einem geführten Geschehnis besser gehen können, obwohl Gehen während des Geschehnisses nicht geübt worden war:

BEISPIEL
N., 23 Jahre, schwere Hirnschädigung nach einem Unfall. Sie kann, mit Unterstützung, sehr mühsam einige Schritte gehen. Der Physiotherapeut bringt sie zur Therapie. Er geht mit ihr von der Tür bis zum Tisch in der Mitte des Zimmers. Dort setzt sich N. und bleibt während des geführten Geschehnisses in sitzender Stellung. Nach Beendigung der Therapie holt der Physiotherapeut N. beim Tisch ab und geht mit ihr zur Tür zurück, wo der Rollstuhl steht.
Ihr Gehen ist sicherer geworden; der Therapeut drückt sein Erstaunen über die Verbesserung des Gehens aus.

Weitere Veränderungen im Verhalten, die zur zweiten Lernstufe gehören, sind — wie eingangs erwähnt — jene der *Blickrichtung*. Wird ein Kind/Erwachsener bei einem „Problemlösenden Alltagsgeschehnis" geführt, dann wird die Hand häufig zu einem Gegenstand hinbewegt; der betreffende Gegenstand muss zum Beispiel für eine Betätigung ergriffen werden. Das Auge folgt in diesem Fall mit einiger Verzögerung der Bewegung der Hand. Treten Wiederholungen auf, so wird gewöhnlich die Dauer der Verzögerung kürzer, bis das Auge *gleichzeitig mit* der Hand die Richtung verändert.

BEISPIEL
A., 9 Jahre, wahrnehmungsgestört, höhlt einen Apfel aus. Sie wird dabei geführt:

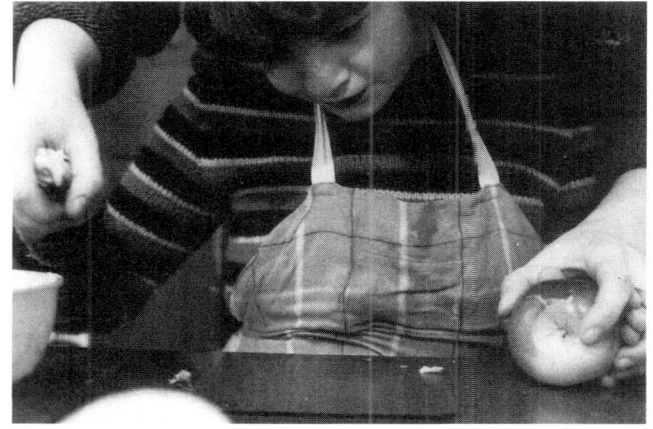

Eben wurde ein Stück vom Apfel ausgeschnitten — die Augen blicken noch auf diese Stelle.
Die Hände sind schon bei der Schüssel.

*Nun sind die Augen den Händen gefolgt.
A. blickt auf das augenblickliche Geschehen der Hand in der Schüssel.*

Solche Beobachtungen der Blickrichtung in Verbindung mit der Bewegung der Hand während der Durchführung „Problemlösender Geschehnisse" können wir bezüglich *zugrundeliegender Wahrnehmungsprozesse* interpretieren:

Erste Situation: Die Hand spürt — der Blick geht weg. Wir folgern: Das Kind/der Erwachsene spürt viel Neues. Die Situation wird in diesem Falle fast ausschliesslich durch Spüren erkundet.

Zweite Situation: Die Hand spürt — der Blick richtet sich auf die Hand. Wir folgern: Das Gespürte ist vertrauter geworden. Nun wird die visuelle Information mit der gespürten verbunden; zur sinnesspezifischen Information des Spürens kommt die intermodale (inter = zwischen, modal = den Sinnesbereich betreffend) des „Spürens und Sehens" dazu.

Die nächste Stufe ist durch eine *lange Dauer* des Spürens und Schauens beim Durchführen „Problemlösender Geschehnisse" gekennzeichnet:

1.1.3 Ich spüre und schaue — ich schaue und spüre, ...

Wie erwähnt, kann man in dieser *dritten Stufe* ein enges *Zusammenspiel von Hand und Auge* beobachten. Das Auge blickt fast ununterbrochen auf das, was die Hand tut. Greift die Hand nach einem neuen Gegenstand, dann folgt das Auge sehr rasch.

Dieses Zusammenspiel von Auge und Hand ist auf dieser Stufe sehr intensiv — es dauert an. Dies heisst, dass eine *zeitliche Dimension* deutlich in die Wahrnehmung einbezogen wird.

Dieses andauernde Zusammenspiel von Auge und Hand kann als Ausdruck einer *Organisation intermodaler Information in der Zeit* gedeutet werden:

Die Person ist mit dem Lösen von Problemen beschäftigt. Dies verlangt — wie bereits beschrieben (siehe zweiter Teil, Abschnitt 2.2.3 „Die Reihenfolge — wenn etwas fehlt oder man nicht rückwärts kann") — eine Reihenfolge von Betätigungen. Beobachtet man das andauernde Hinschauen der Person auf das Geschehen ihrer Hand, dann können wir vermuten, dass sie die zur Reihenfolge der Betätigungen gehörende gespürte Information mit der entsprechenden visuellen verbindet, das heisst, die so gewonnene intermodale Information in ihrer Folge (Serie) ordnet. Wir sprechen von *serialer Organisation*.

Diese dritte Stufe ist also durch wichtiges Verhalten gekennzeichnet!

Wir werden uns einmal mehr bewusst, welch ideale Lernsituation die „Problemlösenden Geschehnisse" darstellen: Wie wir anhand der Beispiele im ersten und im zweiten Teil des Buches gezeigt haben, sind bei Alltagsgeschehnissen zum einen stets verschiedene Sinnesbereiche angesprochen: Wir erinnern nur an all die Situationen rund um das Zubereiten von Mahlzeiten — diese Gleichzeitigkeit von Spüren, Riechen, Schmecken. Zum andern vollziehen sie sich immer unter Miteinbezug der zeitlichen Dimension: Ich hänge die Wäsche auf, die wir vorher gewaschen haben, die wir nachher — trocken geworden — wieder abnehmen werden.

Und all diese Wahrnehmungsprozesse und die dabei aufgenommene Information werden durch das Problem des Alltags und die dazugehörigen Lösungsversuche sinnvoll miteinander in Verbindung gebracht.

BEISPIEL
A., 9 Jahre, wahrnehmungsgestört, bereitet die Füllung für eine Zitrone zu; sie wird dabei geführt.

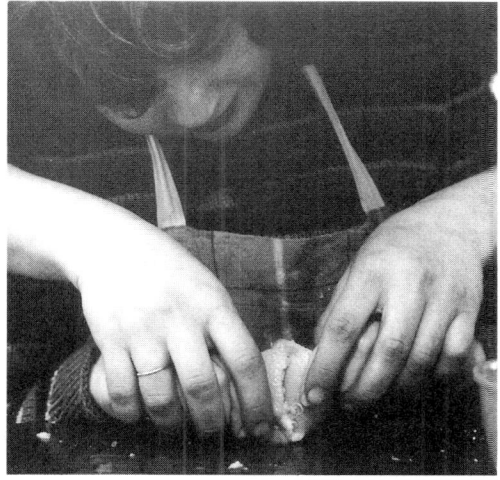

A. giesst Joghurt in die Schüssel:
Sie spürt und schaut!
Die Füllung ist bereit:
Sie wird in die Zitronenhälfte gepresst. A. spürt und spürt ... schaut und schaut. Gesehenes wird mit Gespürtem und mit Ursache-Wirkungsgeschehen verbunden.

Je mehr das Kind/der Erwachsene Erfahrungen mit „Spüren und Schauen" innerhalb geführter Alltagsgeschehnisse erwirbt, desto öfters zeigt es/er Verhaltensweisen, die für die nächste Stufe kennzeichnend sind:

1.1.4 ... und ich erkenne das Gespürte wieder, setze Bewegungen fort und erwarte solche

Eine neue Verhaltensweise kann beobachtet und als *Wiedererkennen* von etwas Gespürtem interpretiert werden: Das Kind/der Erwachsene lächelt, wenn es/er innerhalb einer Betätigung etwas berührt. Vielleicht wehrt es/er auch ab, verzieht sein Gesicht, wendet den Kopf ab oder schiebt einen Gegenstand weg:

BEISPIEL

A. aus dem vorherigen Beispiel (Aushöhlen eines Apfels, Abschnitt 1.1.3 „Ich spüre und schaue — ich schaue und spüre, ..."):

Die Nüsse sind in der Schale.
A. mischt die Nüsse mit Joghurt.
Oh — ist das klebrig!
Sie versucht, das Klebrige von den Fingern zu entfernen. Sie beginnt zu lächeln.
— Wir interpretieren: Sie erkennt die gespürte Klebrigkeit wieder.

Eine weitere Leistung der vierten Stufe ist das *selbständige Fortsetzen einer unter Führung begonnenen Bewegung*:

BEISPIEL

A., 9 Jahre, wahrnehmungsgestört, fährt in der Zubereitung der Zitronenfüllung weiter (siehe vorheriges Beispiel, Abschnitt 1.1.3 „Ich spüre und schaue — ich schaue und spüre, ...")

A. holt Nüsse aus dem Glas. Das Glas ist eng. Die Finger begegnen starkem Seitenwiderstand — das ist schwierig!
A. spürt und schaut.

Da — nun kann A. die Bewegung selbst übernehmen und fortsetzen!

A. kann also hier und da eine geführte angefangene Bewegung *übernehmen und fortsetzen*. Führt man ein Kind/einen Erwachsenen durch „Problemlösende Geschehnisse", dann spürt man, wann dieser Augenblick kommt. Der Körpertonus im Arm des Geführten erhöht sich und der Arm beginnt, sich in Richtung des Geschehens zu bewegen. Tritt dies ein, dann lässt man mit der Führung nach, bleibt aber mit der Hand in der Nähe, um sogleich eingreifen zu können, wenn die betreffende Bewegung zu Ende ist oder aus irgendeinem Grund zerfällt. So verhielt sich die Lehrerin von A., wie es auf den Fotos ersichtlich ist.

Diese vierte Lernstufe beinhaltet noch ein weiteres Verhalten: das *Erwarten einer zum augenblicklichen Geschehnis gehörenden Bewegung*. Dieses Erwarten setzt die beiden anderen Leistungen dieser Stufe voraus: Wiedererkennen dieser Bewegung, wenn gespürt, und Fortsetzen dieser Bewegung, wenn mit dem Kind begonnen. Sie führt aber in der *zeitlichen Dimension* über die beiden andern Leistungen hinaus:

— Die Suppe dampft, das Kind schaut gespannt auf den Vater — es erwartet, dass dieser in die Suppe blase, damit sie erkaltet und essbar wird. Es *wartet* also auf eine Betätigung der Umwelt, auf etwas, das im Augenblick noch nicht vorhanden ist, beziehungsweise geschieht, *auf etwas, das eintreten sollte*.

Dieses „Warten auf etwas, das geschehen wird" nennen wir *Erwarten* (Piaget, 1958; Piaget & Morf, 1958). Beim Wiedererkennen handelt es sich um das Geschehen *im Augenblick* — ich spüre das Klebrige, ich weiss, was ich *jetzt* berühre. Erwarten setzt Wiedererkennen voraus, ist aber *mehr* als Wiedererkennen, indem es etwas *Zukünftiges* miteinschliesst, wobei das Kind dieses zukünftige Geschehen jedoch noch nicht selbst ausführen können muss.

Das Erwarten, um das es sich auf dieser Stufe handelt, ist eine sehr einfache Leistung; es betrifft eine Tätigkeit, die der augenblicklichen *unmittelbar* folgen wird:

— Die Suppe dampft — der Vater wird jetzt gleich in die Suppe blasen — im nächsten Augenblick — ...

Das folgende Beispiel bezieht sich auf ein gesundes Kind. Auch bei diesem geht Erwartungsverhalten eigener Ausführung voraus:

BEISPIEL

J., 2 Jahre, gesund, hat Geburtstag:

Kerzen brennen. J. versteht die Kerzensituation, sie erkennt die Situation wieder. Sie erwartet, dass ihr Besuch die Kerze jetzt dann ausblasen (sie kann es selbst noch nicht!) wird.

Oder hier! Der Pfirsich ist halbiert, nun soll es noch kleinere Stücke geben:
▼

M., 2;4 Jahre, hält das Messer auf den Pfirsich — sie versteht die Situation, erkennt sie wieder und erwartet, dass man schneide, führt es aber nicht aus — dies ist zu schwierig!

1.2 Ich spüre und ermögliche Spüren

Die anhand der Beispiele beschriebenen vier Lernstufen unterstreichen die Möglichkeit, ein Kind/einen Erwachsenen über das Spüren zu Verhaltensänderungen zu bringen. Diese Verhaltensänderungen können beim Kind als ein „Vertraut-Werden" mit der Umwelt und ihren Geschehnissen, beim wahrnehmungsgestörten Erwachsenen als ein „Wieder-vertraut-Werden" interpretiert werden.

Im folgenden Abschnitt wollen wir uns überlegen: Wie soll ich den Körper von jemandem führen, um ihm möglichst angemessene Spürinformation zu vermitteln?

1.2.1 Ich führe von hinten

Ein Grund dafür, weshalb ich von hinten führe, ist die *Erleichterung des Führens* an und für sich.

Dank dieser Stellung ist es mir möglich, ein Maximum an Spürinformation zu vermitteln und selbst aufzunehmen:

Meine rechte Hand legt sich auf die rechte Hand des Kindes, meine linke auf dessen linke.
Ich konzentriere mich auf das, was ich vom Körper des Kindes spüre, ich brauche dabei dessen Gesicht nicht zu sehen — sein Körpertonus zeigt mir den Grad seiner Aufmerksamkeit an.

Auch wenn das Kind steht, führe ich es von hinten.

Ich vermittle Spürinformation: Ich umfasse den Körper des Geführten — damit wird die Oberfläche für die Übertragung von Spürreizen gross. Dies wirkt sich *positiv* aus: Richte ich meine ganze Aufmerksamkeit auf den Geführten und auf das Geschehen, so überträgt sich dieses Gerichtetsein auf den Geführten. Bin ich innerlich ruhig, so spürt der Geführte diese Ruhe.

Dies kann sich aber auch *negativ* auswirken, wenn ich zum Beispiel sehr gespannt bin; in diesem Zustand übertrage ich meine Spannung auf das Kind/den Erwachsenen. Es/er wird ebenfalls gespannt. Negativ wirkt es sich auch aus, wenn meine Aufmerksamkeit nicht auf den Geführten, sondern auf etwas anderes gerichtet ist, also zum Beispiel, wenn ich einen Telefonanruf erwarte oder wenn ich mit einer anderen anwesenden Person spreche. Kann ich nicht meine Aufmerksamkeit voll auf den Geführten richten, dann wird dieser meine Führung ablehnen.

Die Bedingung der „inneren Ruhe", des Gerichtetseins der Aufmerksamkeit voll auf den Geführten, ist oft nur schwer oder gar nicht zu erfüllen; so kann eine Mutter ihr Kind nicht führen, wenn sie in andauernder Spannung ist, sei es, dass die andern Kinder ihre Aufmerksamkeit verlangen, sei es, dass sie selbst am Rande ihrer Kräfte ist.

Ähnlich kann es einem Lehrer ergehen, der für eine Gruppe von Schülern zu sorgen hat und seine Aufmerksamkeit ständig teilen muss.

Die *Spürinformation,* die der Geführte vom Führenden *während des „Problemlösenden Alltagsgeschehnisses"* erhält, *ist wichtig* — nicht nur für die Übertragung des kognitiven Gehalts des Geschehnisses, sondern ganz besonders auch bezüglich des affektiv-emotionalen Gehalts solcher Situationen; der *Geführte erhält über das Spüren eine ganzheitliche Erfahrung kognitiver und affektiver Prägung.*

Eltern berichten denn auch über Erlebnisse in solchen Situationen: Wie sie sich dabei dem Kind nahe fühlen, seine Reaktionen spüren ...

Ich vermittle also nicht nur, sondern — wie eingangs erwähnt — ich *erhalte auch Spürinformation.* Ich spüre den Geführten, seine Reaktionen, seine Aufmerksamkeit, seine Spannungsveränderungen, seine Wärme, seine Ruhe oder Unruhe. Es entsteht ein Austausch an Gespürtem zwischen Kind/Erwachsenem, und der Person, die es/ihn führt — es kommt zu einer *gespürten Interaktion*!

1.2.2 Sie haben zwei Hände, einen Mund und einen Körper

Man kann jemanden irgendwo an seinem Körper führen: am Rumpf, an den Beinen — Füssen, an den Armen — Händen — Fingern. Der Entscheid, *wo* geführt wird, hängt vom Patienten und von den Betätigungen des Geschehnisses ab, das ich im Augenblick durchführe. Am häufigsten werden die Hände geführt. Dabei liegt meine rechte Hand auf der rechten des Geführten, meine linke auf dessen linker Hand.

Sie haben zwei Hände

Wenn ich mich betätige, dann benütze ich gewöhnlich beide Hände. Dabei übernimmt die rechte Hand eine andere Bewegung als die linke. So werde ich auch beim Führen vorgehen. Führe ich ein Kind beim Essen, dann werde ich zum Beispiel mit seiner linken Hand den Teller festhalten und mit der rechten die Speise auf Löffel oder Gabel bringen.

BEISPIELE

Hier wird falsch *geführt: Nur die linke Hand des Geführten wird einbezogen.*
Die andere liegt passiv auf dem Tisch — die Schüssel wird nur vom Führenden gehalten: Wichtige Information wird so ausgelassen, nicht vermittelt.

Beim Nageln halte ich mit der einen Hand den Nagel fest, die andere bedient den Hammer. Schneide ich ein Stück Brot ab, dann halte ich mit der einen das Brot, mit der andern Hand schneide ich.

Immer wieder werde ich mir bewusst, dass der Mensch zweihändig ist: Jede Hand führt zu einer andern Hirnhälfte. Es ist wichtig, dass beide Hirnhälften lernen *zusammenzuarbeiten*.

Hier wird richtig geführt: Beide Hände sind am Geschehen beteiligt. Informationen über jeden Schritt des Geschehens werden über die beiden Hände dem Gehirn übermittelt — das ganze Gehirn wird so miteinbezogen.

Sie können dies selbst einmal versuchen! Lassen Sie sich von jemandem führen — einmal falsch, einmal richtig! Schliessen Sie dabei die Augen! Ob Sie den Unterschied spüren?

Das Ziel dieser Art von Arbeit — um es nochmals zu betonen — ist die Übermittlung von Spürinformation. Es handelt sich also um *Wahrnehmung*. Gespürt wird sowohl rechts wie links; wichtig ist das Zusammenspiel von rechts und links. Diesbezüglich muss man die Wahrnehmungsleistung ganz klar von der motorischen Leistung abgrenzen. In der Motorik habe ich eine dominante Seite, nicht aber in der *gespürten* Wahrnehmung.

Beim Führen beider Hände ist darauf zu achten, dass *meine Finger genau über den Fingern des Geführten liegen*. So berühren seine Finger die Umwelt dort, wo ich berühren würde. Seine Finger umfassen einen Gegenstand so, wie ich ihn umfasse.
Ich muss mir immer wieder Zeit nehmen, mich zu versichern, dass diese Bedingung des Übereinanderliegens der Finger erfüllt ist. Zwei Bilder sollen diesen Punkt veranschaulichen:

Hier, wie es nicht *gemacht werden soll: Die linke Hand des Geführten wird vom Führenden quer über die Handwurzel gehalten. So, als wäre diese Hand ein Werkzeug!*

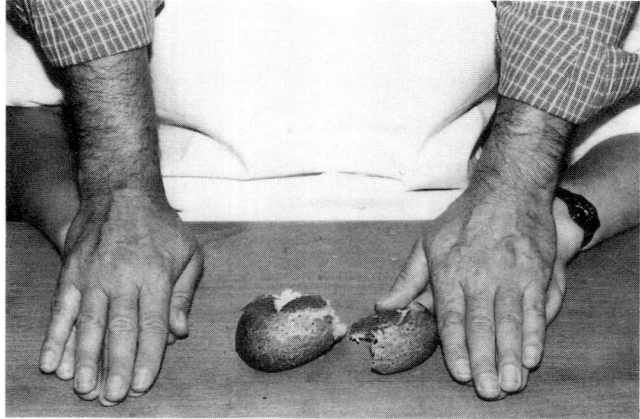

Hier, wie es sein soll: *Die Hände des Führenden liegen über den Händen des Geführten: Zeigefinger auf Zeigefinger ... kleiner Finger auf kleinem Finger ... Daumen auf Daumen.*

Sie haben auch einen Mund ...

Wie beim gesunden, so ist auch beim wahrnehmungsgestörten Kind eine Phase zu beobachten, in welcher der Mund spontan in die Exploration der Umwelt einbezogen wird. Diese Phase ist bei den wahrnehmungsgestörten Kindern oft sehr lange; sie kann mehrere Jahre dauern. Beim gesunden Kind umfasst sie hauptsächlich die ersten zwei Jahre.

Das wahrnehmungsgestörte Kind beginnt damit meist erst später. Es benützt also den Mund in einer Zeit, in welcher das gesunde Kind dies nicht mehr tut. Dieses Verhalten ist der Umwelt oft ein Dorn im Auge. Sie legt es als schlechte Gewohnheit aus. Deshalb versucht sie häufig, dem wahrnehmungsgestörten Kind die Exploration mit dem Mund abzugewöhnen.

Der *Einsatz des Mundes ist jedoch für die Entwicklung wichtig.* Statt es dem Kind abzugewöhnen, sollte man es vielmehr dazu stimulieren.

Wichtig ist der Mund zum Erkunden der Beschaffenheit von Gegenständen. Daneben kann der Mund für Betätigungen eingesetzt werden.

Erkunden der *Beschaffenheit:* Eine günstige Gelegenheit für die Mundexploration ist jene beim Essen. Diese Exploration kann beim Wahrnehmungsgestörten im Rahmen geführter Geschehnisse erfolgen, z. B. wenn man Mahlzeiten zubereitet.

BEISPIEL

F., 23 Jahre, wahrnehmungsgestört und zerebrale Bewegungsstörung, wird bei der Zubereitung eines Käsebrotes geführt:

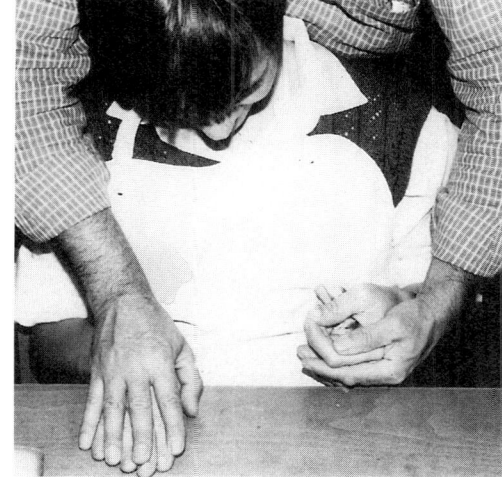

▼

Sie drückt das abgebrochene Stückchen Käse in das Brot.

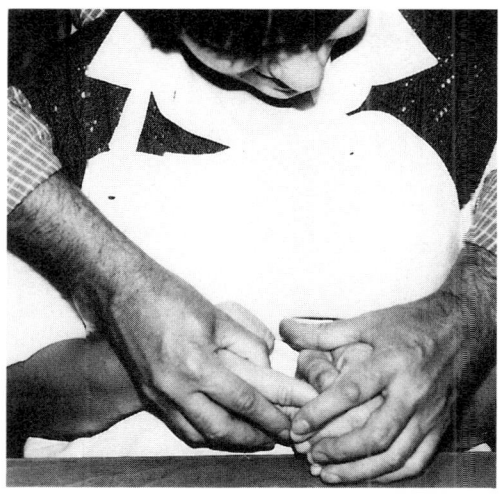

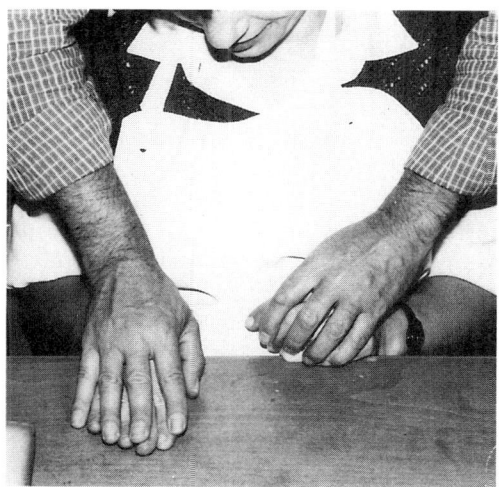

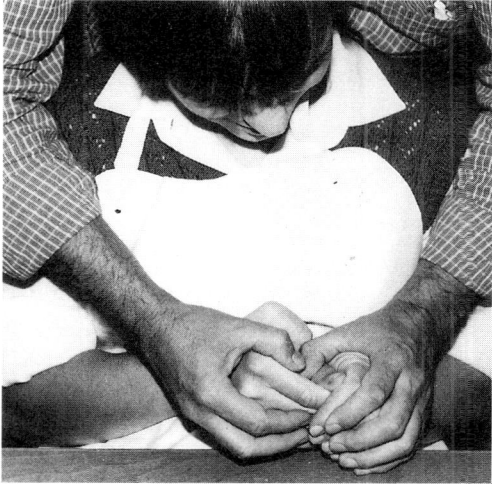

▲

Die rechte Hand stützt sich auf die stabile Tischunterlage, die linke mit dem Brot dreht sich in eine „Ess-Stellung", mit gleichzeitigem Spüren des Widerstandes zwischen Tisch und eigenem Körper.

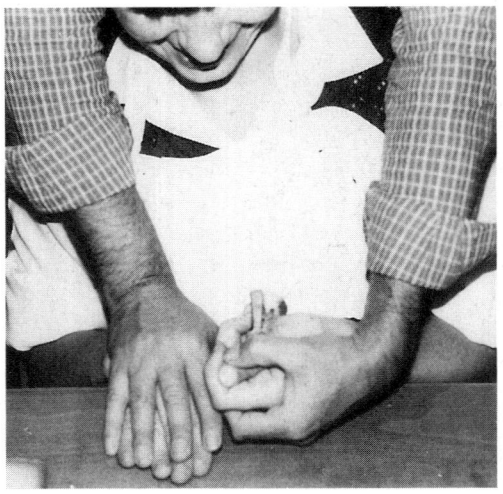 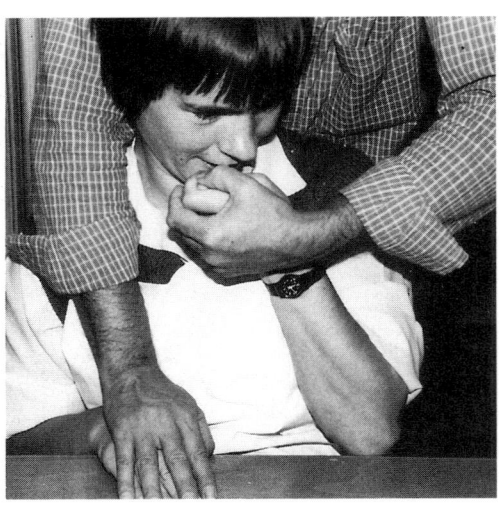

Und jetzt, dem Körper entlang, zum Mund —   *mmmm — das schmeckt gut!*

Kinder, die bei geführtem Zubereiten von Mahlzeiten fast „gierig" Speisestücke in den Mund nehmen, sind häufig solche, die als „schlechte Esser" geschildert werden. Dieses In-den-Mund-Nehmen mutet manchmal fast wie ein Zwang an — dem ist aber, wie unsere Erfahrung zeigt, nicht so. Hat das Kind, mit Einbezug von Mundexploration, wesentliche Erfahrung über die *Beschaffenheit* der Umwelt erhalten, dann nimmt die Häufigkeit dieses gierigen Essens von selbst ab. Gleichzeitig ist bei den „schlechten Essern" eine Verbesserung des Essens zu beobachten. Wichtig ist, dass bei solchen Mundexplorationen in geführten Situationen dem wahrnehmungsgestörten Kind/Erwachsenen geholfen wird, die Bewegungen des Gegenstandes und damit der Spüreindrücke zu variieren.

Ein weiterer Einsatz des Mundes kann auf jeder Altersstufe beobachtet werden, auch wir Erwachsene kommen in solche Situationen: Der Mund hilft dort weiter, wo die Hände nicht genügen.

So werde ich etwa den Mund dort einsetzen, wo viel Kraft nötig ist. Ich knacke eine Erdnuss mit dem Mund auf. In diesem Beispiel wird der Mund nicht zur Erkundung der Beschaffenheit eingesetzt, sondern als eine Art Werkzeug oder Hilfsmittel, um eine *Betätigung* auszuführen.

BEISPIELE

Hypotone Kinder setzen häufig spontan ihren Mund für Betätigungen ein, für die sie mit den Händen zu wenig Tonus aufbringen. Dies kann so häufig geschehen, dass die Umwelt auch hier fälschlicherweise von „Zwang" spricht:

Th., 9 Jahre; geführt explorieren wir den Inhalt einer kleinen Schachtel: darin befindet sich eine weitere Schachtel, in dieser eine kleine Büchse. Wiederholt bringt Th. seine Hände, mit denen ich mit ihm die Schachtel halte, zum Mund und beisst auf die Schachtel — ich führe seine Finger so, dass mit Beteiligung des Mundes (welcher die Schachtel festhält) die Schachtel geöffnet werden kann —. Th. ist ganz aufmerksam dabei ...

W., 9 Jahre, wahrnehmungsgestört, versucht, eine Flasche zu öffnen:
Er ziehtam Korken mit seinen Händen. —
▲▲
Es gelingt nicht. Der Korken sitzt fest.
W. versucht es mit dem Mund.
▶
Wieder gelingt es nicht! Wie man das machen kann? W. spürt — und schaut.
▼
W. versucht es noch einmal — er beisst auf den Korken.
▼▼
Ohne dass die Betätigung unterbrochen wird, führt die Lehrerin beide Hände von W. zu einer kleinen Variation der Mundbewegung —.

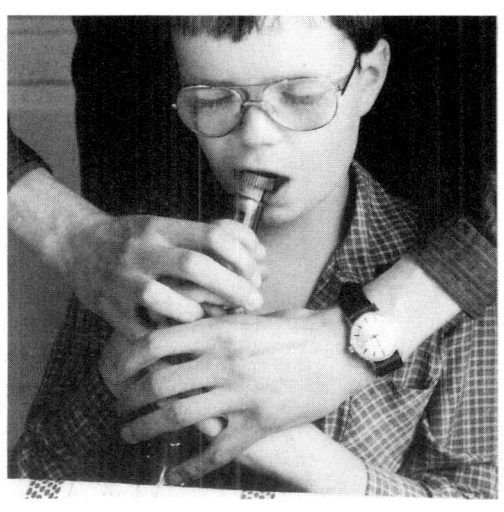

Und jetzt glückt's! Der Widerstand des Korken gibt nach —.
▶

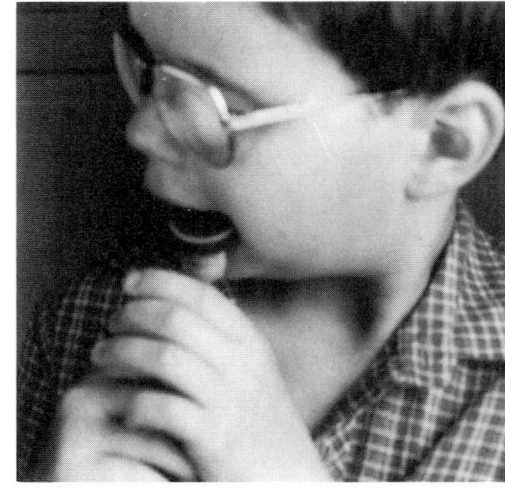

A., 9 Jahre, wahrnehmungsgestört, soll eine Zitrone auspressen. Sie wird dabei geführt. Mit beiden Händen wird versucht, die Zitrone so stark zu drücken, dass der Saft herausquillt:

Die Hände sind zu schwach. Weshalb nicht mit dem Mund versuchen? Dem Körper entlang gelangt die Zitrone zum Mund.
▼

▲
Nun kann man hineinbeissen — mm — das ist sauer!

◀
Aber jetzt halten die Zähne etwas fest ...

Und A. hat mit ihrem Mund damit nicht nur eine Betätigung ausgeführt — die Zitrone geöffnet —, sondern gleichzeitig auch etwas über die Beschaffenheit der Zitrone erfahren.

Ähnliches geschieht im folgenden Beispiel eines gesunden Kindes:

BEISPIEL

D., 5 Jahre, wird von der Mutter beim Melonen-Rüsten geführt:

▶
Mit der Mutter zusammen berührt und drückt er die Schale.
Erwartungsvoll lächelt D.
Das, was ich sehe und spüre — das Feuchte und Glitschige — ist zum Ergreifen und Wegnehmen.
Ob der Mund da hilft?

▼
Und nun berührt der Mund — dieses Duftende, Feuchte und Glitschige — es ist zum Beissen, zum Saugen, zum Wegnehmen. Zum Essen!

▼▼
Die Schale bleibt: das Härtere, Unnachgiebigere, Herbe!

... und einen Körper

Wie die Hände und der Mund, so dient auch der ganze Körper dazu, uns Spürinformation zu vermitteln; falls es also bei einem „Problemlösenden Geschehnis" dazugehört, setzen wir den ganzen Körper ein. Wir erhalten um so mehr Information, je häufiger und je stärker wir die Körperstellungen variieren. Doch auch hier gilt, wie bei allen im Rahmen dieses Buches besprochenen Betätigungen: Jede Bewegung muss sinnvoll in ein übergreifendes Geschehen eingebettet sein.

Im folgenden Beispiel soll ein beschmutzter Boden mit dem Staubsauger gereinigt werden. Um den Staubsauger zusammenzusetzen und ihn zu benützen, sind verschiedene Stellungen notwendig:

BEISPIEL
A., 10 Jahre, wahrnehmungsgestört, wird geführt:

◀
Was für ein langes Ding — das Rohr!
A. kniet auf die Unterlage, um die Rohrteile zusammen- und einzustecken.

▼▼
Und jetzt beginnt die Reinigungsarbeit:
A. richtet sich auf — und neigt sich nach vorn.

Und da, unter dem Tisch ist es auch ▼
noch schmutzig! A. bückt sich, geht in die Knie.

Ich werde die Stellung so häufig als möglich — je nach wahrnehmungsgestörtem Kind/Erwachsenen und Geschehnis — verändern:
Ich werde sitzen auf einem Stuhl, stehen an einem Tisch, sitzen auf dem Boden; ich werde Gehen einflechten, ein „Über-den-Tisch-Greifen", um etwas Entfernteres zu holen; Bücken, um etwas vom Boden aufzulesen; Knien, um ein niedriges Gestell zu reinigen, usw. Ich werde etwas aus dem Schrank holen, das wir gebrauchen, und mich dabei strecken; etwas in den Abfalleimer werfen; mit dem Kind/Erwachsenen die Türe öffnen, wenn beide Hände voll beladen sind; mit ihm auf einen Stuhl steigen, um von weit oben etwas herunterzuholen. Alle diese Stellungen sollen *sinnvoll* zu einem Geschehnis gehören. Gehen, Knien, Klettern — diese mit dem Kind/Erwachsenen ausgeführten Bewegungen bedingen, dass ich dessen Rumpf führe, die Hüfte, die Beine. Wie ich das mache, richtet sich nach den Bewegungen, die ein gesundes kleines Kind, wenn es am Lernen ist, dabei ausführen würde. Ich werde mich deshalb fragen: Wie würde ein gesundes Kind in dieser oder jener Situation auf den Stuhl klettern, auf den Boden knien, sich bücken, um etwas aufzulesen? Um diese Frage zu beantworten, *werde ich immer wieder gesunde kleine Kinder beobachten.*

Wir fassen zusammen:

Anhand von Beispielen gesunder und wahrnehmungsgestörter Kinder und Erwachsener *stellen* wir folgendes *fest*:
— Spürinformation im Zusammenhang mit Lösungsgeschehnissen alltäglicher Probleme führt zu wichtigen *Verhaltensänderungen*, die wir als Lernen deuten können.
— Dieses Lernen erfolgt in *Stufen*. Diese Stufen sind bei gesunden und bei wahrnehmungsgestörten Personen beobachtbar.

Wir können *folgern*:
— Wahrnehmungsgestörte Kinder/Erwachsene können Spürinformation innerhalb „Problemlösender Alltagsgeschehnisse" benützen;
— sind sie sich selbst überlassen, erhalten sie jedoch diese Spürinformation nur in ungenügendem Ausmass (siehe zweiter Teil des Buches „Versagen in der Wirklichkeit").
— Sie sind also darauf angewiesen, dass wir ihnen diese Information vermitteln.
— Die *Vermittlung gespürter Information* innerhalb der Alltagsgeschehnisse kann beim Gesunden und beim Wahrnehmungsgestörten *über das Führen verschiedener Teile des Körpers* erfolgen.

Wir *fragen* uns:
Was für Information entnimmt man „Problemlösenden Alltagsgeschehnissen"?
Im nächsten Kapitel werden wir uns einige Gedanken über diesen Aspekt machen.

2. Ich spüre und wirke

2.1 Ich spüre die Wirklichkeit

Um von gespürter Erfahrung lernen zu können, muss diese *sinnvoll* sein. Und die Erfahrung wird sinnvoll, wenn sie sich auf „Problemlösende Alltagsgeschehnisse" bezieht.

In unserm Alltag entstehen immer wieder Probleme: Ich möchte das Fenster öffnen — es klemmt. Ich nehme ein Ei aus dem Behälter, um es zu kochen — es hat einen Sprung. Ich nähe — da entgleitet die Nadel meinen Fingern.

Um diese Probleme zu lösen, muss ich mich mit der augenblicklichen Situation vertraut machen: Wie ist das Fenster beschaffen? Habe ich noch andere Eier? Wie ist der Teppich, auf den die Nadel gefallen ist? ...

Ich muss auch Bescheid wissen über das Wirken. Wie öffne ich das Fenster, das klemmt? Was für Bewegungen muss ich ausüben als Ursache, um die Wirkung des „Offen-Werdens" zu erreichen?

All dies muss ich erspüren — die Umwelt in der augenblicklichen Situation, das Wirken, zusammengefasst: die *Wirklichkeit*.

2.1.1 Die Wirklichkeit schliesst die Umwelt mit ein,...

Zum Lösen alltäglicher Probleme gehören Veränderungen der Wirklichkeit. Um diese Veränderungen zu bewirken, muss ich meine Betätigungen der augenblicklichen Situation anpassen. Dies bedingt eine *ununterbrochene Auseinandersetzung mit der Umwelt*.

Wenn ich ein Kind/einen Erwachsenen durch „Problemlösende Geschehnisse" führe, dann werde ich versuchen, mit ihm Spürinformation über die Umwelt zu erhalten, über die Beschaffenheit der Gegenstände, mit denen wir es zu tun haben. Ich benötige diese Information, um mein Berühren — Umfassen — Bewegen dem Material, der Form, der zu erreichenden Veränderung anpassen zu können. Dieses Erspüren ist also Vorbedingung für das Wirken.

Das folgende Beispiel soll diesen engen Zusammenhang zwischen dem Erspüren der Umwelt und dem Bewirken veranschaulichen:

BEISPIEL

D., 11 Jahre, wahrnehmungsgestört, füllt Tomaten mit Thon (Thunfisch) (siehe auch Beispiel im zweiten Teil des Bu- *ches, Abschnitt 2.1.1 „Sie weichen aus, werden gespannt und schauen weg"):*

D. öffnet die Büchse —. Gespürte Widerstandsveränderungen!
D. blickt auf die Hände: Die Information beinhaltet etwas Vertrautes! Er hält die Büchse — stabile Seite und Unterlage!

 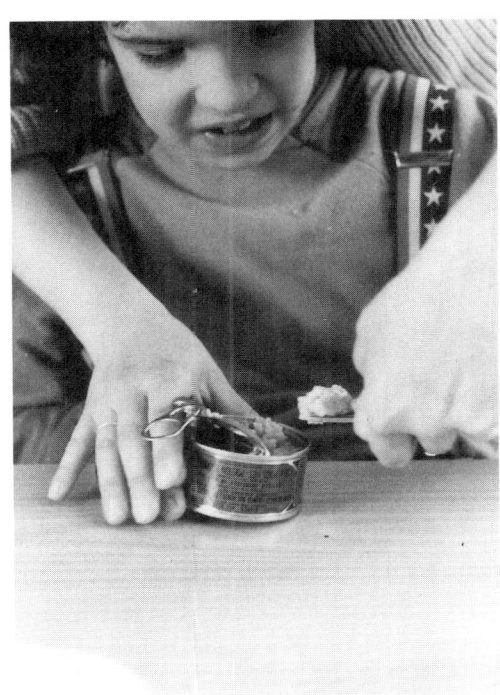

▲
Die Büchse ist geöffnet, D. sticht mit der Gabel hinein — vertraute Widerstandsveränderungen; er spürt und schaut.

▲▲
D. berührt kurz den Inhalt, verzieht das Gesicht — leichter Anstieg der Spannung. Feucht und glitschig!

▶
Und jetzt! Was das wohl ist? Eine Tomate! D. kennt sie wohl vom Sehen — so schön rot! Aber Berühren —? Und den glitschigen Thon auf der Gabel dazu!

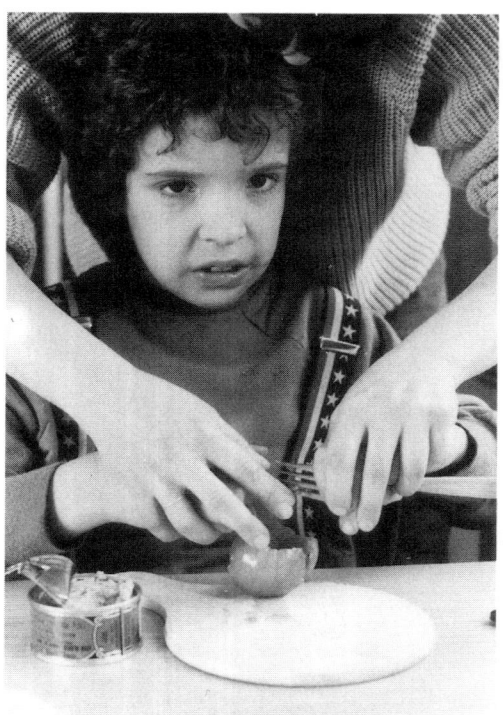 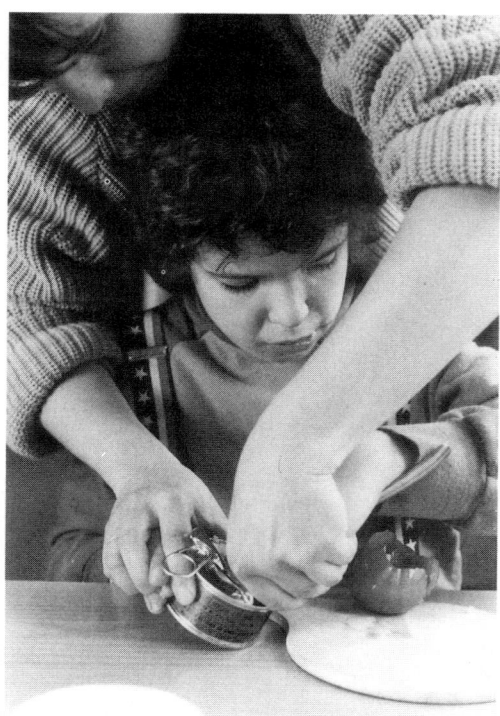

Nein! Das ist unvertraut ...
... und kaum Widerstand zu erspüren, dazu Hände in der Luft, Gabel in der Luft!
Wo ist meine Umwelt?
Wo die Stabilität?

Mit der Gabel sticht D. wieder in die Büchse — das führt zu Widerstandsveränderungen!
D. schliesst die Augen, seine ganze Aufmerksamkeit ist aufs Spüren gerichtet — und aufs Wirken!

2.1.2 ... und Widerstandsveränderungen sind notwendig

Ich, der Führende, und das Kind/der Erwachsene, das/der geführt wird, *sehen* zum Beispiel einen Tisch mit „farbigen Flecken" darauf: Ob man das Gesehene *berühren* kann? Ich berühre zuerst mit dem Geführten den Tisch. Ob die Unterlage stabil ist? Ich berühre dann mit ihm die sichtbaren „Flecken" auf der Unterlage. Ob man dieses Sichtbare umfassen kann?

Wir versuchen es — es gelingt — ich *umfasse* „ein Etwas" mit dem Geführten, *verschiebe* es auf der Unterlage, *nehme* es *weg* — *bewege* den Gegenstand!

Jeder dieser Schritte verursacht *Veränderungen von Widerständen* — ich und der Geführte spüren sie, *nehmen sie wahr.*

Im Kapitel über das Versagen haben wir Frau R. beschrieben (siehe zweiter Teil des Buches, Abschnitt 2.1.2 „Sie wissen um die Regeln der stabilen Unterlage und der Seite"). Frau R. redete in einem fort. Die Therapeutin führte Frau R.s Hände zum Umfassen des Pinsels, dann durch die Luft in den Farbtopf und wieder durch die Luft auf das Blatt Papier. Frau R. verstummte jedesmal, wenn sich eine maximale Widerstandsveränderung ergab — und dies, obwohl sie geführt wurde.

Wir können dieses Geschehen mit dem Pinsel an uns gegenseitig nachvollziehen: Sie schliessen die Augen, damit Sie sich auf das Gespürte voll konzentrieren können. Ich führe Ihre Hand zum Pinsel — zum Umfassen — in die Luft — in den Topf — durch die Luft — aufs Blatt Papier. Nun wiederholen wir alles nochmals. Und jedesmal werden Sie alle Widerstandsveränderungen spüren, obwohl ich Sie geführt habe.

Die folgenden Beispiele beschreiben einige Situationen von erspürten Widerstandsveränderungen innerhalb „Problemlösender Alltagsgeschehnisse", wobei hier die Veränderungen mit den *Händen* bewirkt werden:

BEISPIEL

A., 9 Jahre, wahrnehmungsgestört; geführt packt sie eine Zitrone aus der Hülle:

Die eingepackte Zitrone wurde geholt; mit der linken Hand wird sie festgehalten — auf der stabilen Unterlage. Die rechte Hand nähert sich ...

und berührt die eingepackte Zitrone, spürt die Bewegung der Hülle auf der unbewegten Zitrone und unbewegten Unterlage, umfasst die Hülle bis zum festen Widerstand und nimmt sie weg.

Berühren, Umfassen, Erspüren der Beschaffenheit von Zitrone und Hülle — Gespürtes, das vertraut ist, und Gespürtes, das unvertraut ist. Die Umwelt wird wahrgenommen, entsteht — mit wachsender Spürerfahrung intensiver und umfassender.

Ursachen und Wirkungen: Die Hülle verbirgt die Zitrone. Hülle und Zitrone gehören zusammen. Dann kommt die Trennung — die Veränderung! Das Weiche, Nachgiebige wird weggenommen — Widerstandsveränderungen —, wird zerknüllt — bis zum totalen Widerstand — und dann auf der Unterlage, dem Tisch, losgelassen. In diesem unscheinbaren „alltäglichen" Geschehnis *wirkt A. in ihrer Umwelt.* Und so wird ihr die Umwelt zunehmend zur Wirklichkeit, zu einer Wirklichkeit, die in Bewegung ist, in welcher Veränderungen geschehen, wieder und immer wieder.

Durch solche kleine Geschehnisse geführt, bewältigen wahrnehmungsgestörte Kinder/Erwachsene Teile aus den Anforderungen des Alltags. In diesem Sinne sind solche Erfahrungen Vorbereitung auf eine bessere Bewältigung des Lebens und gleichzeitig Grundlage der Weiterentwicklung.

Im nächsten Beispiel werden *Hände und Mund* benützt, um Widerstandsveränderungen zu bewirken und gleichzeitig zu erspüren:

BEISPIEL
E., 3;6 Jahre, gesund, sticht Stücke aus der Melone, was Teil der Zubereitung eines Nachtisches ist. Die Mutter führt ihn dann, wenn er selbst die Betätigung nicht ausführen kann:

 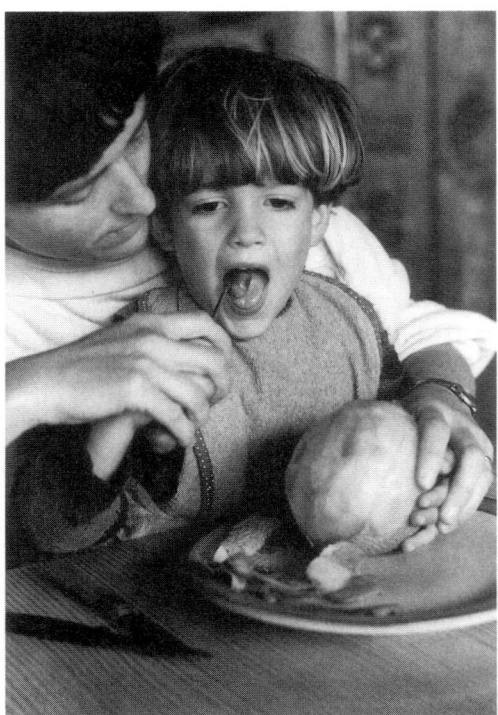

Mit dem Ausstecher in die Melone hinein: Widerstand — Nachgeben des Widerstandes und erneuter Widerstand — so spannend!

Ob etwas im Ausstecher ist?
E. verursacht und erspürt Widerstandsveränderungen mit dem Mund, der Zunge!

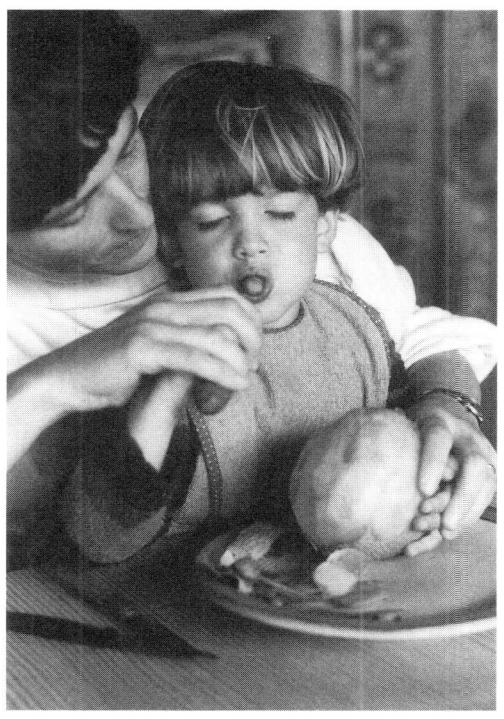

▲
Mmmm —
E. schliesst die Augen und kostet das Gespürte, das Gut-Schmeckende voll aus.

▲▲
Wieder erspürt E. eine Widerstandsveränderung, hervorgerufen durch Finger, Zunge, Ausstecher und dessen Inhalt — die Augen blicken auch hier „ins Leere" — es gibt so viel zu spüren — die Beschaffenheit der Dinge und ihr Wirken.

▶
Mit dem Finger drückt E. noch fester auf den gespürten Inhalt des Stechers — ob sich nun der Widerstand verändert, dieses Wohlschmeckende in den Mund gelangt? E. schliesst die Augen.

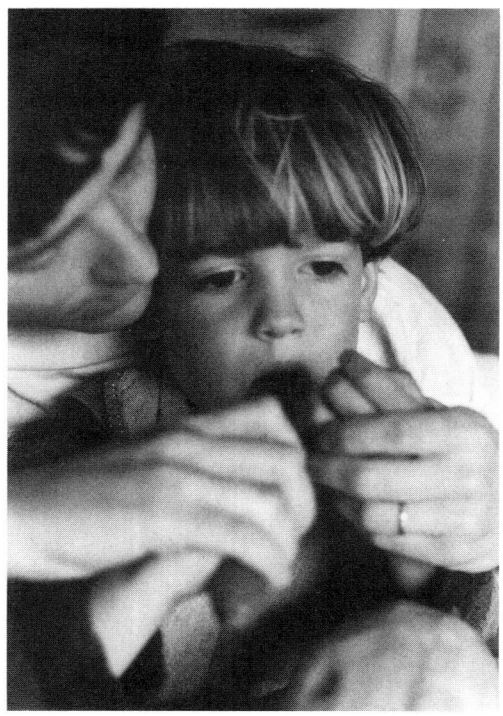 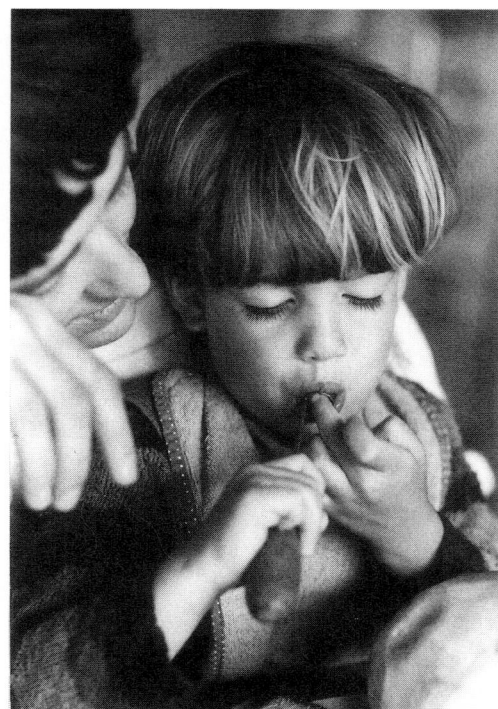

Erneutes intensives Erspüren mit der Zunge — Widerstand und Beschaffenheit! Die Augen sind geöffnet, blicken wiederum ins Leere —.

Saugen könnte auch noch helfen! E. umfasst den Ausstecher mit den Lippen — dazu drückt und spürt der Finger mit. Ganz aufs Spüren gerichtet, schliesst E. nochmals die Augen und bemerkt dabei nicht einmal, dass die Mutter ihn nicht mehr führt —.

Wenn ich schwer wahrnehmungsgestörte Kinder oder Erwachsene bei „Problemlösenden Alltagsgeschehnissen" führe, werde ich immer wieder an die Veränderung von Widerständen denken zwischen Körper — Unterlage — Gegenstand: Ich beachte, dass ich stets einen Gegenstand wegnehmen muss, bevor ich ihn bewegen kann. Wegnehmen aber kann man nur, wenn man weiss, wie die Unterlage und wie die Seite beschaffen ist. Ich untersuche also stets die Stabilität der Unterlage und der Seite, bevor ich mit Wirken beginne.

2.2 Sie wissen um die Regeln...

Im zweiten Teil, Kapitel 2 „Wir beobachten: Sie haben es und haben es doch nicht" stellten wir anhand von Beobachtungen fest, dass wahrnehmungsgestörte Kinder/Erwachsene wohl um die Regeln des Berührens und des Wirkens wissen. Wir folgerten (Abschnitt 3.3.4 „... und die Kompetenz nicht zur Performanz wird?"), dass sie diese Regeln in der Kompetenz besitzen, aber wegen des Informationsmangels häufig nicht zur angemessenen Performanz gelangen.

Dies ist eine wichtige Feststellung für die Arbeit mit dem wahrnehmungsgestörten Kind/Erwachsenen. Gelingt es uns, dem Wahrnehmungsgestörten bessere Spürinformationen zu geben, dann sollte es ihm möglich sein, diese Regeln anwenden zu können.

2.2.1 ... des Berührens...

Wenn ich jemanden führe, dann überlege ich immer wieder: Was für Information würde ich benötigen, wenn ich mich nicht aufs Sehen, nur aufs Spüren verlassen müsste?

Bevor ich eine Bewegung beginne, untersuche ich die Stabilität der Unterlage. Wo befindet sich mein Körper? Stehe oder sitze ich auf etwas Stabilem? Ich bewege kurz meinen Körper, meine Füsse, meine Hüfte ... zum Berühren der Unterlage! Wenn ich führe, untersuche ich mit dem Geführten die Unterlage, so wie ich es alleine machen würde — zum Beispiel, indem ich auf dem Stuhl ein wenig hin- und herrücke! Wackelt der Stuhl, auf dem ich sitze? Nein, er hält fest. Nun lege ich die Hände flach auf den Tisch und fühle dessen Widerstand. Ist er stabil?

Wenn ich der Stabilität der Unterlage sicher bin, dann wende ich mich dem *Problem* zu und beginne mit den Lösungsversuchen:

Ich bewege mich. Nun wird, zusätzlich zur Unterlage, die *Seite* wichtig. Versuche ich, einem schwer Wahrnehmungsgestörten möglichst angemessene Spürinformation zu übermitteln, dann muss ich einen wichtigen *Grundsatz* beachten: Wann immer ich die Position meines Körpers verändere, benötige ich, zusätzlich zur Unterlage, auf der ich stehe, einen weiteren *stabilen Widerstand als Referenzebene für meine Körperbewegung:*

Sitze ich auf einem Stuhl an einem Tisch, dann benütze ich

— *die Hände:* Ich lege beide Hände auf die stabile Tischunterlage und beginne, eine Hand über die Unterlage in Richtung des Gegenstandes zu bewegen. Während dieser Bewegung bleibt die andere Hand fest auf der Tischunterlage, um deren Stabilität zu prüfen,

— oder ich drücke meinen *Körper* an die Tischkante, um mich deren Stabilität zu versichern. In dieser Position kann ich meine Hände bewegen.

Stehe ich (z.B. beim Abwaschen, oder, um den Kühlschrank oder sonst ein Gestell zu reinigen ...), und soll mich nun durch den Raum bewegen, dann nehme ich

— *die Hände*: Ähnlich wie beim Sitzen versichert sich eine Hand der stabilen Seite (z.B. der Wand), die andere Hand sucht die nächste stabile Position,

— oder ich drücke meinen *Körper,* so zum Beispiel die Hüfte, an einen stabilen Seitenwiderstand und kann nun meine Hände bewegen ...

Dieser Grundsatz entstammt dem Wissen, dass *Wahrnehmung relativ* ist (Piaget, 1961). Veränderung erfasse ich nicht nur im Spüren, sondern auch im Sehen nur in bezug auf etwas, das stabil bleibt. Wenn ich in einem Zug sitze, dann schaue ich hinaus und sehe zum Beispiel die Häuser, die Bäume. Diese Häuser und Bäume bewegen sich — wie ich weiss — nicht. Wenn nun Häuser und Bäume verschwinden, dann weiss ich: „Mein Zug fährt". Begegnet mir aber ein anderer Zug, dann weiss ich plötzlich nicht mehr, ob mein Zug sich bewegt oder der andere oder beide ...

Wir überlegten, wie gesunde Kinder Gegenstände holen lernen: Während Monaten, bevor sie gehen können, erwerben sie sich mannigfaltige Berührungserfahrungen mit Gegenständen, die auf der gleichen Unterlage liegen wie sie selbst. Die *Unterlage mit ihrem stabilen Wider-*

stand wird so zu einer wichtigen *Referenzebene* für das Zusammenspiel der beiden Hände und der zehn Finger, für die Information bezüglich Beschaffenheit und Wirken.

Wenn aber die Unterlage nicht in die Berührungsinformation miteinbezogen wird, dann erscheinen nach und nach die verschiedenen geschilderten Auffälligkeiten — oder eben: „Abwegigkeiten" (Abschnitt 3.2.4 „Die Welt wird nicht zur Umwelt"): Statt der Einheit und Harmonie der Fingerbewegungen entsteht ein Durcheinander; aus der Einhändigkeit entwickelt sich keine Zweihändigkeit, die doch Vorbedingung für die spätere „Einheit der beiden Hände" wäre (siehe erster Teil des Buches, Abschnitt 1.4.3 „Eine Hand — dann zwei — und doch Eins"); statt des Umfassens entsteht ein Anfassen, Ausdruck einer Abwegigkeit in der Entwicklung, gefolgt unter anderem von einer wachsenden Hektik des Kindes.

2.2.2 ... und des Wirkens

In Alltagssituationen verändert sich die Umwelt ständig: Personen bewegen sich, ich bewege mich, Gegenstände werden von der Unterlage weggenommen, irgendwo wieder mit dieser zusammengebracht und dort losgelassen — nachbarschaftliche Beziehungen sind unbeständig.

Im ersten Teil des Buches wurde beschrieben, wie ein gesundes Kind übers Spüren Schritt um Schritt die Wegnehmbarkeit und die Veränderungen der Nachbarschaft der Dinge und Personen erfasst.

Nicht so Wahrnehmungsgestörte! Ihr Versagen im Alltag besteht zu einem grossen Teil in der Schwierigkeit, die Komplexität der Veränderungen in den nachbarschaftlichen Beziehungen erfassen zu können (siehe zweiter Teil, Abschnitt 2.2.2 „Und wo bleibt die Nachbarschaft?").

Nehme ich mir Zeit, ein wahrnehmungsgestörtes Kind/einen Erwachsenen durch ein „Problemlösendes Geschehnis" zu führen, dann muss ich unbedingt die *Wegnehmbarkeit und das Erfassen nachbarschaftlicher Beziehungen in mein Führen mit einbeziehen.*

Zwei Fragen tauchen in diesem Zusammenhang auf:

— Wie gelange ich zu einem Gegenstand, den ich benötige, im Augenblick aber nicht berühre?
— Wenn ich mein Ziel erreicht habe und den Gegenstand nicht mehr benötige, wo führe ich ihn mit der Unterlage wieder zusammen, und wie lasse ich ihn dort los?

Unsere erste Frage: *Wie gelange ich über Distanz zu einem gewünschten Gegenstand?* Im ersten Teil, Abschnitt 1.4.4 „Die Vielfalt des Berührens und des Loslassens", haben wir das Verhalten der kleinen T. beschrieben; durch ihr mannigfaltiges Tun lernt sie, dass ein Gegenstand, den ich nicht direkt berühre, *über die Unterlage mit meinem Körper in nachbarschaftlicher Beziehung steht.* Das heisst, *ich erreiche ihn über die gemeinsame Unterlage.*

Dieser Grundsatz ist bei Wahrnehmungsgestörten zu beachten, wenn ich versuche, ihnen über das Spüren im Rahmen „Problemlösender Geschehnisse" bessere Information zu vermitteln:

BEISPIEL

F., 23 Jahre, wahrnehmungsgestört und zerebrale Bewegungsstörung. Sie hat Gurken geschnitten. Nun sollen die Stücke in die Pfanne gegeben werden. Dazu muss sie die Pfanne holen. Sie wird dabei geführt:

Mit der linken Hand spürt sie die Stabilität der Tischunterlage, die rechte sucht Seitenwiderstand.

▲▲
Zuerst die rechte Hand, darauf die linke, finden den Seitenwiderstand; er gibt nach — relativ zur stabilen Unterlage.

▲
Beide Hände spüren den Seitenwiderstand und gleichzeitig die Stabilität der Unterlage.

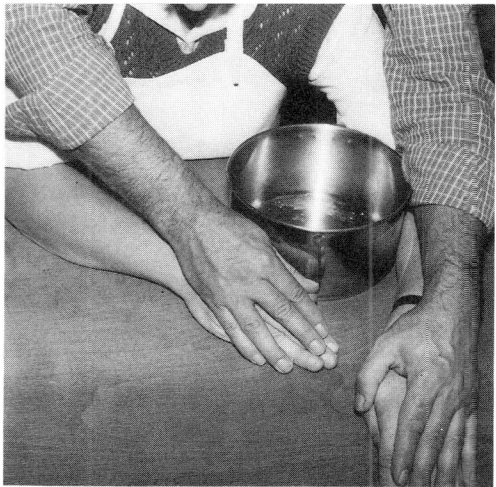

◄
Die rechte Hand schiebt die Pfanne dem linken Arm entlang — all dies auf der stabilen Unterlage!

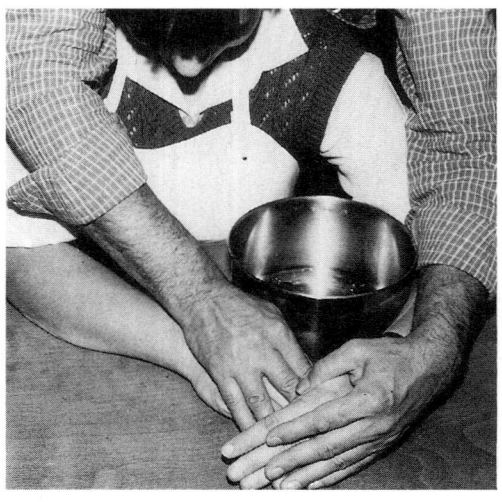

*Immer weiter über die Unterlage in Richtung des Körpers!
Die linke Hand übernimmt langsam die Führung.*

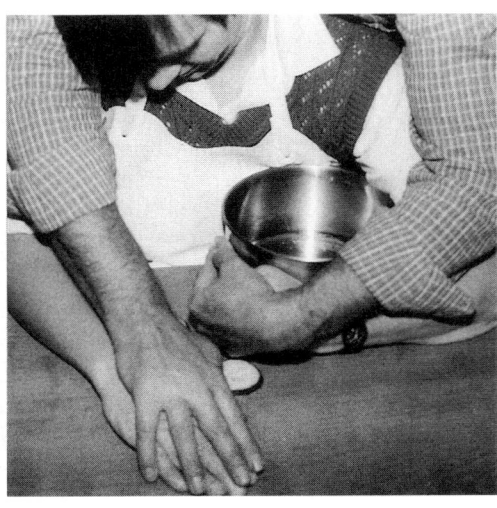

Jetzt ist die Seite der Pfanne am Körper — die Unterlage bleibt weiterhin einbezogen — stabile Referenzebene!

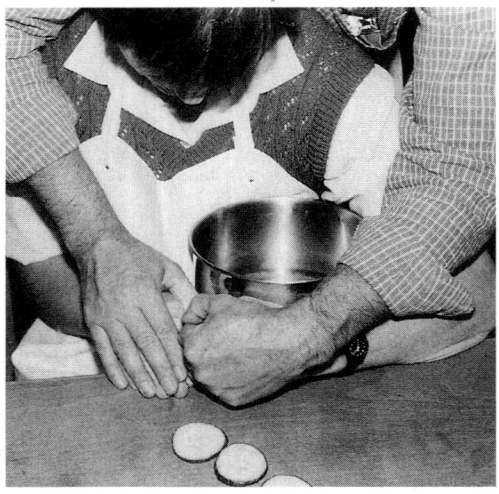

◀
*Immer enger an den Körper — die Pfanne befindet sich in der Nische zwischen Arm und Körper — Seitenwiderstand rund herum!
Jetzt kann man es wagen, sich von der Unterlage zu entfernen, die Pfanne der Tischkante entlang nach unten zu bewegen —
für das kommende Einlegen der Gurkenstücke!*

Die zweite Frage betrifft das *Zusammenführen und Loslassen.* Wenn wir uns im Alltag (in dem bis jetzt in diesem Buch beschriebenen Sinne) betätigen, so nehmen wir weg, bringen zusammen und lassen los. Was geschieht denn dabei eigentlich? Was für Informationen benütze ich für dieses Tun? Wir erinnern uns wieder an die Entwicklung gesunder Kinder (erster Teil, Abschnitt 2.1.2 „Ich trenne und bringe zusammen"):

Das Kind gelangt zum Gegenstand über die Unterlage. Es untersucht die Wegnehmbarkeit desselben von der Unterlage, es trennt den Gegenstand von der Unterlage, es bringt ihn wieder mit der Unterlage zusammen — es lässt ihn auf der Unterlage los.

Dieser Grundsatz ist bei Wahrnehmungsgestörten ebenfalls zu beachten: *Ich lasse einen Gegenstand nicht in der*

Luft los, sondern erst dann, wenn ich die Unterlage spüre. Lassen Sie sich führen, erspüren Sie die Stabilität der Unterlage, und Ihre Finger lösen sich fast unwillkürlich vom umfassten Gegenstand!

Dieser Grundsatz ist für jede Situation gültig, in welcher ich etwas loslassen muss, um es mit etwas anderem zusammenzubringen. So in den Beispielen des vorangegangenen Abschnittes: Gurken- und Aubergine-Stücke werden in die Pfanne gegeben, die Gemüsestücke müssen also mit dem Pfannenboden zusammengebracht werden. Dies bedingt ein Loslassen der Stücke erst dann, wenn der Pfannenboden als Unterlage gespürt wird. Die Situation kann folgendermassen aussehen:

BEISPIEL

F., vom vorherigen Beispiel, hat die Pfanne herangeholt. Nun sollen die Gurkenstücke hineingegeben werden:

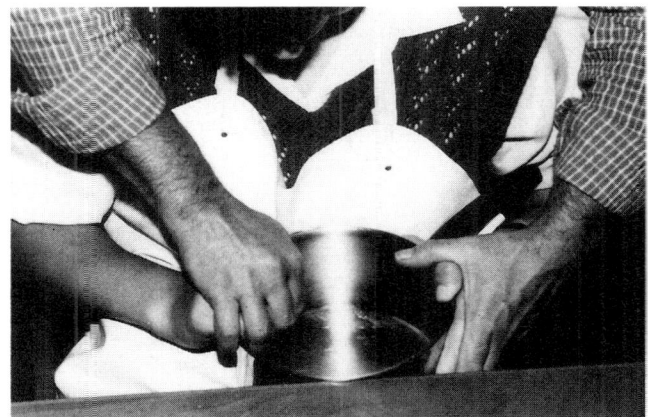

▶ *Die Pfanne wird der Tischkante entlang nach unten geführt —*

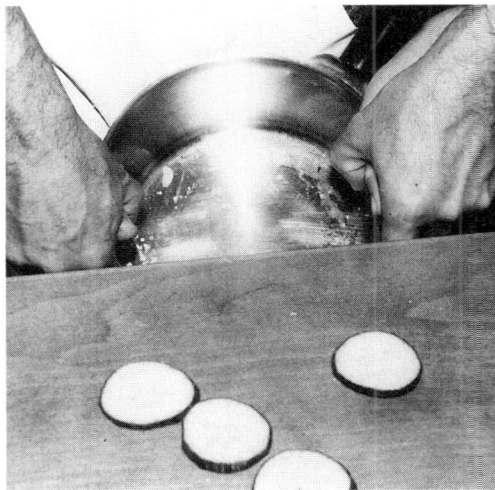

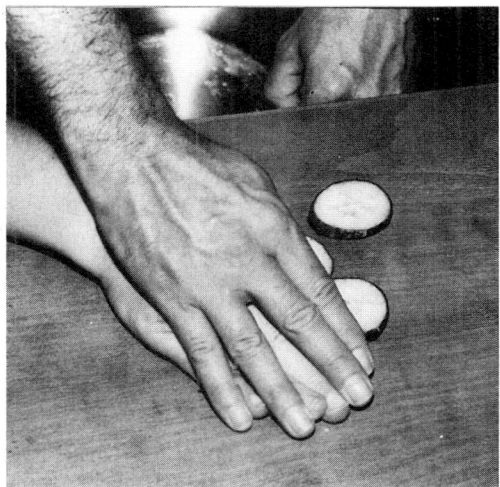

und dort festgehalten, der Schoss als Unterlage, Körper und Tischkante als stabile Seiten. Die linke Hand sichert diese Position —

die rechte kann sich so frei bewegen — der Unterlage entlang!

Die Gurkenstücke werden über die Unterlage bis zur Tischkante geschoben, dorthin, wo die Seitenwand der Pfanne die Tischkante berührt.
Vom Unterlagewiderstand des Tisches weg berührt die rechte Hand mit den Gurkenstücken die Seitenwand der Pfanne — von der Innenseite her:

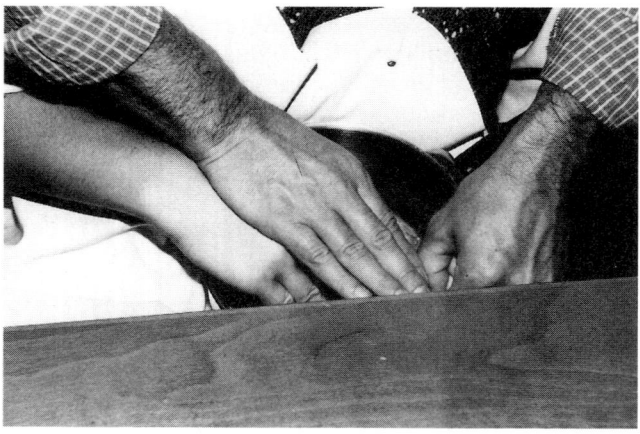

Die Hand mit den Gurkenstücken bewegt sich dem Seitenwiderstand der Pfanne entlang.

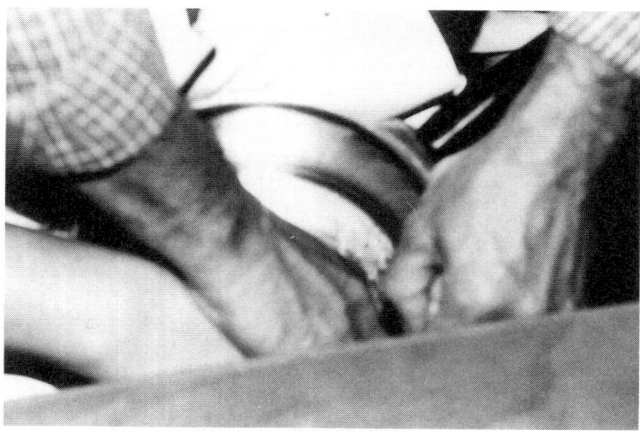

Unten angekommen, drücken die Finger die Stücke gegen den Pfannenboden —!

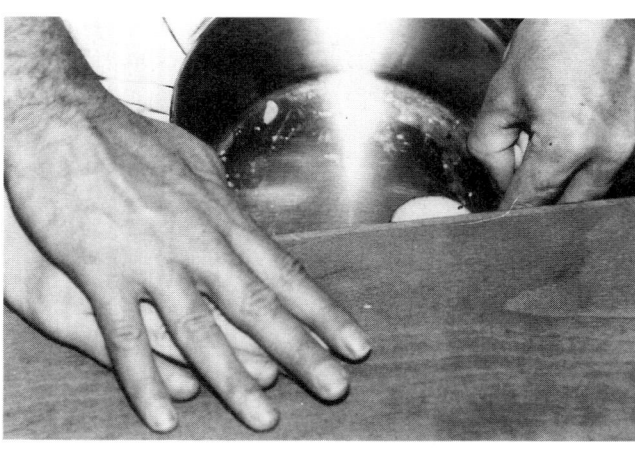

Und hier, auf dem neu entstandenen Unterlagewiderstand, kann das Gemüse losgelassen werden.

Oft betrifft das Loslassen ein Hilfsmittel, ein Werkzeug, das man benützt hat und nun nicht mehr benötigt. Im nächsten Beispiel wird ein Stück von einer Aubergine mit dem Messer abgeschnitten und darauf das Messer weggelegt:

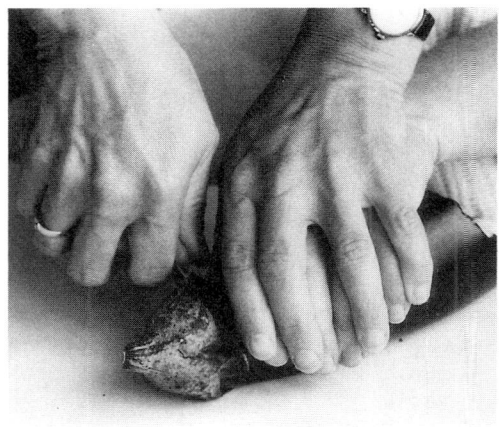

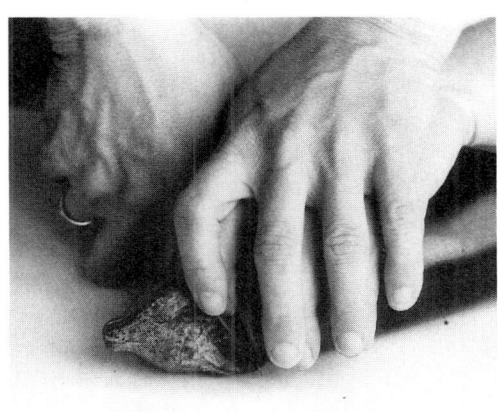

Zuerst Erspüren all der Widerstände: Unterlage und Seite, dann beginnt die Schneidebewegung.

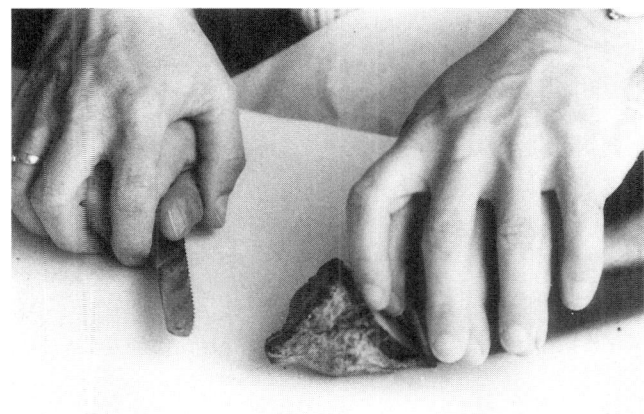

Die rechte Hand mit dem Messer berührt die Unterlage, spürt deren Widerstand,

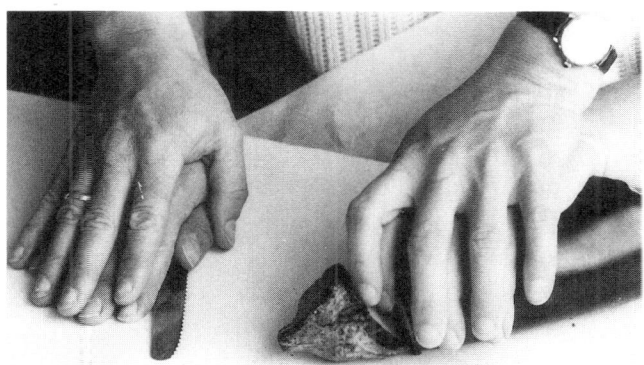

bewegt sich leicht rückwärts — und die Finger öffnen sich, lassen das Messer los.

Noch eine Bemerkung zu unserer Diskussion über die „Nachbarschaft": Es kommt immer wieder vor, dass wahrnehmungsgestörte Kinder erst dann zu uns kommen, wenn sie bereits sehr *hektisch* geworden sind; wir erinnern den Leser in diesem Zusammenhang an frühere Feststellungen (siehe im zweiten Teil des Buches, Abschnitte 2.1.4 „... und gelangen nicht zum Umfassen" und 2.2.2 „Und wo bleibt die Nachbarschaft?").

Diese Kinder versagen im Einbezug der Unterlage in die Beziehung der Nachbarschaft. *Statt gespürter nachbarschaftlicher Beziehungen* haben sie *visuelle Beziehungen* aufgebaut; so können sie zum Beispiel Distanzen im Raum nicht abschätzen. Führe ich diese Kinder über die Unterlage, dann ist ihnen diese Information unvertraut, und sie reagieren denn auch dementsprechend; sie geraten in *Panik*, befinden sich also auf der beschriebenen ersten Lernstufe (siehe Abschnitt B.1.1.1 „Das, was ich spüre, ist mir fremd").

Erzieher, die für ein solches Kind verantwortlich sind, benötigen intensive fachliche Hilfe, um es fördern zu können, indem zuerst *die Abwegigkeit der Entwicklung abgebaut werden muss, bevor aufgebaut werden kann.* Dies bedingt oft ein Zurückführen nachbarschaftlicher Beziehungen auf eine *Berührungsbeziehung* Körper — Unterlage — Gegenstand *direkter* Art. Ich kann also mit einem solchen Kind nicht der Unterlage entlang zu einem Gegenstand gelangen und dann den Gegenstand zum Körper bringen. Das Kind muss vielmehr die verschiedenen Widerstandsveränderungen zwischen Unterlage — Gegenstand — Körper *gleichzeitig spüren* können, um auf diese Weise langsam statt zu visuellen zu *gespürten* nachbarschaftlichen Beziehungen zu gelangen.

2.3 Und jetzt kann ich verändern

Der Alltag stellt Probleme — ich soll diese lösen. Die Lösung verlangt Veränderungen. Die Veränderungen müssen bewirkt werden — dazu sind Ursachen notwendig:
Ich stehe zum Beispiel vor einer verschlossenen Tür. Ich muss irgend etwas tun, um die Tür zu öffnen. Ich bewege meinen Körper, meine Hände zur Türklinke. Ich soll die Klinke niederdrücken — Ursache, um die Tür zu öffnen. Die Wirkung: Die Türklinke wird sich durch mein Drücken nach unten bewegen und damit den Mechanismus auslösen, der die Tür öffnen lässt.

Das folgende Beispiel stellt einige Ursache-Wirkungsabläufe bei der Benutzung des Staubsaugers dar:

A., 9 Jahre, wahrnehmungsgestört, reinigt ein Zimmer mit dem Staubsauger. Sie wird dabei geführt:

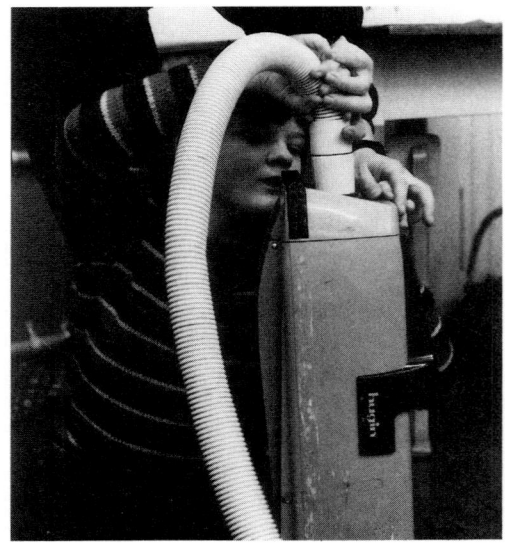

A. setzt den Staubsauger zusammen. Sie führt den Schlauch in die Öffnung: Die Bewegung ist blockiert! — Und nun? Das Rohr ist drin.

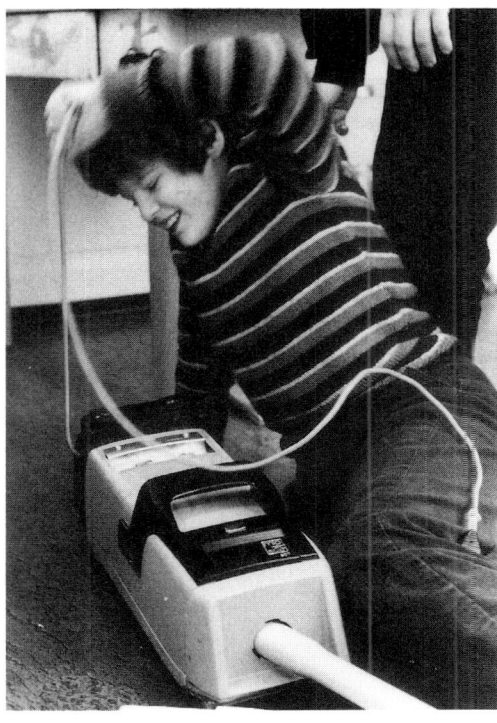

▲
*Jetzt das Kabel! Das kann sie selbst —
sie übernimmt die Bewegung.*

▲▲
*Das Kabel wird mit dem Stecker in die
Steckdose eingeführt — Ursache!
Kein Widerstand — dann totaler Widerstand — Wirkung, der Anschluss ist gemacht.*

▶
*Zurück zum Staubsauger!
Der Knopf wird bewegt, der Widerstand
verändert — Ursache!
Und die Wirkung?*

*Grosser Lärm — und da?
Es saugt am Gesicht —*

und saugt an den Haaren und am Ohr —

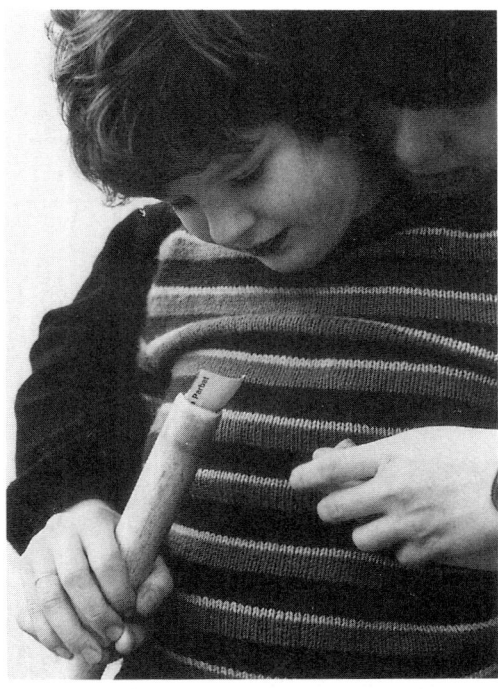

*und da, schau, was geschieht?
Ein Stück Papier wird angesaugt —*

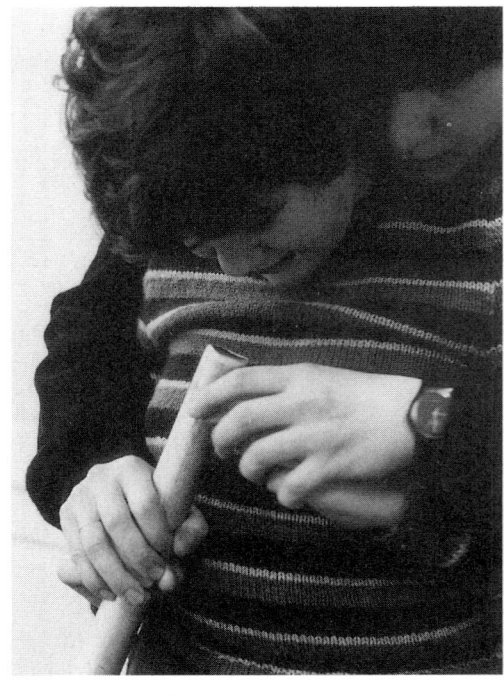

das Papier ist verschwunden —.

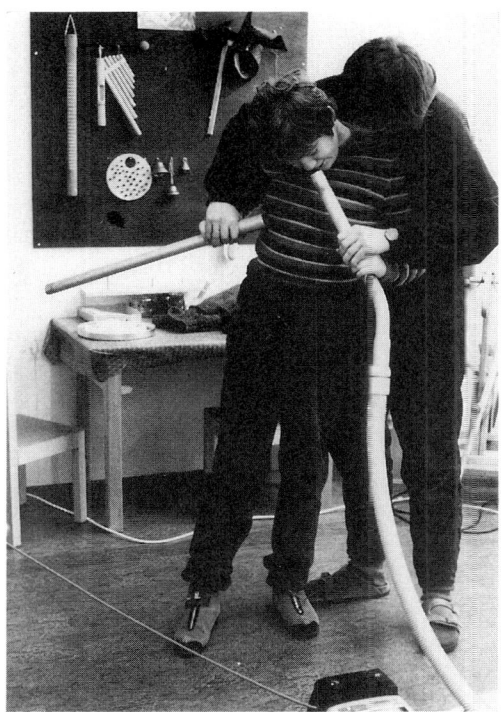

Es war doch eben noch da — und nun ist es fort. Aber wo?

Nicht im Rohr! Ob es im Staubsauger ist?

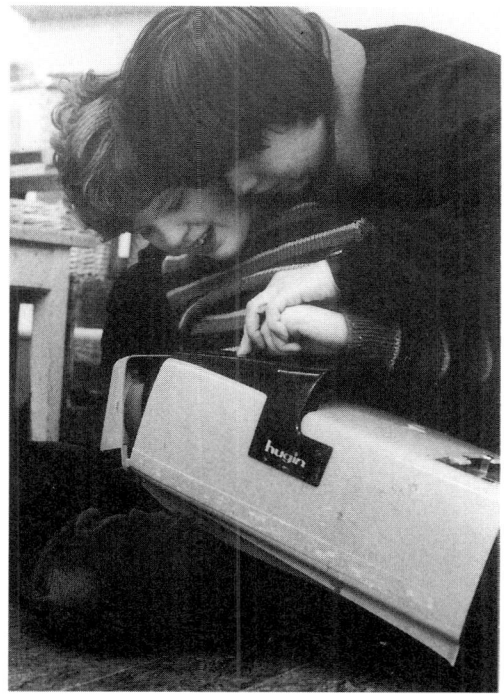

▶
Da — der Widerstand gibt nach — und man kann aufmachen, und das Gesehene kann man berühren, umfassen, wegnehmen — herausholen.
Eine Kette von Widerstandsveränderungen, von Ursachen und Wirkungen!

Hier ist der Staubsack: Was wohl drin ist?

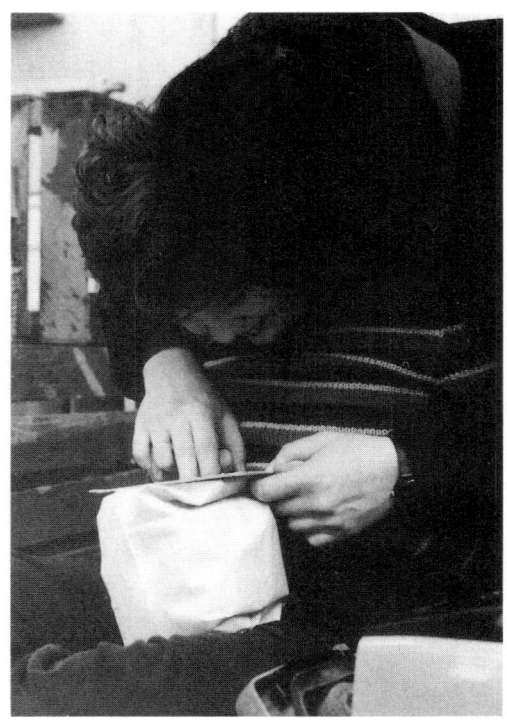

Kann man das berühren?

▶
... und umfassen? — wegnehmen? — herausholen? — bewegen?
— und dann, hier ist das verschwundene Papierschnitzel.
Sowas! A. lacht.

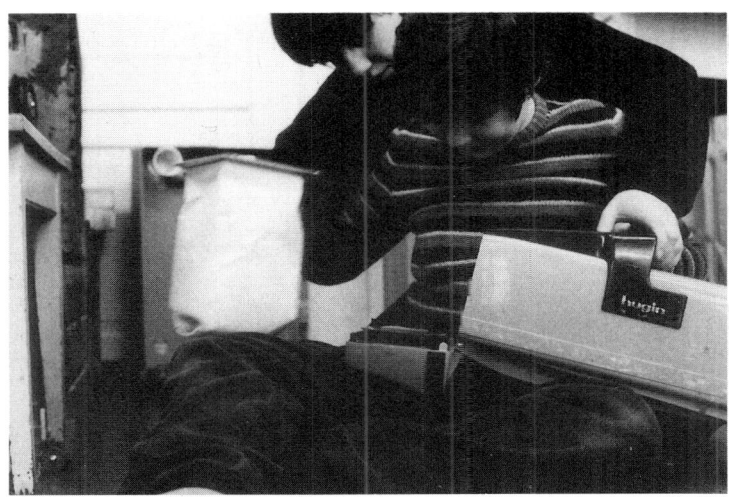

Nun folgt das Eintügen des Staubsackes. Wiederum eine ganze Kette von sich folgenden Widerstandsveränderungen, von Ursachen und Wirkungen.

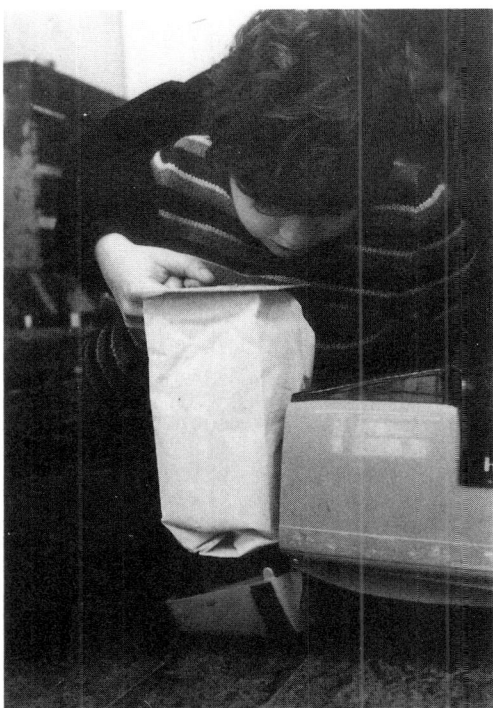

Der Sack ist drin.

Der Lärm ist wieder da, die Papierschnitzel verschwinden vom Boden — das Ziel ist erreicht: Der Boden wird sauber.

Jetzt — das Rohr ist wieder dran! Widerstandsveränderungen noch und noch!

2.3.1 Wann Hände und wann Hilfsmittel?

Beim Führen werde ich möglichst oft versuchen, den *Körper direkt* als Ursache einzusetzen, um eine gewünschte Wirkung zu erzielen. Meist werden es die Hände sein. Vielleicht benütze ich aber auch den Mund, die Füsse, den Rumpf. Erst, wenn ich durch diesen direkten Einsatz des Körpers nicht zum Ziel, zur gewünschten Wirkung gelange, werde ich mich nach Hilfsmitteln umsehen. Dieses Prinzip ist wichtig, wenn ich daran denke, dass ich Kinder/Erwachsene führe, die aufgrund ihrer gestörten Wahrnehmung einen grossen Mangel an Information über die Beschaffenheit der Umwelt aufweisen. Es folgen einige Beispiele zur Veranschaulichung, wie die *Hände direkt eingesetzt* werden können:

BEISPIELE

A., 9 Jahre, wahrnehmungsgestört, quetscht eine Zitrone aus. Sie wird dabei geführt:

▶
Die rechte Hand hält die glitschige Zitrone, drückt diese auf die stabile Unterlage.
Die linke Hand berührt den fleischigen, feuchten Inhalt der Zitrone.
▼
Die Finger drücken ins Fruchtfleisch; ob der Widerstand nachgibt? Ob das Berührte wegnehmbar ist? Die Finger werden feucht. Das duftet! Die Schale ist zäh — das Fleisch gibt nach.
▼▼
Die Finger haben ein Loch gebohrt — die Öffnung wird weiter. Noch mehr Druck in das weiche, elastische Fleisch, dann der Versuch, dieses herauszuziehen!

Es glückt — ein Stück vom Zitronenfleisch ist frei, liegt auf dem Teller.
▶

Der *Erfolg verursachender Bewegungen hängt eng von der Beschaffenheit* des Materials ab. Damit jemand angemessen bewirken kann, muss er sich Information über das Material erwerben. So muss im folgenden Beispiel E. sich mit der Beschaffenheit des Melonenfleisches und der darin enthaltenen Kerne auseinandersetzen, um die Kerne aus dem Innern der Melone entfernen zu können:

BEISPIEL
E., 3;6 Jahre, gesund, ist mit dem Rüsten der Melone beschäftigt. Diese ist jetzt geschält. Nun sollen die Kerne aus dem Innern entfernt werden. Die Mutter führt E.s Hände, sobald er die Betätigung nicht selbst ausführen kann:

E. berührt das Melonenfleisch — so weich und glitschig!
Mutter und E. lächeln — ja, so ist die Melone beschaffen!

Nun ins Innere!
E. spürt den Widerstand an der Seite, das Weiche im Innern, feucht und klebrig! Er übernimmt die Bewegung — gespannt — sogar die Zunge macht mit!

Am Ziel!
Die Kerne liegen auf dem Teller. Sie sind herausgenommen, von der Melone getrennt — die gewünschte Veränderung ist erreicht!
▶

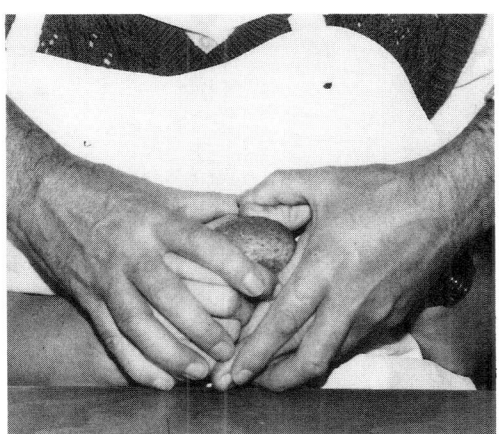

Brot-Brechen bedingt ebenfalls eine Exploration des Materials: *Wie* umfasse ich das Brötchen, *wie* halte ich es, um dann den notwendigen Druck ausüben zu können? — *Wie* gross muss der Druck sein, um das Brötchen zu brechen?

BEISPIEL

Mit F., 23 Jahre, wahrnehmungsgestört und zerebrale Bewegungsstörung, wird ein Brötchen gebrochen (siehe auch frühere Beispiele des „Gurkenschneidens", S. 222—226):

▶
Die Finger umfassen das Brötchen —
▼
und suchen nach der besten Position,   ▼▼

... um nun den Widerstand des Brötchens brechen zu können.

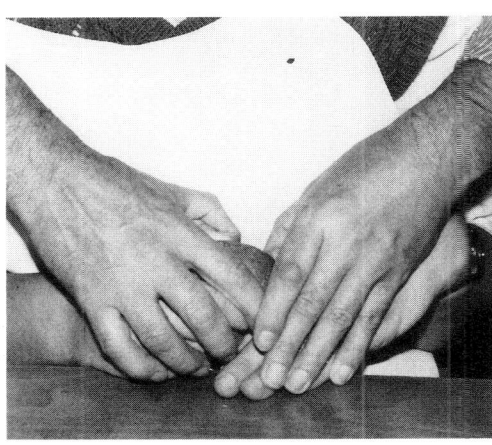

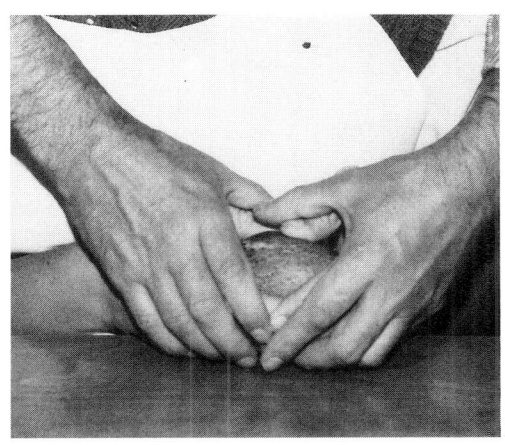

So, jetzt kann man drücken, stark gegen den Unterlagewiderstand — das Brötchen gibt nach, jetzt ist es geteilt.

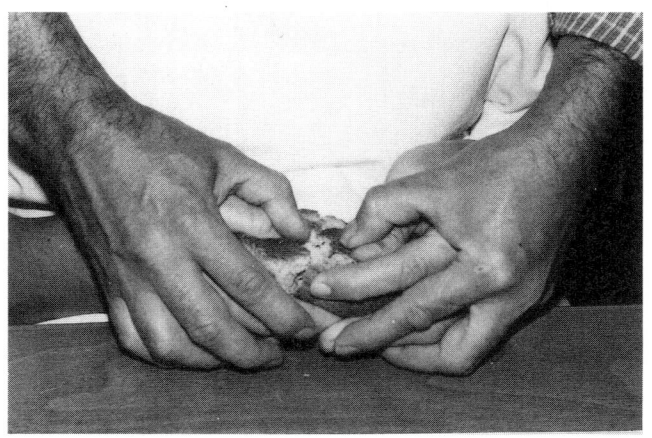

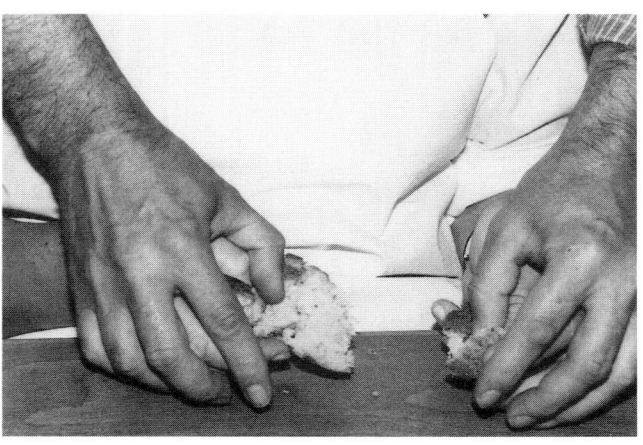

Im nächsten Beispiel bricht F. Käse ab, um das Stückchen dann aufs Brot zu legen:

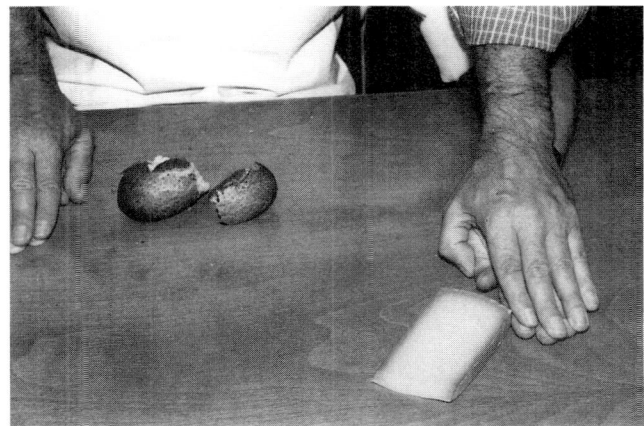

Zunächst wird der Käse der Unterlage entlang herangeholt —

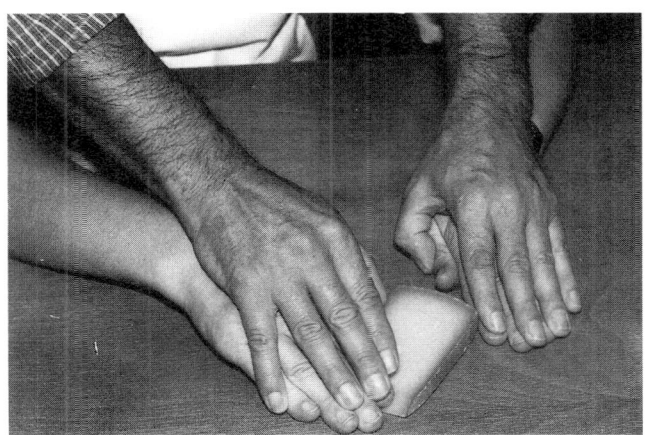

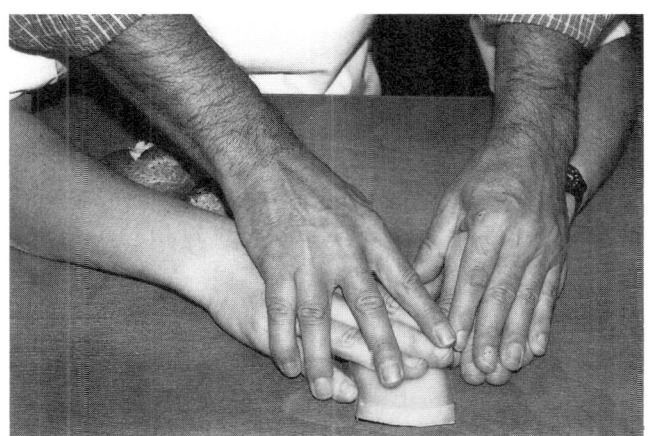

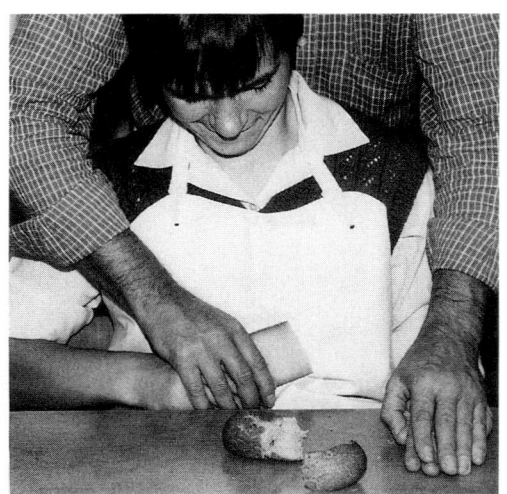

bis zum Widerstand des Körpers —. ▶

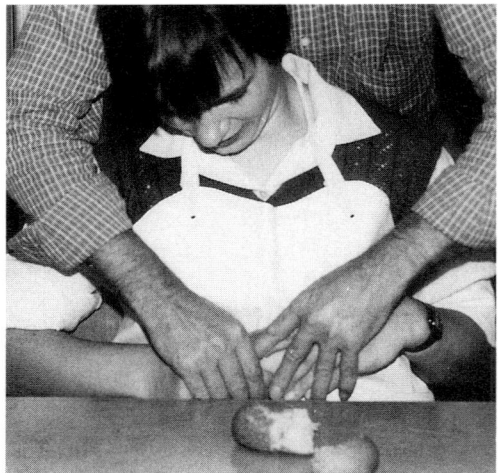

▼
Mit beiden Händen wird der Käse gegen den Widerstand des Körpers gedrückt;

Versuch des Brechens — gelungen: Ein kleines Stück Käse ist in der linken Hand eingeschlossen. ▼▼

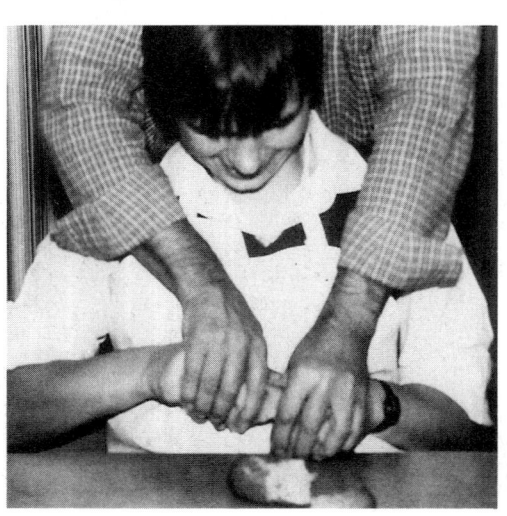

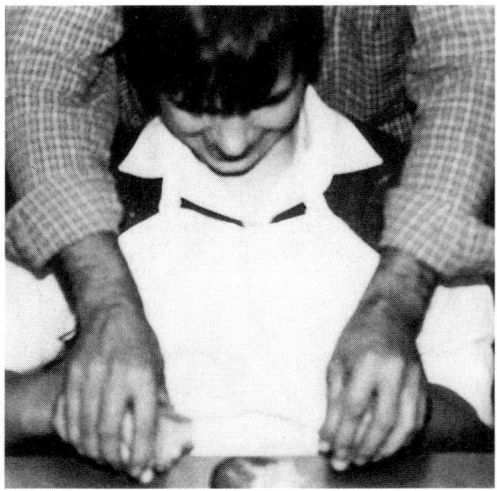

Mit der rechten wird das nicht mehr gebrauchte Käsestück auf den Tisch zurückgelegt und losgelassen.

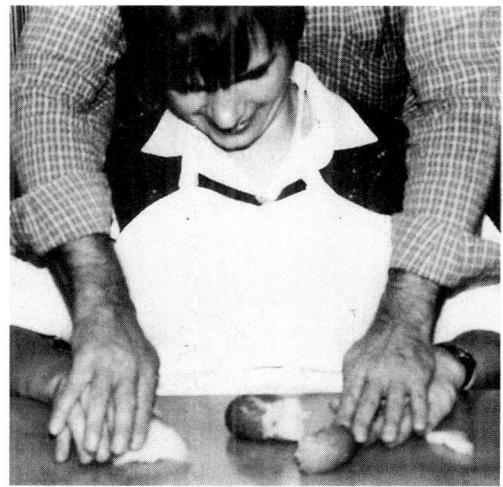

Manchmal genügen die Hände nicht. Ich muss Umschau halten nach einem *Hilfsmittel*: Messer, Löffel, Hammer.

BEISPIELE

Ich führe C., eine gesunde Erwachsene, bei einer „Übung":
Wir halten eine Aubergine mit beiden Händen. Ziel des Tuns: Aubergine fürs Mittagessen zubereiten. Teilziel: Zerkleinern der Frucht!

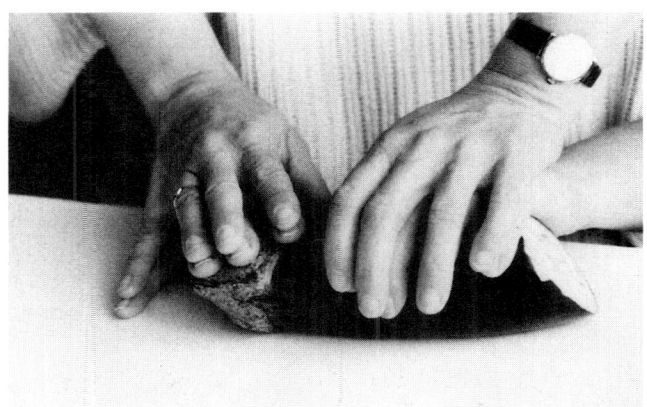

Mit beiden Händen drücken wir auf die Aubergine — ob sie so geteilt werden kann?

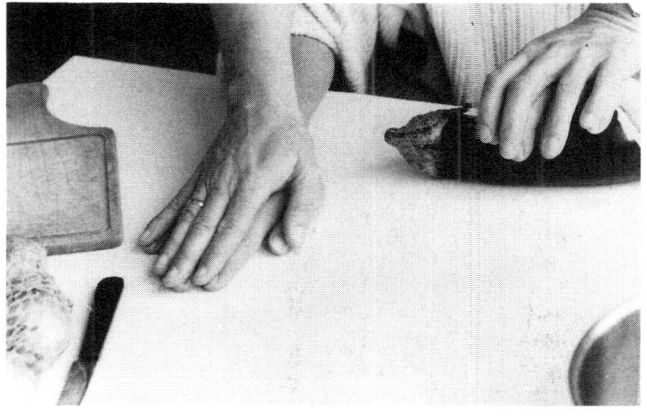

Nein — es ist nicht gelungen! Ein Hilfsmittel wird gesucht: das Messer! Wo ist es? Wie gelange ich dorthin?

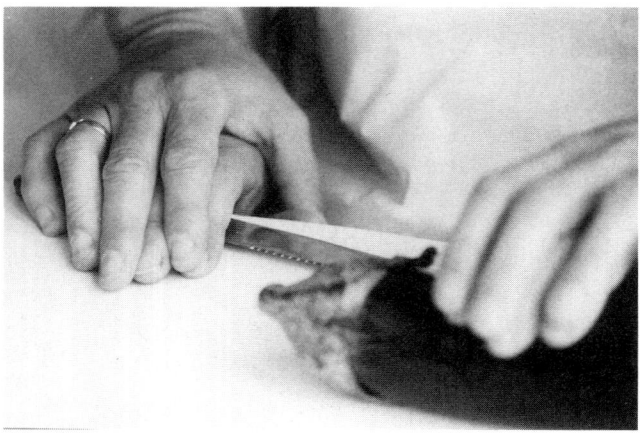

Das Messer wird berührt, über die Tischkante geführt und so umfasst.

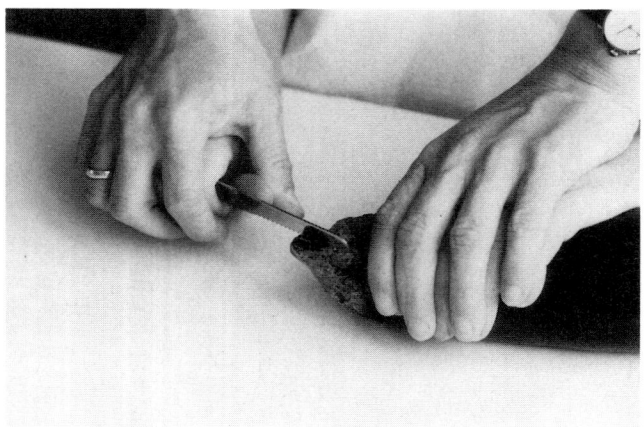

Mit dem umfassten Messer wird die Aubergine berührt —.

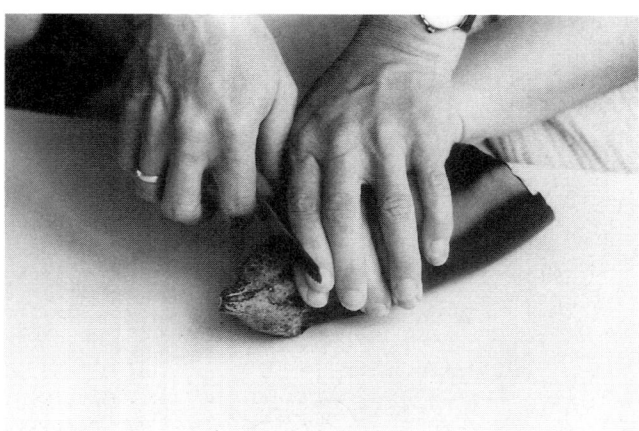

Nun berührt das Messer die linke Hand — erst jetzt kann das Schneiden beginnen.

D., 5 Jahre, gesund, fährt mit dem Schälen der Melone weiter (siehe Beispiel D., Abschnitt 1.1 „Ich lerne über das Spüren", S. 191/192), er benützt dazu das Küchenmesser:

▲▲
Die Mutter nimmt D.s Hände, fährt weiter, wie sie es selber machen würde — harmonisch, ohne Unterbruch.
D. bemerkt nicht, dass er geführt wird. Er ist ganz auf das Geschehen, das Schälen gerichtet.

▲
Er spürt: Mit leichtem Druck wird das Messer dem Widerstand entlanggeführt.

◄
Er spürt, wie der Druck der Melone in der einen Hand stärker wird. Und nun ist der Widerstand gegen die Hand, die das Messer führt, plötzlich weg — gleich darauf ist der Widerstand wieder da. Das Messer berührt den Teller, ein Stück Schale ist abgetrennt.

So verursache ich Bewegungen, sei es mit meinem Körper direkt am Gegenstand oder mit einem Hilfsmittel. Ich versuche, eine gewünschte Veränderung herbeizuführen. Ich werde in meinen „Problemlösenden Alltagsgeschehnissen" immer wieder solche Wirkungen prüfen. Sind sie so, wie ich sie zur Lösung meines Problems benötige? Auch bei solchen Prüfungen werden Widerstandsveränderungen benützt.

BEISPIEL
A., 9 Jahre, wahrnehmungsgestört, höhlt einen Apfel aus, um ihn dann zu füllen. Mit dem Finger kratzt sie ein Loch in den Apfel. Sie wird dabei geführt:

▶
Zum Aushöhlen benützt sie das Messer: dem Körper entlang nach unten zum Widerstand der Unterlage — und nun drehen!
Apfelstücke erscheinen!
Darauf wird mit dem Finger nachgekratzt —.

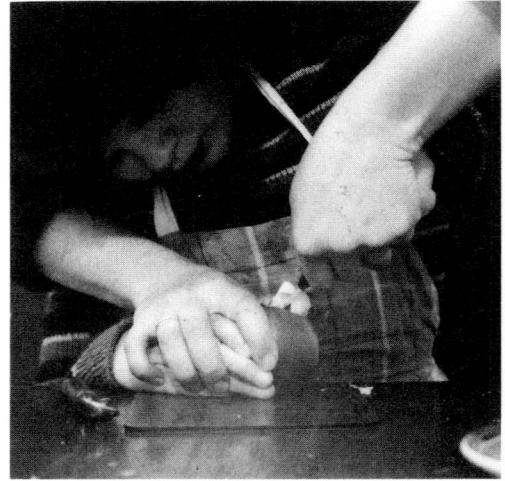

Was das Kratzen wohl bewirkt hat? Ob das Loch gross ist? Die Finger erspüren die Wirkung des Kratzens — das Loch ist noch zu klein. A. grübelt weiter.

Jetzt — A. spürt mit dem Finger und schaut. Soo gross ist nun das Loch!

2.3.2 Alles zu seiner Zeit

Wenn wir von Ursachen und Wirkungen sprechen, so verdient die Tatsache unsere Aufmerksamkeit, dass sich Ursachen und Wirkungen stets in einer zeitlichen Reihenfolge abwickeln.

Die Reihenfolge kann manchmal *willkürlich* festgelegt werden: Bereite ich eine Melone zu, dann kann ich diese zuerst schälen und dann zerteilen — oder umgekehrt. Die Gurke und die Aubergine werde ich in der Regel zuerst in Stücke schneiden und dann die Stücke in die Pfanne geben. Es wäre jedoch auch möglich, die Gurke oder die Aubergine zuerst in die Pfanne zu legen und dann erst zu zerstückeln.

Neben den willkürlich festgelegten Folgen der Betätigungen gibt es Folgen, die *zwingend* sind: Damit ich die Kerne aus der Melone entfernen kann, muss ich die Melone zuerst öffnen. Damit ich den Apfel füllen kann, muss dieser zuerst eine Höhlung aufweisen. Deutlich werden zwingende Reihenfolgen zum Beispiel auch beim Zusammen- und In-Betrieb-Setzen des Staubsaugers.

„Problemlösende Alltagsgeschehnisse" bilden gerade unter diesem Aspekt als Rahmengeschehnisse für die sinnvolle Abfolge von Ursachen und Wirkungen einen grundlegenden Bestandteil des Lernens und der Entwicklung.

2.3.3 Ja, darf ich kaputt machen?

Vieles von dem, was wir tun, können wir nicht mehr rückgängig machen. Diese Tatsache kann schwerwiegende Folgen haben. Denken wir nur an die Umweltverschmutzung!

Kinder möchten die Umwelt untersuchen. Sie möchten wissen, wie diese aufgebaut ist. Solche Untersuchungen führen oft zur *Zerstörung von Dingen*: Eine Uhr wird auseinandergenommen; der Puppe werden die Augen eingedrückt.

Bei *Alltagsgeschehnissen* ist die „Zerstörung" möglich, ja sogar Ziel: Sie beinhalten *gewollt Veränderungen, die nicht mehr rückgängig gemacht werden können.* Dazu folgendes Beispiel:

BEISPIEL
B., 5 Jahre alt, wahrnehmungsgestört, kommt zum Untersuch. Er wird als ungestüm geschildert, könne nicht ruhig sitzen, keine halbe Minute, nichts sei vor ihm sicher, was immer er anfasse, zerbreche.
Geführt wird mit ihm ein „Apfel im Teig" gemacht. Dazu wird gegen Ende ein Ei zerbrochen, weil wir das Eigelb zum Bemalen des Teiges brauchen. — B. sagt immer wieder: „Ei kaputt, Ei kaputt" — mehrere Male erwähnt er diese Tatsache mit Nachdruck.

Fast alle Vorgänge in der Küche sind durch „Kaputt-Machen" geprägt. Sie bieten deshalb unerschöpfliche Möglichkeiten, dem Kind Erfahrungen über die Umwelt mit nicht rückgängig zu machenden Veränderungen zu vermitteln.

Wir fassen zusammen:

In diesem Kapitel „Ich spüre und wirke" machten wir uns Gedanken über die *enge Verbindung zwischen der Beschaffenheit der Umwelt und unserem Wirken auf sie.*

Damit ich wirken kann, muss ich immer wieder die Beschaffenheit des Materials erspüren — wichtig wird dabei das Umfassen mit Referenz zur stabilen Unterlage.

Um genügend Spürinformation zu erhalten, setze ich meinen ganzen Körper ein — wenn möglich direkt; ein Hilfsmittel benütze ich erst, wenn ich mit direktem Körpereinsatz nicht mehr weiterkomme.

Spüren kann ich nur, wenn mein Körper sich bewegt oder bewegt wird. So spüre ich Widerstand nur, wenn ich ihn verändere — und dies muss stets mit Bezug auf eine stabile Referenzebene geschehen.

Die *stabile Unterlage wird für diese Informationsgewinnung unerlässlich:* Sie dient, wir wiederholen, als Referenz für Widerstandsveränderungen, als Grundlage für angemessenes Umfassen und Loslassen wie auch für die Erkundung der Nachbarschaft.

Vermittle ich dem Wahrnehmungsgestörten mit meinem Führen Information über Widerstandsveränderungen bei „Problemlösenden Geschehnissen", dann wird er zu Ursache-Wirkungserfahrungen kommen, darin eingeschlossen gespürte Erfahrungen bezüglich Materialien, Reihenfolgen sowie Veränderungen der Wirklichkeit.

3. Ich verstehe „Problemlösende Geschehnisse des Alltags"

In den beiden vorausgehenden Kapiteln dieses dritten Teils haben wir beschrieben, wie wir über Spürerfahrungen zu Verhaltensänderungen kommen.

Wir unterschieden dabei — vom Zurückweichen über das Vertraut-Werden bis hin zum Wiedererkennen und zur Erwartung — vier Lernstufen. Mit den genannten Lernstufen sind wir noch nicht bei der Ausführung angekommen; die Ausführungsleistung werden wir im nächsten Teil C besprechen.

Wir wollen uns in diesem Kapitel nochmals den Stufen zwei bis vier zuwenden. Dies geschieht unter dem Aspekt, welche „Verfasstheit" von seiten des Lernenden gegeben sein muss, damit *Lernen* überhaupt stattfinden kann; dabei wird der *Begriff des Verständnisses* im Zentrum stehen.

3.1 Lernen beginnt beim Verständnis

Verständnis ist eine Voraussetzung für das Lernen. Etwas, das ich nicht verstehe, werde ich nicht speichern können und so nicht daraus lernen. Was meine ich nun mit dem Begriff „Verständnis" und woran kann ich Verständnis erkennen?

3.1.1 Verständnis — was meine ich damit?

Wenn ich jemanden durch ein „Problemlösendes Geschehen" führe, dann spüre ich, ob der Betreffende „dabei" ist. Ich spüre, ob der/die Geführte denselben Spannungsablauf zeigt wie ich: Ich und er/sie entspannen kurz auf der Unterlage. Ich und er/sie setzen zur Bewegung an — meine Spannung steigt an, ebenso diejenige des Geführten. Ich bewege mich in Richtung eines gewünschten Gegenstandes, der/die Geführte folgt der eingeschlagenen Richtung ... eine enge Verbindung entsteht über das Spüren zwischen mir und dem/der Geführten und dem verursachten Geschehen in der Umwelt. Wir benützen in diesem Zusammenhang oft den lateinischen Ausdruck „inter-esse", „dazwischen sein", „dabei sein"!

In diesem Falle sprechen wir von *Verständnis*. Mit diesem Begriff meinen wir die „Haltung" einer Person einem Geschehnis gegenüber.

Wir haben offenbar sehr empfindliche „Antennen" dafür, ob uns der andere Mensch in einer Verständnis-Haltung begegnet oder nicht. Bei gewissen Leuten — es ist zu befürchten, dass sie seltener werden — hat man schon einfach durch ihre Anwesenheit dieses Gefühl des Verstanden-Werdens:

Ich hatte eine Tante, die in einem Bergtal wohnte. Meist hielt sie sich in der grossen Wohnküche auf. Dort kochte sie für die Familie ihrer Tochter. Sie war das Herz der Familie wie der ganzen Nachbarschaft. Während sie in der Küche arbeitete, konnte sich jedermann an den Tisch setzen. Obwohl sie äusserlich beschäftigt war, hatte man stets das Gefühl, diese Frau sei „mit der Person am Tisch". Und auch wenn nichts gesprochen wurde, hatte man bei ihr das Gefühl, „verstanden zu werden".

Wir geben häufig Fortbildungskurse. Die Teilnehmer wollen von uns lernen. Wir müssen uns dabei stets bewusst sein, dass Lernen mit Verständnis beginnt. Wie aber weiss ich, ob diese Bedingung erfüllt ist oder nicht? Woran erkenne ich Verständnis?

Die Studenten sind uns zu Beginn des

Kurses zum grössten Teil unbekannt. Ich weiss also nicht, welches Wissen sie mitbringen. Ich kann mich auch nicht an ihre „Ausführungen" wenden, denn ich weiss: *Verständnis kommt vor der Ausführung.* Verständnis ist deshalb auch viel umfassender als die Ausführung.

Ich kann *Verständnis nicht direkt erfassen,* so, wie dies beim Ausführen möglich ist. Ich kann aber das Verhalten der Studenten beobachten. Aus gewissen *Verhaltensmustern* schliesse ich dann: „Jetzt folgen die Studenten meinen Gedankengängen — jetzt verstehen sie das, was ich sage, das, was ich vormache".

Was sind dies für Verhaltensmuster? Da ist einmal eine gewisse *Spannung,* die sich im Verhalten der Zuhörer ausdrückt. Damit meinen wir eine positive Spannung — im Unterschied zum sich negativ auswirkenden „Gespannt-Sein" (siehe zweiter Teil des Buches, Abschnitt 2.1.1 „Sie weichen aus, werden gespannt und schauen weg"). Wir sprechen hier von einer „Spannung", die ich zum Beispiel im Kind erzeuge, wenn ich ihm eine Geschichte erzähle und es mir mit Verständnis zuhört. So kann ein guter Redner Spannung in seinen Zuhörern hervorrufen. Spannung äussert sich in einem gewissen Ausmass an Körpertonus; wenn man gespannt ist, sitzt man nicht schlaff oder „faul" in einem Sessel. Spannung drückt sich auch im Gesicht aus, die Augen sind leicht vergrössert, unnötige Bewegungen meist unterdrückt. Beobachte ich solches Verhalten, dann schliesse ich als Vortragender daraus, dass es mir gelungen ist, die Verständnisstufe meiner Zuhörer anzusprechen.

Um abzuschätzen, ob ich bei meinen Zuhörern auf Verständnis stosse, kann ich auch auf die anhand der Lernstufen Zwei bis Vier beschriebenen Verhaltensweisen achten: *Hinblicken auf das Geschehen der Hand — beziehungsweise auf den Vortragenden; Wiedererkennen; Bewegungen weitermachen; Erwartungen.*

3.1.2 Ich arbeite mit dem Kind/Erwachsenen auf dessen Verständnisstufe

Wenn ich einen Kurs gebe, dann werde ich meine Kursinhalte nicht nach dem Ausführungsstand der Teilnehmer gestalten, sondern nach deren Verständnisstand. Die Teilnehmer melden sich für einen Kurs an, weil sie spüren, dass ihre Ausführungen im täglichen Leben den Anforderungen nicht entsprechen. Sie möchten mehr wissen, das heisst, sie möchten den Umfang ihres Verständnisses vergrössern. Das ist das Nahziel. In der Ferne, irgendwann, manchmal erst viel später, kommt dann die Verbesserung ihrer Ausführung.

Ähnlich gehe ich in meiner Arbeit mit Wahrnehmungsgestörten vor: Um sie möglichst intensiv zu fördern, muss ich mich nach ihrem Verständnisstand und nicht nach ihrem Ausführungsstand ausrichten. Ich möchte ihnen durch „Führen" möglichst viel gespürte Information vermitteln, Information, die sie allein nicht erhalten können. Dazu wähle ich zum Beispiel unvertraute Situationen, um Probleme zu lösen, die sie in vertrauten Situationen wahrscheinlich meistern könnten.

Die folgenden Beispiele dazu sind einer Schulwanderung entnommen:

BEISPIELE

C., 14 Jahre, wahrnehmungsgestört, soll Zucchetti zerkleinern. Wie anders ist die Situation, wenn man auf einem Felsblock sitzt und nicht in der Küche, auf einem Stuhl, am Tisch. C. wird nun geführt:

▲▲
C. balanciert auf dem Felsblock, sucht stabilen Unterlagewiderstand —.

▲
So, nun die Zucchetti fest an den Körper gedrückt, dann das Messer angelegt; es ist geglückt, ein Stück ist abgeschnitten.

◄
Mit dem Messer wird die Zuchetti auf einem Teller noch feiner geschnitten. Erneute Suche nach stabilem Widerstand — der Teller droht nach links zu rutschen —.

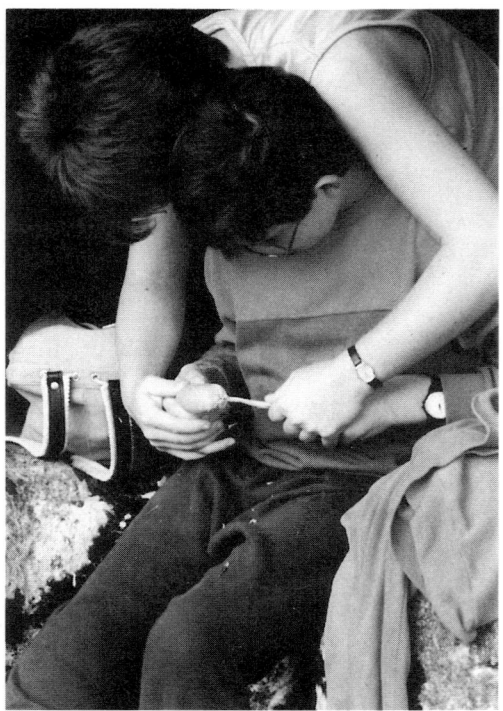

▲
So, jetzt ist die Unterlage stabil — die Aufgabe kann zu Ende geführt werden!

▲▲
Ein weiteres Problem: Die Wurst soll an einen Holzspiess gesteckt werden. Wie man das wohl vollbringt?

P., 15 Jahre, wahrnehmungsgestört, hilft beim Feuer-Zubereiten und beim Abkochen. Er wird dabei geführt:

▶
Holz zu zerbrechen für das Feuer ist nicht einfach. Wieviele verschiedene Widerstandsveränderungen müssen dabei beachtet werden!

Wie umfasse ich die verschiedenen Äste — wieviel Druck muss ich aufwenden?

Und nun das Abkochen: Eine Pfanne hängt über der Feuerstelle. Wie schütte ich das Wasser für die Suppe hinein?

Die Suppe ist fertig gekocht. Die zwei Pfannen sollen vom Stecken entfernt werden.

▲▲
Die erste Pfanne hat das Ende des Steckens erreicht — aufgepasst, die Pfanne ist heiss.

▲
Die Pfanne steht im Gras neben dem Feuer — Achtung, dass sie nicht umfällt! — Nun die zweite Pfanne!

◄
So — die zweite Pfanne ist vom Stecken entfernt. Was wohl als nächstes kommt? In der einen Hand die Pfanne, in der anderen den Stecken …?

In der Diskussion des Versagens (siehe zweiter Teil des Buches, Abschnitt 3.3.4 „... und die Kompetenz nicht zur Performanz wird") haben wir zwischen Kompetenz und Performanz unterschieden. Ich kann etwas leisten und kann es doch nicht: In einer vertrauten Situation führe ich manches aus — wird die Situation jedoch unvertrauter, dann zerfällt die Leistung. So geht es uns Gesunden, so geht es den Wahrnehmungsgestörten! Nur tritt bei den Wahrnehmungsgestörten — bedingt durch den Mangel an Information bezüglich der Situationsveränderung — der Zerfall viel früher (und damit häufiger) auf.

C. in unserm Beispiel hat schon oft Zucchetti zerkleinert, für P. ist „Zerbrechen" und „Aufhängen" nichts Neues. Was aber aktuell *unvertraut* ist für die Buben, ist *die Situation*: auf einem Felsblock sitzen und balancieren; auf dem Boden kauern und so das Holz zerbrechen; die Pfanne an einem langen Holzstecken aufhängen ... Unvertraut ist ferner das *Material*: die Zucchetti wird auf einem Kartonteller auf den Knien zerkleinert; ein Gewirr von Ästen muss zerbrochen werden; die Holzstecken mit den zwei Pfannen werden auf zwei runden Steinen befestigt.

So gelangen die zwei Buben — allein und sich selbst überlassen — nicht zur Ausführung. Sie benötigen Spürinformationen über die Beschaffenheit der neuen Situation, des Materials und über Ursachen und Wirkungen während des „Problemlösenden Geschehens"; indem sie geführt werden, erhalten sie diese so notwendigen Informationen. Wir beobachten, wie die beiden Buben mit ihren Augen das Geschehen der Hände verfolgen — *Verständnis*, Voraussetzung für das Lernen! — jene Stufe, die ich in meiner Arbeit mit den Kindern/Erwachsenen anstrebe.

Es ist nicht immer leicht, die Verständnisstufe zu finden. Besonders bei einem Kind/Erwachsenen, das/den ich nicht kenne. Wenn ich jemanden in seinen spontanen Leistungen beobachte, dann erhalte ich Auskunft über seine Ausführungen, aber nicht über den Umfang seines Verständnisses. Ich weiss nur eines: *Sein Verständnis ist stets viel umfassender als seine Ausführungen.* Dies gilt auch für den Wahrnehmungsgestörten. Diesen Grundsatz muss ich unbedingt beachten, wenn ich für ein wahrnehmungsgestörtes Kind/einen Erwachsenen ein geführtes „Problemlösendes Geschehnis" plane:

BEISPIEL

M., 5 Jahre, wahrnehmungsgestört, sei bei Ausführungen höchstens eine halbe Minute dabei, berühre Gegenstände, tue nichts damit, wirke ruhelos, ergreife kaum je etwas.
M. wird bei der Zubereitung einer Schokoladencrème geführt: Milchtüte-Öffnen, Explorieren der Öffnung; Ausgiessen der Milch; Öffnen des Schokoladenbeutels, Berühren, Umfassen, Explorieren; In-die-Milch-Schütten; Schaumbesen, Berühren, Umfassen, Bewegen zum Umrühren; Probieren der Crème ... M. ist 20 Min. mit Verständnis dabei; ich nehme ihn dann von meinem Schoss weg, stelle ihn auf den Boden, doch M. klettert gleich wieder auf den Schoss, will offensichtlich weitermachen ...

Die Überschrift dieses Kapitels lautet: „Ich verstehe 'Problemlösende Geschehnisse des Alltags' " — nach den Überlegungen darüber, was wir mit „Verständnis" meinen, wenden wir uns dem Begriff „Problem" zu.

3.2 Probleme tauchen immer wieder auf

Situationen in Alltagsgeschehnissen wechseln ständig. Mit dem Wechsel der Situation entstehen fortwährend Probleme. Neben diesen von selbst auftauchenden Problemen des Alltags gibt es solche, die wir uns „bewusst" stellen.

Kinder sind besonders geschickt, solche „Probleme" in Alltagssituationen zu entdecken. Sie suchen diese auf, offensichtlich sogar mit Begeisterung. Wir wollen kurz über diese erstaunliche Tatsache nachdenken:

3.2.1 Probleme-Lösen ist spannend

Alltagsgeschehnisse stellen Probleme. Beobachte ich das Verhalten von Kindern in ihrem täglichen Leben, so fällt mir auf, dass sie ständig auf der Suche nach Problemen sind — nach Problemen, die in der Wirklichkeit gegeben sind und gleichsam darauf warten, von den Kindern entdeckt zu werden: eine Mauer erklettern, unter einem Zaun durchschlüpfen, sich in einem Loch verstecken!

— Wie langweilig, eine Betätigung auszuführen, bei welcher keine Schwierigkeiten auftauchen! Das Kind will Probleme lösen, diese meistern. Und ist es nicht auch mit uns Erwachsenen so? Das wahrnehmungsgestörte Kind ist in dieser Hinsicht nicht anders.

Bereits im ersten Teil haben wir die Unermüdlichkeit des gesunden Kindes im Lösen von Problemen betont. Wir können nicht aufhören, uns darüber Gedanken zu machen und Beobachtungen zu sammeln. Wir fügen deshalb nochmals einige Beispiele aus dem Alltag bei:

BEISPIELE

M., 8 Jahre, gesundes Kind, klettert auf einem Baumstrunk:

Er muss sich so anstrengen, dass er schwitzt — die Kletterei ist schwierig — endlich ist er oben. M. sitzt ab, schaut zu uns hinab — stolz, das Problem gelöst zu haben.

J., 4;10 Jahre, gesundes Kind, schaut zu, wie M. klettert. Sie steht neben einem Stein, etwa ein Drittel so hoch wie sie selbst. Sie erblickt den Stein, steigt hinauf und sitzt ab. Die Füsse berühren nun den Boden nicht mehr — sie blickt umher und erklärt: „Das ist gefährlich."

Es hat zum ersten Mal im Jahr geschneit — die Strasse ist zum Teil mit Eis bedeckt. Ein etwa 10 Jahre alter Bub gleitet über das Eis, mühsam sein Gleichgewicht haltend. Er überholt mich, strahlt mich an und erklärt: „Heute ist es gefährlich!"

▼
M., 1;6 Jahre, gesund, entdeckt drei Gläser auf dem Tisch:

Eben hat M. die Gläser aufeinandergestellt — sie berührt diese, drückt mit einer Hand — ob der Widerstand stabil ist?

Vorsichtig trägt sie den Gläserturm wieder ab — umfasst und drückt mit je einer Hand ein Glas kopfüber auf die Tischunterlage. Sie überlegt —.

Der Turm wird erneut aufgebaut. M. stülpt das dritte Glas über das zweite — erspürt den Widerstand — den Mund in angespannter Aufmerksamkeit geöffnet!

Ein weiterer Versuch gelingt: die Gläser in- und übereinander, ob der Turm hält? M. blickt gespannt auf ihr Werk.

Ob man den Turm nochmals errichten kann? Aufmerksam macht sich M. wieder ans Werk — Probleme-Lösen ist so spannend!

Und wieder anders! Und immer wieder Widerstandsveränderungen — M. spürt und schaut!

▲▲
Ha — die neue Lösung! Gläser über- und aufeinander! Ob es hält?

▲
Und diesen Turm — ob man es wagen kann, ihn von der Unterlage wegzunehmen?

◄
Aufeinander, ineinander, grösser als — kleiner als? Beschaffenheit und Nachbarschaft, eng miteinander verknüpft; Veränderung der Widerstände — erspürbar!

M., 2;5 Jahre, befindet sich mit ihrem Vater auf einer Wanderung:

Ein Bach! Mit vielen Steinen und Wasser!

▼
Auf dem Weg sind Steine — die kann man holen und in den Bach werfen.

◄
Noch schöner ist es unten am Wasser — da sind so viele Steine zum Auflesen —

▲
wie viele man wohl in der Hand halten kann?

Jetzt hinauf auf den grossen flachen Stein. Das Klettern ist schwierig mit so vielen Steinen in der Hand.

Aber nun — aufgepasst! Die Steine fliegen durch die Luft — ins Wasser — pflatsch! Die Wirkung!

▶

3.2.2 Schwierigkeiten sind überwindbar — oder: Wie gut, dass Schwierigkeiten entstehen

Probleme-Lösen ist, je nach Situation und Komplexität des Problems, mehr oder weniger schwierig. Auftretende Schwierigkeiten können aber zur Spannung beim Lösen beitragen. Kinder zeigen eine erstaunliche Geschicklichkeit, das Ausmass der Schwierigkeiten mit ihren Möglichkeiten, sie zu überwinden, in Einklang zu bringen. So hat sich M. einen recht hohen Baumstrunk ausgesucht, J. sich einen niedrigen Stein. Jedes hat seinen Möglichkeiten entsprechend entschieden, und beide sind erfolgreich gewesen — und stolz, die Schwierigkeiten gemeistert zu haben.

Wahrnehmungsgestörte gelangen kaum je zu solchen Erfolgserlebnissen. Beobachten wir sie bei spontanem Tun, dann fällt auf, dass sie bei auftretenden Schwierigkeiten in Panik geraten, übergeschäftig werden oder in einem fort sprechen. Im zweiten Teil des Buches, Abschnitt 1.2 „Sie sprechen viel", haben wir solches Verhalten beschrieben. Wir deuteten das Versagen als durch den

Mangel an Spürinformation bedingt. Dauert bei Wahrnehmungsgestörten dieser Zustand an, dann kann er dazu führen, dass die Kinder bockig werden oder sich zurückziehen und den Bewegungen aus dem Wege gehen.

Es ist wichtig, die Schwierigkeiten, die innnerhalb geführter „Problemlösender Alltagsgeschehnisse" auftreten, zu begrüssen. Ungeschicklichkeiten beim Führen sind nicht zu meiden. Man soll nicht erschrecken, wenn ein Missgeschick passiert. Geführte „Problemlösende Geschehnisse" sollen ja den Alltag darstellen, den Alltag mit seinen unzähligen Schwierigkeiten!

Ich zerschneide einen Apfel — das Messer entfällt meiner Hand, ein Stück Apfel purzelt unter den Tisch, der aufgestülpte Ärmel meines Pullovers rutscht nach vorn, ich habe vergessen, die Schüssel für die Apfelstücke auf den Tisch zu stellen ... All dies sind prächtige Gelegenheiten, mit dem Geführten das Unerwartete anzugehen, die Schwierigkeiten mit ihm zu meistern. Wieviele Berührungen und Bewegungen, wieviele Widerstandsveränderungen ergeben sich, bis die jeweilige Schwierigkeit beseitigt ist. Und welch ein Erlebnis, dies zu erreichen!

Zum Abschluss dieses Abschnittes das folgende Beispiel:

BEISPIEL

Es geschah in einem Familienkurs. Die Väter bereiteten sich auf ein „Problemlösendes Geschehnis" vor, das sie mit ihrem Kind durchführen wollten. Der Vater von R., 5 Jahre alt, wahrnehmungsgestört, war in grosser Aufregung: Er könne nicht basteln, er sei äusserst ungeschickt mit seinen Händen — nein, so etwas vorbereiten — nur schon Schneiden sei schwierig ... Nun, er versuchte es trotzdem:
Das Ziel ist ein Überraschungspäckchen für die Mutter. Mitten in der Arbeit wird der Bostitch leer. Dies ist nicht vorgeplant. Tapfer hält der Vater durch. Und wir, die wir zuschauen, halten den Atem an. — Und R.? Der Vater führt ihn weiter — mit seiner Unsicherheit, seiner Not, herauszufinden wie man einen Bostitch öffnet, wie man ihn füllt und dann wieder schliesst. Wie schwierig ist es, zu angemessener Information zu gelangen durch Berühren — Umfassen — Bewegen, und erneut, das Instrument nun etwas gedreht: Berühren — Umfassen — Bewegen, noch und noch — bis endlich, endlich der Bostitch wieder funktionstüchtig ist und die Betätigungen des Einpackens weitergeführt werden können. Nicht nur der Vater, auch R. atmet tief auf. R. ist die ganze Zeit über höchst aufmerksam dabei, es scheint, auch er habe kaum mehr Zeit zu atmen, so sehr ist er im Banne der Bewältigung der unerwartet aufgetauchten Schwierigkeit —.

Ja, dieses geführte Geschehnis wurde zum Höhepunkt des Tages. Keinem der viel geschickteren Väter gelang es, ein solches Ausmass an Aufmerksamkeit in seinem Kinde hervorzurufen.

Schwierigkeiten zu meistern — gemeinsam, eine Gemeinsamkeit des Spürens — welch ein Erlebnis!

Betrachtet man gesunde Kinder beim Lösen der vielfältigen Probleme, die sie entdecken, dann ist man über einen weiteren Aspekt erstaunt:

3.2.3 Das Lösen des Problems und nicht das Produkt ist wichtig

BEISPIEL

M., 1;7 Jahre, gesundes Kind, klebt Papierschnitzel auf eine Unterlage. Wie sie mich sieht, lacht sie mich an und erklärt: „Lebe (kleben) gän (gern)". Die Produkte schiebt sie jeweils von sich weg, schenkt ihnen keine Beachtung mehr.

Ähnliches kann man auch beim wahrnehmungsgestörten Kind beobachten:

BEISPIEL

A., 8 Jahre, wahrnehmungsgestört: Die Therapeutin bereitet mit ihr einen „Apfel im Teig" vor. A. ist aufmerksam dabei. Nach Beendigung frägt sie nicht mehr nach dem Apfel.

Öfters kann man jedoch bei wahrnehmungsgestörten Kindern und Erwachsenen ein Verhalten beobachten, das nicht dem geschilderten entspricht, indem bei ihnen das Produkt wichtiger wird als das Tun. Es fällt dabei auf, dass sie das Produkt als „nicht schön" oder als „nicht richtig" beurteilen. Dabei beziehen sie sich auf ein „Bild", das sie sich von einem Gegenstand machen, ein Bild, das, ähnlich wie ein Foto, das Sichtbare des Gegenstandes wiedergibt:

BEISPIEL

A., 8 Jahre, wahrnehmungsgestört, wird zur Zubereitung eines „Schinkengipfels" geführt. Das Ziel wird erreicht: Schinken auf ein Stück Teig legen, den Teig um den Schinken rollen und dies backen. A. darf das Gebackene nach Hause bringen. Daheim beklagt er sich, dass dies kein „Schinkengipfel" sei, wie man ihn beim Bäcker kaufe.

A. hatte mit seiner Beurteilung recht, wenn man die sichtbare Form eines Schinkengipfels betrachtete. Sein Schinkengipfel war nicht so schön gerundet wie jener aus dem Bäckerladen. Von der Herstellung aus gesehen, war sein Gipfel jedoch ein richtiger Schinkengipfel: Schinken in Teig eingerollt — wie beim gekauften. Auffällig ist, dass A. so sehr auf die sichtbare Form ausgerichtet war. Zu sehr die sichtbare Form beachten heisst: zu sehr auf das Visuelle ausgerichtet sein und demzufolge das Spüren vernachlässigen. Dies ist bei einem gesunden Kind nicht der Fall. Ein Beispiel dazu:

BEISPIEL

T., 5 Jahre, gesundes Kind, ist bei mir in den Ferien. Ich nähe. T. möchte auch nähen. Ich gebe ihm Stoffreste. Er schneidet und stichelt drauflos, kreuz und quer, doch so, dass zuletzt mehrere Stoffstücke zusammenhängen und ein langes Band bilden. T. betrachtet sein Werk und erklärt: „Ein Gürtel." — Wie er dann mit der Bahn heimfährt, trägt er sein ausgefranstes, ungeschickt geschnittenes und genähtes, langes Stoffband um den Bauch gewickelt. Schön zum Schauen? Nein. Aber zum Spüren? Genau wie ein Gürtel.

3.2.4 Ich habe das Problem gelöst

Schauen Personen einem geführten Geschehnis zu, dann taucht immer wieder die Frage auf: „Wird das Kind bei solcher Führung nicht passiv? Erhält es nicht den Eindruck, dass der Führende das Problem gelöst hat? Überlässt es nicht immer mehr das Lösen von Problemen der Umwelt?"

Wir haben darauf hingewiesen, dass auch gesunde Kinder geführt werden können. Bedingung ist, dass sie die Ausführung nicht selbst übernehmen können. Ihr Gesichtsausdruck während des Führens unterstreicht, dass sie über das Spüren in dieser Situation dieselbe Information erhalten, wie wenn sie es selbst machen würden. So spüren sie auch die erzielten Veränderungen, wie wenn sie diese selbst ausgeführt hätten. Damit erleben sie, über das Spüren, die Lösung des Problems: „Ich habe es erreicht!" So ist es auch beim Wahrnehmungsgestörten:

BEISPIEL

Mit Ch., 5 Jahre, wahrnehmungsgestört, wird eine Pizza gemacht. Dabei wird er durch alle die notwendigen Schritte geführt, ohne dass gesprochen wird. Nach Vollendung der Pizza läuft er zu seiner Mutter und ruft freudestrahlend: „Ich habe eine Pizza gemacht."

Zwei Bedingungen, unter anderen, sind besonders wichtig, damit das Kind in geführten Situationen zum Urteil: „Das habe ich gemacht" kommt: Es muss durch alle notwendigen Schritte, die es spontan nicht selbst machen könnte, geführt werden und während des Führens soll nicht gesprochen werden.

Dazu folgendes Beispiel:

BEISPIEL

R., 10 Jahre, wahrnehmungsgestört: Sein Vater stellt mit ihm ein Rückengestell her, um Holz vom Keller heraufzutragen. Dabei benennt der Vater jede Tätigkeit, die gemacht wird, führt einige selbst aus, ohne R. zu führen, R. schaut dabei zu. Dann wieder überlässt er R. die Ausführung, wobei es sich um Gewohnheitsbetätigungen handelt. Am Schluss wird R. gefragt, was er gemacht habe. R. antwortet: „Ich habe dem Vater geholfen."
Diese beschriebene Situation fand im Rahmen eines Familienkurses statt. Mit dem Vater wurde nun die Art des richtigen Führens besprochen — darauf versuchte er es noch einmal mit R.
Der Vater wendet das Besprochene an: Er wählt Lösungsbetätigungen, die für R. keine Gewohnheitsbetätigungen sind. So wählt er schwierigere Manipulationen, ungewohntere Körperstellungen, andere Hilfsmittel aus. Er führt R. durch alle Schritte und spricht nicht mehr dazu. Am Schluss wird R. wieder gefragt, was er gemacht habe. R. antwortet: „Ich habe ein Rückengestell gemacht."

Es ist also unerlässlich, dass ich, wenn ich jemanden führe und ich ihm die Erfahrung vermitteln will: „Das habe *ich* gemacht", *alle* Tätigkeitsschritte mit ihm ausführe (ausser er könne die Betätigung „spontan selbständig" ausführen) und dabei nicht spreche.
Wenn wir die erwähnten Bedingungen überdenken, dann frägt man sich: „Wenn ich während des Führens nicht spreche, wann darf und soll ich sprechen?"

3.2.5 Wann soll ich sprechen?

Die unerlässliche Information bei den „Problemlösenden Geschehnissen" ist die Spürinformation. Es ist deshalb wichtig, dass man diesem Spüren während der Durchführung des Geschehnisses volle Aufmerksamkeit schenken kann. Sprechen wird deshalb unwichtig — ja, es kann sogar hinderlich werden: Es lenkt vom Spüren ab und wirkt dadurch störend.

Versetzen wir uns in eine kritische Situation! In dieser Situation sind wir ganz aufs Spüren gerichtet. Wir sind mit einer ganz schwierigen Betätigung beschäftigt, zum Beispiel damit, etwas in einen Behälter zu füllen, der nur eine winzige Öffnung aufweist. Und nichts sollte dabei verschüttet werden! Und nun spricht jemand neben mir ständig auf mich ein — schliesslich werde ich entweder den

Betreffenden bitten, doch endlich einmal ruhig zu sein und zu warten, oder ich werde meine Beschäftigung zur Seite legen und mich dem Sprechenden zuwenden.

So ist es auch beim geführten Probleme-Lösen! Ich werde mit dem Kind oder Erwachsenen *sprechen, bevor* wir beginnen. Ich werde zum Beispiel kurz darauf hinweisen, was man machen wird, je nach Stand des sprachlichen Verständnisses. Ist die Arbeit aber angefangen, dann werde ich nicht mehr sprechen, solange die Aufmerksamkeit des Kindes/Erwachsenen auf das Geschehen gerichtet ist: Ja, ich werde gar nicht sprechen können, da auch ich mich ganz auf das Geschehen richten muss.

Passiert jedoch ein Missgeschick irgendwelcher Art, so dass *grosse Spannungen* entstehen und das Verständnis des Geführten zerbricht, dann werde ich meine Führung unterbrechen und versuchen, durch Sprechen zum Beispiel die Spannung zu lösen. Dies hilft auch, mein Gespanntsein zur Entladung zu bringen, was gewöhnlich mindestens ebenso notwendig ist.

Sprechen werde ich besonders *nach* Beendigung des Geschehnisses. Dies ist die beste Zeit, das gespürte Geschehen in Worte, das heisst in Formen zu fassen. Ich kann auch Zeichnungen oder schriftliche Zeichen als Darstellungsmittel für das Geschehene benützen. Was ich wähle, hängt vom Verständnisstand des Kindes/Erwachsenen ab. Da es hier um *Verständnis* geht, werde ich die Formen so schwierig wählen, dass das Kind/der Erwachsene diese nicht selbst ausführen kann: *Ich* werde sprechen, *ich* werde zeichnen oder schreiben — das Kind/der Erwachsene hört zu, schaut zu — so, wie ein gesundes Kind es in einem Alter tut, da es noch nicht selbst zeichnen oder schreiben kann und ich es ihm vormache.

Wir haben die Wichtigkeit des Verständnisses für das Lernen besprochen und wie spannend es sein kann, Probleme zu lösen. Dabei tauchte immer wieder das Wort „Alltag" auf. In diesem dritten Abschnitt wollen wir uns mit diesem Begriff etwas näher befassen:

3.3 Geführt durch den Alltag

Die Probleme, die gesunde Kinder entdecken und zu lösen versuchen, sind mit alltäglichen Situationen verbunden. Sie sind Bestandteil der Wirklichkeit: Der Baumstrunk, den M. erklettert, befindet sich gleich neben dem Rastplatz; die Gläser, mit denen M. Türme baut, befinden sich bei ihr auf dem Tisch; das Eis, auf dem der Bub entlanggleitet, bedeckt die Strasse zur Schule.

3.3.1 Ich führe, wenn im Alltag Probleme auftauchen,...

Der Alltag bietet Gelegenheit für das Lösen unzähliger verschiedener Probleme. So ist es auch bei den Wahrnehmungsgestörten. Ihr Versagen drückt sich ja aus als Versagen in alltäglichen Geschehnissen (siehe zweiter Teil „Versagen in der Wirklichkeit"). Welch prächtige Gelegenheiten, das wahrnehmungsgestörte Kind/den Erwachsenen dabei zu führen, ihnen Spürinformation zu vermitteln, mit ihnen Probleme zu lösen!
Ein Beispiel dazu ist das Tür-Öffnen, wenn ein Behinderter hindurchgehen möchte. Ich eile herbei, öffne die Tür, lasse ihn hindurch und schliesse die Tür. Bin ich nun wirklich „nett" und hilfreich gewesen? Nein — ich habe eben eine prächtige Führungssituation und damit

eine ideale Förderungsmöglichkeit verpasst. Ich hätte folgendes tun müssen — und es hätte nicht einmal mehr Zeit beansprucht:

— Ich nehme die Hände des wahrnehmungsgestörten Kindes/Erwachsenen und führe mit ihm alle zum Öffnen der Tür notwendigen Bewegungen durch, gehe mit ihm durch die Tür und schliesse mit ihm die Tür wieder.

Stellen wir uns vor, es/er trage einen Becher mit Milch. Ich stelle mit ihm den Becher auf den Boden, damit die Hände frei sind, berühre mit der einen Hand die Tür — erspüre den Widerstand, umfasse mit der andern Hand die Türklinke und drücke diese herunter, ziehe die Tür gegen den Körper, zwänge den Körper durch die Öffnung — achte dabei auf die verschiedenen Widerstandsveränderungen und suche nach stabilem Widerstand. Der Geführte erlebt dabei Ursachen und Wirkungen in ihren Folgen; Berühren, Umfassen und Bewegen; Wahrnehmen und Bewirken... und das Lösen von Problemen! Wann schliesse ich die Tür wieder? Wann muss ich den Becher mit der Milch wieder vom Boden aufnehmen? Ist es soweit, dann kann das Kind/der Erwachsene seinen Gang selbst fortsetzen.

Ich habe dem Kind/Erwachsenen innerhalb eines sinnvollen Situationszusammenhanges wertvolle Spürinformationen vermittelt und mit ihm dieses im Alltag entstandene Problem gelöst.

Es sind vielfach Gelegenheiten, bei denen einer der Eltern, die Therapeutin oder die Erzieherin sowieso in der Nähe sind: Anziehen; Essen bereit machen, etwas in die Tasse giessen, Butterbrot zubereiten, Ovomaltine in die Milch geben, Joghurt öffnen! Das Kind benötigt ein Papiertaschentuch — die Erzieherin muss nun ohnehin aufstehen, zum Schrank gehen und der Schachtel ein Tüchlein entnehmen. Welche Gelegenheit, die Hände des Kindes zu nehmen und es bei diesem Geschehnis zu führen!

Es geht um einige Augenblicke, die ich dem Kind/Erwachsenen widme, die ihm aber wichtige Spürinformation vermitteln, verbunden mit der Erfahrung, ein Problem des Alltags gelöst, statt darin versagt zu haben.

Um aber überhaupt auf solche Gelegenheiten aufmerksam zu werden — und hier liegt zunächst eine Schwierigkeit —, müssen wir umdenken: Nicht „Fürsorge", sondern „Mitnehmen" sollte unser Leitmotiv lauten — ich bin *nicht für das Kind/den Erwachsenen da*, sondern ich bin *mit dem Kind/dem Erwachsenen*. Nur so werden sie Fortschritte machen.

BEISPIEL

K., 10 Jahre, wahrnehmungsgestört, steht vor dem offenen Schrank. Sie möchte die Kochplatte holen, diese aber ist weit oben auf einem Gestell.

K. blickt hinauf — überlegt.

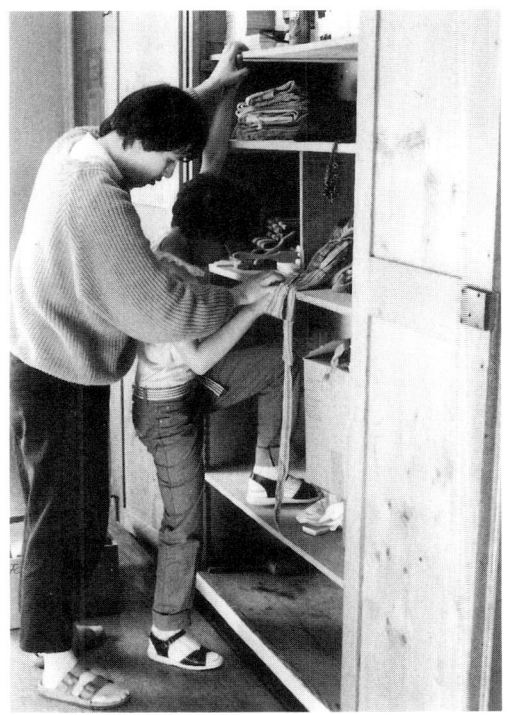

▲
Die Erzieherin ist in der Nähe. Sie erkennt das Problem. Sie beginnt, K. zur Lösung zu führen:

▲▲
Hinauf — die Arme in die Höhe — dann die Füsse.

▶
K. weiss nicht, wohin mit den Füssen —.
Die Erzieherin führt K.s Beine zum Erspüren des Widerstandes —.

▲▲
Endlich hoch — so hoch, dass man die Kochplatte berühren, umfassen und wegnehmen kann.

▲
*Hinunterklettern mit der Kochplatte in der Hand — das ist schwierig!
Die Erzieherin führt K. wiederum zum Erspüren der Widerstände — bis zum nächstunteren Gestell.
Doch nun ist der ganze Körper in Bewegung — wo befindet sich der nächste Widerstand?*

◄
Je einen Fuss auf einem Gestell — stabiler Widerstand — die Kochplatte wird abgestellt, nun spürt sie für kurze Zeit die Stabilität der Umwelt.

▲
*Mit beiden Füssen steht K. nun auf dem Boden, der stabilen Unterlage!
Jetzt kann man die Kochplatte weiterbewegen!*

▲▲
Wie kann man sie wohl am besten umfassen? Wo ist die Widerstandsveränderung?

▶
Das Problem ist gelöst. K. hat wichtige Erfahrungen machen können: Sie hat umfasst, bewegt, Wirkungen erspürt, Ursachen verstanden und das Ziel erreicht.

Diese Art von Führen, wann immer sich im alltäglichen Geschehen eine Gelegenheit ergibt und man in der Nähe ist, können wir ein „Führen so nebenbei" nennen. Die *Spürinformation*, die ich in solchen Situationen vermittle, ist *sehr wertvoll, ist sie doch verbunden mit dem Lösen eines Problems, das sinnvoll mit der alltäglichen Wirklichkeit zusammenhängt.*

Solches Führen benötigt nur wenig Zeit — und meistens Zeit, die ich sowieso einsetzen müsste.

Gewöhnlich kann aber ein Therapeut ein Kind/einen Erwachsenen nur zu einer bestimmten Zeit und dann jeweils nur für eine Stunde zu sich nehmen. In diese eine Stunde sollte nun möglichst viel eingepackt werden. Der Therapeut kann nicht warten, bis im Alltag ein Problem auftaucht. Er muss „Probleme" vorbereiten — planen.

3.3.2 ... oder ich muss sie planen

Verschiedene Umstände erschweren dem Therapeuten oft den Zugang zur Wirklichkeit:

Da sind zunächst einmal die baulichen Gegebenheiten: Therapiezimmer befinden sich häufig in Schulhäusern oder in Kliniken, die in ihrer Bauart und Einrichtung nicht viel mit der Wirklichkeit alltäglichen Lebens zu tun haben. Der meist äusserst zentralisierte Tagesablauf dieser Schulungsstätten erschwert ebenfalls den Einbezug wirklicher Probleme des Alltags: Das Essen wird in zentralen Grossküchen gekocht und von dort gebracht. Die Zubereitung und alles, was dazugehört, mit Planen, Einkaufen, Vorbereiten und eigentlichem Kochen, wird dem Tätigkeitsfeld des Kindes/Erwachsenen entzogen. Die Wäsche wird an einer zentralen Stelle gesammelt, gereinigt, gebügelt, zusammengelegt. Aufenthalts- und Schulungsräume sind nahe beieinander, so dass das Problem: „Wie komme ich von einem Ort zum andern?" ausgeschaltet ist. Für die Pflege von Hof und Garten sind Gärtner angestellt. Rasen werden mit Grossmaschinen geschnitten.

Es kostet die Therapeuten, die Teil solcher organisierter Schulungsstätten sind, grosse Mühe, alltägliche Probleme für geführte Geschehnisse zu finden.

Eine erste Möglichkeit, trotz dieser Umstände der alltäglichen Wirklichkeit möglichst nahe zu bleiben, ist das Schaffen von Verbindungen zwischen den verschiedenen „Welten" des Kindes/Erwachsenen: Therapie — Klassenzimmer — Krankenabteilung — Heimgruppe — *besonders und vor allem aber die Verbindung mit der Familie.* Je enger diese Verbindungen bestehen, desto eher kann man den Alltag berücksichtigen und angehen. Mit andern Worten, desto besser kann ich „Problemlösende Alltagsgeschehnisse" planen:

— Ein Familienmitglied hat Geburtstag. Wir bereiten ein kleines Gebäck vor, das daheim in den Ofen geschoben werden kann.

— Ein Gebrauchsgegenstand daheim ist zerbrochen, wir flicken ihn in der Therapiestunde.

— Daheim sollte eine Pflanze umgetopft werden, das Kind bringt sie in die Therapie.

— Im Klassenzimmer, im Heim ist ein Schrankteil staubig — wir reinigen es.

— Ein Glas mit Weinbeeren ist daheim leer geworden, wir füllen es in der Therapiestunde.

— Die Mutter kocht Gemüsesuppe — Lauch und Karotten müssen gerichtet werden; wir führen dies im Therapiezimmer aus.

Weitere Möglichkeiten sind *Veränderungen in der Umwelt*, soweit die Therapeuten, die Lehrer, die Erzieher diese schaffen können: Einrichten einer „Küchenecke", so dass kleinere Gerichte zubereitet werden können; Abbau „zentraler Leistungen", so dass Teilgeschehnisse in die Therapie einbezogen werden können: wie etwa die Zubereitung von Kaffee für die Therapeutengruppe, Abwaschen des dabei beschmutzten Geschirrs, Reinigen des Lavabos (Waschbecken) auf dem Stationszimmer; Therapiezeit verlegen, so dass man zum Beispiel mit dem Kind/Erwachsenen essen, das heisst, sie beim Essen führen kann.

3.3.3 Wenn Spüren nur nicht so schwierig wäre

Auch wenn wir uns vornehmen, ein Kind/einen Erwachsenen im Alltag bei auftretenden Problemen zu führen, so ist es häufig sehr schwierig, dies auszuführen.

Der Hauptgrund für diese Schwierigkeit ist die Hektik unseres Lebens, unserer Gesellschaft. Wir befinden uns selbst in einem Alltag. Dieser Alltag schafft für uns viele Probleme. Ich muss oder sollte diese lösen. Mein Energievorrat wird dabei aufgezehrt.

Und da soll ich mir die Zeit nehmen, Probleme zu beachten, die nicht mir persönlich begegnen, sondern dem Kind oder dem mir anvertrauten Erwachsenen?

Und dann soll ich zum Führen bereit sein? Ich soll mich aufs Spüren einstellen. Dies ist ebenfalls sehr schwierig in unserer Gesellschaft, die das Sehen und das Hören betont, nicht aber das Spüren: Unsere Augen werden durch überall sichtbare Reklamen geblendet. Wir werden vom Hören berauscht. Wir können das Schweigen kaum mehr ertragen. Überall begegnen wir der Musik als Geräuschkulisse: im Restaurant, im Warenhaus, in der Schwimmhalle, daheim. Spüren muss zurückgedrängt werden, wenn wir so von Sehen und Hören beansprucht werden.

So kostet mich die Umstellung aufs Spüren jedesmal eine Anstrengung. Die Zeit, die ich brauche, um diese Umstellung zu erreichen, ist oft zu lang. Das Kind/der Erwachsene hat in dieser Zeit schon „falsche" Informationen erhalten, ist sich bereits bewusst geworden, dass wieder ein „Versagen" kommt. Die Panik ist schon da! Oder das Versagen wird bereits durch anderes auffälliges Verhalten überbrückt. Ist es so weit, kann ich nicht mehr mit Führen anfangen.

Führen ist durchtränkt mit Spüren! Es kann deshalb sein, dass ich schnell ermüde — viel schneller als der Geführte. Ich benötige Pausen. Dies ist ein Aspekt, der oft nicht beachtet wird:

3.3.4 Pausen helfen zum Nachdenken

Eine erste Art von Pause nennen wir die *Atempause*. Sie ist von kurzer Dauer — gerade so lang, dass ich „aufatmen" kann. Sie sollte häufig benützt werden — so, wie ich nach einem ausgesprochenen Satz kurz innehalte! Ich habe eine Betätigung beendet: Ich bin beim Messer angelangt, ich umfasse endlich die Banane, ich habe den Kühlschrank erreicht, einen Schuh ausgezogen ... nun atme ich auf. Dabei halte ich den erreichten Gegenstand fest — gegen eine stabile Unterlage. *Wichtig ist eine stabile Referenzebene, damit ich aufatmen kann.* Ich kann dies nicht, wenn die Umwelt, die ich berühre, wackelt! Anders aber, wenn die Umwelt meiner Bewegung widersteht; nun kann ich mich aufrichten — und der Geführte mit mir! — aufatmen, entspannen, überlegen, was geschehen ist, was nun kommt!

Die Atempause erlaubt mir ferner, den *Geführten so gut als möglich zu spüren:* Sind meine Finger auf seinen Fingern? Kann er sich ebenfalls entspannen? Umfasst er mit mir den Gegenstand? Spürt er den Widerstand — so wie ich?

Oder aber — ist mir die Vermittlung von Widerstandsveränderungen nicht gelungen? Habe ich das Kind/den Erwachsenen „durch die Luft" geführt; und damit Hektik angekurbelt? In diesem Fall wird die Atempause keine Entspannung bringen, sondern, im Gegenteil, die Spannung verschärfen; dann muss ich zum Entscheid gelangen, die Führung zu unterbrechen, eine längere Pause einzuschalten, nämlich die Unterbrechungspause!

Die *Unterbrechungspause* soll mir Zeit einräumen, mich zu entspannen, zur Ruhe zu kommen, neue Kraft zu sammeln. Dabei kann ich häufig vom Kind/Erwachsenen Betätigungen verlangen, die sinnvoll zum Geschehen gehören und von ihnen selbst ausgeführt werden können: den beschmutzten Teller in die Küche bringen; aus der Küche einen Lappen holen, um den Tisch abzuwischen; Hände waschen; Gegenstände, die nicht mehr benützt werden, versorgen ...

Wir fassen zusammen:

In diesem Kapitel „Ich verstehe 'Problemlösende Geschehnisse des Alltags'", versuchten wir, die Wichtigkeit der Stufe des Verständnisses für das Lernen herauszustellen:

So wie ich Studenten nicht auf ihrem Ausführungsstand angehe, so werde ich dies auch bei Wahrnehmungsgestörten nicht tun. Ich werde versuchen, mit ihnen auf ihrem Stand des Verständnisses zu arbeiten.

Verständnis wurde als „inter-esse", als „dazwischen sein", „dabei sein" beschrieben; ich spreche von Verständnis, wenn das Kind, der Erwachsene „dabei" ist, wenn ich ihm im Rahmen von „Problemlösenden Alltagsgeschehnissen" durch Führen gespürte Information vermitteln kann.

Ich werde die Probleme dem Alltag des Wahrnehmungsgestörten entnehmen. Ich werde mir bewusst sein:
— Probleme-Lösen ist spannend
— Schwierigkeiten sind da, um überwunden zu werden
— Ich führe durch alle Schritte — ohne dabei zu sprechen — mit Pausen.

Wenn ich auf diese Weise mit dem Wahrnehmungsgestörten arbeite — was geschieht dann in bezug auf das Lernen? Wie geht es weiter? Im nächsten Abschnitt werden wir versuchen, Antwort auf diese Frage zu geben.

C. Gespürte „Problemlösende Geschehnisse des Alltags" werden verinnerlicht

Lange, lange haben Sie mit dem wahrnehmungsgestörten Kind/Erwachsenen geführte „Problemlösende Alltagsgeschehnisse" durchgearbeitet. Zuerst war es mühsam. Sie mussten sich zum sorgfältigen Berühren durchringen. Sie suchten mit dem Geführten nach Widerstand. Sie umfassten und suchten erneut nach Widerstand. Sie bewegten und veränderten Widerstände. Widerstand war wiederum notwendig, um die Bewegung zu beenden, um loszulassen. Sie nahmen sich Zeit, mit dem Geführten all diese gespürten Widerstandsveränderungen wahrzunehmen, auszukosten, hervorzurufen.

Zuerst erschien beim Geführten das Verständnis für das „Problemlösende Alltagsgeschehnis": Hand und Auge begannen, miteinander wahrzunehmen. Nach und nach weitete sich das Verständnis aus, Neugierde nach Information wurde beim Geführten beobachtbar. Gespürtes wurde wiedererkannt. Das Kind/der Erwachsene verlangte nach mehr geführten „Problemlösenden Alltagsgeschehnissen". Es/er liess sich führen, eine halbe Stunde, eine Stunde lang. Nicht der Geführte, sondern der Führende ermüdete.

Im Laufe dieser Arbeit tauchte bei Ihnen, dem Führenden, öfters die Frage auf: „Weshalb diese ganze Arbeit? Was erreiche ich beim Geführten damit?"

Jedesmal, wenn mir diese Frage gestellt wird, komme ich mir wie ein Bergsteiger vor. Das Kind/der Erwachsene steht neben mir. Vor uns ist ein grosser Berg; bei manchem Kind/Erwachsenen ist er höher, bei anderen niedriger; von jedem Berg aus aber, gleichviel, ob höher oder niedriger, geniesst man eine prächtige Aussicht. Und wenn man dort angekommen ist, umfängt einen ein herrliches Gefühl des „Gelungen-Seins". Dazu ein Beispiel:

BEISPIEL

Ich bin mit M., 10 Jahre alt, auf einer Bergtour. In den vergangenen Tagen sind wir weit gewandert. Dies ist unser letzter Tag. Wir befinden uns an einem Bergbach. M. beginnt zu spielen. Ich weiss, dass er dies geniesst. Doch die Zeit fliegt — wir müssen uns entscheiden, ob wir weiterwandern oder hier weiter geniessen wollen. „M., was sollen wir tun? Du kannst wünschen — es ist Dein letzter Tag!"

M. schweigt. Nach einigem Überlegen antwortet er: „Wir wollen weiterwandern, dorthin". — M. zeigt auf den Weg, der zur Höhe führt.

Wir machen uns auf den Weg. Nach einiger Zeit frägt mich M.: „Weisst Du, weshalb ich weiterwandern wollte?" „Nein", antworte ich. — „Weisst Du, wenn man dort oben ist — wenn man es geschafft hat —, dann ist es einem so wohl".

Ja, wenn man auf dem Berg angekommen ist, dann ist es einem wohl. Dieses Wohl-Sein wollen wir mit dem Kind/Erwachsenen erreichen. Wohl-Sein heisst aber nicht, für mich allein sein, abgekapselt von der Welt. Wohl-Sein bedingt, dass ich zu einer Wirklichkeit gehöre. Dass ich spüre, was um mich ist. Dass ich Problemen begegne, die ich lösen kann. Dass ich Schwierigkeiten auf dem Weg meistere. Dass ich Ursachen und Wirkungen erkenne und dass ich spüre, was ich verändere — und dass ich verändert werde. Dass ich spüre, was ich geben und was ich nehmen kann — Interaktion des Gebens und Nehmens! Wir sprechen von einem SINNVOLLEN LEBEN.

So wie aber Berge höher oder niedriger sein können, so liegt das Ziel des einzelnen Kindes/Erwachsenen auf verschiedenen Höhen. Das/der eine wird einmal in einer behüteten Kleingruppe sinnvolle Arbeit leisten. Das/der andere wird fähig werden, seinen Weg selbständig zu finden und nur in Zeiten grosser Anforderungen spezielle Hilfe benötigen. Wieder andere werden unauffällig ihren Lebensweg gehen, integriert in die soziale Wirklichkeit. Wie hoch der Berg für den Einzelnen sein wird, hängt von mehreren Faktoren ab: Ausmass der Wahrnehmungsstörung, Ausmass der Spannungen in seiner Umwelt, geistige Fähigkeiten, Schulungsmöglichkeiten, Gesundheit und manches mehr.

So steht das Fernziel vor uns: sinnvolles Leben — ein weiter Weg, viele Jahre Wanderschaft! Das Kind/der Erwachsene und ich! Die folgenden Kapitel versuchen, etwas über die weiteren Wege der Wanderschaft zu berichten.

1. Ausführungen beginnen

1.1 Vom Erwarten zum Ausführen

Nach vielen Erwartungsleistungen kommt der Augenblick der ersten Ausführungen. Statt den Vater anzublicken, wenn die Suppe heiss ist, und zu erwarten, dass er blase, bläst nun das Kind selber in die Suppe, um sie abzukühlen; es greift selber nach dem Milchkrug, um Milch in die heisse Suppe zu giessen.

Wenn das Kind mit solchen kleinen *Ausführungsschritten* beginnt, hat sein Verständnis schon ein beträchtliches Ausmass erreicht. Es nimmt nun teil an komplexen Geschehnissen und erwartet längere Folgen von Aktivitäten der Umwelt.

Es wird immer so sein, dass das Verständnis sehr viel umfassender ist als die Erwartungen, die Erwartungen umfassender als das Ausführen.

Das Kind beginnt dann, einzelne Schritte im Zusammenhang mit „Problemlösenden Alltagsgeschehnissen" auszuführen, wenn *die Situation dazu unmittelbar gegeben ist*. Da liegen eine Tomate und ein Messer auf dem Tisch. Das Kind nimmt das Messer — oft zum Schrecken der Umwelt — und versucht, die Tomate damit zu zerschneiden. Es sieht den Schuh und versucht, denselben anzuziehen. Zum Wiedererkennen und zum Erwarten ist damit etwas Weiteres dazugekommen — ein Plan. Das heisst, die Verinnerlichung von Erfahrungen mit „Problemlösenden Geschehnissen" ist soweit fortgeschritten, dass es nicht bei der Erwartung bleibt. Die Erwartung muss natürlich vorhanden sein. Sie ist jetzt aber so umfassend, dass das Kind die der Situation entsprechenden Bewegungen selbst ausführt.

Das folgende Beispiel soll dies veranschaulichen:

BEISPIEL
E., gesund, ist drei Jahre alt —
er hat heute Geburtstag:

Welch ein grosser Geburtstagskuchen!
Die Kerze ausblasen — das kann E.
allein ausführen!

Aber Stücke-Schneiden — nein, das nicht. Sein Pate führt E.s Hände: E. kann nun berühren — umfassen — bewegen und spürt die Veränderung.

Das Kuchenstück — mmm — jetzt kann man es essen!

Wenn ein wahrnehmungsgestörtes/r Kind/Erwachsener beginnt, einige Betätigungen selbst auszuführen, so ist die Umwelt zunächst beglückt: Lange hat man diesen Zeitpunkt erwartet; lange das Kind/den Erwachsenen geführt.

Um so enttäuschender ist es, wenn bald Auffälligkeiten im Verhalten zutage treten, die für die Umwelt unverständlich sind.
Der folgende Abschnitt versucht, diese zu beschreiben:

1.2 Erste Ausführungen — lange erstrebt — und nun?

Das wahrnehmungsgestörte Kind/der Erwachsene hat mit kurzen Ausführungen begonnen. Diese Betätigungen beziehen sich fast ausschliesslich auf Gegenstände, die im nahen Tätigkeitsfeld liegen.

Sehr rasch kann sich damit das allgemeine Verhalten des Kindes/Erwachsenen ändern. Liess es/er sich bis jetzt meist gut führen, beginnt es/er nun, sich der Führung zu entziehen. Begnügte es/er sich bis dahin damit, dem Tun der Umwelt zuzuschauen, setzt es/er diese nun in Bewegung. Aus dem früheren ruhigen Verhalten wird ein hektisches:

BEISPIEL

A., wahrnehmungsgestört, 8 Jahre, wird bei einem Wiederholungskurs für Therapeuten vorgestellt. Grund dazu: Seit zwei Jahren werde er „geführt"; statt Fortschritten müsse man leider Rückschritte feststellen; zur Zeit sei er im Schulheim kaum mehr tragbar.

Was ist geschehen?

Eine frühere Videoaufnahme, ein Jahr zurückliegend, zeigt A. bei einem geführten Alltagsgeschehnis. Gerichtete Aufmerksamkeit von A. über die ganze Dauer des Geschehnisses. Da lachte das Therapeutenherz!
Und nun? Der Versuch, dasselbe zu tun, scheitert. Hektik noch und noch — beim Kind, dann auch beim Therapeuten, der versucht, A. zu führen.

Rückschritt?

Wir fragen uns, wie diese Hektik bei A. jeweils entstehe. Wir beobachten das Kind beim freien Tun: A. eilt von Gegenstand zu Gegenstand. Alles, was er erblickt, berührt er, fasst es an und setzt es in Bewegung. Zunächst geschieht dies ruhig, dann nimmt die Geschwindigkeit zu. Schliesslich ist das Kind hektisch und die Umwelt chaotisch.

Eine Analyse solcher Beobachtungen weist auf folgendes hin: Vor einem Jahr schien A. die Umwelt kaum zu beachten; er berührte nichts und bewegte folglich keine Gegenstände, seine Umwelt war nach einer Stunde noch gleich wie vorher — er hatte nichts daran verändert.

Und heute? Er erblickt die Umwelt und eilt hin, das, was er sieht, zu berühren und wegzunehmen. Er erkennt nun das, was er sieht, als etwas, das man berühren kann — das existiert. Noch mehr: Er erwartet, dass man es bewegen und wegnehmen kann, und er führt dies aus. Er hat also gelernt, dass man bewirken kann — ein erstes Anzeichen, dass A. beginnt, das Wirken der Wirklichkeit zu verinnerlichen. Wenn das nicht ein bemerkenswerter Fortschritt ist! Wie aber soll sich die Umwelt dazu verhalten? Wie seiner Hektik begegnen?

Bevor wir ausführlicher auf dieses Problem eingehen, hier die Schilderung eines Erwachsenen:

BEISPIEL

Herr Z., hirngeschädigt, befindet sich zur Therapie in einer Klinik:
Während einiger Wochen konnte Herr Z. ohne Schwierigkeiten bei Alltagsgeschehnissen geführt werden. Er war aufmerksam dabei. Auf der Abteilung wurde er als ruhiger Patient geschildert: Er sitze für sich in der Halle und blicke umher. Er bereite niemandem Mühe. Bitte man ihn, zum Beispiel beim Tragen eines Wäschekorbes mitzuhelfen, so führe er dies gutwillig aus.
Die Lage änderte sich fast plötzlich: In der Therapie lässt er sich jetzt nur noch schlecht führen; er beginnt, statt dessen zu sprechen, schneidet Grimassen, fährt sich mit der Hand über das Gesicht, drückt die Augen zu; auf der Abteilung wandert er umher, macht Türen auf und bittet die Person, die er gerade antrifft, um ein Glas Wasser (auch wenn er gerade getrunken hat).
Man beginnt, von Rück- statt Fortschritt zu sprechen. Der Nutzen seines Klinikaufenthaltes wird angezweifelt.

Wir sammeln Beobachtungen und analysieren bestehende Videoaufnahmen geführter „Problemlösender Alltagsgeschehnisse". Wir schauen zu, wenn in der Therapie mit ihm gearbeitet wird.

Wir kommen zum Schluss, dass Herr Z. mit ersten Ausführungen begonnen hat. Erblickt er jetzt Gegenstände, dann erwartet er nicht mehr, dass jemand in der Umwelt etwas damit mache. Nein, er ist so weit, dass er selbst Bewegungen ausführen kann. Begegnet er einer Tür, dann öffnet er jetzt dieselbe; erblickt er Karten auf dem Tisch, dann ergreift er sie. Doch dann geht es nicht weiter. Er kann ein Problem des Alltags nicht selbständig lösen, das übersteigt zur Zeit seine Möglichkeiten. Er spürt sein Versagen. Dies macht ihn gespannt. Die Spannung äussert sich in seinem Gesicht — er drückt die Augen zusammen oder fährt sich mit der Hand über das Gesicht. Alles in allem — nicht Rückschritt, sondern Fortschritt!

Nachdem wir zu dieser Beurteilung gelangt sind, kommt die nächste Überlegung: Welches sind die Merkmale dieser neuen Ausführungsleistungen? Herr Z. öffnet alle Türen, die in seinem Umfeld sind. Er ergreift Karten, sobald diese in Greifnähe sind. Das Kind A. setzt jeden Gegenstand, den es erblickt und berühren kann, in Bewegung.

Alle diese Ausführungen verlangen wenig „Überlegung", Entscheidungen, Auswahl, Anpassung. Sie verlaufen mechanisch — monoton. Man spricht von „Gewohnheiten": Herr Z. hat die Gewohnheit, alle Türen aufzumachen... A. hat die Gewohnheit, alles in Bewegung zu versetzen. Sollte man nicht froh sein, dass die beiden bei Gewohnheiten angelangt sind?

Wir begannen, uns Gedanken zu machen über Gewohnheiten: Welches sind die positiven, welches vielleicht die negativen Aspekte der Gewohnheitsbildung? Wann bin ich froh, wenn ich Gewohnheiten habe — und wann sind mir diese vielleicht hinderlich?

1.3 Wie gut, dass ich Gewohnheiten habe

Wir alle bilden Gewohnheiten. Sobald wir einige Tage an einem neuen Ort wohnen, können wir beobachten, wie wir Gewohnheiten annehmen:

Schon beginne ich, wenn ich zur Arbeit gehe, jedesmal den gleichen Weg einzuschlagen. Beim Essen setze ich mich jeweils auf denselben Stuhl. Das Buch, das ich lese, lege ich wieder an den gleichen Platz zurück. Ja, was ist denn Besonderes an Gewohnheiten?

Gewohnheiten entlasten mich. Wenn ich mein Buch stets an den gleichen Platz lege, dann spare ich Zeit und Energie: Ich brauche mich nicht jedesmal wieder zu entscheiden, wohin ich es legen soll. Setze ich mich zum Lesen hin, dann finde ich es schneller wieder. Den Weg zur Arbeit gehe ich bald, ohne überlegen zu müssen: „Wohin jetzt — und wohin jetzt?" Ich muss nicht ständig um mich blicken. Die Häuser an meinem Weg kenne ich bereits, die muss ich nicht mehr genau betrachten. Ich kann statt dessen meinen Gedanken nachgehen, mich vorbereiten auf den kommenden Tag oder darüber nachdenken, was gestern geschah.

Wie müde wäre ich abends, wenn ich nicht so viele Gewohnheiten hätte. Wie könnte ich durchhalten, wenn ich bei jeder Tätigkeit mich voll auf diese konzentrieren müsste! Wie würde ich mich verhalten, wenn das Schreiben mit der Maschine mir nicht zur Gewohnheit geworden wäre, wenn ich jeden Buchstaben suchen und mir dabei alle anschauen müsste? Oder wenn ich an die Küche denke: Wenn ich mir da nicht so viele Gewohnheiten erworben hätte! Wenn ich mich jedesmal voll auf das Schneiden einer Kartoffel, das Schälen einer Karotte oder das Abwaschen konzentrieren müsste? Statt dessen habe ich meine Art und Weise, das Messer zu halten, die Kartoffel, die Karotte. Ich muss mir das „Wie" nicht mehr überlegen — es geht „automatisch". Mit diesem Kennwort beschreibt man häufig das Ausführen von Gewohnheiten. Mein Gehirn wird nur noch zu einem Teil beansprucht, mit dem andern Teil kann man etwas anderes tun. So geniesse ich es, dass ich gleichzeitig stricken *und* lesen kann.

Gewohnheiten sind für unser tägliches Leben eine grosse Hilfe, ja, sie sind unerlässlich, damit wir im Alltag überleben können. Sie sind nützlich, solange ich weiss, wann und wo sie einzusetzen sind. Um dies zu wissen, muss ich mir bewusst sein, dass die Rolle der Gewohnheit beschränkt ist:

1.4 Gewohnheiten bringen mich nicht weiter

Zwei Merkmale der Gewohnheiten begründen diese Aussage: Das eine bezieht sich auf die „Richtung" der Tätigkeiten, das andere auf die „Situation".

1.4.1 Sie sind unbeweglich

Piaget (1947) beschrieb das Kennzeichen der Gewohnheit. Gewohnheiten laufen stets in einer Richtung ab. Wenn ich im Wörterbuch etwas nachschauen will, dann sage ich mir innerlich das Alphabet vor. Dies erfolgt stets in derselben Richtung: a b c d... Rückwärts geht dies kaum. Dazu müsste ich eine weitere Gewohnheit lernen. Die Tätigkeiten einer Gewohnheit sind in *ihrer Folge unbeweglich*. Dazu ein Beispiel, das Katz (1948) erwähnte:

„Die Wespe schleppt eine Raupe in gelähmtem Zustand in eine vorher bereitete Erdhöhle, um dort ein Ei an ihr abzulegen. Die Wespe verfährt nun im einzelnen dabei so, dass sie, ehe sie die an das Netz geschleppte Raupe in die Höhle hineinzieht, in diese hineinschlüpft, wie um noch einmal zu prüfen, ob dort alles in Ordnung ist. Wenn man nun diese Zeit benutzt, um die Raupe ein Stück von der Höhle zu entfernen, so benimmt sich die Wespe wie folgt. Zu der alten Stelle zurückgekehrt, findet sie die Raupe nicht mehr vor, entdeckt sie aber nach kurzem Suchen und schleppt sie zum Eingang der Erdhöhle zurück. Man sollte glauben, dass die Raupe nun ohne weiteres in der Höhle verstaut wird, da ja deren Inspektion bereits vorgenommen worden war. Das ist indessen nicht der Fall." (S. 140/141).

Katz schildert nun, wie die Wespe jedesmal, wenn die Raupe ein wenig von der Höhle entfernt worden war, die Inspektion der Höhle zuerst wieder macht, einmal, zweimal... so oft die Raupe verschoben wurde.

Wir sprechen von „Gewohnheitsmenschen". Damit meinen wir Menschen, bei denen alles im gewohnter Trott ablaufen sollte. Wehe, wenn eine unerwartete Änderung der Situation den Ablauf der Gewohnheit unterbricht! Es ist mühsam, mit solchen Menschen längere Zeit zusammenzuleben. Sie bringen meist nur für eine beschränkte Anzahl von Situationen Verständnis auf. Sie verhalten sich ähnlich wie die Wespe. Tauchen Probleme auf, dann können sie ihre augenblickliche Tätigkeitsfolge nicht verändern und versuchen, am Anfang der Gewohnheitsfolge wieder zu beginnen.

1.4.2 Sie brechen zusammen, wenn Situationen sich verändern

BEISPIEL

D., 10 Jahre, ein wahrnehmungsgestörtes Kind in einem Schulinternat. Er kommt jährlich zu uns in die Kontrolle. Er mache recht gute Fortschritte in der Schule. Doch, so wird dort geklagt, die Eltern könnten ihn nicht erziehen, seien zu nachgiebig. Dies zeige sich bereits, wenn er mit der Mutter freitagabends im Zug heimfahre. Er gehorche der Mutter nicht, gehe im Zug umher. Und daheim sei dann das Chaos. Er bleibe kaum eine Sekunde ruhig — und in der Schule könne er doch für einige Zeit still sitzen.

Beurteilung:

Es scheint, dass D. zu gewissen Ausführungen gekommen ist. Er vollbringt diese in seiner „gewohnten" Umgebung — in der Schule, im Therapiezimmer. Befindet er sich aber in einer andern Umwelt, gelingen ihm diese Ausführungen nicht mehr.

Solche Beurteilungen erhalten wir häufig. Was liegt da vor?

Wenn ich solche Berichte erhalte, dann versuche ich, die dazugehörigen Schul- und Therapiesituationen abzuklären. Befindet sich das Kind Tag für Tag im gleichen Schulraum? Im gleichen Therapiezimmer? Vielleicht sogar am gleichen Tisch, auf dem gleichen Stuhl? Oder denkt man daran, es mit in den öffentlichen Autobus zu nehmen, mit ihm in die Stadt zu fahren? — es mitzunehmen beim Einkauf in ein Selbstbedienungszentrum — mitten hinein in ein Gewühl von Menschen? Versucht man, mit ihm solche Situationen aufzusuchen?

Die Gefahr ist gross, dass gewisse Leistungen, die wahrnehmungsgestörte Kinder/Erwachsene in der geschützten Umwelt des Therapieraumes, der Schule, des Heimes, der Klinik erlernen, Gewohnheiten sind. Verlassen sie diese geschützte Umwelt, dann befinden sie sich in veränderten Situationen, und die Gewohnheitsleistungen brechen zusammen (siehe zweiter Teil des Buches, Abschnitt 2.2.6 „...dann entgleitet ihnen die Wirklichkeit").

Häufig gibt man sich kaum Rechenschaft darüber, in welchem Ausmass Situationen in einer vertrauten Umwelt sich wiederholen. Ein Beispiel aus einer Tagesschule von einer Gruppe von wahrnehmungsgestörten Kindern:

BEISPIEL

In der Sonderschule für Wahrnehmungsgestörte war ein Fest. Dazu wurde auch die Küche benützt. Am nächsten Tag war diese noch nicht aufgeräumt, mit anderen Möbeln verstellt. Die Kindergruppe ass sonst Tag für Tag in der Küche an einem grossen Tisch. Diesmal wurde im Vorraum zur Küche gedeckt:
In der Küche sind Käse und Kartoffeln auf dem Wandtisch bereitgestellt. Im Vorraum stehen die Teller mit dem Besteck für jedes Kind auf dem Tisch. Alle setzen sich, singen das Tischlied und wünschen sich guten Appetit. — Die Kinder bemerken, dass sie hungrig seien. Die Betreuerin nimmt ihren Teller und geht in die Küche, wo sie sich mit Käse und Kartoffeln bedient. Sie kommt mit dem vollen Teller zurück und beginnt zu essen. Die Kinder wiederholen, dass sie Hunger hätten. S. ruft aus, sie hole auch die Kartoffeln in der Küche — sie steht jedoch nicht auf, um dies auszuführen. R. nimmt zwar seinen Teller, geht in die Küche, kommt aber mit leerem Teller zurück. K. wird von der Erzieherin geführt, ihr Körper ist versteift — welche Anstrengung, solch eine unvertraute Situation zu meistern!

Ähnliche Beispiele könnte man in grosser Zahl anfügen:

BEISPIELE

Von K., wahrnehmungsgestört, wird berichtet, er könne in der Heimgruppe Kaffee zubereiten. Nun kommt Besuch, K. wird zum „Kaffee-bereit-Machen" aufgefordert — seine ganze Gewohnheitsleistung bricht zusammen.

P., wahrnehmungsgestört, hätte schon oft Orangen ausgepresst, dies biete für ihn keine Probleme mehr. Nun befindet sich P. in einer Kurssituation in fremden Räumen, mit seiner Grossmutter, die noch nie mit P. gearbeitet habe. Wir versuchen, sie dazu anzuleiten. P.s Gewohnheitsleistungen zerfallen völlig.

Betrachten wir diese Geschehnisse, dann erinnern wir uns an die Diskussion über Kompetenz und Performanz am Ende des zweiten Teiles des Buches (siehe Abschnitt 3.3.4 „... und die Kompetenz nicht zur Performanz wird?"). Auf unsere Beispiele hier übertragen, heisst dies, dass wir uns freuen, wenn ein hektisches Kind so weit kommt, dass es in einer Situation sich ruhig verhält, so im Therapiezimmer. Dies heisst, dass solches Verhalten nun irgendwie in seiner Kompetenz liegt. Doch heisst dies noch lange nicht, dass dieses Verhalten zur Performanz in x-beliebigen Situationen wird.

Der Begriff der Situation ist für uns gesunde, Tag für Tag im gleichen Trott arbeitende Menschen ein schwieriger Begriff. Wir sind von Gewohnheiten dominiert und können uns kaum mehr vorstellen, was es heisst, wenn die Komplexität einer Situation so ansteigt, dass ich ihr nur ein ungenügendes Mass an Information entnehmen kann und dadurch meine Leistung, meine Performanz zerbricht.

Wir erinnern in diesem Zusammenhang an die Schwierigkeiten von wahrnehmungsgestörten Erwachsenen, die wir als „Transferschwierigkeiten" beschrieben haben: Sie lernen das Gehen im Therapiezimmer, können es aber „draussen" nicht anwenden (siehe zweiter Teil, Abschnitt 2.2.6 „ ... dann entgleitet ihnen die Wirklichkeit").

Betrachtet man die geschilderten Beispiele von wahrnehmungsgestörten Kindern und Erwachsenen, die mit ersten Ausführungen und damit mit Gewohnheitsleistungen beginnen, dann stellt sich die Frage: „Wie soll ich mit ihnen arbeiten, damit sie über diese Stufe hinauskommen?"

Dazu die Diskussion im nächsten Abschnitt.

1.5 Die Gabe der Neugierde — oder: Wie durchbreche ich Gewohnheiten?

Piaget (1947) stellte der Gewohnheit die Operation gegenüber. Die Operation ist durch ihre Mobilität gekennzeichnet mit Umwegen, Umstellen von Reihenfolgen von Betätigungen und Einbau von Neuem. Operatives Handeln ist dem menschlichen Verhalten eigentümlich und bildet die Grundlage der Begriffsentwicklung (Affolter, 1968).

Jedes Frühjahr und jeden Herbst ziehen in den Bergen die Schafherden durch die Landschaft. Die Lämmer kommen auf die Welt und weiden mit der Herde. Wenn ich dies sehe, dann bin ich jedesmal neu beeindruckt über den Unterschied zwischen dem Verhalten der Alt- und der Jungtiere. Da weiden die alten Schafe geruhsam das Gras ab; gemächlich ziehen sie dahin, heben nur hie und da ihre Köpfe, um sich rasch zu versichern, dass keine Gefahr droht, dann wenden sie sich wieder dem Gras zu.

Nicht so die Kleinen! Diese sind fast stets in Bewegung, ausser wenn sie schlafen. Sie drehen ihre Köpfe nach jedem Geräusch, wittern die verschiedenen Gerüche, hüpfen an Ort in die Höhe, steigen auf Steinblöcke, sobald solche in der Nähe sind. Von dieser kleinen Höhe blicken sie rund herum und beschnuppern die Welt — ihr ganzes Verhalten drückt dabei *Neugierde* aus. Welch ein Unterschied zu den grasenden Muttertieren und Böcken!

„Neugierig" — was beinhaltet dieser Begriff eigentlich? Weshalb nenne ich diese Lämmer neugierig und grenze sie damit von den Alttieren ab? Worin liegt der Unterschied?

Ich betrachte die Mutterschafe. Sie heben kaum die Köpfe. Sie scheinen meist aufs Gras ausgerichtet, nur hie und da blicken sie sich nach den Jungen oder nach eventuellen Gefahren um. Sie grasen und grasen — dann legen sie sich hin, um wiederzukäuen und dabei die Augen schläfrig zu schliessen. Die Beine und die Köpfe der Jungen sind dagegen in ständiger Bewegung. Sie halten *Ausschau nach Neuem* — bemerken jede Veränderung der Situation, nähern sich dem Unbekannten, um gleich zurückzuweichen, wenn das Unbekannte sich rasch bewegt. Doch kurz darauf beginnt das Umschau-Halten wieder — *gierig* nach Information.

Neue Informationen, Informationen-Vermitteln, Verändern der Situation, Suche nach entsprechender Information — wieder und wieder! Dies ist das Mittel, das Bilden von Gewohnheiten zu verhindern und bereits bestehende Gewohnheiten zu durchbrechen.

Aus dem Tierbeispiel kann man folgern, dass Neugierde offenbar etwas Wichtiges ist, um die Welt kennenzulernen, um lernen zu können, um sich zu entwickeln.

Stillung der Gier nach neuer Information — Liegt nicht gerade hier die Schwierigkeit unserer wahrnehmungsgestörten Kinder/Erwachsenen? Begegnen wir bei ihnen nicht auf Schritt und Tritt der ausgesprochenen *Informationsarmut* als Folge der gestörten Wahrnehmung?

1.5.1 Von der Beschränktheit zur Ausweitung der Information

In der Diskussion der Auffälligkeiten im Verhalten der wahrnehmungsgestörten Kinder/Erwachsenen haben wir nachdrücklich darauf hingewiesen, *wie deren Ausführungen durch die Informationsarmut gekennzeichnet sind* (siehe zweiter Teil, Kapitel 3 „Wir erklären: Wenn es am Spüren mangelt").

Die Information, die ein Kind/Erwachsener auf der Stufe der ersten Ausführungen einer Situation entnehmen kann, ist äusserst eingeschränkt. Sie nehmen den ihnen am nächsten liegenden Gegenstand und führen damit eine Betätigung aus. Dieses Verhalten können wir manchmal auch an uns selbst beobachten. Wenn ich müde bin und Schokolade vor mir liegt, dann esse und esse ich, bis keine Schokolade mehr daliegt. So bin auch ich in einer Stress-Situation eingeschränkt in bezug auf Information, die ich aufnehmen kann. Nur das „Nächstliegende" wird berücksichtigt.

Dazu das nächste Beispiel:

BEISPIEL

Ch., ein 23jähriger Hirntraumatiker, befindet sich in einer Kurssituation: Die Kursteilnehmer, Therapeuten, haben mit ihm — geführt — „Würste-im-Teig" gebacken. Nun sitzen die 14 Leute am Tisch. Ch. verteilt die Würste. Sein Therapeut, der neben ihm sitzt, geht leer aus. Therapeut: „Ch. schau, ich habe keine Wurst." — Ch. blickt auf den Teller des Therapeuten, macht ein bedauerndes Gesicht: „ — Du kannst von meiner Wurst haben." Und Ch. nimmt Gabel und Messer, schneidet die Hälfte der Wurst ab, nimmt diese mit der Gabel vom Teller weg — und steckt die Wurst in seinen eigenen Mund —.

Egoistisches Verhalten — oder was ist geschehen? ...

Zwei Tage später bereiten die Kursteilnehmer mit Ch. einen Zwetschgenkuchen zu. Man isst vom Kuchen, zwei Stücke bleiben übrig. Ch.: „Die werde ich B. und L. in die Klinik mitbringen (seine Therapeuten dort)." Ch. muss aufs Taxi warten; er sitzt neben dem Tisch, auf dem die zwei Kuchenstücke sind; er unterhält sich mit einigen Kursteilnehmern, um sich die Zeit zu vertreiben — was geschieht? Während er spricht, verschwindet ein Bissen nach dem andern in seinem Mund — solange, bis nichts mehr übrig bleibt! Das Taxi kommt, der Kuchen ist verschwunden.

Egoistisch? Oder was ist passiert?

Ch. nimmt visuell die Situation wahr: Sein Nachbar hat keine Wurst auf dem Teller. Diese visuelle Information kann er verbal ausdrücken. Wir sprechen von Wiedererkennen. Er kann sogar eine Erwartung ausdrücken: „Du kannst von meiner Wurst haben." Die Erwartung geht in eine Bewegung über, eine erste Ausführung: Ch. schneidet seine Wurst entzwei. Nun aber kommt die grosse Schwierigkeit: Gewöhnlich schneidet Ch. beim Essen eine Speise, um sie dann in den Mund zu stecken — in *seinen* Mund. Dies ist der gewohnte Ablauf, der Ablauf, der am wenigsten Information benötigt, um vollzogen zu werden. Ch. kann offensichtlich die Komplexität der richtigen Lösung — die Wurst nicht in seinen Mund zu stecken, sondern auf den Teller des Nachbarn zu legen, damit dieser die Wurst essen kann — nicht leisten; mit anderen Worten, er meistert eine *Umwegsplanung* nicht.

Diese Schwierigkeit von Ch. gehört zur beschriebenen Auffälligkeit bei wahrnehmungsgestörten Kindern/Erwachsenen, die in der Informationsaufnahme sehr beschränkt sind:

Ausführungen nehmen rasch Gewohnheitscharakter an! Umwegsverhalten fehlt!

Lernen wahrnehmungsgestörte Kinder und Erwachsene neue Betätigungen, dann wiederholen sie diese in recht starrer Form, solange sie sich auf dieser ersten Ausführungsstufe befinden.

Einige Beispiele wahrnehmungsgestörter Kinder dazu:

BEISPIELE

K., 10 Jahre, ist im Schullager:
Am Morgen hilft K. beim Waschen. Dazu wird ein neuer Waschpulversack mit der Schere geöffnet.
Tags darauf hilft K. wieder beim Auswaschen. Sie nimmt den bereits geöffneten Waschmittelsack und schneidet, wie am Vortag, ein Stück vom Sack ab.
Sie soll ein Backblech mit Gebäck in den Ofen schieben. Sie zieht sich dazu die Backhandschuhe an, obwohl der Ofen kalt ist.

D., 13 Jahre, hilft beim Zwetschgen-Zubereiten in der Küche. Er wird geführt: Zwetschge in der linken Hand, Messer in der rechten, so wird die Zwetschge halbiert, der Stein herausgegrübelt und die entsteinte Frucht in eine Schüssel gelegt. D. will allein weiterschneiden. Als man ihm dazu eine andere Art des Entsteinens zeigen will, wehrt er ab: „nöd so (nicht so)."

Th., 11 Jahre, garniert in der Schule ein belegtes Brot mit Gurke; nun esse er zu Hause kein Brot mehr, wenn die Gurke darauf fehle.

Auf dieser Stufe werden Betätigungen offenbar „für sich" gelernt, ohne die Veränderung von Situationen zu berücksichtigen: Auf das belegte Brot gehört eine Gurke, gleichviel ob dies in der Schule, daheim oder sonstwo gegessen wird. Schiebt man ein Backblech in den Ofen, so zieht man die Backhandschuhe an; die Wärme des Ofens, die verursachende aber auch sich verändernde Situation wird nicht miteinbezogen. So auch das Aufschneiden des Waschpulversackes; geschnitten wird, gleich, ob er verschlossen oder offen ist. *Das Lernen umfasst also auf dieser Stufe nur sehr beschränkte Information.*

Die Beispiele des achtjährigen A., des Herrn Z., des zehnjährigen D. und des 23jährigen Ch. unterstreichen, dass Wahrnehmungsgestörte, die sich auf dieser Stufe der Gewohnheitsbildung befinden, von der Umwelt oft falsch beurteilt werden: unruhig, hyperaktiv, tyrannisch, uneinsichtig usw.!

Wenn uns Patienten gezeigt werden, weil sie für die Umwelt durch ihr Verhalten schwer tragbar sind oder weil sie, oberflächlich gesehen, keine Fortschritte zu machen scheinen, so befinden sie sich meistens auf dieser Stufe der Gewohnheiten.

Wenn wir Gewohnheiten bestärken, dann bringen wir Kinder und Erwachsene in der Entwicklung nicht weiter; sie werden zu „Maschinen", die sich drehen und die produzieren, solange die Umwelt sich nicht verändert. Die Entwicklung aber bleibt stehen. Und irgendwann kommt auch der Augenblick, wo die Leistung der „Maschine" zusammenbricht. Häufig zieht dann die Umwelt das Wort „Motivation" aus der Schublade:

So werden auch wahrnehmungsgestörte Kinder und Erwachsene als „nicht motiviert" geschildert; damit wird die „Schuld" am Zusammenbrechen der Leistungen diesen Kindern und Erwachsenen zugeschoben — die Umwelt, die Erzieher und Therapeuten müssen sich in diesem Fall nicht „verändern", nicht die Situation überdenken und diese vielleicht anders gestalten.

Statt fehlender Motivation wird, besonders bei hirngeschädigten Erwachsenen, öfters ein „Persönlichkeitsabbau" interpretiert. So geschah es mit Ch., den wir in der „Wurstsituation" geschildert haben. Da in jener Klinik sich viele leichter geschädigte Patienten aufhielten, kam es zu häufig wechselnden Situationen, die für Ch. zu komplex waren. Ch. geriet deshalb immer wieder in Panik, seine Leistungen zerfielen. Es kam soweit, dass es eines Tages hiess, er müsse in die Psychiatrie versetzt und die „geführte" Therapie abgebrochen werden, da er ja regrediere und untragbar würde ... Dies wurde eine ganz kritische Zeit!

Beginnen bei einem Wahrnehmungsgestörten die ersten Ausführungen, dann muss ich beim Führen also ganz besonders auf die Vermittlung der gespürten Information achten. Und wiederum — oder immer noch — heisst dies: *Widerstandsveränderungen schaffen,* maximale Kontraste — beim Erkunden der Nachbarschaft, — beim Wegnehmen und beim Wieder-Zusammenbringen! Berühren — Bewegen — Umfassen — Bewegen! Einbezug der Unterlage! Wahrnehmung über das Spüren, noch und noch, geführt, im Zusammenhang mit „Problemlösenden Geschehnissen des Alltags".

BEISPIEL

Wir versuchten es beim achtjährigen A., den wir auf Seite 275 schilderten. Das Geschirr war abgewaschen, getrocknet. Nun sollte man es mit A. versorgen. Hier war der Spültisch mit dem Geschirr, dort, diagonal gegenüber im Zimmer, befand sich der Schrank. Dort sollte das Geschirr versorgt werden. Ja — wie gelange ich mit einem so hektischen Buben über den freien Raum zum Schrank?

Wir dachten nach. Wie würde ein Kleinkind dies ausführen, so ausführen, dass ihm der Teller nicht entgleitet? Es nimmt den Teller mit beiden Händen und drückt ihn an seinen Körper — ganz fest, um sicher zu sein, dass es den Teller berührt, dass es ihn festhält.

Und so, mit dem Teller fest an sich gedrückt, wird A. durch den Raum geführt, zum Schrank. Im Schrank wird weiterer Widerstand berührt — sich vergewissert, dass dieser besteht. Erst dann wird der Teller im Schrank hingestellt. Und so werden die Sachen versorgt. Es ist erstaunlich: Der vorher so hektisch wirkende Bub wird bei dieser Tätigkeit immer ruhiger.

Widerstandsveränderungen müssen erzeugt werden. Dazu benötige ich Variationen der Bewegung. Sitze ich z.B. ruhig auf dem Stuhl, so spüre ich die Härte der Unterlage bald kaum mehr. Erst wenn ich mich wieder bewege, kommt mir diese Härte wieder ins Bewusstsein. Wir erinnern an die Beispiele, zweiter Teil, Abschnitt 2.1.2 „Sie wissen um die Regeln der stabilen Unterlage und der Seite".

Dazu ein weiteres Beispiel:

BEISPIEL

A., 9 Jahre, wahrnehmungsgestört, höhlt eine Zitronenhälfte aus. Sie wird dabei geführt:

Man beachte den Wechsel zwischen dem Gebrauch von Händen und Hilfsmittel, von rechter und linker Hand ..., sowie die Veränderungen der Widerstände zwischen Unterlage — Seite — eigenem Körper ...

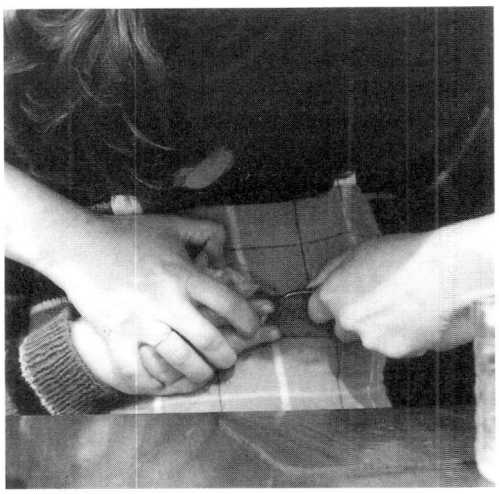

A. benützt den Löffel — den eigenen Körper als stabile Seite — die rechte Hand hält die Zitronenhälfte fest, die linke führt die Bewegung aus —

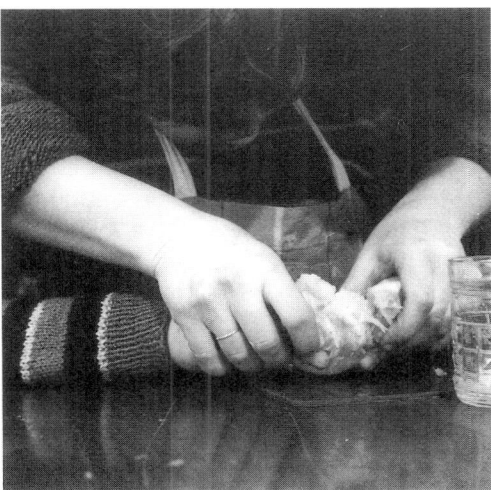

Beide Hände berühren — umfassen — bewegen, der Tisch bietet Unterlagewiderstand.

Der Tisch als stabile Unterlage, die linke Hand bewegt den Löffel, die rechte hält die Zitrone fest.

Und nun Wechsel der Hände: die linke übernimmt das Berühren und Wegnehmen, die rechte hält den Löffel fest.

1.5.2 Erspüren von Ursachen und Wirkungen

Ein weiterer Punkt in der Informationsvermittlung ist das *Erkunden von Ursache-Wirkungsabläufen*, die in den „Problemlösenden Alltagsgeschehnissen" eingeschlossen sind; selbstverständlich geschieht auch diese Informationsvermittlung übers Spüren von Widerstandsveränderungen.

Einige Beispiele sollen dies erläutern:

BEISPIELE

Wir erinnern an K., wie sie im Schullager das Öffnen des Waschpulversackes übernimmt (S. 281); ihre Informationsaufnahme war beschränkt auf Schere — Sack — Schneiden, sie beachtete aber nicht, dass dies die Ursache war, damit das Waschpulver ausgeschüttet werden konnte.

Bei der Wiederholung des Geschehnisses „Auswaschen" nimmt die Erzieherin mit K. einen verschlossenen Sack. Sie führt K. dabei. Sie halten den Sack über den Waschtrog mit dem Wasser und einigen schmutzigen Kleidungsstücken darin. — Nichts geschieht! Kein Waschpulver fällt ins Wasser, der Sack bleibt voll — keine Veränderung.

Nun nehmen sie die Schere und öffnen den Sack. Sogleich fällt das Pulver aus dem Sack ins Wasser — der Sack entleert sich. Ursache: Schneiden — Wirkung: Sack entleert sich!

M., 8 Jahre, will seine Kleider nicht ausziehen, wenn er baden sollte. — Eines Tages lässt ihn die Erzieherin mit den Kleidern ins Badewasser einsteigen — klatsch — mit den nassen Kleidern verlässt M. das Wasser. Am nächsten Tag bietet das Ausziehen kein Problem mehr.

Auf diese Weise ist es möglich, dem Wahrnehmungsgestörten mehr gespürte Information über Zusammenhänge von Ursachen und Wirkungen zu vermitteln. Ähnlich geht man vor bei der Benützung von Hilfsmitteln; sie werden — wie bereits schon einmal erwähnt — eingesetzt, wenn eine Betätigung von Hand nicht zum Erfolg führt. Ich sollte deshalb eigentlich *stets zuerst mit der Hand* die verursachende Bewegung ausführen.

Dazu zwei Beispiele:

Mit B., 9 Jahre, wahrnehmungsgestört, wird versucht, einen Apfel zu zerkleinern; er wird dabei geführt:
Wir halten den Apfel auf der Unterlage fest. Mit der einen Hand entfernen wir zunächst den Stiel. Nun versuchen wir, den Apfel — von Hand — in zwei Hälften zu teilen; wir drücken — ohne Erfolg. Wir drücken erneut, drücken wieder ... Fingernägel durch die Schale in das Fleisch ... — noch immer keine maximale Veränderung des Widerstandes; erneuter Versuch ... schliesslich greifen wir zum Messer und schneiden den Apfel durch.

Mit Z., 9 Jahre, wahrnehmungsgestört, versuchen wir, eine Nuss zu öffnen: Wir drücken die Nuss auf die Unterlage — keine Veränderung; wir schliessen die Nuss in unsere Hand ein, mit der andern helfen wir, die Nuss zu drücken — wiederum keine Veränderung ... schliesslich nehmen wir einen Stein und schlagen auf die Nuss — sie zerspringt!

Durch solchen Einbezug des eigenen Körpers in die Erkundung von Ursache-Wirkungsbeziehungen erreiche ich ein weiteres Ziel: Zur Information über verursachte Widerstandsveränderungen biete ich *Information über die Beschaffenheit der Umwelt* an. Diese Information ist wichtig für das Vertraut-Werden mit der Umwelt. Darüber wurde im ersten Teil berichtet.

Die Information über die Beschaffenheit eines Apfels ist armselig, wenn ich gleich anfangs das Messer zum Schneiden benütze. Welche Vielfalt an Information jedoch, wenn ich versuche, den Apfel mit meinen Fingern zu zerbrechen! Was ich da über die Beschaffenheit des Apfels lernen kann — grundlegende Erfahrungen für die Begriffsbildung „Apfel".

Zusammenfassend können wir festhalten:

Um Gewohnheiten zu durchbrechen, muss ich während der geführten „Problemlösenden Geschehnisse" Widerstandsinformation vermitteln: Veränderungen der Widerstandsverhältnisse beim Berühren, beim Umfassen, beim Bewegen, beim Loslassen — zwischen Unterlage und Gegenständen und meinem eigenen Körper. Immer wieder wende ich so die Regeln des Berührens an, jene der Unterlage und jene der Seite, sowie die Regeln des Wirkens, jene der Wegnehmbarkeit und jene der Nachbarschaft.

Mit diesem beschränkten Regelsatz kann ich mit dem wahrnehmungsgestörten Kind und Erwachsenen eine unendliche Zahl von Situationen erfassen, von Ursachen und Wirkungen!

Dies versuchten wir mit A., mit Herrn Z. und auch mit Ch. Am längsten konnten wir die Fortschritte von Ch. verfolgen. Wie wir erwähnten (siehe Seite 282), wurde die Einweisung in eine psychiatrische Klinik erwogen. Grund war: Die Umwelt deutete seine Panikreaktionen als „Aggressionen" aus. — Die Einweisung konnte aufgeschoben werden — wir versuchten, Ch.s Verhaltensauffälligkeiten der Umwelt zu erklären — noch und noch. In der Therapie versuchten wir, seine Gewohnheiten zu durchbrechen, Veränderungen von Situationen mit ihm zu erspüren, sein Verständnis für „Problemlösende Geschehnisse" auszuweiten. Nach und nach verminderten sich seine Ausbrüche, sein Verhalten passte sich langsam wechselnden Situationen besser an. — Heute, einige Jahre später, führt er ein unabhängiges Leben und arbeitet voll.

1.6 Ich finde über den Umweg zum Hauptweg zurück

Ich werde also mit dem wahrnehmungsgestörten Kind/Erwachsenen weiterhin „Problemlösende Geschehnisse" durchführen, ihnen Information verschaffen über Widerstandsveränderungen — geführt und gespürt! Gewohnheiten werden erscheinen — ich werde sie durchbrechen. Neugierde wird sich zeigen, ausweitendes Verständnis — wann aber wird die Ausführung beweglicher werden? Je nach Art und Ausmass der Wahrnehmungsstörung wird dies früher oder später der Fall sein.

Ein erstes Anzeichen der Beweglichkeit ist das sogenannte *Umwegsverhalten*. Das Beispiel eines gesunden Kindes soll dies verdeutlichen:

BEISPIEL

M., ein gesundes Mädchen, 1;6 Jahre, weiss jetzt, dass Türen aufgehen. Sieht sie einen Spalt, dann stösst sie an die Tür. Vor kurzem hat sie erfasst, dass man die Türfalle betätigen kann und dass dann die Tür aufgeht, auch wenn kein Spalt zu sehen ist. Aber sie hat auch gemerkt, dass nicht alle Türen sich öffnen lassen, auch wenn man die Falle herunterzieht und an die Tür stösst.
In diesen Fällen kann man die Tür nur öffnen, indem man die Falle nach unten drückt und die Tür rückwärts zieht; obwohl ich vorwärts durch die Tür gehen möchte, muss ich sie in die Gegenrichtung bewegen — diese Situation verlangt ein Umwegsverständnis.

Im Laufe des zweiten Lebensjahres erscheint dieses Verhalten und nimmt dann an Häufigkeit zu. Immer mehr Umwege werden in die „Problemlösenden Geschehnisse" eingeschlossen, um Ziele zu erreichen, Probleme zu lösen. Das Kind ist zu klein, um etwas Gewünschtes und Gesehenes auf dem Schrank zu erreichen. Nun holt es einen Stuhl, klettert hinauf und erreicht das Ziel auf diese Weise. Jetzt kann M. auch die Türen „mit Umweg" öffnen: Türklinke herunterziehen, Tür rückwärts ziehen — obwohl man doch nach vorn möchte — dann durch die Türöffnung gehen und die Tür nun schliessen.

Umwege benützen zu können, drückt die fortschreitende Verinnerlichung von Erfahrungen in „Problemlösenden Alltagsgeschehnissen" aus: Ich kann einen Stuhl holen als Umweg, um etwas aus der Höhe zu holen, weil ich mir innerlich vorstellen kann, was ich jetzt dann tun werde. M. zieht die Tür rückwärts, weil sie sich innerlich die nächsten Schritte vorstellen kann: Tür öffnet sich, ich kann durch die Öffnung schlüpfen, dann die Tür zu mir ziehen bis zum Widerstand — dann ist sie zu.

Mit der Möglichkeit, Umwege einplanen zu können, werden die Betätigungen des Kindes beweglicher.

Umwege werden auch benützt, um die Umwelt zu untersuchen. Dazu das Beispiel eines wahrnehmungsgestörten Kindes:

BEISPIEL

Th., wahrnehmungsgestört, ist jetzt 14 Jahre alt. Während manchen Jahren führte er nur starre Gewohnheiten aus; sobald er zum Beispiel runde Gegenstände sah, ergriff er diese und versetzte sie sehr geschickt in Drehung.
Er zeigte Verständnis bei kleinen geführten „Problemlösenden Geschehnissen". Mit der Zeit weitete sich das Verständnis aus, mehr und mehr.

Es folgten erste Ausführungen im Alltag; wir arbeiteten weiter mit geführten Geschehnissen. — Informationsvermittlung noch und noch!
Jetzt ist es endlich soweit: Umwegsverhalten wird in seinen Ausführungen beim Lösen von Alltagsproblemen beobachtbar. Er beginnt sogar, Umwege zu benützen, um das Wirken der Umwelt zu untersuchen, so hier in unserm Beispiel:

Th. wandert mit der Schule — der Weg ist steinig.
Th. ergreift zwei Steine und legt sie sorgfältig auf seine Schuhe.
Ob sie darauf halten?

Ob man damit gehen kann?
Sorgfältig — langsam setzt Th. den einen Fuss auf den Weg und hebt den andern in die Höhe.

Mit dem Umwegsverhalten eng verbunden ist der *Gebrauch von Hilfsmitteln*. Darunter sind Werkzeuge für Kinder von besonderem Interesse:

BEISPIEL

E., gesund, 3 Jahre, hält sich in der Werkstatt des Vaters auf — welch herrliches Betätigungsfeld!

▲
E. kratzt am Brett. Ob er ein Loch findet für den Nagel?

▲▲
Ob der Nagel in dieses Loch hineinpasst?

▶
Er passt! — und nun der Hammer — E. klopft damit auf den Nagel.

 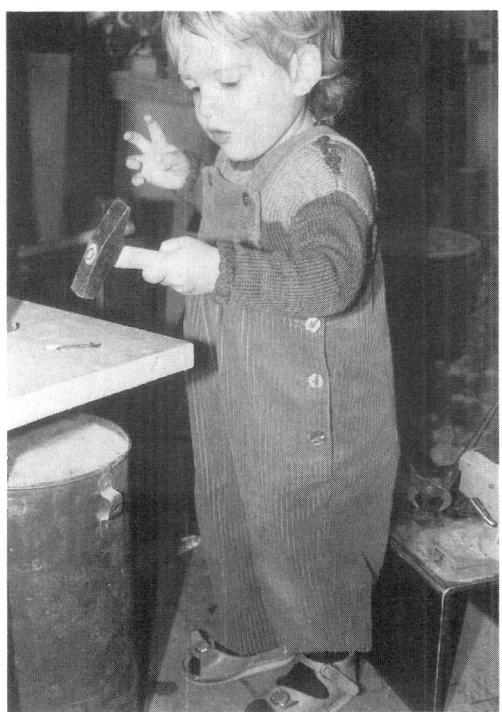

▲
Da ist ja noch ein Nagel — auch nicht ganz drin.
E. hämmert auf diesen.

So — dieser Nagel ist drin — ganz in der Unterlage (wenn auch schräg, das stört E. nicht). ▲▲

▶
Noch ein Nagel zum Hämmern!

Jetzt hab' ich es geschafft. *Besser den Hammer wieder versorgen!*

Neben dem Umwegsverhalten und dem Interesse für Hilfsmittel ist die *Neugierde für Ursache-Wirkungsabläufe* ein Anzeichen wachsender Beweglichkeit der Ausführungen:

BEISPIELE

Der 14 Jahre alte Th., wahrnehmungsbestört, vom geschilderten Beispiel der Steine (S. 287), raffelt Muskatnuss und Käse für die Zubereitung von Käseschnitten; er arbeitet allein:

Zuerst die Muskatnuss:
Th. reibt die Nuss auf der Raffel — er beobachtet die Wirkung: ob Nusspulver entsteht?

Wie die Muskatnuss wohl schmeckt?
Th. leckt mit der Zunge die Nuss von der rauhen Raffel.

◄

Nun der Käse:
Th. versucht, die Plastikhülle mit den Zähnen zu öffnen —.

▼▼

Ob dies gelungen ist?
Th. untersucht die Hülle — ob sie ein Loch aufweist?
Ja, hier!

▼

Th. entfernt die Rinde, hält den Käse in der Hand.

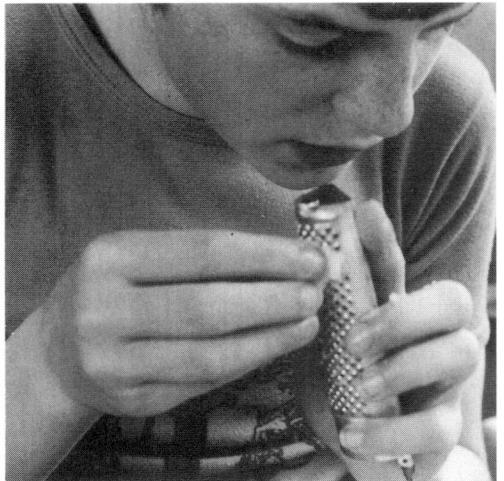

Ob man ihn raffeln kann?
Th. versucht es, dabei blickt er durch die Öffnung: Ob geraffelter Käse zu sehen ist?

Der Käse ist aber nicht zu sehen. Wo ist er geblieben? — Er klebt an der Raffel. Th. grübelt den Käse mit dem Finger von der Oberfläche, ...

... dann von der Innenseite der Raffel.

So wird das Verhalten von Th. dem Alltag und seinen Problemen gegenüber angepasster. Bei auftretenden Schwierigkeiten gerät er nicht mehr so sehr in Spannung wie früher. Er kann Problemsituationen untersuchen, Informationen gewinnen über Ursachen-Wirkungen und Veränderungen der Betätigung bewirken.

Ein weiteres Beispiel von Th.:

BEISPIEL

Th. versucht, Reisigbündel herzustellen:
Wie man das wohl machen kann, dass das Holz zusammenhält? Was für Umwege einschlagen? Hilfsmittel — Schnur — Draht — Mund? Ursachen und ihre Wirkungen — ob die Umwege stimmen?

Th. ist fähig, Umwege einzuschlagen und trotzdem wieder zum Hauptweg zurückzufinden. In unserem Beispiel kann er die Wirkung von Schnur und Draht in Form von Umwegen ausprobieren, diese Umwege auf das Ziel, das Reisigbündel, ausrichten und so den Hauptweg wieder finden.

BEISPIELE

Die beiden folgenden Beispiele zeigen Th., der in den vorangehenden Beispielen beschrieben worden ist:

— *Ein Ei ist beim Kochen zerbrochen:*

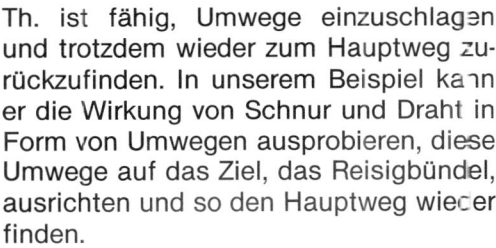

Auch wenn das wahrnehmungsgestörte Kind nun so weit fortgeschritten ist, dass es Umwege in seine Ausführungen einbeziehen kann und neuartige Situationen erkundet, ist seine Informationsaufnahme weiterhin beschränkt. So bleibt sein „Umfassen" in spontanen Ausführungen auffällig, indem es stets noch ein Anfassen ist:

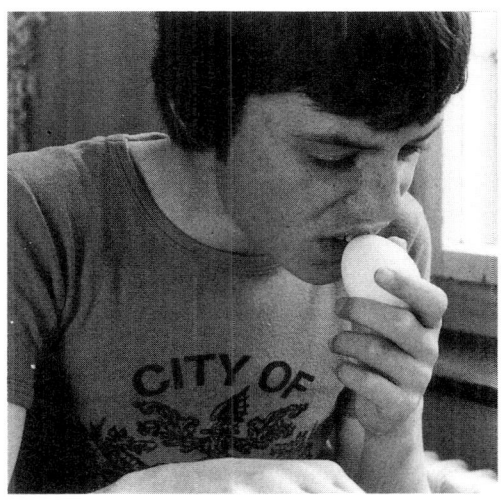

Th. leckt am Ei —.

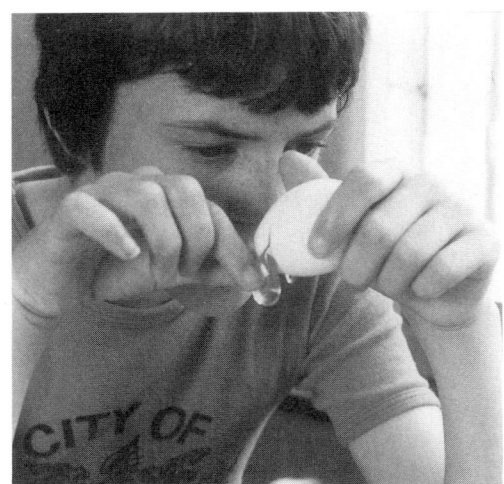

Er schaut, was geschieht —.

▲▲ Er fasst das rinnende Eiweiss mit zwei Fingern an — im Pinzettengriff.

▶ Mit zwei Fingern zieht er das Eiweiss heraus, ...

▼ ... lässt es in die Schüssel fallen — benützt dazu nur die eine Hand.

Schaut, ob das Ei leer ist —? ▼▼

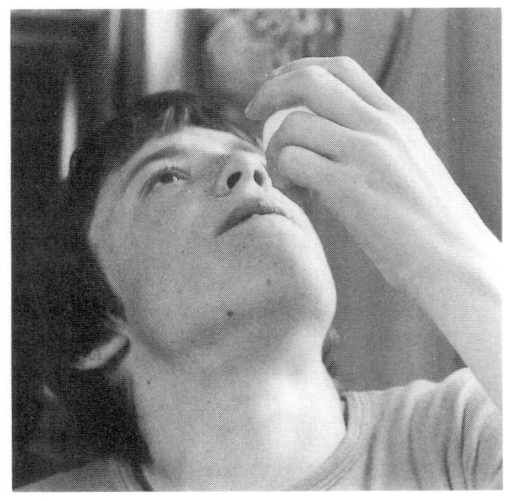

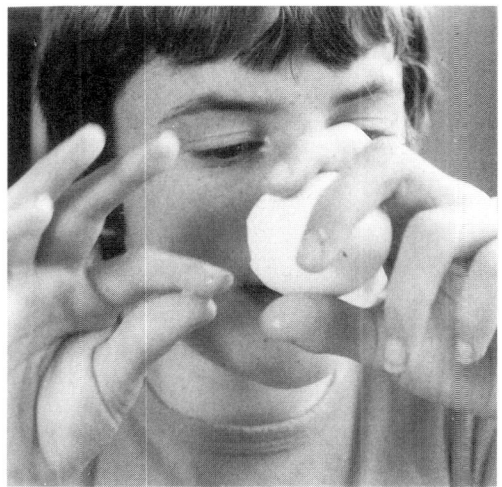 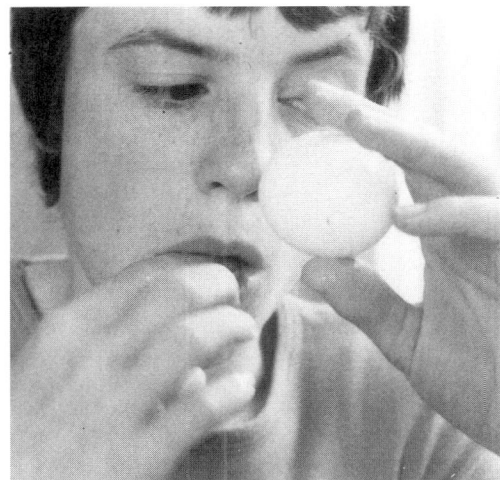

... leckt nochmals, die freie Hand in „Anfass"-Stellung.

Th. leckt den Finger ab — blickt prüfend auf das Ei. Man beachte, wie seine linke Hand das Ei nur „anfasst", statt es zu umfassen. ▲▲

Ein Rest ist noch im Ei — er versucht, diesen in den Mund „fallen zu lassen" (er kann es nicht heraussaugen) —. ▶

▼
Th. schleckt ein Eiscornet:
Er öffnet die Verpackung des Cornet.
Er berührt das Cornet.
Man beachte wiederum das „Anfass"-Verhalten —. ▼▼

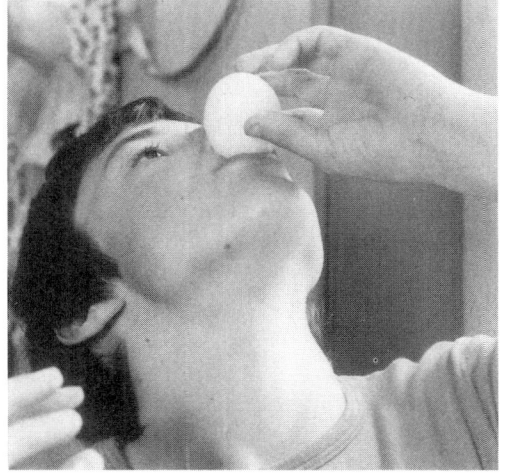

Er beginnt zu schlecken. ▶

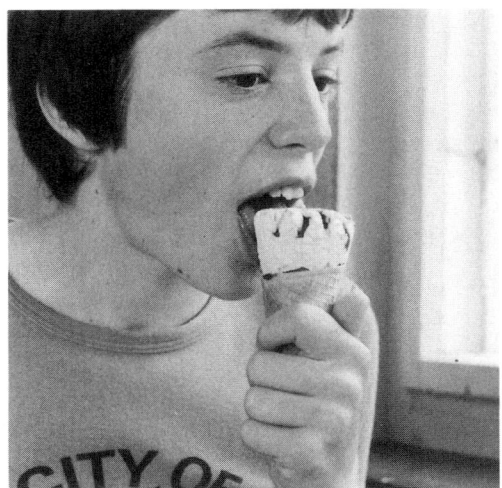

*Wie könnte man noch schlecken?
Th. untersucht:*

▼ *Da die Spitze,*

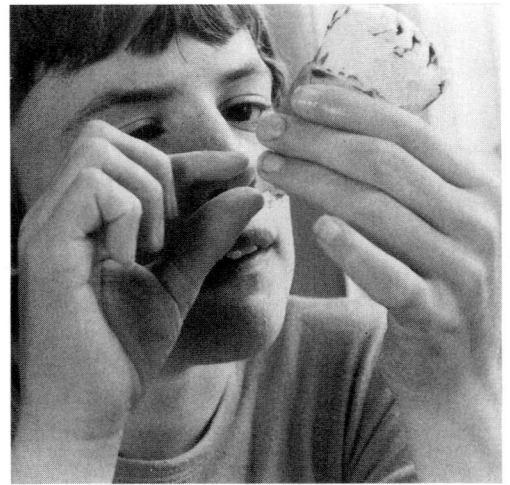

▲ *hier die Seite,*

◀

und nun alles auf den Tisch, da der Widerstand nachgibt ...

Man beachte hier wiederum das „Anfass"-Muster und das dadurch bedingte Fehlen der „Umfassungsinformation".

Wir fassen zusammen:

In diesem Kapitel „Ausführungen beginnen" besprachen wir die Fortschritte wahrnehmungsgestörter Kinder und Erwachsener. Wir beschrieben, dass — durch den Mangel an Information bedingt — die Ausführungen von Wahrnehmungsgestörten rasch den Charakter von Gewohnheiten annehmen.

Gewohnheiten können uns im täglichen Leben von grosser Hilfe sein. Sie bringen aber den Wahrnehmungsgestörten in seiner Entwicklung nicht weiter.

Um weiter zu kommen, benötigt der Wahrnehmungsgestörte Information — gespürte Widerstandsveränderungen im Rahmen geführter „Problemlösender Alltagsgeschehnisse".

Je umfassender die verinnerlichte gespürte Erfahrung mit „Problemlösenden Alltagsgeschehnissen", desto besser werden die Ausführungen Wahrnehmungsgestörter: Sie werden beweglicher, angepasster,— Umwege werden eingebaut.

Und immer noch benötigt der Wahrnehmungsgestörte Vermittlung gespürter Information — geführtes Lösen von Problemen des Alltags! Nur wenn er diese erhält, wird er in verschiedenen Ausführungsleistungen weiterkommen, und darüber hinaus zur Entwicklung oder Besserung einer anderen wichtigen Leistung, nämlich jener der Darstellung gelangen. In dieser letztgenannten Leistung ist die Sprache miteingeschlossen. Darüber werden wir im nächsten Kapitel nachdenken.

2. Zurück zu den „Problemlösenden Alltagsgeschehnissen" — dann die Darstellung

Verinnerlichung gespürter Erfahrung mit „Problemlösenden Alltagsgeschehnissen" ist nicht nur notwendig, um Erwartung und dann Ausführung zu erreichen. Sie ist auch unerlässlich, um zu den sogenannten *semiotischen Leistungen* zu gelangen.

Eine semiotische Leistung besteht darin, dass man irgendeine Form nimmt, um einen Inhalt auszudrücken, welcher mit einer vergangenen oder zukünftigen Situation zusammenhängt. Piaget (1969 a) unterstrich die Unterscheidung zwischen Form und Inhalt, zwischen Bezeichnung und Bezeichnetem als wichtige Eigenschaft der semiotischen Leistung. So nimmt ein Kind einen Kieselstein vom Boden auf. Es verbirgt denselben in seiner Hand. Es frägt: „Weisst Du, was ich da habe?" — „Ein Bonbon" — es öffnet seine Hand. — „Aber weisst, es ist kein richtiges Bonbon, man kann es nicht in den Mund nehmen — und doch ist es ein Bonbon."

Das Kind *tut, als ob* der Stein ein Bonbon wäre. Es nimmt den Stein als *Form* für den *Inhalt* „Bonbon". Dabei ist in der augenblicklichen Situation weit und breit kein Bonbon zu sehen. Das Kind erwartet auch nicht, dass es gleich eines erhält. Nein — es entnimmt seiner Speicherung vergangene Erfahrung mit Bonbons und drückt diese anhand des Steines aus; es stellt diese Erfahrungen mit dem Stein dar — wir sprechen von *Darstellung*. Dabei wird der Stein für verschiedenste Inhalte benützt: Jetzt ist er ein Bonbon und später vielleicht ein Brot, das man auftischt.

Die Formen, die wir Menschen benützen, um vergangene oder zukünftige Inhalte auszudrücken, sind *vielfältig*. Wir benützen sichtbare (optische) Formen: Darunter sind die grafischen Formen einzuordnen wie Bilder, Schriftformen. Die häufigste ist die hörbare (akustische) Form; dazu gehören die Sprechlaute. Es gibt auch spürbare Formen; diese werden in der Kommunikation mit Blinden benützt. Braille gehört dazu.

Manche Formen können über mehrere Sinnesmodalitäten wahrgenommen werden. Wenn ich spreche, dann nehme ich die von mir gebildeten Sprechlaute übers Spüren *und* übers Hören wahr. Gelangt ein Kind nicht zu angemessener Sprechlautentwicklung, dann kann dies durch eine Störung im Spüren und/oder im Hören verursacht sein (es gibt daneben noch andere Faktoren, wie Anomalien der Sprechorgane usw.).

Formen können eine Ähnlichkeit mit dem dargestellten Inhalt aufweisen; wir sprechen dann von *Symbol* (siehe Piaget, 1969 a). In unserem Beispiel nimmt das Kind einen Kieselstein, um ein Bonbon darzustellen. Der Kieselstein wurde vom Kind aufgrund einer gewissen Ähnlichkeit mit einem Bonbon gewählt; es handelt sich in diesem Fall um *Symbolverhalten*. Das Kind hat selbst die Form ausgewählt — ich kann den Inhalt in etwa erraten. Solche individuelle Symbole werden auch von gehörlosen Kindern benützt.

Anders verhält es sich mit der *Sprache*. Hier werden Formen benützt, die kaum je Ähnlichkeit mit dem dargestellten Inhalt aufweisen — einzige Ausnahme bilden hier die sogenannten „lautmalerischen" Wörter. Wenn ich jemanden chinesisch sprechen höre, dann kann ich nicht erraten, um was für Inhalte es sich dabei handelt; in diesem Sinne sind sprachliche Formen *willkürlich*. Sprachliche Formen sind aber auch konventionell, das heisst, sie wurden durch Übereinkommen einer menschlichen Gruppe festgelegt (wobei hier die geschichtliche Dimension ausgeklammert bleibt). Piaget (1969 a) bezeichnete sie als *Zeichen*.

Um 18 Monate entdeckt das Kind die Sprache; dies fällt zusammen mit der Entdeckung des Symbols. Sprachliches Verhalten und Symbolverhalten sind verschiedene Ausdrucksweisen der „darstellenden" Funktion (semiotische Leistung: siehe Piaget). Piaget (1969 a) hat eingehend über die Vorstufen und den Einstieg in die semiotische Leistung, wie Symbolverhalten und Sprache, geschrieben. Dabei geht, wie bei anderen Entwicklungsleistungen, Verständnis der Produktion voraus.

Im folgenden soll nochmals die Entwicklung des gesunden Kindes im Mittelpunkt stehen: Zunächst werden wir sein Symbolverhalten, danach seine Entdeckung der Sprache und seinen ersten Umgang damit beobachten. Den Beobachtungen des gesunden Kindes werden wir einige Beobachtungen wahrnehmungsgestörter Kinder und Erwachsener gegenüberstellen.

Wir erinnern den Leser daran, dass *nur die Stufe des Einstieges in das Symbolverhalten und die Sprache* berücksichtigt werden kann; die weitere Entwicklung würde den Rahmen des Buches sprengen.

2.1 Das Symbol dient zur Darstellung von „Problemlösenden Alltagsgeschehnissen"

Die Verinnerlichung von „Problemlösenden Alltagsgeschehnissen" und die Entwicklung von Wahrnehmungsleistungen sind nun soweit fortgeschritten, dass das Kind etwas Neues entdeckt: Es beginnt, „Problemlösende Geschehnisse", die sich in seiner Umwelt häufig wiederholen, durch Benützung von Formen darzustellen.

Solche Formen können in der Umwelt bereits vorhanden sein, oder aber das Kind verfertigt sie selbst.

2.1.1 „Problemlösende Alltagsgeschehnisse" werden mit Hilfe von Formen dargestellt, die zur Verfügung stehen

BEISPIEL

J., 2;6 Jahre, weilt in den Bergen. Der Nachbar hat einen Stall voll Schafe. Diese weiden rund um J.s Haus; beim Spazieren hält sie sich bei den Schafen auf, betrachtet die Jungen. Sie besucht die Schafe im Stall, kann die kleinen dabei streicheln, auf den Arm nehmen.
Überall findet sie Steine. Sie nimmt diese und beginnt, mit denselben zu spielen. Die Steine werden zu Schafen.

Um diese Darstellung möglich zu machen, mussten die Formen nicht geschaffen werden. Die Steine waren gegeben. Um das Weiden der Schafe zu symbolisieren, mussten ferner die Steine nur etwas bewegt werden. Ähnliches kann im weiteren Beispiel beobachtet werden:

BEISPIEL

J., ein Jahr später. Sie ist im Garten. Sie exploriert verschiedene Gegenstände, die herumliegen. Plötzlich erinnert sie sich, dass ihr Puppenkind Hunger hat:

Sie nimmt ihr "Kind" in den Arm. Ein Büchschen, das sie gefunden hat, dient als Flasche.
◄

▼
Ob es wohl richtig trinkt?

J., 2;6 Jahre, hat ein Schwesterchen bekommen. Sie hilft der Mutter oft, die kleine Schwester zu pflegen. Nun stellt sie diese miterlebten "Problemlösenden Geschehnisse" an ihrem Puppenkind dar:

Die Puppe wird gewaschen, genau wie das Schwesterchen.

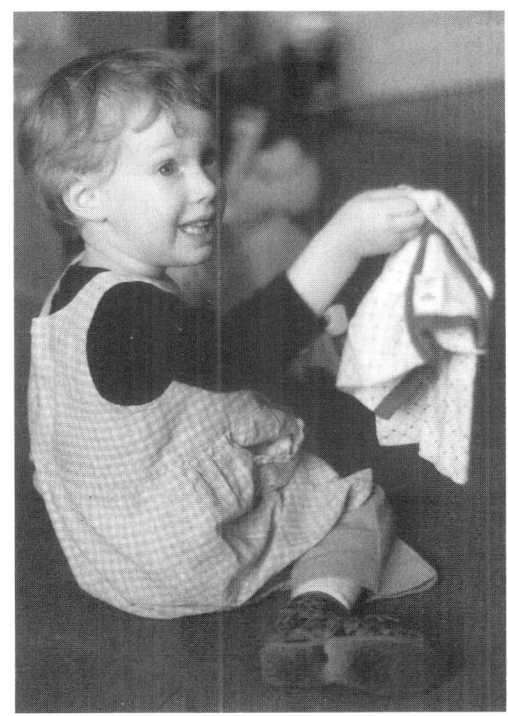

*Und nun — wie geht es weiter?
Das Anziehen, das ist schwierig!*

Neben den Formen, die in der Umwelt bereits enthalten sind, benützt das Kind häufig den *eigenen Körper*, um damit ein *Tun-als-Ob* auszudrücken:

BEISPIEL

J., 2;6 Jahre, spielt nach der Geburt der kleinen Schwester häufig „Kindlein-Sein": Sie schreit wie ein Säugling, sie bewegt sich wie ein Säugling, ihre Arme und ihre Gesichtszüge verkrampfen sich dabei — man muss sie dann auf den Arm nehmen und sie liebkosen.

Solches „Rollenspiel" nimmt bald grossen Raum ein im Spiel des Kindes. Für einige Zeit „ist" das Kind nun Petra, die grössere Kusine, die soviel mehr kann wie es selbst; — dann wieder ist es eine Nachbarin, die ein Kind erwartet. Nach Weihnachten spielt es während vieler Wochen immer wieder „Maria".

Oft symbolisiert das Kind mit seinem Körper verschiedene Tätigkeiten des Alltags: Es tut, als ob es essen würde, es kocht, es tischt, es spaziert mit einer Tasche. Und all dies kann es ohne Gegenstände, mit Hilfe von Bewegungen seines Körpers, darstellen:

BEISPIEL

J., 3 Jahre, schläft nun beim Autofahren nicht mehr so häufig ein wie früher. Sobald aber das Auto anhält und man am Ziel angekommen ist, lehnt sie sich im Sessel zurück und tut, als ob sie schlafe — dabei zuckt ein Lächeln um ihre Lippen.

2.1.2 Die Formen für die Darstellung werden konstruiert

Die dargestellten „Problemlösenden Geschehnisse" werden komplexer, umfangreicher. Da genügen zur Verfügung stehende Formen oft nicht mehr; sie müssen hergestellt werden; dies bedingt Veränderungen der Umwelt, eigentliche „Problemlösende Geschehnisse", um früher erfahrene „Problemlösende Geschehnisse" darstellen zu können.

Ein Beispiel soll diese Komplexität beschreiben:

BEISPEL

J., 2;6 Jahre. Ihre Schafe (die Steine) sollten in den Stall getrieben werden, da es Abend wird. Doch — wo ist der Stall?

*J. stellt Holzbrettchen neben Holzbrettchen, vorne eine Öffnung, durch welche die Schafe in den Stall können. —
Ob wohl alle Schafe im Stall sind?*

Die Schafe sind im Stall — sie haben alle Platz gefunden — da kann man die Türe zumachen.

*Nach getaner Arbeit die Ruhepause —
so, wie es der Nachbar, ein älterer Mann,
auch hält.
J. findet ein Brett, das ihr zur Bank wird
— und: Arbeiten macht Hunger!*
▶

Es ist interessant zu beobachten, wie ein Kind in diesem Alter spontan baut. J. erhält ihren Stall, indem sie ein Holzbrett neben das andere stellt, und zwar so, dass die Bretter sich gegenseitig berühren. Sie wendet also Berührungsregeln an, jene der Unterlage und der Seite. Die Information, die sie benützt, ist die Widerstandsveränderung zwischen Unterlage und Seite. Ein Erwachsener beobachtet J.s Tun. Er will ihr eine Freude machen und baut ihr einen grossen Stall, in dem sie selber Platz hat, mit einem prächtigen Dach. Dieser Stall scheint J. jedoch für ihr Spiel nicht anwendbar, sie geht nur einmal hinein, dann nicht mehr. Statt dessen baut sie ihre Art von Stall mehrere Male auf. Ob ihr das schöne Dach nichts bedeutet? Etwa, weil es ihr nicht zu „Widerstand" verhilft, um ihre Regeln anwenden zu können?

Ein weiteres Beispiel bestätigt die Wichtigkeit des Erspürens von Unterlage- und Seitenwiderstand:

BEISPIEL

J., 3;6 Jahre. Sie spielt „Bahnfahren". Die Bahn wird aufgebaut:

▶
*Ein langes Brett dient als Unterlage.
Nun wird die Seitenwand aufgebaut.*

Ob man da wohl hineinpasst?   *So! — Einsteigen — absitzen — Billete bitte!*

2.1.3 Das Symbol dient zur Exploration neuer Situationen

Mit wachsender gespürter Erfahrung in „Problemlösenden Alltagsgeschehnissen" benützt das Kind eine immer grösser werdende Vielfalt an Formen und Situationen. Seine Explorationen neuer Situationen werden ebenfalls reichhaltiger; sie bestehen dabei immer noch aus Berühren — Umfassen — Bewegen, doch ist das Kind nun häufig fähig, dies in ein komplexeres Ganzes einzubauen. So werden „Problemlösende Geschehnisse" in „Problemlösende Geschehnisse" eingebaut.

Das Kind entnimmt vertraute Geschehnisse aus der Speicherung und stellt diese mit Hilfe einer in der Situation gegebenen Form dar. Der Zweck dieser Darstellung ist es, eine neue Situation zu explorieren, kennenzulernen.

Ein Beispiel soll das verdeutlichen:

BEISPIEL

J., 3;8 Jahre, geht mit in die Berge. Der grosse Rucksack scheint ihr Eindruck zu machen, sie möchte ihn tragen — doch er ist schwer. Was macht da J.?

Nun habe ich einen Hund — komm, Lady! (Lady ist der Hund einer bekannten Familie.)

▲
Mein Hund und ich — wir gehen auf den Berg.

▲▲
Lady ist müde — komm, ich helfe dir.

▶
Ui — der Berg ist steil — und Lady ist so schwer.

2.1.4 Das Bild als Symbol

Gegen Ende des ersten Lebensjahres beginnt das Kind, *bildlich dargestellte Gegenstände* zu beachten:

BEISPIEL

G., 10 Monate, gesundes Kind, blickt immer wieder gegen die Wiese, auf welcher Kühe weiden. Dies geschieht jedesmal, wenn er sich auf dem Balkon befindet und wir „Wo ist Muh?" fragen. Wir treten in die Küche. Dort ist ein Kalender aufgehängt mit einer gemalten Kuh. Er reagiert auch hier, wie auf dem Balkon. Sobald wir fragen: „Wo ist Muh?", schaut er auf das Bild.

Ein Kind kann also die visuelle Form eines Gegenstandes erkennen, lange bevor es die Stufe der Semiotik erreicht hat. Von dieser Phase an werden Gegenstände auf Bildern so gedeutet, als ob es „richtige" Gegenstände wären. Man kann häufig beobachten, dass ein Kind mit seiner Hand über ein Bild fährt, als ob es die „Wegnehmbarkeit" untersuchen und somit prüfen wollte, ob das Gesehene ein „richtiger" Gegenstand sei und folglich umfasst werden könne. Der Inhalt dieser visuellen Formen gehört zur aktuellen Situation. Die Kühe sind „jetzt" da — es sind nicht „vergangene Alltagsgeschehnisse", die mit Hilfe visueller Formen dargestellt werden können.

Das Erkennen von Gegenständen aufgrund visueller Formen ist deshalb eine viel einfachere Leistung als die semiotische. Tiere können das Erkennen visueller Formen erlernen, sie gelangen aber nicht zur semiotischen Leistung. Schimpansen können Sequenzen visueller Formen als Kommunikationsmittel erlernen. Man kann ihnen jedoch damit nie etwas Vergangenes oder etwas Zukünftiges mitteilen; der *Inhalt der betreffenden Formen hat immer mit der augenblicklichen Situation* zu tun. So kann man dem Schimpansen mitteilen, dass er eine Banane erhält (Terrace, 1979). Dies muss aber gleich ausgeführt werden. Er versteht nicht, wenn man ihm am Mittag erklärt, dass er die Banane nicht jetzt erhalte, sondern erst am Abend, wenn es dunkel sei.

Piaget (1969 a) verwendete den Begriff des *Signals* für diese Leistungen, bei denen eine visuelle oder auditive Form mit einem Inhalt verbunden wird, der mit der augenblicklichen Situation zu tun hat.

Es ist wichtig, dass wir zwischen einer Signalleistung und einer semiotischen Leistung genau unterscheiden. Immer wieder treffen wir Therapeuten, welche mit Wahrnehmungsgestörten versuchen, Bildern Gegenstände — und umgekehrt — zuzuordnen. Sie meinen, dass sie mit solchen Übungen die Sprache des Kindes fördern würden. Es handelt sich jedoch dabei nur um ein Zuordnen von Formen, in diesem Fall einer grafischen Form (Bild) zu einer gesehenen oder gespürten Form (Gegenstand). Ein Inhalt, der in der Art eines „Problemlösenden Geschehnisses" in der Vergangenheit gespeichert worden wäre, ist daran nicht beteiligt (Affolter, 1974b). Es handelt sich also um eine Signalleistung und nicht um eine sprachliche Leistung.

Es geschieht auch immer wieder, dass auf „Sprachverständnis" geschlossen wird, wenn ein Kind einen verbalen Auftrag in einer aktuellen Situation ausführen kann, derweil es sich hierbei um „Signalverständnis", ein Verständnis vorsprachlicher Art, handelt (Affolter, 1968).

Erst um 18 Monate beginnt ein gesundes Kind mit dem Erkennen von Bildern als Symbolen. Das kritische Merkmal dieser Leistung ist das Erkennen von *Handlungen*; das Kind verlangt nun nach Erzählen — die Geschichte hört dabei kaum je auf. „Und dann ...?" frägt das Kind, wenn man mit Erzählen aufhören möchte.

Es ist offensichtlich, dass das Kind einem Bild nun ganze Geschehnisse zuordnet; die Inhalte umfassen dabei „Problemlösende Alltagsgeschehnisse", Geschehnisse, die das Kind aus seiner gespeicherten Erfahrung holt:

BEISPIEL

J., 1;8 Jahre, holt während Wochen immer wieder dasselbe Buch aus dem Gestell — Märchen — doch J. interessiert sich noch nicht für Märchen. Sie blättert im Buch die Seiten durch, bis sie „ihr" Bild findet: eine Frau, die in ihrem Arm ein Kindlein wiegt. Lange betrachtet J. jeweils das Bild, dann legt sie das Buch wieder weg.

Das Bild ist zum Symbol geworden; die Form hat eine gewisse Ähnlichkeit mit dem Inhalt, so wie die Formen, die das Kind in seinem Symbolspiel benützt, zum Beispiel die Puppe. Der Inhalt des Bildes bezieht sich, ebenfalls wie beim Symbolspiel, auf vergangene Erlebnisse und nicht auf augenblickliche Situationen. Damit sind die Bedingungen für eine semiotische Leistung erfüllt.

Noch dauert es aber lange, bis das Kind vom Verständnis für grafische Symbolformen zur Produktion, zum *Zeichnen* gelangt. Über die Entwicklung des Zeichnens besteht eine reichhaltige Literatur. Unter anderen Forschern haben Piaget und Inhelder (1972) verschiedene Stufen beschrieben.

2.2 „Problemlösende Alltagsgeschehnisse" — und dann die sprachliche Leistung

Sprechenlernen im Sinne von Sprachperformanz, d.h. als darstellende Leistung, ist ein äusserst komplexes Entwicklungsgeschehen; im folgenden Abschnitt wollen wir uns darüber einige Gedanken machen, wiederum ausgehend vom Grundsatz, dass gespürte Erfahrungen in Interaktion, in Form von „Problemlösenden Alltagsgeschehnissen", Wurzel aller Entwicklungsleistungen sind.

2.2.1 Sprachliche Inhalte und Formen werden im Zusammenhang mit „Problemlösenden Alltagsgeschehnissen" miteinander verbunden

Sprache wird nicht über Nachahmung gelernt: In den siebziger Jahren beschäftigten sich verschiedene Forscher mit der Rolle der Nachahmung beim Erlernen sprachlicher Formen. Palermo (1978) fasste deren Befunde zusammen. Er unterstrich den Nachweis dieser Forschung, dass ein Kind in der Nachahmung nur das leisten kann, was es spontan vollbringt. Es ahmt also das nach, was es in seinem eigenen Repertoire hat. So werden Sprechlaute wohl der sprechenden Umwelt entnommen, aber das Lernen besteht nicht aus einem „Vorsagen" der Umwelt und einem darauffolgenden „Nachsagen" des Kindes. Der Vorgang ist viel komplexer:

Seit Beginn seines Lebens hört das Kind die Lautproduktionen der Umwelt; im ersten Lebensjahr lallt es; die Lallaute sind jedoch nicht auf die Umwelt zurückzuführen; Kinder ganz verschiedener Sprechgemeinschaften produzieren dieselben Lallaute; auch gehörlose Kinder lallen.

Im zweiten Lebensjahr beginnen die Kinder, den Lautproduktionen der Umwelt bestimmte Merkmale zu entnehmen. Auf der ganzen Welt entnehmen Kinder ihrer Umwelt zuerst jene Merkmale, die die grössten Kontraste aufweisen, sowohl im Visuellen wie im Auditiven wie im Taktil-Kinaesthetischen; es entsteht die Lautfolge /papa/, dann /mama/ (Jakobson, 1969). Verschiedenste Sprachgruppen haben daraus die Kosenamen für Vater und Mutter gebildet: /papa/ und /mama/ im Deutschen, Französischen, Italienischen, Spanischen ... /abba/ und /ema/ im Hebräischen ...

Das Kind braucht mehrere Jahre, bis es alle „Merkmale" entdeckt hat; erst zwischen 6 und 7 Jahren kann man erwarten, dass es alle Laute korrekt spricht. In dieser Entdeckungszeit kann man dem Kind die von ihm falsch gesprochenen Laute richtig vorsprechen — es wird sie seinem „Merkmalsstand" entsprechend nachsprechen:

BEISPIEL

Der Vater von M., 2;6 Jahre, hat einen Bart. Er erklärt dem Kind: „Schnauz" — M. wiederholt „nauz". Darauf der Vater: „nauz" —. Darauf wehrt das Kind ab: „Nein — nicht nauz, nauz."

M. konnte also wohl beurteilen, wenn „Schnauz" von der Umwelt falsch ausgesprochen wurde; hörmässig verfügte sie über die dazu notwendigen „Merkmale". Hören aber genügt nicht, um das Wort korrekt aussprechen zu können. Dazu benötigt man zusätzlich zum Hören auch das Spüren.

Produktion von Sprechlauten, auch wenn sie nach und nach korrekt wird, ist noch nicht Sprache. Damit Sprechlaute Sprachcharakter erhalten, müssen sie etwas beinhalten. Ist aber bereits das Bilden von Sprechlauten etwas Komplexes, so ist Sprache noch viel komplexer:

Das Kind hört die Sprechformen der Umwelt. Es hört sie stets in Verbindung mit Geschehnissen. Man kann nun beobachten, wie das Kind aus diesen Geschehnissen *etwas* herausnimmt, das für es *sinnvoll* ist. Dieses „Etwas" entspricht häufig nicht dem, was ich als Erwachsener dem Geschehnis entnehmen würde. Mit dem, was das Kind den Geschehnissen und den dabei geäusserten Sprechformen der Umwelt entnimmt, bildet es eine ihm eigene „Grammatik". Dabei geht das Kind *schöpferisch* vor: Es produziert Sätze, die noch nie von der Umwelt ausgesprochen worden waren (Chomsky 1957). Diese schöpferische Leistung steht in Widerspruch zur Annahme, dass die Nachahmung Grundlage für das Erlernen der Sprache sei.

Einige Beispiele dazu:

BEISPIEL

J., 2;6 Jahre, befindet sich mit ihrer Mutter plötzlich in einer Gruppe ihr fremder Leute. Die Mutter stellt J. vor, gegenseitiges Begrüssen.
Anderntags trete ich auf den Balkon. Es ist früh am Morgen. J. und ihr Vater knien am Boden vor einem Kistchen. Darin befindet sich ein junger Vogel, den wir am Vortag gefunden haben. J.s Vater füttert ihn, J. schaut intensiv zu. Wie sie mich erblickt, ruft sie begeistert aus: „Lueg — schöni blaui Auge!" — Ich stutze — der Vogel hat doch keine blauen Augen ... was J. da sagt? Doch rechtzeitig schlucke ich meinen Widerspruch hinunter.

Was ist vorgefallen?

Als ich einige Minuten der Ruhe habe, überlege ich mir: Ich habe vom gestrigen Geschehen erfahren; J., ein scheues Kind, inmitten der fremden Erwachsenen — jedermann beguckt J. Ja, und da war es wohl möglich, dass jemand J.s blaue Augen entdeckte und äusserte: „Welch schöne blaue Augen." J. speicherte offensichtlich nicht jenen Inhalt, den wir Erwachsene diesem Ausspruch zuordnen. Für sie war es eine emotionsgeladene Atmosphäre, in welcher jemand etwas Liebes sagte, über sie und zu ihr, dem Fremdling.
Und so ist's mit dem Vogel — er ist J. und J. ist der Erwachsene, der diesen Satz äusserte ...
Das nächste Beispiel ist ähnlich, es unterstreicht noch einmal das Schöpferische im Erlernen sprachlicher Formen: Der Inhalt und das Zuordnen des Inhaltes zu einer sprachlichen Form entspringen Geschehnissen, die Kinder anders erleben als wir Erwachsene:

BEISPIEL

J., 1;10 Jahre, war mit ihren Eltern auf Besuch. Dabei wurden die zwei folgenden Fotos aufgenommen, auf denen die Familie um den Mittagstisch sitzt, im Vordergrund der Vater.

Einige Tage später betrachten wir die entwickelten Fotos:

J. bemerkt dazu: „Babbe schwimme (Papa schwimmt) —

Babbe nümme schwimme (Papa schwimmt nicht mehr)."

Ich stutze, als ich J.s Bemerkungen höre. Ich schaue nochmals auf die Fotos. Wie kommt J. dazu, hier von „Schwimmen" zu sprechen?
Jetzt ist es Oktober. Im Sommer hatte J. verschiedene Male mit den Eltern das Schwimmbad besucht.

Ich stelle mir die Badesituation vor. Die Familie befand sich wahrscheinlich in der Nähe des Kinderplanschbeckens. Der Vater entfernte sich zeitweilig, um im tiefen Wasser des anderen Beckens zu schwimmen. J. begleitete ihn wohl öfters dahin. Dabei sah sie zu, wie der Vater die Treppe hinunter ins Wasser stieg — zuerst verschwanden die Beine, dann der Rumpf — und zuletzt, da sah man

nur noch den Kopf. Genau so wie auf den Fotos : Der Vater ist im Stuhl verschwunden, so wie er jeweils im Wasser verschwand, wenn er schwimmen ging (erstes Foto) und ist wieder aufgetaucht (zweites Foto).
So verbindet das Kind gesprochene Formen mit Geschehnissen, die es erlebt hat.

Nun gibt es aber verbale Formen, deren Inhalte wenig nach „Geschehnissen" ausgerichtet sind. Farbnamen gehören dazu. Es dauert deshalb lange, bis ein Kind Farben richtig benennen kann. Und doch unterscheidet es Farben Jahre früher. Diese frühen Unterscheidungen sind jedoch stets mit Geschehnissen verbunden:

BEISPIEL

J., 2;6 Jahre, hilft beim Tischdecken. In der Familie werden verschiedenfarbige Servietten benützt. J. nimmt die blaue und erklärt, diese gehöre G. Darauf holt sie die rote, erklärt, diese gehöre dem Papa, dann die gelbe, die gehöre der Mama. So macht sie weiter, bis für 7 Personen die Servietten am Platz liegen. J. hat dabei keinen Fehler begangen, hat die Farben richtig zugeordnet.
Noch mit 4;6 Jahren aber begeht sie „Fehler" in der Benennung der Farbe. Ich habe neue, glänzende gelbe Stiefel gekauft. J. sieht diese und ruft aus: „So schöni roti Stiefel."
M., 3 Jahre, wird von der Mutter beauftragt, Pampers aus der blauen Schachtel zu holen. M. eilt weg — nach einiger Zeit kommt er verlegen zurück, ohne Pampers. Er frägt: „Muss ich Himmelpampers oder Wiesenpampers holen (das heisst, aus der blauen oder grünen Schachtel)?"

Häufig kann man beobachten, wie das Kind bei einem Geschehnis ein Wort, das sich auf Gespürtes bezieht, einem Wort, das Gesehenes beschreibt, vorzieht:

BEISPIEL

Wir fahren mit der Seilbahn. Zweimal fährt diese über einen Masten. F., 2;6 Jahre, ist dabei. Jedesmal, wenn die Fahrt durch den Masten abgebremst wird, erklären wir F., dass dies ein „Mast" sei. Und jedesmal wiederholt F. für sich: „En Ruck (eine leichte Erschütterung)."

Begegnet ein Kind einem verbalen Ausdruck in einem Lied, einem Gebet oder in einer andern konventionellen Situation, dann ordnet es diesen Formen häufig Inhalte zu, die aus seinem gespürten Erlebniskreis kommen. So in den folgenden Beispielen:

BEISPIELE

D., 5 Jahre, verlangt nach dem Lied vom „Samichlaus mit em Schlitte" —. Die Mutter schaut D. verständnislos an —. Dieses Lied ist ihr unbekannt. D. verbessert darauf: „... Nei, mit em Schi (Ski)" —. Die Mutter überlegt „ ... Aha, de Samichlaus mit em Schi (dem Schein der Laterne)."
D. hat wahrscheinlich Fieber — seine Stirn ist heiss, die Wangen rot. Die Mutter erklärt: „Ich hole den Fiebermesser" —. Darauf D. ganz entsetzt: „Nei — nöd schniide (Nein — nicht schneiden)."

Neben den verbalen Zeichen lernen Kinder in der Schule das Umgehen mit *grafischen Zeichen*: Lesen — Schreiben — Rechnen. Der Vorgang ist hier ähnlich wie bei der Sprache: Es handelt sich um Formen, die einen Inhalt darstellen, der nicht in der augenblicklichen Situation enthalten ist. Das Kind führt eine semiotische Leistung aus. Die Formen haben keine Ähnlichkeit mit dem Inhalt, sie sind konventionell festgelegt.

Die Wurzel bildet wiederum das „Problemlösende Alltagsgeschehnis". Dadurch erwirbt sich das Kind die grundlegenden Erfahrungen für Lesen/Schreiben und auch für rechnerische Operationen:

BEISPIEL

M., 2;6 Jahre, sitzt auf meinem Schoss, am Tisch. Ich bin auf Besuch — auf dem Tisch steht eine kleine Schüssel mit einigen Traubenbeeren. M. vergnügt sich damit, immer wieder zwei Beeren in ihre Hand zu nehmen und die eine der beiden Beeren sich, die andere mir in den Mund zu stecken, dann holt sie wieder zwei Beeren, dasselbe Verfahren ... Plötzlich bemerkt sie, wie ihre grössere Schwester in die Nähe kommt — schnell greift sie zur Schüssel und füllt ihre Hand mit Beeren, soviel diese fassen kann.

Was nicht alles in so einem „Problemlösenden Geschehnis" enthalten ist: Veränderung von Mengen — Zuordnen — Addition — Subtraktion — Teilen usw.

Wieviele solcher Erfahrungen bringt ein Kind mit in die Schule, wo dann zu all diesen Inhalten die Formen gegeben werden!

2.2.2 „Problemlösende Alltagsgeschehnisse" sind Grundlage für die Tiefen- und die Oberflächenstruktur

Jede Sprache umfasst eine beschränkte Anzahl von Regeln, „Grammatik" genannt. Solche Regelsätze beziehen sich auf den semantischen, syntaktischen und phonologischen Anteil der Sprache.

Chomsky (1957) beschrieb als einer der ersten die schöpferische Eigenschaft der Grammatik: Ein beschränkter Satz von Regeln wird benützt, um damit eine unbeschränkte Anzahl von Sätzen zu schaffen, die an eine unbegrenzte Zahl von Situationen angepasst werden (Palermo, 1978, S. 31). Diese Eigenschaft ist jeder menschlichen Sprache eigentümlich und bildet deshalb eine der Universaleigenschaften menschlicher Sprache. Sie wird von der „Generativen Linguistik" eingehend beschrieben.

Diese schöpferische Eigenschaft bildet einen der auffälligsten Unterschiede zwischen der menschlichen Sprache und der Tiersprache:

D. Premack ist einer der Forscher, der seit vielen Jahren versucht, Schimpansen „Sprache" beizubringen. Als ich in den USA weilte, besuchte er eines Tages das Universitätszentrum, an dem ich tätig war. Er erzählte uns von seiner Arbeit. Unter anderem wies er darauf hin, dass er Grossvater sei und oft Besuch von Enkeln erhalte. Jedesmal, wenn diese kämen, dann müsste er mit ihnen folgendes Spiel durchführen:

Er müsse eine bekannte Geschichte erzählen. An irgendeiner Stelle verändere er etwas: die Reihenfolge von Tätigkeiten, den Namen einer Person, die Art eines Tieres, usw. Jedesmal gebe es dann ein grosses Hallo der Kinder: „Nein, Opa, nicht so ... so ist es." Darauf sässen alle wieder gespannt auf ihren Sitzen, voll Erwartung auf die nächste Gelegenheit des „Missbrauches" einer Regel.

"Sehen Sie," schloss Premack seine Ausführungen, "solch ein Verhalten ist nur dem Menschen eigentümlich, nicht aber dem Schimpansen".

Sätze weisen eine Oberflächen- und eine Tiefenstruktur auf (Chomsky, 1957). Die Tiefenstruktur eines Satzes wird durch Transformationsregeln in eine entsprechende Oberflächenstruktur umgewandelt.

Der einfachste Satz, der der Tiefenstruktur "am nächsten" steht, wird häufig "Kernsatz" genannt. Nach Fillmore (1968) umschliesst ein Kernsatz eine Aktion als "Kern"; ein Aktor oder Agens gehört immer zur Aktion. Oft gehört noch ein Objekt dazu: "Der Hund beisst. ...Der Hund beisst das Mädchen." Solches Geschehen, das durch den Aktor und die Aktion ausgedrückt wird, ist ursächlich und bewirkt eine Veränderung.

Aus dem Kernsatz entstehen durch Transformationen und Einbettungen komplexere Sätze. So kann die Aktion verschiedene Fragen aufwerfen: Wer tat es? Wem ist es geschehen? Wo hat es stattgefunden? Was hat sich verändert? Fillmore (1968) nannte die syntaktisch-semantischen Beziehungen in der Tiefenstruktur, die von der Aktion bestimmt werden, "Kasi". Daraus entwickelte er die "Kasusgrammatik".

"Genetische Semantiker" nahmen an, dass die Tiefenstruktur universal und angeboren sei (Palermo, 1978). Andere Forscher (Piaget, 1963; Brown, 1973; Edwards, 1974; Bloom & Lahey, 1978) führten sie auf sensomotorische Erfahrung zurück.

Betrachten wir das "Geschehen" im Kern der Tiefenstruktur, das aus dem Aktor, der Aktion und den damit verbundenen Ursachen und Wirkungen besteht, dann erinnert uns dies an die "Problemlösenden Alltagsgeschehnisse" — Wurzel der Entwicklung verschiedenster Leistungen; so bilden "Problemlösende Alltagsgeschehnisse" auch Wurzel der "Tiefenstruktur" mit universalem Charakter. Kinder der ganzen Welt führen "Problemlösende Alltagsgeschehnisse" aus, mit gleichen Regeln und einer unzähligen Vielfalt an Situationen — schöpferischer Aspekt der Tiefenstruktur!

Transformationsregeln verbinden Tiefen- mit Oberflächenstruktur. Transformationsregeln sind wiederum verbunden mit "Problemlösenden Alltagsgeschehnissen": Wer hat es getan? Wo? Wie? Was? "Problemlösende Alltagsgeschehnisse" — Wurzel der Transformationsregeln — Wurzel semantisch-syntaktischer Beziehungen!

Mit diesem Modell der "Problemlösenden Alltagsgeschehnisse" als Wurzel der Sprache lassen sich auch die verschiedenen Beobachtungen kindlichen Spracherwerbs erklären.

In diesem Zusammenhang taucht die Frage auf, was mit jenen Kindern geschieht, die aufgrund einer Wahrnehmungsstörung in der Ausführung von "Problemlösenden Alltagsgeschehnissen" versagen? Wenn das Modell zutrifft, dann ist zu erwarten, dass die Sprache dieser Kinder sowohl in der Oberflächen- wie in der Tiefenstruktur andersartig ist.

2.3 Wenn die Wurzel krank ist —, ...

Da die semiotische Leistung eng mit der Verinnerlichung von "Problemlösenden Alltagsgeschehnissen" zusammenhängt (siehe Abschnitt A. 3.2 "Das Entwicklungsmodell") ist zu erwarten, dass Kinder mit Schwierigkeiten in der Ausführung "Problemlösender Alltagsgeschehnisse" *längere Zeit* benötigen, um die semiotische Leistung zu entdecken. Wie gross die Verspätung ist, hängt von der Art und vom Ausmass der Wahrnehmungsstörung ab. Die Verspätung ist in den verschiedenen semiotischen Leistungen zu beobachten: so in Symbolverhalten und Sprache. Neben der Verspätung findet man auch eine *Andersartigkeit* in der Entwicklung von Symbol und Sprache.

2.3.1 ...dann ist das Symbolverhalten auffällig, ...

Mit Verzögerung beginnen wahrnehmungsgestörte Kinder *Formen, die in der Umwelt bestehen*, zu benützen, um Inhalte auszudrücken, die nicht in der augenblicklichen Situation enthalten sind. Analysiert man diese Leistung genauer, dann treten spezielle *Auffälligkeiten* zutage:

BEISPIEL

D.,5 Jahre, wahrnehmungsgestört, kommt zum Untersuch. Auf die Frage, ob D. „Symbolspiele" ausführe, antwortet die Mutter, ja, er spiele Kasperli, zum Beispiel, dass das Krokodil den Kasperli fresse. — Wie er das darstelle, frage ich darauf. Die Mutter: „Er nimmt das Kasperli und das Krokodil, hält die beiden zusammen und erklärt: 'Krokodil frisst Kasperli'." — „Und dann? Was geschieht darauf? Frisst nun das Krokodil den Kasperli? Uau — so, mit dem Maul weit offen, dass das Kasperli laut schreit und im Maul verschwindet?" — Die Mutter stutzt — schweigt nachdenklich und sagt schliesslich: „Nein, es passiert nichts."

Es scheint also, dass D. *semiotische Leistungen ausführen* kann; er stellt dar, das heisst, er nimmt Formen und versucht, mit diesen einen Inhalt darzustellen. Der Inhalt besteht aus etwas, das er in der Vergangenheit gesehen hat. So das Krokodil, das neben dem Kasperli steht! Er weiss auch, dass man in dieser Situation sagt: „Das Krokodil frisst das Kasperli." Zum Gesehenen kommt das Gehörte! Die eigentliche Handlung des „Fressens" mit den verschiedenen Schritten des Tuns und den dazugehörigen gespürten Spannungen jedoch fehlt in seiner Darstellung.

D.s dargestellte *Inhalte sind arm*. Die dazugehörigen Bewegungen, das Krokodil neben das Kasperli zu stellen, sind einfach. Der Inhalt ist vor allem visuell-auditiv; Spürbares ist kaum dabei.

Diese Inhaltsarmut drückt sich auch im nächsten Beispiel aus:

BEISPIEL

R., 11 Jahre, wahrnehmungsgestört, spiele laut Bericht der Mutter immer wieder dasselbe. Er besitze ein Flugzeug. Dieses bewege er in seinem Zimmer von einem Ort zum andern. Dabei rufe er Ortsnamen aus: „Athen ... nach Rom ... Zürich!" Sie hätten im Sommer eine Flugreise gemacht. Jetzt würde er diese spielen. Anfangs seien hie und da Schulkameraden dabei gewesen, jetzt kämen sie kaum mehr. Es sei ihnen zu langweilig; sie würden R.s Spiel nicht verstehen ...

Die vom wahrnehmungsgestörten Kind für das Symbolspiel verwendeten *Formen sind in der Umwelt vorhanden*. In dieser Leistung unterscheidet es sich nicht vom gesunden Kind. Betrachtet man aber die anderen Möglichkeiten von Formen, dann treten Unterschiede auf: Nur *selten* kann man die Benützung des *eigenen Körpers* zur Darstellung von Tätigkeiten beobachten.

Die *Konstruktion* von Formen zur Darstellung von „Problemlösenden Alltagsgeschehnissen" *fehlt* in der Regel. Wahrnehmungsgestörte Kinder können wohl häufig konstruieren, benützen aber ihre Produkte kaum zur Darstellung:

BEISPIEL

K., 5 Jahre, wahrnehmungsgestört, benützt „freie Situationen", um Röhren ineinanderzustecken und an einen Wasserhahn anzuschliessen. Dann schaut er zu, wie das Wasser durchfliesst.
Beobachtet man seine Leistung das erste Mal, dann ist man beeindruckt von seiner Geschicklichkeit.
Beobachtet man aber K. über längere Zeit, dann wird einem die Eintönigkeit unzähliger Wiederholungen bewusst (siehe zweiter Teil, Abschnitt 2.2.2 „Und wo bleibt die Nachbarschaft?").

Solche Konstruktionen beziehen sich auf kurze Ursache-Wirkungsbezüge, wie das Zusammensetzen der Röhren. Oft versuchen wahrnehmungsgestörte Kinder etwas Sichtbares in immer derselben Form herzustellen:

BEISPIEL

N., 12 Jahre, wahrnehmungsgestört, ergreift Hölzer, Stangen, Knetmaterial (aus dem er Rollen dreht), wo immer er diese findet. Blitzschnell fügt er diese Teile zu einer Art Krokodil zusammen. Kaum ist die Form entstanden, reisst er sie auseinander und beginnt von neuem.

L., 6 Jahre, wahrnehmungsgestört, zeichnet auf jedes Blatt Papier seine Lampen. Dabei macht es ihm nichts aus, ob bereits etwas auf dem Blatt dargestellt ist oder nicht. Man erhält den Eindruck, dass „die Lampe" eine Form ist ohne Inhalt.

Das Verhalten des gesunden Kindes, das mit einem *Symbol* eine *neue schwierige Situation* untersuchen kann, *fehlt* beim wahrnehmungsgestörten Kind; verändert sich eine Situation und ist schwer zu meistern, dann gerät ein solches Kind meist in Panik, oder es versucht, sich zurückzuziehen, oder beginnt zu fragen und noch einmal zu fragen (siehe zweiter Teil, Abschnitt 3.3.3 „Was aber, wenn ich auf der Suche nach Spürinformation bin ... ").

Beim *Bilderkennen* beginnen wahrnehmungsgestörte Kinder, gleich wie die gesunden, mit dem Erkennen dargestellter *Gegenstände*. Auffällig ist, dass sie viel länger in dieser Phase bleiben. Es dauert sehr lange, bis sie Handlungen erkennen. Auch wenn sie dann damit beginnen, bleibt die Interpretation von *Handlungen bruchstückartig*. Immer wieder stehen „visuelle" Interpretationen im Vordergrund, die dann als „falsch" beurteilt werden müssen:

BEISPIELE

Im Zentrum besitzen wir ein Bilderbuch, das unter anderen Darstellungen eine über das Leben von Indianern entlang eines Flusses aufweist. Der Fluss windet sich durch die Landschaft und verliert sich im Hintergrund. Im Flussbett befinden sich Steine. Zufällig ist einer dieser Steine so gemalt, dass er den Platz über dem Kopf des Indianers im Vordergrund beansprucht. Für gesunde Kinder ist es selbstverständlich, dass dieser Stein zum Fluss im Hintergrund gehört. Nicht aber für wahrnehmungsgestörte Kinder! Manche dieser Kinder beschreiben, dass der Indianer einen Stein auf dem Kopf habe.

Ein nicht verbaler Test, den wir häufig benützen, bringt für die grösseren Kinder unter anderen Aufgaben die einer „Lückenzeichnung": Das Kind muss aus einer Anzahl kleiner Bilder jene auswählen, die in die Lücken passen. Es gibt Bilder, die die Lücken „visuell" füllen und andere, die sich auf dargestellte „Handlungen" beziehen. Es ist interessant, dass wahrnehmungsgestörte Kinder meistens die „visuelle" Lösung wählen und nicht jene der „Handlungen".

Beim *Benennen* von Bildern fällt auf, dass der verbale Ausdruck oft korrekt ist. Verlangt man aber vom Kind die bewegungsmässige Darstellung des Inhaltes, dann versagt es:

BEISPIEL
K., 11 Jahre, wahrnehmungsgestört, erklärt zu einem Bild korrekt, dass der „Hund beisse".
Ich bitte ihn, dies zu „spielen". — K. steht auf — macht einen hilflosen Eindruck, bewegt sich nicht — weiss offensichtlich nicht, wie er sich zu verhalten hat.

Dies erinnert an das Beispiel mit dem Kasperli, das wir anfangs des Kapitels schilderten: D. benennt die Kasperli-Krokodil-Situation als „Krokodil frisst Kasperli", die eigentliche Handlung aber fehlt.

Das Sichtbare auf dem Bild, die Position, wird benannt, die dazugehörige (jedoch nicht sichtbare) Handlung wird dem Gesehenen nicht zugeordnet. Ausrichtung aufs Sehen — Versagen im Spüren!

Die meisten wahrnehmungsgestörten Kinder beginnen erst sehr spät mit *Zeichnen*. Auch dann bereitet die zeichnerische Darstellung noch grosse Mühe und hebt sich meist von den Zeichnungen anderer Kinder ab. Konstruktionsmotive überwiegen, Handlungen werden selten dargestellt.

In der Entwicklung der wahrnehmungsgestörten Kinder ist die erste Stufe, auf welcher das Kind „kritzelt, ohne darzustellen", kaum beobachtbar.

Wenn es dann zeichnet, dann produziert es einen Wirrwarr an Formen. Es benennt diese nachträglich und ändert während des Benennens oft den Inhalt.

Bei einigen wahrnehmungsgestörten Kindern steht der visuelle Inhalt so stark im Vordergrund, dass sie mit dem „visuellen Realismus" beginnen. Sie beginnen also mit jener Stufe, die beim gesunden Kind zuletzt kommt (Piaget & Inhelder, 1972). Manche wahrnehmungsgestörte Kinder sind so extrem visuell ausgerichtet, dass sie bereits um 5 Jahre perspektivisch zeichnen.

2.3.2 ... und die Tiefen- und die Oberflächenstruktur sind beeinträchtigt

Frägt man Eltern nach den Lallprodukten ihrer wahrnehmungsgestörten Kinder, dann stutzen die Eltern häufig. Sie berichten, dass das Kind erstaunlich ruhig gewesen sei — ausser, dass es geweint habe. Aber gelallt? Nein, sie wüssten nicht.

Wie das Lallen, so ist auch das Plaudern kaum beobachtbar. Und trotzdem gelangen wahrnehmungsgestörte Kinder zum Sprechen — aber oft mit starker Verzögerung.

Im Erwerb der Sprache zeigen auch wahrnehmungsgestörte Kinder sich *schöpferisch.* Mit anderen Worten, der Vorgang des Spracherwerbs scheint für sie derselbe zu sein wie für das gesunde Kind. Das wahrnehmungsgestörte Kind entnimmt dem dargebotenen „Oberflächenmaterial" der Umwelt gewisse Formen und verbindet diese mit Inhalten, die es selbst erlebt. Es handelt sich also auch beim wahrnehmungsgestörten Kind nicht um ein „Vor- und Nachsagen", sondern um etwas viel Komplexeres:

BEISPIEL

Ch., 14jährig, wahrnehmungsgestört, zerebrale Bewegungsstörung, versucht, den Reissverschluss der Jacke zusammenzubringen; er murmelt dabei vor sich hin: „Die Alleinstehenden können dies nicht ... (Ch. kann nicht stehen, er ist im Rollstuhl) ..." „nein, die Alleinsitzenden ..." (Wenn man selbständig steht, dann „alleinstehend")...

Lange bleibt das *Verständnis* für verbale Mitteilungen auf die augenblicklichen Situationen bezogen: Es handelt sich also um ein Signal- und nicht um ein Sprachverständnis.

Hat das eigentliche semiotische Verständnis eingesetzt, dann bleibt dies sehr lange bruchstückartig. So klagt eine Mutter, dass D. sie wohl anschaue, wenn sie etwas sage. Sie wisse aber nie genau, was er jetzt wirklich verstanden habe. Oder, das Kind möchte wissen, wohin man geht. Man erklärt es ihm. Für kurze Zeit ist das Kind still, dann stellt es die gleiche Frage wieder.

Lange kann man dem wahrnehmungsgestörten Kind keine Geschichten erzählen. Oft fällt noch im Kindergarten auf, dass X. nicht still sitzen kann, wenn eine Geschichte erzählt wird.

Die sprachliche *Produktion* kann um mehrere Jahre verzögert sein. Dies ist eine grosse Sorge für die Familie und die weitere Umwelt. Wann wird mein Kind sprechen?

Wenn sie dann mit *Sprechen* beginnen, dann wird daraus häufig rasch ein Übermass. Es ist, wie wenn das wahrnehmungsgestörte Kind durch Sprechen den Mangel an anderem Bewegungsverhalten kompensieren möchte (siehe dazu zweiter Teil, Abschnitt 1.2 „Sie sprechen viel"). Auffällig ist die schlechte Lautbildung. Viele der Kinder erhalten deshalb logopädische Betreuung. Auch später, wenn die Laute korrekt ausgesprochen werden können, zerfällt die Lautbildung in schwierigen Situationen schneller als bei einem andern Kind.

Auffällig ist auch die *Satzbildung*. Häufig treten Umstellungen auf. In der Bildung der Vergangenheit werden die „starken" Verben nicht berücksichtigt. Die Sätze sind oft sehr lang, wirken dann korrekt, bestehen aber aus Redephrasen. Kernsätze werden von den Kindern kaum gebildet.

Diese Auffälligkeit der Phrasenbildung und der fehlenden Kernsätze hängt mit den semantisch-syntaktischen Schwierigkeiten zusammen. Transformationen werden häufig falsch ausgeführt. Die Struktur Aktor-Aktion-Objekt fehlt. Dies deutet auf Schwierigkeiten nicht nur in der Oberflächenstruktur, sondern auch in der Tiefenstruktur; so können wahrnehmungsgestörte Kinder lange nicht berichten, was in der Schule vorgefallen ist.

Häufig kann man *semantische Verwechslungen* beobachten:

BEISPIEL

Von S., 6 Jahre, wahrnehmungsgestört, wird berichtet, dass er beim Backen nach „Zucker" gefragt und offensichtlich „Mehl" gemeint habe.
Er verwechsle im Benennen auch Werkzeuge, wie Hammer, Säge, Bohrer.

Ebenfalls häufig treten Schwierigkeiten im Finden des verbalen Ausdruckes auf, sogenannte *Wortfindungsstörungen.*

Beobachtungen zeigen also, dass die Schwierigkeiten sowohl in der Oberflächen- wie in der Tiefenstruktur liegen. Dies unterstreicht, dass die *Wurzel krank* ist. Die Frage taucht auf; „Wenn die Wurzel krank ist, was kann man da tun?"

2.4 Was tun?

Unsere Forschungsbefunde lassen vermuten, dass die beschriebene Wurzel der Entwicklung in Form „Problemlösender Alltagsgeschehnisse" auch Grundlage ist für die Bildung semantisch-syntaktischer Beziehungen. Tag für Tag ist ein Kind aktiv mit solchen Geschehnissen beschäftigt. Auch ein wahrnehmungsgestörtes Kind! Auch ein Erwachsener, ob gesund oder hirngeschädigt! Ich kann den Alltagsgeschehnissen nicht ausweichen. Dies gilt auch für den alten Menschen. Solange ich lebe, muss ich mich mit dem Alltag auseinandersetzen. Dies heisst, dass es für die Möglichkeit therapeutischer Einwirkung *keine zeitliche Beschränkung* gibt.

2.4.1 Man kann immer etwas tun

Dazu zwei Beispiele:

BEISPIEL
L. ist 18jährig, schwere Hirnschädigung nach Unfall:
Sechs Monate lang lag sie im Krankenhaus. Dann rief der verantwortliche Arzt die Eltern zu sich. Er riet den Eltern, L. in ein Pflegeheim zu bringen — man könne ihr nicht helfen.
Bestürzung bei den Eltern — nachdenken — Entscheidung: „Wir nehmen L. heim. In unsern Alltag! Wir geben sie nicht auf!"
Die Eltern führten dies aus, suchten Hilfe, suchten Beratung — setzten sich ein.
Fünf Jahre später: L. ist noch behindert, aber —
L. kann gehen. L. kann sprechen. Vor einem Jahr war sie mit den Eltern in Paris. Sie hat die Reise geleitet, sie hat übersetzt. Sie führt ein sinnvolles Leben.
Noch wird weiter gearbeitet: Sie wird noch sicherer werden im Gehen, noch selbständiger in alltäglichen Verrichtungen ...

Wie wurden diese Fortschritte ermöglicht? Durch „Problemlösende Alltagsgeschehnisse"! Physiotherapie, Ergotherapie, Schwimmtherapie ... Arbeit der Eltern und anderer Personen der Umwelt mit L. *in alltäglichen Geschehnissen.* Die Probleme des Alltags wurden und werden mit L. gelöst — noch und noch! Man kann also etwas tun — eine *grosse Forderung an die Umwelt!*

BEISPIEL
M., 8jährig, wahrnehmungsgestört, noch nicht auf der semiotischen Stufe — folglich keine Sprache.
Die Eltern kommen zu uns — verzweifelt. Sie hätten gehört: Wenn ein Kind mit 6 Jahren noch nicht sprechen würde, dann werde es nicht mehr sprechen lernen.

Ich war bestürzt. Wie konnte jemand so etwas behaupten? Dazu fehlen jegliche Forschungsbefunde; und die unseren widersprechen einer solchen Behauptung.

Wir haben Kinder in unserer Langzeitstudie (SNF nr. 3.929 — 0.78), die während vieler Jahre Therapie erhielten und noch mit 12 und 14 Jahren zu sprechen begannen und Sprache entwickelten. Gardner (1983) beschreibt ein Mädchen, das im 2. Lebensjahrzehnt zu sprechen begann.

Um es noch einmal zu betonen: Auch für die *Entwicklung der Sprache* ist uns bis jetzt *keine zeitliche Beschränkung* bekannt. Die Bedingung für den Fortschritt lautet jedoch: Gespürte Erfahrung mit „Problemlösenden Geschehnissen", heute, morgen ... vielleicht während vieler Jahre!

2.4.2 Zuerst das Erspüren von „Problemlösenden Alltagsgeschehnissen" — dann das Darstellen

Über die Durchführung von „Problemlösenden Alltagsgeschehnissen" haben wir in diesem dritten Teil des Buches eingehend nachgedacht. Jetzt bleibt die Frage, wie ich solche Geschehnisse mit einer Darstellung verbinde. Als Voraussetzung, mit dem Kind etwas darstellen zu können, muss unbedingt *abgeklärt werden, ob das betreffende Kind auf der Stufe der Semiotik ist.*

Wichtig ist, dass ich das Verständnis, nicht die Produktion der Darstellung beim Kind erfasse.

Im ersten Teil dieses Kapitels haben wir das Verhalten von Kindern beschrieben, die auf der Stufe der Semiotik sind:

— Ich kann ihnen etwas *mitteilen, das später* und nicht im Augenblick stattfinden wird, und ich kann mit ihnen über etwas sprechen, das *bereits geschehen ist.* Das Kind hört beide Male mit Verständnis zu und erwartet nicht, dass man das Gesagte gleich ausführe:

BEISPIEL

Th., 14 Jahre, wahrnehmungsgestört. Er ist in einer Kleingruppe einer Sonderschule für Wahrnehmungsgestörte: Die Erzieherin erzählt vom stattgefundenen Baden und erwähnt, dass man anderntags wieder zum Baden gehen werde. — Th. eilt weg, holt seine Badehose und steht erwartungsvoll da — er will sogleich baden gehen. Th. ist noch nicht auf der Stufe der Semiotik — er versteht verbale Mitteilungen nur „situationsgebunden", das heisst, als Signale, nicht als Zeichen; er erwartet, dass das Mitgeteilte im Augenblick ausgeführt werde.

— Wenn ich dem Kind ein eben mit ihm durchgeführtes „Problemlösendes Geschehnis" aufzeichne, dann ist es mit *Aufmerksamkeit, das heisst mit Verständnis* dabei.
— Es ist sich der Fiktion, des *Tuns-als-Ob* eines Symbolspieles bewusst: Ich schaue zum Beispiel mit einem Kind ein Bild an. Das Bild stellt ein Kind dar, das einem andern den Ball wegnimmt. Ich tue, als ob ich erzürnt sei und schimpfe mit dem Kind auf dem Bild. — Ob das wahrnehmungsgestörte Kind an meiner Seite merkt, dass mein Zorn nur gespielt, das heisst, Fiktion ist? — Oder, ob es erschrickt, weint und annimmt, dass es mir ernst ist?

Sobald ich sicher bin, dass das wahrnehmungsgestörte Kind semiotisches Verhalten versteht, werde ich beginnen, mit ihm gespürte „Problemlösende Geschehnisse" darzustellen.

Arbeite ich mit einer Gruppe von Wahrnehmungsgestörten — das betrifft meistens Kinder, nicht Erwachsene —, dann muss ich die Gruppe beschäftigen können; wir sprechen von „Stillbeschäftigung". Während dieser Zeit kann der Lehrer seine Aufmerksamkeit einem anderen Kind schenken. Als Stillbeschäftigung wird oft eine „darstellerische" Leistung verlangt in Form einer „Ausführungsleistung" (siehe nächstes Beispiel von N., 9 Jahre).

Beim Darstellen — in der „Einzelsituation" — werde ich verschiedene *Bedingungen* berücksichtigen. Diese Bedingungen sind sowohl für die wahrnehmungsgestörten Kinder[1] wie für die Erwachsenen, darunter die Aphasiker (Aphasie = Verlust/Störung der Sprache), gültig:

Die wichtigste Bedingung — wenn ich Zeit habe, einzeln mit dem Wahrnehmungsgestörten zu arbeiten — ist, dass ich mit ihm *auf der Verständnis- und nicht auf der Ausführungsstufe arbeite:*

Dies ist für manche Therapeuten und Lehrer schwer zu verwirklichen; es widerspricht ihrer gewohnten Haltung: Sie müssen etwas ausführen, das der Wahrnehmungsgestörte nicht gleich „übernehmen", das heisst nachmachen kann, sei es nachsprechen oder nachschreiben ... Zum Beispiel werde ich mich mit dem Wahrnehmungsgestörten hinsetzen, ein Blatt Papier vor uns. Ich werde zeichnen, was wir eben in der geführten Situation an Problemen gelöst haben. Ich werde dazu vielleicht erzählen, mit Gebärden verdeutlichen ... Vielleicht werde ich einige Wörter oder Sätze aufschreiben. Notwendig ist, dass der Wahrnehmungsgestörte diese Zeichnung nicht selbst ausführen und dass er das Gesprochene nicht selbst ausdrücken kann. Falls er etwas schreiben kann, werde ich die Sätze — den Text — so schwierig gestalten, dass er ihn selbst nicht aufsetzen kann. Mit anderen Worten, ich werde Formen produzieren, deren Ausführungsanforderungen über dem Stand des Wahrnehmungsgestörten liegen, jedoch innerhalb seines Verständnisses (siehe Abschnitt B.3. „Ich verstehe 'Problemlösende Geschehnisse des Alltags' ").

Solche Versuche der Darstellung werde ich nicht oder nur in kurzer Form *vor* der Durchführung eines „Problemlösenden Geschehnisses" machen. Längere Darstellungen im voraus sind nicht sinnvoll, da der Wahrnehmungsgestörte zu diesem Zeitpunkt den „Inhalt" der Darstellung noch nicht erlebt, das heisst, noch nicht gespürt hat.

Ich werde *nach* einem geführten „Problemlösenden Geschehnis" versuchen, dieses darzustellen. Zwei Beispiele, zuerst das eines Kindes, dann das eines Erwachsenen sollen diese Möglichkeit veranschaulichen (Wir machen aber darauf aufmerksam, dass — wie bereits betont — die Auswahl der Art und die Auswahl der Komplexität der Formen vom Ausführungs- und Verständnisstand des jeweiligen Kindes/Erwachsenen abhängen):

BEISPIELE

N., 9 Jahre, wahrnehmungsgestört, zeichnet öfters, wenn sie sich selbst beschäftigen muss:
Diese Zeichnungen entstehen also „irgendwann", ohne Zusammenhang mit einem geführten „Problemlösenden Geschehnis". Sie sind sich ähnlich. Zeichnung (1) ist ein Beispiel:

---

[1] Wir erinnern an unsere Aufzählung (siehe 2. Teil des Buches, S. 100). Wir wiesen dort darauf hin, dass uns wahrnehmungsgestörte Kinder mit unterschiedlichen Bezeichnungen zugewiesen werden.

Zeichnung 1

Zeichnung 2

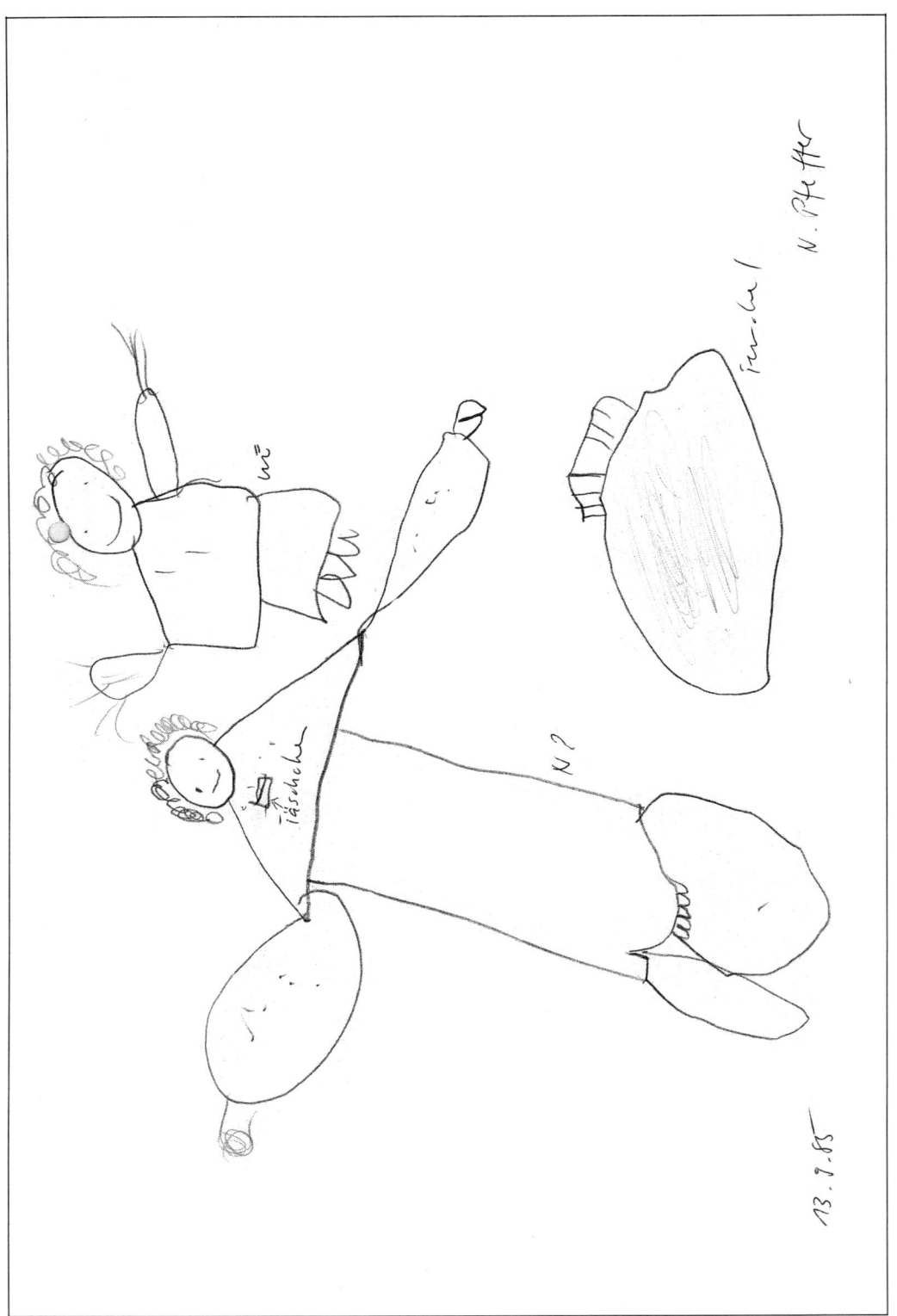

Zeichnung 3

Die Zeichnungen bestehen aus einem Wirrwarr an Formen, die offensichtlich ohne Zusammenhang das Blatt füllen. Frägt man N. nach dem Inhalt, dann zeigt sie auf die einzelnen Formen, benennt sie. Sie kann dabei sehr wohl mehr als einmal auf eine Form zeigen und dieser jedesmal einen anderen Inhalt geben.

Eigenartig verzerrt wirken die Formen, die sie zeichnet, um Personen darzustellen: Auf Zeichnung (1) links oben hat sie sich selbst abgebildet!

Führt man N. durch ein „Problemlösendes Alltagsgeschehnis" und fordert man sie anschliessend zum Zeichnen auf (als Stillbeschäftigung), dann unterscheiden sich diese Zeichnungen eindrücklich von den geschilderten:

Zeichnungen (2) und (3) sind Beispiele.

Zeichnung (2) schildert die „Situation": Im Vordergrund hat sie sich selbst dargestellt; sie zeichnet sogar ihren Pullover, der vorne einige Schriftzeichen aufweist — welch ein Unterschied zur „Selbstdarstellung" auf Zeichnung (1). Im Hintergrund ist ihr Lehrer, der sie beim „Problemlösenden Geschehnis" geführt hat.

Zeichnung (3) stellt das dar, was gemacht worden ist: ein Fenchel wurde zum Kochen zubereitet. Dabei versuchte N. — geführt — mit viel Mühe die „Stiele" vom Fenchel mit ihren Händen abzubrechen. Man beachte in diesem Zusammenhang die Form, die N. dem Fenchel gibt — so, wie sie ihn höchst wahrscheinlich gespürt hat — die Rundung des Fenchels und die Stiele als „Anhängsel" ...

Beachtenswert ist wiederum die Darstellung der Personen: sich selbst im Vordergrund — diesmal werden die Hände angedeutet, die Schriftzeichen werden auf dem Täschchen des Pullovers dargestellt, so wie es wirklich war. Im Hintergrund ist wieder der Lehrer dargestellt.

Frau O., 40 Jahre, hirngeschädigt, Aphasie. Nach längerem Therapieaufenthalt in einer Klinik befindet sie sich wieder daheim. Sie kann ihren Haushalt selbst besorgen. Sie nimmt den Autobus, um in die ambulante Therapie zu kommen. Sie benötigt jedoch sehr viel mehr Zeit und Energie für die täglichen Verrichtungen als früher. — Sie kann über einfache Gegebenheiten berichten, dabei treten aber Schwierigkeiten auf, wenn sie einen bestimmten Ausdruck benötigt: Sie findet ihn oft nicht — wird gespannt —, und die sprachliche Leistung bricht zusammen. — Sie versucht, mit ihrem gelähmten rechten Arm wieder zu schreiben, kann jedoch kaum je ein Wort lesbar und korrekt aufschreiben.

Wir beginnen, eine Banane zu zerkleinern. Ich führe Frau O. Sie ist sehr gespannt — besonders ihre rechte Seite ist steif und fast nicht zu bewegen ... Nach etwa fünf Minuten muss ich unterbrechen, eine Pause einschalten — nicht wegen Frau O., sondern meinetwegen. Wir sind nur so weit gekommen, dass wir über die Tischunterlage bei der Banane angekommen sind ...

Ich nehme ein Blatt Papier und schreibe auf: „Wir wollen die Banane zerkleinern. Wir holen die —." Frau O. versucht, das Wort „Banane" hineinzuschreiben — sie spricht es spontan aus, und sie findet es auch im ersten Satz. Sie versucht — sie kritzelt ... Die Buchstaben sind kaum lesbar, das Wort nicht korrekt ... Ich führe Frau O. und schreibe mit ihr das Wort.

Wir setzen das Geschehnis des „Zerkleinerns der Banane" fort: Das „Führen" wird leichter — der Tonus von Frau O. wird entspannter ... Nach 10 Minuten unterbrechen wir. Frau O strahlt: „Es wird mir so wohl" — und sie zeigt auf ihre gelähmte rechte Seite, auf die Schulter und den Arm.

So vergeht eine Stunde: „Geführtes Geschehen" — dann meine Müdigkeit — Pause, die für eine kurze sprachliche Darstellung benützt wird, auf der Verständnisstufe von Frau O., über ihrem Ausführungsstand — immer im Zusammenhang mit dem eben gespürten Teil des „Problemlösenden Geschehnisses". Bei diesen Darstellungen geschieht es immer wieder, dass Frau O. kleinere Teile spontan ausführt. Nachdem wir versucht haben, mit der Hand ein Stück von der Banane abzubrechen, schreibe ich, und wir lesen miteinander: „Die Banane ist —" — „pflotschig", meint Frau O. Ich könnte keinen besseren Ausdruck finden, um das gerade vorher Gespürte zu beschreiben — dieses „Glitschige" — „Breiige" der Banane, die wir zerdrückt haben. Am Schluss der Stunde sind drei Scheibchen von der Banane abgebrochen — abgeschnitten (nur das!!!). Auf dem Blatt steht ein kleiner Text — im letzten Satz lasse ich Frau O. nochmals ein Wort einsetzen — ihre Ausführung! ... Und ich traue kaum meinen Augen: Frau O. schreibt lesbar — ihre Buchstaben sind kaum von meiner Schrift auf dem Blatt zu unterscheiden — und das Wort ist korrekt. Frau O. sitzt da — blickt auf ihr Produkt — staunt — kann es kaum fassen, dass sie dies geschrieben hat.

Diese Leistung wird nicht mehr möglich sein, wenn sie heute abend daheim ist — doch langsam, langsam, mit viel gespürter Erfahrung in „Problemlösenden Geschehnissen" wird sich der Tonus verbessern, kann sie „Weicherwerden" rascher und häufiger erleben, wird das Schreiben leichter, wird sie Ausdrücke rascher finden ...

Diese Beispiele sind zwei von vielen. Sie sollen noch einmal unterstreichen, wie wichtig gespürte Erfahrung in „Problemlösenden Alltagsgeschehnissen" ist, sowohl für das sich entwickelnde Kind wie für den Erwachsenen, dessen Leistungen wieder aufgebaut werden sollten. Diese gespürte Erfahrung wirkt sich sowohl in einer Verbesserung der Tiefen- wie der Oberflächenstruktur aus, in besseren Verständnisleistungen sichtbarer und hörbar-sprechbarer Formen; und irgendwann drückt sich die dabei vollzogene Verinnerlichung der gespürten Erfahrung auch in besseren Ausführungsleistungen aus.

Ich beachte also — wir können uns dies nicht genug vor Augen halten —: Das wahrnehmungsgestörte Kind und der Erwachsene (darunter auch die Aphasiker) *benötigen zuerst die gespürte Erfahrung mit „Problemlösenden Alltagsgeschehnissen", und erst dann sollten Formen benützt werden, die sich inhaltlich auf diese gespürte Erfahrung beziehen.* Was die Formen betrifft, so kann ich in diesem Zusammenhang mit den Geschehnissen vieles von dem anwenden, was ich als Lehrer oder als Sprachtherapeut gelernt habe: Sprachaufbau, Sprechübungen, Lesen und Schreiben und Rechnen ...

Noch eine Schlussbemerkung: Sprache ist ein wichtiges Mittel für die *Kommunikation*. Ich werde dies bei meinen Darstellungen benützen: Wir stellen zum Beispiel ein Geschehnis grafisch dar, um jemandem mitzuteilen, was geschehen ist, den Eltern, den Geschwistern ... oder wir wollen die Darstellungen aufbewahren, um den Text, die Bilder/Zeichnungen bei Gelegenheit wieder „lesen" zu können ...

Wir fassen zusammen:

Dieses Kapitel brachte schwierige Überlegungen. Mit dem Problem der Darstellung werden die Fragen komplex.

Darstellen zu können ist dem Menschen eigentümlich. Wir haben diese menschliche Leistung kurz beschrieben und den Versuchen gegenübergestellt, Schimpansen Sprache beizubringen.

Wir beobachteten *das gesunde Kind*, das beginnt, Symbole und Sprache zu entdecken; es benützt dabei Formen, die ihm zur Verfügung stehen, und solche, die es selbst konstruieren muss. Wir beschrieben, wie es solche Formen im Zusammenhang mit „Problemlösenden Geschehnissen" der Umwelt entnimmt und versucht, damit „Problemlösende Geschehnisse" darzustellen, die es in der Vergangenheit „gespürt" hat. So gelangt das Kind zum symbolischen Spiel, zum Bauen, Bildererkennen, Zeichnen, zum Verstehen gesprochener Sprache und zum Sprechen.

Wieder stand so die Wurzel der Entwicklung, die Erfahrung der gespürten Interaktion mit der Umwelt, in Form „Problemlösender Geschehnisse", im Mittelpunkt. Wir überlegten, wie diese Wurzel einerseits mit dem Aufbau der Tiefenstruktur und andererseits mit dem Erlernen der Oberflächenstruktur zusammenhängt.

Beobachtungen über die darstellenden Leistungen *wahrnehmungsgestörter Kinder und Erwachsener* unterstreichen dieselben Gesichtspunkte: Sie sind nicht nur in der Sprache, sondern auch in andern semiotischen Leistungen auffällig — nicht nur die Oberflächen-, sondern auch die Tiefenstruktur ist beeinträchtigt.

Diese Auffälligkeiten können, wie die Auffälligkeiten anderer, bereits beschriebener Leistungen, auf die gestörte Wurzel, die gestörte Interaktionserfahrung mit „Problemlösenden Geschehnissen", zurückgeführt werden.

Und damit sollte die Überschrift dieses Kapitels verständlich werden: „Zurück zu den ‚Problemlösenden Alltagsgeschehnissen' — dann die Darstellung". Zuerst Aufbau der Tiefenstruktur — dann erst Arbeit an den „Formen". Und dies ist gültig für alle zur Darstellung benützten Formen: Bilder — Zeichnen, Gesprochenes — Sprechen, Lesen — Schreiben, Rechnen — und auch für das Symbolspiel.

Wir haben den Leser zu Beginn des Buches darauf aufmerksam gemacht, dass wir in unsern Überlegungen bei der „Entdeckung" der Sprache Halt machen werden; wie es mit der Entwicklung der Sprache weitergeht, darüber wäre ein weiteres Buch zu schreiben.

Gültig ist jedoch für die Weiterentwicklung: Auch diese verlangt **die Arbeit an der Wurzel — und nicht an einem der Ästchen!**

D. Folgerungen

Wir können die Folgerungen nur bruchstückartig — im Telegrammstil — erwähnen. Sie würden, wie in der Einführung betont, ein weiteres Buch beanspruchen.

1. „Problemlösende Geschehnisse" als Wurzel der Entwicklung

Diese Wurzel ist für jedermann gültig; dies heisst, dass wir alle in diese Gültigkeit miteinbezogen sind.

Arbeit an der Wurzel beinhaltet Förderung der Entwicklung, Wiederaufbau gestörter Leistungen, Erwerb neuer Leistungen. Dieses Prinzip ist anwendbar, wann immer es um Entwicklung, um Lernen, um Rehabilitation geht!

1.1 Die Möglichkeiten der Anwendbarkeit sind vielseitiger Art

— *Bei Kindern:* gesunden und behinderten, wobei die verschiedensten Behinderungen einbegriffen werden sollten. Vieles wäre da zu überlegen: Wie muss die nahe Umwelt gestaltet sein, um jedem Kind die notwendige gespürte Interaktionserfahrung zu ermöglichen? Zur nahen Umwelt gehören zum Beispiel Wohnungen, Umgebung — Gärten, Strassen, Baulichkeiten, Feld, Wald, Wiese, usw. Was für Betätigungen sind in dieser nahen Umwelt möglich? — wieviel „wirklichen Alltag" bieten sie dar? Hat das Kind die Möglichkeit, das Wirken dieser Umwelt zu erspüren, zu verändern? Ursachen zu erzeugen und deren Wirkungen zu erfahren? Wieviel Alltag kann es innerhalb der Familie erleben — wieviel in der Schule? Wie häufig wird die Interaktion des Kindes mit seiner Umwelt nur auf „audio-visuelle" Informationsvermittlung beschränkt? Wo bleibt das Erspüren-Können? Das Erleben von Gesetzmässigkeiten von Widerstandsveränderungen? ...

—*Bei Erwachsenen:* Wir denken hier an die hirngeschädigten, von denen wir in vielen Beispielen berichtet haben. Wir müssten uns aber auch die Anwendbarkeit auf geriatrische Patienten ausdenken! Wie wichtig wäre bei diesen die Vermittlung gespürter Erfahrung in „Problemlösenden Geschehnissen des Alltags"? Wieviele Leistungen könnten dadurch wieder angeregt werden — früher Erfahrenes wieder „hervorgeholt" und benützt werden? Wieviel wäre da in der nahen Umwelt dieser Personen anders zu gestalten, um wieder mehr „Alltagsprobleme" in den Vordergrund zu stellen, etwas mehr Wirklichkeit zu schaffen? — So in Altersheimen, Pflegestationen?

Zu den Erwachsenen gehören aber auch wir Gesunde. Nehmen nicht auch bei uns „Gewohnheiten" überhand — sind wir so festgefahren, dass wir uns kaum mehr um Ursachen und Wirkungen Gedanken machen? Sind wir uns noch bewusst, „wie die Wirklichkeit ist", bevor wir sie verändern? Kümmern wir uns noch darum, was für Wirkungen wir mit den von uns erzeugten Ursachen hervorrufen? Spüren wir noch *Veränderungen* der Wirklichkeit? — Oder leben wir zu sehr in einer audio-visuellen Welt und gehen dabei den Widerstandsveränderungen aus dem Weg? Kümmern wir uns um unsere Wurzel, tragen wir Sorge, dass diese kräftig genug bleibt — ja, hoffentlich, weiterwächst?

Unsere Erfahrung mit der „Arbeit an der Wurzel" lässt eine weitere wichtige Folgerung zu:

—Gespürte Informationsvermittlung durch „Führen" *ist auch bei schwerst Geschädigten* möglich.

Wir erinnern Sie an unsere Überlegungen im zweiten Teil „Versagen in der Wirklichkeit", Abschnitt 1. „Die Umwelt bemerkt". Wir beschrieben dort Wahrnehmungsgestörte, die für die Umwelt kaum tragbar sind, da ihr Verhalten den Eindruck von „Aggression" erweckt. Solche Patienten werden häufig in psychiatrische Kliniken gebracht oder in Pflegeheime ... Es gibt andere schwere Fälle von Hirngeschädigten, die „sich zurückziehen", deren Verhalten als „Veränderung der Persönlichkeit" geschildert wird ... Es gibt solche, die sind so spastisch, so unbeweglich, dass sie spontan keine einzige Bewegung erzeugen können ... Oder solche, bei denen die Umwelt vermutet, sie seien nicht mehr oder kaum „ansprechbar", darunter auch manche „autistische" Kinder,... die Liste könnte weitergeführt werden.

Leider ist noch niemand systematisch solchen Patienten nachgegangen — erst einige Einzelfälle sind uns bekannt, bei denen sich die Eltern oder sonst ein Familienangehöriger oder ein Therapeut besonders eingesetzt haben.

Diese Einzelfälle jedoch unterstreichen das, was wir formuliert haben: Auch bei diesen schwerst Geschädigten ist die Arbeit an der Wurzel möglich. Sie unterstreichen ferner die Wahrscheinlichkeit, dass es noch viele solche schwere Fälle gibt, denen unbedingt die Möglichkeit dieser Förderung geboten werden sollte.

Die „Problemlösenden Geschehnisse" beziehen sich auf den *Alltag*. Diese Bedingung hat, neben den Möglichkeiten der Anwendung, weitere spezielle Folgerungen für die therapeutische Arbeit:

1.2 Die Ausführung der therapeutischen Arbeit umfasst einen ganzen Kreis von Personen

— *Der beste Alltag ist die Familie.* Befindet sich ein wahrnehmungsgestörtes Kind oder ein Erwachsener in der Familie, so muss alles dran gesetzt werden, eine *Zusammenarbeit mit der Familie* zu ermöglichen:

Dies kann, besonders am Anfang, sehr schwierig sein. Die Schwierigkeit wird hauptsächlich dadurch verursacht, dass die Familie unter sehr grossem „Stress" steht. Als Therapeut hat man oft Mühe, das Ausmass dieses „Stresses" zu erfassen. Dazu kommt, dass nur wenige wissen, dass Stress auch bei gesunden Menschen ähnliches Verhalten auslöst wie bei Wahrnehmungsgestörten. Leider können wir im Rahmen dieses Buches auf diese wichtige Erscheinung nicht näher eintreten. Wir können nur zusammenfassen: Als Folge von Stress entsteht ein Übermass an gespürter Information und dadurch eine Überbelastung unserer Kapazität (siehe zweiter Teil, Abschnitt 3.3 „Die Beschränktheit der Kapazität"), — und wir reagieren ähnlich wie die Wahrnehmungsgestörten (siehe zweiter Teil, Abschnitt 1.2 „Sie sprechen viel"): Wir sprechen zum Beispiel viel, drücken dabei Klagen aus, stellen Forderungen an die anderen, oder wir geraten in Überspannung.

Ähnliches Verhalten können wir bei Familienangehörigen von Wahrnehmungsgestörten beobachten. Was tun?

Unsere Erfahrung hat gezeigt, dass dieses Stressverhalten umso stärker ist, je weniger die Angehörigen wissen, was sie tun können. Das Beste ist also, ihnen so bald als möglich so zu helfen, dass sie mit dem Kind oder Erwachsenen arbeiten können. Dies heisst: *Sie spüren lassen*, was für Information ich über das „Führen" innerhalb eines „Problemlösenden Geschehnisses" jemandem vermitteln kann; ich führe die Familienangehörigen, diese führen mich ... und dann übertragen wir diese Art zu führen auf das wahrnehmungsgestörte Kind/ den Erwachsenen! Gelingt es mir, die Angehörigen so weit zu bringen, dann hört das „Stressverhalten" meist rasch auf.

Beratung und Arbeit mit den Familienangehörigen nimmt also einen grossen Teil der Zeit, die zum Beispiel einem Therapeuten zur Verfügung steht, in Anspruch. Auch in der Schule, im Unterricht, sollte diese Zusammenarbeit mit den Familienangehörigen eingebaut werden.

Als wertvoll haben sich in diesem Zusammenhang „Familienwochen" erwiesen: Etwa vier Familien — beide Eltern, die gesunden Geschwister und das wahrnehmungsgestörte Kind — verbringen eine Woche miteinander unter möglichst „wirklichkeitsgetreuen" Bedingungen. Jede Familie lebt in einer Ferienwohnung! Unter fachlicher Leitung kommen in dieser Woche Probleme des Familienalltags, der Förderung des behinderten Kindes, Fragen der gesunden Kinder usw. zur Sprache.

Die Möglichkeit der *Entlastung von Familienangehörigen*, so der Mütter, ist *unbedingt abzuklären*. Wir betonten im dritten Teil „Lernen in der Wirklichkeit", Abschnitt B. 3.3.3 „Wenn Spüren nur nicht so schwierig wäre", dass ich beim Spüren Zeit und Ruhe haben muss, um meine ganze Aufmerksamkeit auf den Geführten richten zu können. Dies muss nicht lange sein, jeweils einige Minuten — doch bereits dies kann unmöglich sein, wenn eine Mutter noch gleichzeitig andere Kinder im gleichen Raum betreuen sollte.

— Oft befinden sich Wahrnehmungsgestörte in einem *Heim oder einer Klinik*. Wir haben bereits erwähnt (siehe dritter Teil „Lernen in der Wirklichkeit", Abschnitt B. 3.3 „Geführt durch den Alltag"), dass leider manche Heime und Kliniken aufgrund der Baulichkeiten und der Organisation nur wenig „wirklichen Alltag" anbieten können. Unter diesen Umständen ist jeweils sorgfältig abzuklären, wie man die gegebenen Verhältnisse umgestalten kann ...

Wichtig ist jedoch überall die *Mit- und Zusammenarbeit der verschiedenen Personen, die das Kind oder den Erwachsenen betreuen:*

— Zusammenarbeit der Therapeuten, so der Ergotherapeuten mit den Physiotherapeuten, mit den Rekreationstherapeuten, mit den Logopäden. Die Ergotherapeutin zum Beispiel „führt" einen Patienten bei einem „Problemlösenden Alltagsgeschehnis", die Physiotherapeutin hilft mit bei bestimmten Körperstellungen, Bewegungen, so beim Gehen usw.; Bewegungsabläufe, die sie sonst in der Physiotherapie, „getrennt" von Geschehnissen, durchführen würde. Der Logopäde seinerseits benützt die gespürte Erfahrung mit diesem „Problemlösenden Geschehnis", die der Patient eben erhalten hat, zur sprachlichen Darstellung und Auswertung ... Oder die Krankenschwester auf der Abteilung, die Erzieherin auf der Gruppe hat einen Erwachsenen/ein Kind bei einem „Problemlösenden Geschehnis" geführt — die Logopädin, der Lehrer wertet dies darstellerisch aus.

2. Unser Wissen im Zusammenhang mit der Wurzel der Entwicklung ist noch gering

Wir forschen seit manchen Jahren: Wir haben unsere Forschung mit einer Wanderung auf einen unbekannten Berg verglichen. — Wir erwähnten, dass wir noch nicht auf der Spitze des Berges angekommen sind. Um dorthin zu gelangen, müssen wir weiterhin einen Weg suchen.
Während der Wanderung sind viele Fragen aufgetaucht — manche von ihnen konnten wir beantworten, andere sind noch offen.
Die Forschung muss deshalb weitergeführt und ausgedehnt werden:

2.1 Langzeitforschung

Weitergeführt werden sollten die *Projekte*, die dank der finanziellen Unterstützung des „Schweizerischen Nationalfonds zur Förderung der Wissenschaftlichen Forschung" *vor einigen Jahren begonnen* worden sind; erfasst werden in diesen Projekten wahrnehmungsgestörte, normale und hörgeschädigte Kinder.
Ausgedehnt werden sollten diese Projekte durch den *Einbezug weiterer Gruppen* von Kindern, so zerebral bewegungsgeschädigten, sehgeschädigten, geistig behinderten ..., ferner durch den Einbezug von Erwachsenen, wie hirngeschädigten, geriatrischen und psychiatrischen Patienten ...
Ausgedehnt werden sollten diese Projekte in bezug auf *Art und Anzahl von Beobachtungen*: Neuere Erkenntnisse unserer Forschung verlangen eine vertiefte Überarbeitung der zur Erfassung notwendigen Beobachtungen.
Dies wiederum verlangt umfassende *Verarbeitung und Auswertung* der bis jetzt erhobenen *Langzeitbefunde,* also unter anderem auch weitere Publikationen.

2.2 Querschnittforschung

Ausgedehnt werden sollten die bereits beschriebenen Untersuchungen von *Wahrnehmungsleistungen* bei normalen Kindern, bei wahrnehmungsgestörten, bei seh- und hörgeschädigten; die verschiedenen bei der longitudinalen Forschung beschriebenen *Gruppen* sollten ebenfalls auf verschiedene Wahrnehmungsleistungen hin untersucht werden können.
Ausgedehnt werden sollten die Untersuchungsprüfungen durch *Einbezug weiterer Leistungen,* die im Laufe der Erfahrung sich als wichtig herausstellten.
Äusserst wichtig wäre, im Zusammenhang mit den bereits erhobenen Befunden, die *Verarbeitung und das Publizieren weiterer Resultate.*

Weitere Probleme sollten angegangen werden:
— Wir haben auf die klaffende Wissenslücke hingewiesen, die bezüglich der *taktil-kinaesthetischen Wahrnehmung* besteht ...
— Im ersten Teil „Lernen in der Wirklichkeit" wurden noch andere Lücken erwähnt: *fehlendes Wissen über die Entwicklung,* so zum Beispiel, wie das gesunde Kind von der Einhändigkeit zur Zweihändigkeit gelangt, wie die „Harmonie der Bewegung von zehn Fingern" erreicht wird, wie das Kind von der „Nehmbarkeit zur

Wegnehmbarkeit" gelangt, wie sich das Kind „Beziehungen der Nachbarschaft", so wie wir sie eingeteilt haben, erwirbt ...

— Eine grosse Lücke besteht in der Beschreibung der Entwicklung *Problemlösender Prozesse* beim gesunden Kind sowie bezüglich der Zusammenhänge zwischen der Tiefen- und der Oberflächenstruktur der Sprache ... Und all diese offenen Fragen betreffen natürlich auch Kinder der verschiedenen anderen bereits erwähnten Gruppen, Kinder mit unterschiedlichen Behinderungen.

Neben der Erforschung des Entwicklungsgeschehens dieser verschiedenen Leistungen drängen sich Fragen bezüglich des *Abbaus der bereits stattgefundenen Entwicklung* auf: Wie lässt sich der Abbau bei Erwachsenen der ebenfalls erwähnten verschiedenen Gruppen erfassen?

Wieviele Fragen stehen offen — wieviel Forschung wäre nötig — und wir haben hier nur „im Telegrammstil" einige Punkte erwähnt, sind dabei noch nicht weiter in die Tiefe gestossen!

Um aber weiterzukommen auf unserer Wanderung, müssen wir weiterhin beobachten, Fragen stellen, untersuchen und überlegen!

Es sollte für jedermann klar sein, dass solche Forschung nur möglich ist mit Hilfe von aussen; Hilfe nicht nur moralischer, sondern speziell auch finanzieller Art. — Die Dringlichkeit der Beantwortung dieser Fragen benötigt dazu unbedingt das Interesse und die Mitarbeit anderer mit Forschung beschäftigter Stellen.

Schlusswort

Sie haben dieses Buch durchgelesen — sorgfältig, Zeile um Zeile, oder nur stellenweise, überfliegend. Sie haben sich an vielen Beispielen gefreut — so wünsche ich. Manche Beispiele sind Ihnen „unter die Haut gedrungen" — so erwarte ich. Einige Beispiele haben Ihren Widerspruch herausgefordert, Sie nachdenklich gestimmt, Ihre Neugierde geweckt — so hoffe ich.

Wir haben dieses Buch „auf dem Berg" begonnen — erinnern Sie sich?
Wir überlegten:
— Hier spüre ich meine nahe Welt — dort sehe und höre ich die ferne Welt.

Wir stellten uns verschiedene Fragen:
— Diese Fragen tauchten in den vielen Seiten dieses Buches — in den zahlreichen Beispielen und im Text — immer wieder auf, auch wenn wir sie anders formulierten.

Wir fragten uns: „Weshalb schränkt die Umwelt unsere Bewegungen ein?"
Wir beobachteten das *gesunde Kind*: Es bewegt sich, wird bewegt und berührt — es findet Widerstand; es erkennt dadurch, dass eine Welt besteht.

Wir fragten uns weiter: „*Weshalb unsere Suche nach Weite und gleichzeitig nach Beschränkung; nach Geselligkeit und gleichzeitig nach Stille; nach Freiheit und gleichzeitig nach Widerstand? Weshalb soviel Widersprüchliches?*"
Wir beobachteten *das gesunde Kind*: Es bewegt sich, wird bewegt; es berührt und findet Widerstand — es umfasst und versucht zu nehmen. Damit verändern sich Widerstandsbeziehungen zwischen eigenem Körper, Unterlage und Seite. Das Kind erspürt die Gesetzmässigkeiten dieser Geschehnisse und bildet Regeln des Berührens. Diese beschränkte Anzahl von Regeln erlaubt ihm, Veränderungen von unzähligen Situationen zu erfassen.

Dazu benötigt es — und benötige auch ich noch — Kontraste. Die Weite erlebe ich nur, wenn ich die Enge erfahre; die Geselligkeit nur, wenn ich die Stille erlebe; die Freiheit nur, wenn ich die Beschränkung spüre. Kontraste/Veränderungen sind also Voraussetzung für das Wahr-Nehmen.

Wir beobachteten *die Wahrnehmungsgestörten*: Auch sie bewegen sich oder werden bewegt, berühren und finden Widerstand. Auch sie können Gesetzmässigkeiten erfassen und Berührungsregeln bilden. Auch für sie besteht die Notwendigkeit der Veränderung.

Aufgrund ihrer Wahrnehmungsstörung nehmen sie aber nur starke, maximale Widerstandsveränderungen wahr — auch noch in einem Alter, in welchem das gesunde Kind geringere Widerstandsveränderungen ohne Schwierigkeit wahrnimmt. So suchen Wahrnehmungsgestörte, ob Kinder oder Erwachsene, immer wieder, maximale Widerstandsveränderungen zu erzeugen: Sie geraten deshalb rasch in Überspannung — drücken mit voller Kraft ... Und sie werden als aggressiv, auto-destruktiv, taktil-defensiv ... geschildert.

Leider wirkt sich die Störung nicht nur in dieser „Suche nach maximalen Widerstandsveränderungen" aus. Nein! Es entsteht ein schwerwiegender Mangel an gespürter Information, und Veränderungen von Situationen können nicht oder nur bruchstückartig erspürt werden.

Dies verhindert eine angemessene Interaktion mit der Umwelt — notwendige gespürte Interaktionserfahrung bleibt aus — *die Wurzel der Entwicklung wird gestört.*

Wir fragten uns: *„Wie komme ich dazu, etwas über meine nahe Welt zu wissen? Wie ist es mit der fernen Welt?"*

Und wieder beobachteten wir das *gesunde Kind*: Es bewegt, berührt, erzeugt Bewegung — Ursache? Und deren Wirkung?

Es berührt, umfasst und lässt los ... Die erzeugten und erspürten Veränderungen von Widerstandsbeziehungen sind vielfach: Sie schliessen den eigenen Körper, die Unterlage und die sich darauf befindenden Gegenstände/Personen mit ein. Gesetzmässigkeiten solcher gespürter Veränderungen — Regeln des Wirkens! Mit solchen Regeln, so der Wegnehmbarkeit und der Nachbarschaft, beginnt das Kind, seine gespürte Ursache-Wirkungserfahrung zu ordnen, in unzähligen Situationen des Alltags — das Kind lernt, wie die Wirklichkeit ist.

Die nahe gespürte Welt zuerst, dann Einbezug der ferneren, gesehenen und gehörten Welt in die wachsende Erfahrung der nahen Welt! Gleichzeitig mit der gespürten Erfahrung der Wirklichkeit baut das Kind sein Wissen um den eigenen Körper auf. Das eine mit dem andern! Widerstandsbeziehung und -veränderung zwischen eigenem Körper — Unterlage — Seite; gespürte Information, über zwei Hände aufgenommen, wird zur Einheit — die Bewegungen der zehn verschiedenen Finger werden harmonisch ...

Langsam erlaubt das Wissen um die Wirklichkeit, wie sie ist, die Wirklichkeit zu verändern und dadurch Probleme des alltäglichen Lebens zu lösen.

Wir beobachteten die *Wahrnehmungsgestörten*: Die nahe Welt bleibt ihnen fremd. Auch sie bewegen — berühren — erzeugen Bewegung. Auch sie erkennen, dass sie mit Berühren Bewegung erzeugen können. Doch weiterhin benötigen sie maximale Widerstandsveränderungen. Und es dauert beim wahrnehmungsgestörten Kind zu lange, bis es einen Gegenstand nehmen kann, nämlich so lange, dass es bereits gehen kann, wenn es soweit ist — und so fehlt die „Unterlage" in seinem Versuch, das Wirken der Umwelt zu erfassen. Wir haben die sich daraus ergebenden Auffälligkeiten geschildert: ausgerichtet auf „einhändige" Information, fehlende Harmonie der Fingerbewegungen ... fehlende gespürte Erfahrung nachbarschaftlicher Beziehungen ... die Wirklichkeit entgleitet!

Wir fragten uns: *„Wie gelangen wir von der Wahrnehmung zur Sprache? Was hat die Wirklichkeit damit zu tun?"*

Wir beobachteten das *gesunde Kind*: Es beginnt, alltägliche Probleme zu lösen — in zunehmend komplexer werdenden Situationen; es verändert die Wirklichkeit. Gespürte Erfahrung mit solchen Interaktionsgeschehnissen wird verinnerlicht: Erfahrungen im Wahrnehmen der Veränderungen von Situationen — von Ursachen und Wirkungen innerhalb dieser „Problemlösenden Geschehnisse"! Noch und noch! Wahrnehmen und Wirklichkeit — Verinnerlichung — Bildung der „Tiefenstruktur". Die Verinnerlichung ist schliesslich so umfassend, dass Sprache entdeckt wird:

— Das Kind *entdeckt* die Formen, die von der Umwelt angeboten werden, die „Oberflächenstruktur" im Zusammenhang mit der Möglichkeit, diese Formen zu benüt-

zen, um damit seine verinnerlichte gespürte Erfahrung mit „Problemlösenden Alltagsgeschehnissen" darzustellen.
— Und *Sprache beginnt sich zu entwickeln* — in direktem Zusammenhang mit der Ausbreitung der Wurzel — den „gespürten Problemlösenden Geschehnissen".

Wir beobachteten das *Versagen der Wahrnehmungsgestörten:*

Der Mangel an angemessener gespürter Erfahrung in „Problemlösenden Geschehnissen" verhindert die normale Bildung der Tiefen- und der Oberflächenstruktur:
— Wahrnehmungsgestörte Kinder beginnen mit Verspätung, die von der Umwelt angebotenen Formen zu benützen,
— versuchen, damit etwas mitzuteilen.
— Doch sowohl Oberflächenstruktur wie deren semantischer Gehalt — Ausdruck der Tiefenstruktur — sind im Gebrauch und in der Entwicklung auffällig.

All dies *Ausdruck der gestörten Wurzel!*

Was tun?

Wir wiesen darauf hin, dass *die Wurzel* der gestörten Entwicklung und nicht die Äste angegangen werden müssen — wir unterstrichen, dass mit „Nur-Warten" oder einfach mit einer „Bereicherung der Umwelt" (Riesen, 1975) dem Wahrnehmungsgestörten nicht geholfen werden kann. Wir unterstrichen, dass auch Wahrnehmungsgestörte über Regeln verfügen, Ursachen und Wirkungen erkennen und deren Gesetzmässigkeiten erfassen können. Sie sind darin kompetent. Der Informationsmangel aber verhindert, dass aus der Kompetenz eine Performanz wird. Es kann höchstens eine Gewohnheit entstehen. Informationsarmut verhindert die Anpassung an sich verändernde Situationen.

Meine Aufgabe ist es, dem Wahrnehmungsgestörten zu besserer Information zu verhelfen.

Dies geschieht durch Führen. Führen vermittelt Spürinformation. Gespürte Information über Widerstandsveränderungen innerhalb eines „Problemlösenden Geschehnisses" bleibt sich gleich, ob ich die dazu notwendigen Bewegungen selbst oder geführt ausführe. Solche gespürte Information führt zu Verhaltensänderungen — zum Lernen. Die gespürte Information über die in „Problemlösenden Geschehnissen" enthaltenen Widerstandsveränderungen erlaubt es Wahrnehmungsgestörten, wichtige gespürte Interaktionserfahrung zu machen und so sein Verständnis für gespürte „Problemlösende Geschehnisse" auszuweiten und zu verinnerlichen.

Auf diese Weise kann ich mit dem Wahrnehmungsgestörten an „seiner Wurzel" arbeiten. Damit kann ich erwarten, dass irgendwann auch die Ausführungen sich verbessern, weitere Entwicklungsleistungen erscheinen — je nach Ausmass der Störung, Möglichkeiten der Förderung und anderer Faktoren — rascher oder langsamer.

Hoffen wir, dass wir auf diese Weise mit jedem der uns anvertrauten wahrnehmungsgestörten Menschen den Weg zu *seinem Berg* finden — auf ihm weiterkommen — und nicht stehenbleiben müssen.

Literaturverzeichnis

Affolter, F., Opérations infralogiques: Comparaisons entre les enfants normaux et sourds. Unveröffentlichte Diplomarbeit, Universität Genf, 1954.

Affolter, F., Probleme der Begriffsentwicklung. Heilpädagogische Werkblätter, 1968, 37 (3), 122—137.

Affolter, F., Developmental aspects of auditory and visual perception: An experimental investigation of central mechanisms of auditory and visual processing. Unveröffentlichte Doktorarbeit, Pennsylvania State University, 1970.

Affolter, F., Wahrnehmungsstörungen. In Schweiz. Taubstummenlehrerverein (Hrsg.), Das Mehrfachbehinderte Hörgeschädigte Kind. Berlin: Marhold 1972, 94—115.

Affolter, F., Leistungsprofile wahrnehmungsgestörter Kinder. Pädiatrische Fortbildung/Klinische Praxis, 1974a, 40, 169-185.

Affolter, F., Einsatz und Beschränkung der audiovisuellen Methode im Sprachaufbau des schwer hörbehinderten Kindes. In Verein Österreichischer Taubstummenlehrer (Hrgs.), Audio-visuelle Mittel und Medien im Unterricht Hörgeschädigter. Linz: Trauner, 1974b.

Affolter, F., Wahrnehmungsstörungen im Kindesalter. Bull. Schweiz. Akad. Med. Wiss., 1976, 32, 129—140.

Affolter, F., Wahrnehmungsgestörte Kinder: Aspekte der Erfassung und Therapie. Pädiatrie und Pädologie, 1977, 12, 205—213.

Affolter, F., Jean Piaget: Der Lehrer — der Mensch. Geistige Behinderung, 1981(4), 225—229.

Affolter, F., The development of perceptual processes and problem-solving activities in normal, hearing impaired and language-disturbed children. In D.S. Martin (Ed.), Cognition, education, and deafness. Directions for research and instruction. Washington, D.C.: Gallaudet College Press, 1985.

Affolter, F., Brubaker, R., & Bischofberger, W., Comparative studies between normal and language disturbed children. Acta Otolaryngologica, Suppl. 323. Uppsala: Almqvist & Wiksell, 1974.

F. Affolter & E. Stricker (Eds.), Perceptual processes as prerequisites for complex human behavior: a theoretical model and its application to therapy. Bern: Huber, 1980.

Affolter, F. & Bischofberger, W., Psychologische Aspekte der Gehörlosigkeit. In H. Jussen & O. Kröhnert (Hrsg.), Handbuch der Sonderpädagogik, Band 3. Köln: Marhold, 1982, 605—630.

Aslin, R.N., Development of smooth pursuit in human infants. In D.F. Fisher, R.A. Monty, & J.W. Senders (Eds.), Eye movements: Cognition and visual perception. Hillsdale, NJ: Erlbaum, 1981.

Ayres, A.J., Sensory integration and learning disorders. Los Angeles: Western Psychological Services. 1973.

Bischofberger, W. (1986), Aspekte der Entwicklung taktil-kinaesthetischer Wahrnehmung. Eine Vergleichsuntersuchung zwischen einer Gruppe sehender und blinder Kinder im Alter von 10 bis 16 Jahren im Taktilen Formerkennen und im Vibrotaktilen Sukzessiven Mustererkennen. (Unveröffentlichte Rohdaten).

Bloom, L. & Lahey, M., Language development and language disorders. New York: Wiley, 1978.

Broadbent, D.E., Perception and communication. Oxford: Pergamon Press, 1958.

Broadbent, D.E., Decision and stress. London: Academic Press, 1971.

Brown, R., A first language: the early stages. London: George Allen & Unwin, 1973.

Cherry, C., On human communication. Cambridge: M.I.T. Press, 1957.

Chomsky, N., Syntactic structures. The Hague: Mouton & Co, 1957.

Edwards, D., Sensory-motor intelligence and semantic relations in early child grammar. Cognition, 1974, 2, 395—434.

Fillmore, C., The case for case. In E. Bach & R. Harms (Eds.), Universals in linguistic theory. New York: Holt, Rinehart & Winston, 1968.

Forman, G.E., A search for the origins of equivalence concepts. In G.E. Forman (Ed.), Action and thought: From sensorimotor schemes to symbolic operations. New York: Academic Press, 1982.

Fraiberg, S., Insights from the blind: Comparative studies of blind and sighted infants. New York: Basic Books, 1977.

Furth, H., Thinking without language: Psychological implications of deafness. New York: Free Press, 1966.

Gardner, H., Frames of Mind. New York: Basic Books, 1983.

Howard, I.P. & Templeton, W.B., Human spatial orientation. New York: Wiley, 1966.

Jakobson, R., Kindersprache, Aphasie und allgemeine Lautgesetze. Frankfurt am Main: Edition Suhrkamp, 1969.

Katz, D., Gestaltpsychologie. Basel: Schwabe & Co, 1948.

Koffka, K., Principles of gestalt psychology. New York: Harcourt, Brace & World, 1963.

Lashley, K., The problem of serial order in behavior. In L.A. Jeffries (Ed.), Cerebral mechanisms in behavior. New York: Wiley, 1951.

Menyuk, P., The acquisition and development of language. Englewood Cliffs, NJ: Prentice Hall, 1971.

Miller, G.A., The magical number seven, plus or minus two. Some limits on our capacity for processing information. Psychological Review, 1956, 63, 81—97.

Miller, G.A., The psychology of communication. Baltimore: Penguin Books, 1967.

P.H. Mussen (Ed.), Handbook of child psychology. Volume 3. Cognitive development. J.H. Flavell & E.M. Markman (vol. eds.), New York: Wiley, 1983.

Neisser, U., Cognition and reality. San Francisco: Freeman, 1976.

Norman, D.A., Learning and memory. San Francisco: Freeman, 1982.

Palermo, D.S., Psychology of language. Glenview, Ill.: Scott, Foresman & Co, 1978.

Palermo, D.S. & Molfese, D.L., Language acquisition from age five onward. Psychological Bulletin, 1972, 78, 409—428.

Piaget, J., Psychologie der Intelligenz. Zürich: Rascher Verlag, 1947 (Original: La psychologie de l'intelligence. Paris: Librairie Armand Collin, 1947).

Piaget, J., Introduction. In A. Jonckheere, B. Mandelbrot, & J. Piaget (Eds.), La lecture de l'expérience. Bibl. Scientif. Internat., Etudes d'épistémologie génétique. Paris: PUF, 1958, 1—9.

Piaget, J., Les mécanismes perceptifs: Modèles probabilistes, analyse génétique, relations avec l'intelligence. Paris: PUF, 1961.

Piaget, J., Le language et les opérations intellectuelles. In Problèmes de psycholinguistique: Symposium de l'association de psychologie scientifique de langue française. Paris: PUF, 1963.

Piaget, J., Nachahmung, Spiel und Traum. Stuttgart: Klett-Verlag, 1969a. (Original: La formation du symbole chez l'enfant. Neuchâtel: Delachaux et Niestlé, 1945).

Piaget, J., Das Erwachen der Intelligenz beim Kinde. Stuttgart: Klett-Verlag, 1969b. (Original: La naissance de l'intelligence chez l'enfant. Neuchâtel: Delachaux et Niestlé, 1936).

Piaget, J. & Inhelder, B., Die Entwicklung des räumlichen Denkens beim Kinde. Stuttgart: Klett-Verlag, 1972. (Original: La représentation de l'espace chez l'enfant. Paris: PUF, 1948).

Piaget, J. & Morf, A., Les préinférences perceptives et leurs relations avec les schèmes sensori-moteurs et opératoires. In J. Bruner, F. Bresson, A. Morf, & J. Piaget (Eds.), Logique et perception. Bibl. Scientif. Internat., Etudes d'épistémologie génétique. Paris: PUF, 1958, 117—156.

Pick, H.L., Tactual and haptic perception. In B.B. Blasch & R.L. Welsh (Eds.), Orientation and mobility for visually handicapped persons: Development and fundamental principles. New York: American Foundation for the Blind, 1980.

Riesen, A.H., The developmental neuropsychology of sensory deprivation. New York: Academic Press, 1975.

P. Salapatek & L.B. Cohen (Eds.), Handbook of infant perception. Vol. 1: From sensation to perception. Vol. 2: From perception to cognition. New York: Academic Press, 1986.

W. Schiff & E. Foulke (Eds.), Tactual perception: a sourcebook. Cambridge: University Press, 1982.

Stambak, M., Tonus et psychomotricité dans la petite enfance. Neuchâtel: Delachaux et Niestlé, 1963.

Terrace, H.S., Nim, a chimpanzee who learned sign language. New York: Washington Square Press, 1979.

WB

Wissenschaftliche Beiträge aus Forschung, Lehre und Praxis zur Rehabilitation behinderter Kinder und Jugendlicher

Herausgegeben von Klaus Schulte und Werner Katein

Klaus Schulte
WB I Der Sinnbezirk
Gegenstand der Wortinhaltsforschung und Voraussetzung des Sprachaufbaus bei Hörgeschädigten 29,60 DM

Herbert Breiner
WB II Hautsinn und lautsprachliche Kommunikation
Funktionseigentümlichkeiten im Vergleich zum Gehör und die Möglichkeit einer kutanen Sprachvermittlung 28,— DM

Félicie Affolter
WB IV Wahrnehmung, Wirklichkeit und Sprache 87,- DM

Klaus Schulte/Heinrich Roesler
WB VIII Optische Phonemdarstellung
als Sprechgliederung für hörgeschädigte Kinder 19,80 DM

Klaus Schulte
WB IX Fragesätze als sprachdidaktisches Problem bei sprachlosen und spracharmen Kindern 18,— DM

Klaus Schulte
WB XII Phonembestimmtes Manualsystem (PMS)
Forschungsergebnisse und Konsequenzen für die Artikulation hörgeschädigter Kinder 35,— DM

Armin Löwe/Kurt Heller
WB XIII Heidelberger Hörprüf-Bild-Test (HHBT) für Schulanfänger
Broschüre mit Testmaterial 12,80 DM

Arbeitsgemeinschaft Selektivsprache
WB XV Phasengerechte Verkündigung
Untersuchungen und Vorschläge zu Evangelientexten in einfacher Sprache für hörgeschädigte und spracharme Kinder 14,80 DM

A. R. Bodenheimer
WB XVI Taubheit — Die Barriere als Brücke
Ausgewählte Arbeiten zum Problem der Beziehung 36,— DM

Dietfried Gewalt/Horst Gloy
WB XVII Religionsunterricht und Sprachförderung bei Hör-Sprach-Geschädigten
Thesen und Referate 9,80 DM

G. Finkbeiner/H. Isele
WB XIX Rechtschreibversager
Vergleichende Untersuchungen zur Persönlichkeit und Leistung in Lehrer-, Eltern- und Schülereinschätzung 21,— DM

Irene Bleher
WB XX Sach-Sprach-Unterricht
Eine sach- und sprachdidaktische Konzeption für Kinder mit reduzierter Sprache 24,— DM

Hermann Maeße
WB XXIII Das Verhältnis von Laut- und Gebärdensprache in der Entwicklung des gehörlosen Kindes 16,— DM

Ludwig Schwinger
WB XXIV Modell empirischer Forschung
Wissenschaftliche Untersuchungen zur curricularen Revision von Lernsequenzen für hörgeschädigte Sprachanfänger 36,— DM

Berndt Vogel
WB XXVI Musik zwischen Pädagogik und Therapie 14,40 DM

Klaus Schulte
WB XXVII Phonemhäufigkeit und Artikulation
Ergebnisse einer phonetischen Querschnittsanalyse von Sprachlehrmaterialien für Hör-Sprach-Geschädigte in bezug zu Sprechleistung und Artikulation 12,— DM

U. Vetter/K. Schulte/K.B. Günther
WB XXVIII Berufliche Bildung für Hörgeschädigte
Informationen zur Struktur 12,80 DM

Klaus Schulte/Herbert Ding
WB XXIX Initialer Sprachaufbau
Frühe Sprechgliederung mit Fonatoren 24,— DM

Klaus Schulte/K. B. Günther/Ch. Schlenker-Schulte
WB XXX haben ... haben ... haben ...
Sprachdidaktische Probleme bei Hörschädigung, Sprachschädigung, Zweitspracherwerb 19,80 DM

K. B. Günther/H. Ch. Strauß/K. Schulte
WB XXXI Soziale und personale Merkmale gehörloser und schwerhöriger Jugendlicher
Aussagen zu Hörverlust, Intelligenz, Sozialstatus, Geschlecht, Erziehungsfeld, Schulerfolg 39,— DM

K. Schulte/H.CH. Strauß/K.B. Günther
WB XXXII Berufsbildung gehörloser und schwerhöriger Jugendlicher
Teilnahme an Berufsvorbereitenden Maßnahmen, Besuch von Beruflichen Vollzeitschulen, Ausbildung in Berufsschule oder Berufsbildungswerk, Art und Wahl der Ausbildungsberufe: Untersuchungsergebnisse 39,— DM

Neckar-Verlag · Postfach 1820 · 7730 VS-Villingen